U0638837

高填方路堤加筋基础理论及稳定性研究

马　强　肖衡林　李丽华　邹维列　庄　妍　著

中国水利水电出版社
www.waterpub.com.cn
·北京·

内 容 提 要

本书结合模型试验、理论分析、现场测试和数值模拟等研究手段，研究单向、双向、三向土工格栅和天然棕麻纤维、竹条加筋砂土、黏土和不同配比土石混合料的加筋性能，确定砂土、黏土和土石混合型填土中铺设格栅的优化方案；研究废旧轮胎加筋土结构中加筋单元体的筋材和土体应力—变形特性，分析废旧轮胎加筋土结构整体变形、破坏模式及其影响因素和规律等，揭示轮胎加筋土筋土界面剪力传递特性、拉拔模式下轮胎筋材抗拉断和抗拔出等筋土相互作用及废旧轮胎加筋土结构的加筋机理，提出加速土工合成材料蠕变试验和预测其长期特性的荷载叠加法和荷载转移公式因子及一种加速土工合成材料蠕变试验的动荷载法，采用改进的非等间距灰色预测模型对蠕变特性进行预测；研究高填方加筋路堤的位移规律和破坏模式，揭示高填方路堤格栅加筋工作机理，明确不同土工格栅布置方式的加筋效果及其对路堤稳定性影响规律，建立考虑公路等级和行车速度要求的格栅在路桥搭接和挖填交界区域锚固端的拉力计算方法；分析高填方和半填半挖路堤的位移和应力特性，确定施工期间及工后高路堤各级台阶的位移规律，明确不同填料条件和不同铺装厚度条件下路堤的变形情况和应力状态，揭示填料性质等因素对高填方路堤稳定性的影响规律，并在原位测试基础上，运用多种理论模型分析土工格栅加筋路堤的沉降规律，建立具有高精度的简易预测模型。

本书可供从事公路、铁路和水利工程科研、设计、施工和管理的相关人员参考和借鉴。

图书在版编目（CIP）数据

高填方路堤加筋基础理论及稳定性研究 / 马强等著 . —
北京：中国水利水电出版社，2018.4（2024.8 重印）
ISBN 978-7-5170-6416-9

Ⅰ．①高… Ⅱ．①马… Ⅲ．①路堤—研究 Ⅳ．
①U416.1

中国版本图书馆 CIP 数据核字（2018）第 073892 号

书 名	高填方路堤加筋基础理论及稳定性研究 GAO TIANFANG LUDI JIAJIN JICHU LILUN JI WENDINGXING YANJIU
作 者	马强 肖衡林 李丽华 邹维列 庄妍 著
出版发行	中国水利水电出版社 （北京市海淀区玉渊潭南路 1 号 D 座 100038） 网址：www. waterpub. com. cn E-mail：sales@waterpub. com. cn 电话：（010）68367658（营销中心）
经 售	北京科水图书销售中心（零售） 电话：（010）88383994、63202643、68545874 全国各地新华书店和相关出版物销售网点
排 版	北京智博尚书文化传媒有限公司
印 刷	三河市元兴印务有限公司
规 格	185mm×260mm 16 开本 21 印张 523 千字
版 次	2018 年 4 月第 1 版 2024 年 8 月第 3 次印刷
印 数	0001—2000 册
定 价	89.00 元

凡购买我社图书，如有缺页、倒页、脱页的，本社营销中心负责调换

前言
FOREWORD

高填方路堤在我国山区高速公路、铁路和机场建设中应用广泛。我国在山区高等级公路建设中积累了较为丰富的高填方路堤设计和施工方面的经验。然而以往经验多为单一的土质填土或石质填土路堤情况，对土石混填路堤方面积累的经验和开展的研究比较有限，所得的技术成果和施工经验尚不能满足工程实践的需要。在路堤工程中，各种土工合成材料已经得到广泛应用，但是加筋土的理论研究略滞后于实践。不同类型的土工格栅和天然加筋材料加筋性能优劣尚不明确。同时，将废旧轮胎应用到岩土工程中，可为大量的加筋土工程提供质优价廉的加筋材料。这些加筋材料随着受力时间的推移会产生蠕变或应力松弛现象，引起加筋土结构的增长变形，甚至破坏。

因此，研究加筋土工作机理，丰富土工格栅加筋理论，确定新型加筋材料的工作性能及长期性能，开展山区高路堤、方路堤中土石混填的施工技术研究，特别是土石混填高路堤沉降量和稳定性的研究就变得尤为重要。这对保证路堤的稳定性，进行路堤断面优化，保障路堤安全运营具有非常重要的工程意义和理论价值。

在国家自然科学基金委员会、湖北省交通运输厅等各级领导的关怀和支持下，湖北工业大学联合武汉大学、东南大学等多家单位成立了"复杂路堤性能控制关键技术与应用"课题攻关小组。经过近10年的艰苦努力，课题组在高填方路堤加筋基础理论、高路堤稳定控制和地基处理等方面取得了一系列研究成果。目前，研究成果已在湖北省境内汉十高铁、荆潜高速、十堰市东环公路和郧十高速公路等工程中得到成功应用。同时，还应用于山西、贵州、湖南和江苏等10余条高速公路和铁路工程，取得了显著的经济效益和社会效益，具有重要的理论意义和工程应用价值。为了有效总结高填方路堤加筋基础理论和稳定控制技术成果，特撰写本书。

作者在高填方路堤加筋机理研究过程中得到了湖北工业大学土木建筑与环境学院的庄心善、胡其志、杨智勇、万娟等老师和郭小川、邢文文、邓谦、库准等研究生的支持与帮助，在此表示衷心的感谢。同时也衷心地感谢本著作中被引用文献资料的作者们。

本书共9章，第1、3、6、8、9章由马强撰写（24.3万字），第5章由肖衡林撰写（8.7万字），第7章由李丽华撰写（5.7万字），第2章由邹维列撰写（4.6万字），第4章由庄妍撰写（3.9万字）。

由于作者水平有限，书中难免存在疏漏和不足之处，敬请各位读者批评指正。

作　者
2018年3月

目录
CONTENTS

第 1 章

绪　论

1.1　高填方路堤加筋研究的意义

我国自改革开放以来，为了加快经济的发展与繁荣，一直大力发展公路等交通运输工程。西部大开发、中部崛起和"一带一路"倡议的实施一次又一次将公路工程的发展推到了极其重要的位置。我国中西部地区多山地丘陵，在这些地区修筑高等级公路，难免会有挖方和填方，并且常遇到高填方和深挖方情况。在山区修筑高等级高填方路堤的沉降及稳定性一直是国内外研究的重要课题，如果设计、施工不当，将导致一系列问题，如断面过大、填方量大、造价偏高、不均匀沉降、边坡坍塌、路面开裂和地基破坏等。

由于山区高填方路堤的填料来源广且复杂，土体的种类及颗粒粒径的大小规格不一，所含石块的直径过大等，路堤的压实度通常较难保证，会直接影响路堤的沉降和稳定性。而高填方路堤是否稳定，直接关系公路建设的成败。高填方路堤的沉降大小，是决定路堤施工质量优劣的重要评定标准，高路堤沉降量和沉降速率的控制直接影响路堤、路面的稳定性以及公路投入使用后的交通安全。高填方路堤的沉降及稳定性一直都是国内外研究的重要课题之一。对高填方路堤施工期间及工后沉降量的连续跟踪监测，通过对高路堤的实测沉降量的分析与拟合，建立与实测数据最接近的拟合公式，对路堤总沉降和工后沉降的确定具有重要作用。

我国山区高等级公路建设历经 20 多年的发展，积累了较为丰富的高填方路堤的设计和施工方面的经验；然而以往的经验多为单一的土质填土或石质填土路堤情况，对土石混填路堤方面积累的经验和开展的研究还比较有限，所得的技术成果和施工经验尚不能满足工程实践的需要。目前，我国与土石混填和填石路堤设计与施工的相关规范中，还缺乏定量的指导指标。因此，开展山区高路堤方路堤中土石混填的施工技术研究，特别是土石混填高路堤沉降量和稳定性的研究变得尤为重要，为保证路堤的稳定性，进行路堤断面优化、保障路堤安全运营具有非常重要的工程意义和理论价值。

土工合成材料加筋土体被广泛应用于提高土体稳定性。由于各地路堤的地质情况不一样，特别是山区路堤多是土石混合，有必要分别研究纯土（砂土、黏土）和混合土

（不同配比的土石混合）与不同土工格栅（TDGD79 单向土工格栅、TDGD80 单向土工格栅、双向土工格栅、三向土工格栅）的界面摩擦分析。土工合成材料由高分子聚合物组成，具有典型的黏弹性特征，随着时间的推移必然会产生蠕变或应力松弛现象。而土工合成材料应用时处于长期的承载状态，其黏弹性性能将处于主导地位，因此整个加筋材料的模量和强度将随时间而降低，蠕变将引起加筋土结构的增长变形，甚至引起破坏。目前土工合成材料在我国大型基础设施建设中应用日益广泛，如应用于挡土墙、桥台、堤坝和边坡等建筑中，结构物的沉降和侧向位移必须限制在规定的范围内。作为结构中的受力构件，土工合成材料中的应力由内部分子结构所承担，如果应力维系足够长的时间，土工合成材料内部分子结构必然会通过蠕变变形来适应新的应力环境，但土工合成材料在结构使用期限内，其蠕变应变值不能超过其允许值，因此蠕变是决定加筋土能否用于永久性工程的关键。长期以来，一方面因为对蠕变特性研究的重视不够，对机理的作用认识有限，不知怎样由蠕变特性确定强度指标；另一方面蠕变试验时间太长，费时费力，因为研究土工合成材料的蠕变特性须在恒温、恒湿的实验室内进行长期的加载试验，一般超过 1000h（42 天）。因此，研究蠕变特性、加速土工合成材料蠕变试验和预测土工合成材料长期蠕变特性，是土工合成材料应用基础研究的重要内容。

目前，废旧轮胎资源化利用，除了旧轮胎翻新再制造、废轮胎生产再生橡胶、橡胶粉和热解四大方面外，还有用作发电厂的燃料等，但存在二次污染严重、能耗大、成本高等问题。我国废旧轮胎的翻新率、回收率和利用率都处于较低水平，废旧轮胎综合利用产业发展远不能适应当前严峻的资源环境形势的要求。而废旧轮胎作为岩土工程材料加以应用，却可以成为一种理想的选择。

废旧轮胎在岩土工程中的应用，是废旧轮胎减量化、资源化利用的一个有前途的发展方向。如废旧轮胎颗粒或碎片混合土可用作轻质填料；废旧整胎（或适当切割）可在挡土墙、边坡、桥台、护岸、堤坝、建筑物基础、路堤、码头、储仓及核设施、军用设施等工程加筋。

废旧轮胎的原材料主要为橡胶和炭黑复合材料。炭黑的添加可有效地增强轮胎的抗老化性能。传统土工合成加筋材料在有土层覆盖的情况下，至少有 50 年甚至可达 100 年以上的使用年限。Yoon 等的研究表明，废旧轮胎用于土体加筋，具有很好的耐久性，比目前土工格栅、土工格室等常用的土工合成加筋材料的耐久性更优。因此，废旧轮胎是一种抗老化性能优良的土工加筋材料。废旧轮胎垃圾山如图 1.1 所示。

废旧轮胎抗拉强度高，韧性好，耐久性、抗磨损、抗老化、抗震防撞性能优良。轮胎加筋施工快速简单，成本低廉，且具有良好的变形适应性能和长期稳定性，环保（对环境及地下水无负面影响），不易腐蚀（通常地下水酸性条件 pH 值为 4～5，而一般情况下，轮胎在此 pH 值环境中，其老化、损耗可以忽略不计）。汶川地震造成大量滑坡和崩塌发生，大面积阻断交通，严重制约救援进度。为避免上述情况再次发生，主要采取了废旧轮胎加筋抗滑挡墙、加筋碎石土滑坡体和种植香根草的措施。轮胎加筋土结构也因此成为汶川地震震后山体滑坡治理的理想加筋形式。

图 1.1　废旧轮胎垃圾山

目前对废旧轮胎加筋土结构加筋机理的认识不够清楚，有关轮胎加筋土的设计计算理论还比较缺乏，制约了废旧轮胎在加筋土工程中的应用和发展。

将废旧轮胎应用到岩土工程中，不但可以消纳、处理大量的废旧轮胎，减轻废旧轮胎造成的环境问题，而且可以为大量的加筋土工程提供质优价廉的加筋材料。《国家中长期科学和技术发展规划纲要（2006—2020 年）》明确指出："综合治污与废弃物循环利用"是优先主题之一，要"强化废弃物减量化、资源化利用与安全处置""重点开发……废弃物等资源化利用技术"。因此，开展废旧轮胎加筋土结构的加筋机理研究，是一项符合国家环保战略需要的重要课题。

尽管我国山区高等级公路建设与维修已有 20 多年的历史，在高填方路堤设计与施工方面也积累了不少经验，但在土石混填路堤方面积累的经验还很有限，所得的科研成果尚不能满足工程实践的需要。我国现有的土石混填及填石路堤设计与施工规范中，还缺乏定量的指标指导。因此，加强山区高路堤土石混填的施工技术特别是沉降量的研究就变得尤为重要，这对路堤的稳定性、优化路堤断面、保证路堤安全、减少路面开裂及降低工程造价，具有非常重要的实践意义和理论价值。另一方面，以十堰市东环路工程为依托，具有很好的代表性，不仅对工程本身具有非常重要的现实意义，其相关成果也对类似工程有重大参考价值。

1.2　土工格栅性能研究进展

1.2.1　加筋工艺的发展

加筋工艺的发展由来已久，曾被誉为在钢筋混凝土问世之后又一次造福人类的发明。

但什么是加筋呢？加筋就是在土体或其他材料中加入提高其自身的抗拉强度的材料，提高抗拉强度的材料与被加强体之间的摩擦力重新调整了被加强体中的应力分布，使得被加强体整体性增强，变形减少。目前，加筋工艺已被广泛应用于修筑挡土墙、公路路堤、地基处理、垃圾场填埋等工程中。这种加筋工程施工方便，只需将加筋材料埋置于土体中，在施加荷载后加筋材料约束土体颗粒的位移，增强土体的整体效果，减小土体的变形量以及防止或延缓破坏的出现。

最早英国人在沼泽地上应用加筋工艺修建道路，在接下来的 2000 年中（公元前 3000—公元前 1000 年）先后又出现了用编织芦苇加固软土地基和用加筋土来修筑教堂等。这些是人类最早应用在工程实践中的加筋技术。到了第二次工业革命时期，即进入了机械化的时代，塑料、人造纤维等化学产品相继发明并大量投入到生产实践中。研究人员也开始采用新的化学材料进行加固工艺，直到 20 世纪二三十年代美国人率先尝试使用棉织物加固路面。

尽管加筋工艺很早就应用到工程实践中，但是直到 20 世纪才由 Henri Vidal（法国工程师）提出"加筋"这个理论概念，并于 60 年代开创了"加筋土"技术。他被称为"加筋土"技术的始祖。法国人普拉聂耳斯修建了具有"加筋土技术"里程碑意义的工程——建在比利牛斯山的全世界第一座加筋土挡土墙。加筋土技术在此项工程的成功应用，不仅是法国加筋技术的又一次成功，而且引起了世界其他国家岩土界的关注，并且将加筋技术如雨后春笋般地引用到各项工程中，如公路路堤、边坡加固、加固地基和水坝等。

随着加筋技术在工程实践中的大量应用，也促进了其相应的试验研究和理论研究。当时工业最发达的法、美、英等国对填料和加筋材料做了大量试验。这其中具有代表性的是美国、英国和法国联合研究的"加筋路堤和土坡"；Holtz（美国）和 Jewel（英国）等也对土工合成材料加固路堤和软弱地基做了研究并取得了丰硕的成果。进入 20 世纪 80 年代，为了进一步了解不同加筋材料的性能及不同法向荷载对不同填料加筋后的性能等，法国和美国利用有限元法进行了模拟试验，对试验数据进行了数值分析。通过大量实践经验、试验分析和理论研究后，欧美等国为更好地指导工程实践先后对加筋工程制定了相应的条例和规程。

我国早在古代就有在土中加入草梗和竹条来修筑墙体的工艺，及用竹排和木排来处理软土地基。但是我国引进现代加筋技术比较晚，20 世纪 70 年代云南田坝矿区成功地在挡土墙修筑中加入筋带，从此改变了我国几千年用砌石修筑挡土墙的传统工艺。现代加筋工艺不仅便于施工而且能够降低造价，给我国建筑行业传统工艺带来了不小的冲击。加筋材料具有自身比较轻柔、施工方便、周期短，且不影响工程外观，所需地基承载力小等优点。因此，在国内建筑行业中迅速推广。随着工程实践的广泛应用，我国也在理论上做了大量的研究，得到了一些符合我国实际情况的研究成果，并制定了一些规范和条例。

▌1.2.2 加筋材料

土工合成材料（Geosynthetics）是应用于加筋土体、防护、防渗和防漏等工程的新型土工材料，主要是土工格栅、土工织物、土工网、土工膜和土工复合材料等的总称。目前用来制作土工合成材料的原料有聚乙烯、聚丙烯、聚酯、聚苯乙烯和聚氯乙烯等。聚氯乙烯是于 20 世纪 30 年代研发成功的，与其同一时期问世的还有低密度聚乙烯和聚酰胺。截至 20 世纪中叶聚酯和聚丙烯也相继研制成功并投入到生产中。最早的土工合成材料是有纺织物，但由于有纺织物造价高、方向性强，局限了它在工程实践中的推广和发展。经过科研人员的不懈努力，克服有纺织物缺点的无纺土工织物终于在中后期问世，由欧洲率先投入到道路路面、堤坝防护等工程中。鉴于无纺土工织物在工程实践中取得的卓越成效，无纺土工织物施工工艺迅速从欧洲传到世界各地，为建筑人员所推崇，广泛应用于路堤、地基处理、护坡、防渗等各个领域。土工格栅、土工网和土工格室等新型土工合成材料也于 70 年代相继出现。

土工合成材料的应用在我国出现得比较晚，但是其发展非常迅速。在我国最先应用在长江的护岸工程中，到了 80 年代，无纺土工织物才开始在我国工程中得到应用。1998 年由于长时间大范围的暴雨，我国长江、珠江、松花江、闽江等 11 条江河出现河水暴涨，在抗洪修复堤坝过程中土工格栅起到了不可替代的作用。这次大范围的应用在我国建筑工程中具有重要意思，也预见了土工合成材料在我国的蓬勃发展前景。

土工格栅是新兴的广泛用于加筋工程的土工合成材料之一，20 世纪 80 年代由英国 Etlon 公司最先投产，注册商标为"Tensar"。土工格栅具有均匀稳定、抗拉性能好、抗摩擦性能好、抗老化、耐腐蚀和经济适用等特点。按照土工格栅的原材料和成型工艺可分为整体成型格栅、焊接成型格栅、钢塑格栅、玻纤格栅；按照其网格的划分又可分为单向土工格栅、双向土工格栅、三向土工格栅。三向土工格栅是近年来一种新型材料，它是对以往单向和双向土工格栅的改进。土工格栅是一种柔性加筋材料，主要是通过摩擦力以及肋条和结点的咬合力加筋土结构。三向土工格栅改进双向土工格栅的四边矩形网格为三向六边网格，加强了肋条和结点的咬合力。目前三向土工格栅在国外已经有了一定的研究成果。

1.2.3　废旧轮胎加筋土

1. 废旧轮胎颗粒或碎片混合土

废旧轮胎的利用在美国、澳大利亚和欧洲等发达国家较早受到重视。废旧轮胎颗粒或碎片混合土在岩土工程中主要用作轻质填料，优势在于减轻土体自重、改良土性、减振隔振。轮胎碎片混合土用作轻质填料时，混合土体的刚度减小，相应的横向变形增加，整体抗拉能力也有所提高；而碎片含量、容重和应力水平三个因素对抗剪强度的影响最大。混合土的直剪变形具有硬化性，其剪应力－剪位移曲线可用双曲线模型拟合，随着轮胎橡胶颗粒含量增加，轻质土工填料剪应力减小。混合土坡体安全系数随轮胎碎片含量增加而增大，当轮胎碎片与砂的体积比为 50：50 时，混合土作为填料使用效果最佳。

废弃轮胎颗粒可以有效改善膨胀土的工程特性，不同比例废弃轮胎颗粒与膨胀土混合后的固结快剪试验结果证实了废弃轮胎颗粒改良膨胀土效果较为显著；对于废轮胎颗粒与黄土混合物的压实性能，不同掺量的混合土最大干密度与最优含水率存在幂函数关系，击实功对轮胎颗粒掺量在 10%~30% 的混合土的最大干密度影响较小。

综上可知，废旧轮胎颗粒或碎片混合土具有质轻的优势，但主要用作路基、墙后、桥台和公路防冻胀层等方面的回填材料，通过置换部分原土，起到改良土性、减轻土体自重、减振隔振等作用。但轮胎颗粒相对废旧整胎，处理耗能较高，增加了处理成本。而废旧整胎具有加筋需要的优良抗拉性能和嵌锁效应等诸多优势。因此，整胎（可适当切割）加筋的应用和研究引起了工程界和学者的关注。

2. 废旧轮胎加筋土结构

废旧轮胎加筋的最早应用可追溯到 1970 年在美国加利福尼亚州北部一座公路的路堤加筋；法国最初（1984 年）建造了一个高 5m、长 10m 的试验墙；巴西较早建造了一个高 4m、长 60m 的挡土墙，结果都证实了轮胎在边坡、挡土墙结构中加筋应用的可行性。作为一种新的加筋技术，目前废旧轮胎加筋土结构在美国、加拿大、英国、法国、日本、澳大利亚、巴西等国家已有不少于 500 个工程应用实例，应用范围涵盖了挡土墙、公路、铁路、堤坝等，其中以加筋边坡、挡土墙实例较多。

此外，在日本有工程使用废旧轮胎整齐地排列在路基边坡表面，并在轮胎之间的空隙用水泥浇筑充填进行护坡；在白俄罗斯，有工程利用胎缘圈加固路基边坡，采用夹钉固定胎缘，并在圈中充填碎石进行护坡。美国一所学校的坡体逐层用废旧轮胎设计成"挡土墙"成功地进行了加固，其加筋模式如图 1.2 所示。图 1.3 为马来西亚某轮胎加筋边坡施工现场，该边坡使用约 2100 个废旧轮胎，25 层，填筑高 5m、宽 7m。在国内玉铜公路边坡上，也将废旧整胎用来固土护坡，获得了简单、实用、经济节约的效果。在京珠高速公路大悟北段、宁杭高速公路南京段也实施废旧整胎护坡，取得了固土量大，保水性好，适宜植被长期生长的良好应用效果。我国南京幕府山废旧轮胎护土植树工程，在山体上铺盖轮胎，然后覆土植树。该项目处理废旧轮胎 3 万多只，绿化面积达 1.5 万 m^2。

图 1.2　美国某学校坡体级加筋模式

工程实践表明，轮胎加筋是一种可行、有效的方法，但必须掌握其沉降量和侧位移量可能相对较大的特点，防止出现变形量过大造成破坏等问题，建议回填土尽量用砂土，少用黏土。

废旧轮胎加筋土结构筋土界面特性是研究轮胎加筋机理的关键，筋土之间相互作用机制比较复杂，直接决定着加筋土工程的内部稳定性。加筋土结构筋土界面特性研究一般以直剪和拉拔试验为主。Keun、张达德等研究表明，废旧轮胎的极限拉拔阻力为土工格室的 1.25 倍；经切割的轮胎与砂土能紧密夯实并增加承受法向应力的面积，但轮胎与轮胎间的拉伸变形将影响其拉拔阻抗，轮胎间不同连接材料及不同连接方式可能对拉拔结果产生较大影响。Christopher 等直剪试验表明，纯轮胎包与轮胎包界面（无填土）之间存在明显的剪切阻力，轮胎比较适合用于加筋材料。

图 1.3 马来西亚加筋边坡工程

轮胎加筋土结构较常见的有加筋边坡、挡土墙和加筋地基等，加筋土结构的稳定性、变形特性和破坏模式等是加筋工作机理研究的核心内容。对于加筋砂土地基，当砂土相对密度较低时，加筋效果非常明显，轮胎加筋砂土地基的极限承载力是未加筋的两倍，并且轮胎去掉侧壁的加筋效果优于传统土工格室。轮胎加筋挡土墙结构相对常规加筋挡土墙更具有柔性，因此水平位移可能比常规挡土墙稍大，但仍在合理的范围内。

3. 废旧轮胎加筋土研究的主要不足

相对常规土工合成材料加筋而言，轮胎加筋尺寸较大、结构特殊，虽然柔性较好，具有良好的变形适应性，但易于变形。轮胎与不同填料共同作用过程中，筋材受力后由圆形变为不规则的近似椭圆形。对于轮胎，用于土体加筋的变形－受力作用机理，目前还未见有针对性的研究。而轮胎的变形－受力作用机理关系筋土界面抗剪强度、抗拔阻力的发挥，加筋土变形量的控制，进而影响加筋土结构整体稳定性。

轮胎筋土界面相互作用特性是研究加筋机理的核心问题，直接反映筋土界面的接触情况，同时筋土界面技术指标在加筋土工程结构设计中至关重要。拉拔试验是一种有效的研究方法，可以通过加筋材料的拉力－变形关系，筋材的抗拉断、抗拔出能力，分析加筋材料与填土的相互作用，对于认清加筋土挡墙和加筋土边坡的加筋机理具有重要的意义。但是，Keun 等的拉板试验是在现场进行的，试验的加载条件、边界条件以及量测等都受到了现场条件的限制；张达德等在室内进行的拉拔试验盒长 150cm、宽 90cm、高 87cm，虽可较好地对前壁效应的影响进行研究，但对于加筋机理研究中重要的轮胎串拉断或拔出试验，该试验盒还是偏小。而且上述研究也未充分考虑筋材几何特征、模量、连接方式、上覆荷载、不同填料等主要因素对筋土界面抗拉拔相互作用特性的影响。直剪试验也是探讨加筋土结构界面作用机理的主要手段之一。但是，Christopher 等仅单纯考虑了纯轮胎包与轮胎包之间的界面剪切性能，这与轮胎加筋土结构筋土剪切界面有实质性的差别。上述研究未考虑轮胎充填土体界面的剪切力学性能，也未分析不同接触界面的剪力传递机理。

土工模型试验是研究加筋土结构整体工作机理最主要的手段，能形象、直观、比较全面真实地模拟复杂的加筋土构造，模拟加筋土结构的受力、变形及破坏的全过程。模型试验不受现场测试条件、费用等各方面的限制，可以模拟各种复杂的边界条件，精确量测，也不像数值模拟计算要受到一些局限，需要进行很多简化。而岩土地基、边坡多属近似脆性材料，对脆性材料进行模型试验研究，在相似特性方面具有明显的优点。但是，Yoon 等小比例载荷板模型试验是针对浅层地基承载力加筋效果的研究，与轮胎用于加筋土坡或加筋挡土墙加筋工作机理差异较大。Sayāo 等轮胎加筋现场试验条件有限，简单研究了不同施工工序对挡土墙性能造成的影响。Huat 等轮胎在热带山体滑坡的现场填筑实例仅观测了坡体的沉降和土压力状态。

上述小比例加筋地基模型试验和现场测试探讨，在轮胎加筋土结构的稳定性、变形特性和破坏模式等加筋边坡或挡土墙工作机理方面，未见有针对性的深入研究。对不同密实度、轮胎切割型式和连接方式以及布筋方式等因素对加筋机理的影响研究也不够全面。现场试验受到各种试验条件、时间、费用等各方面的限制，而一般小比例的模型试验难以重现原型的特性。因此，非常有必要开展大比例轮胎加筋土结构模型试验，有针对性地充分探讨不同工况下轮胎加筋边坡的工作机理。

总之，前人对土工织物、土工格栅、土工格室、土工袋等传统土工合成材料加筋土的研究，以及上述轮胎加筋土的相关研究，为本书的研究工作奠定一定的基础。但是，对废旧轮胎加筋土，在筋材变形一受力作用机理，筋土界面相互作用特性，加筋土结构稳定性、变形及影响因素等加筋机理方面都有待进一步研究，相应轮胎加筋土理论计算方法也比较缺乏。

▌1.2.4 土工合成材料蠕变特性

Koerner 等提出了一些土工合成材料蠕变特性的研究成果，Finnigan 等、Allen 等都进行过在无侧限条件下的蠕变试验，为了进一步研究土的侧限影响，McGown 等和 Holtz 做了侧限条件下的蠕变试验。但是许多学者的研究结论都不太一致。McGown 等研究表明土的侧限对土工织物有很大的影响，相反，Matichard 等和 Blivet 等却证明没有太大的影响。Min 等做过土工合成材料埋在砂中的蠕变试验，Wu 和 Helwany 的研究成果都证明蠕变变形很大程度上依赖于侧限土的类别。在砂土中接触面对蠕变有限制作用，而在黏土中，黏土的蠕变率比土工合成材料大，因此加速了蠕变的发展。Allen 等研究了土工织物在寒冷地区应用的蠕变特性，Greenwood 等研究了土工织物的蠕变率和应力松弛特性。Greenwood 研究了土工织物的蠕变特性，Matichard 等研究了土工织物在土中的蠕变特性，Andrzej 等研究了土工合成材料的蠕变特性。Andrawes 等，Greenwood 和 Myles，Kabir，Bush，Greenwood，Matichard 等，Helwany 和 Wu 等都提出了不同的蠕变模型。在加速蠕变试验方面，Farrag，Piyushk 等，Rongzhi Li 和 Yong Jeon Han 等都提出了时温叠加法。Thornton、Homton、Baras、Thornton 提出了分级等温法。

概括而言，国外早在 20 世纪 50—60 年代就对土工合成材料的蠕变特性进行了研究，很多学者从 90 年代至今仍在对其进行研究，只是研究的重点从对单纯材料本身性能的研究、对其在无侧限条件下的研究转变到了对整个加筋结构蠕变性能的研究，只是这方面的研究仍比较欠缺。目前国外的研究成果可以概括为：对各种类型的土工合成材料做了大量有侧限和无侧限条件下的蠕变试验；提出了各种不同的蠕变模型，如 Williams 提出了典型的标准线性固体模型一直沿用至今；针对土工合成材料的蠕变特性提出了不同的蠕变公式以推求长期的蠕变特性，最经典的如蠕变系数法以及 Shrestha 和 Bell 提出的三参数法经验公式；针对土工合成材料蠕变试验的长期性提出了一些加速试验的方法，如时温叠加法和分级等温法等。而国内这方面的研究则起步较晚，最早的研究是王钊在岩土工程学报上发表的土工合成材料蠕变特性的试验研究，随后也有不少学者做了这方面的研究，但多限于一些无侧限条件下的试验研究，利用一些简单的模型分析，也利用了时温叠加来加速试验，由于国内试验条件的限制分级等温法还无法验证。在拉伸试验方面，国内外研究差别也很大。McGown、Siel、Christopher 等都提到过土工织物和土工格栅在土中拉伸荷载—应变的测量，结果表明在加筋结构中土工织物的硬度和强度都增加了。IanD 研究了土工合成材料的应力—应变曲线特征；Kazimierowicz 等研究了应变率对拉伸强度的影响，结果表明在最大最小应变率下拉伸强度的差别值很大；Masahiro 研究了拉伸荷载下格栅的横向和轴向变形。国内对拉伸荷载下的变形和强度影响因素也早有研究，但侧重点都是土工织物，且国内外对应变率的影响的研究结果不太一致。目前国内外对土工合成材料老化的报道也很多，但老化后的蠕变试验研究还未见报道。

1.2.5　加筋土特性试验

国内外对加筋土进行了大量的实验室研究，主要包括拉拔试验、直剪试验、三轴试验、离心模型试验和室内路堤模型试验等。1977 年 Broms 通过三轴试验对砂土加筋后的应力—应变关系和抗剪强度进行分析，发现加筋后由于加筋材料和砂土之间的界面摩擦提高了砂土的强度。1982 年 Fermaoui 进行了加筋砂土的三轴压缩试验，通过对试验数据的分析得到破坏时加筋土的最大主应力和最小主应力关系曲线，增大的内摩擦系数是提高加筋砂土强度的主要因素。1986 年 Gray 通过三轴试验推导出拉应力是如何在剪切面分布的公式。2001—2003 年，Gurung 通过室内的拉拔仪，对土工布和土工格栅进行了加筋试验研究，分析得到加筋材料可以增加路堤或地基的整体性，使其可以承受外部更大的荷载。

我国到 20 世纪 70 年代以后才开始对加筋土进行试验研究。1992—1994 年王钊分析了同一时刻几种土工合成材料加筋土体后的应力—应变关系、土工合成材料加筋土体后拉伸模量与时间关系曲线等一系列有重大价值的结论。1992 年李广信等沿不同角度对土中的土工织物进行拉拔试验。1998 年周志刚等通过直剪试验对土工格栅和土体之间的界面摩擦进行了研究，认为指数函数关系和非线性模型可以很好地描述摩擦性能。2001 年吴景海通过直剪试验和拉拔试验比较分析了几种土工合成材料与土体的界面摩擦特性，得到了一些对工程实践有价值的结论，也丰富了我国土工合成材料加筋土体的理论。杨广庆等也对土工合成材料加固土体的机理进行了理论和技术的研究。

加筋土被深入研究和广泛应用是因为加筋后的土体有诸多优点，例如整体性好、沉降量减小、施工方便快捷、节约投资、土工合成材料自重轻且是柔性材料等。随着加筋土技术的发展，新的加筋材料和填料不断涌现，本书通过直剪实验、三轴试验等对多种填土—筋材界面特性进行了一系列的基础研究。

1.3　高填方路堤研究进展

▓ 1.3.1　高填方路堤沉降特点

高路堤在自重作用下，通常会产生竖向和水平向位移，路堤的沉降即是指竖直方向发生的位移。引起路堤沉降的原因主要是：①路堤在自重作用下产生的压缩和固结；②地基土在路堤荷载作用下的沉降或向侧向挤出。路堤的过大沉降和不均匀沉降会给路面及行车安全带来很大危害，尤其是高填方路堤，沉降量和不均匀沉降过大给工程带来很大的隐患，故而与路堤沉降相关的研究课题一直是岩土工程领域重点研究的问题。

回顾我国公路尤其是高等级公路的发展历程，由于国家战略发展的需要，前十年的公路建设主要集中在东部沿海地区。该区域的路基多为淤泥和淤泥质软土，施工过程中主要面对高含水率的软弱地基问题。因而，相关报道的大量路基沉降主要涉及软土路基。

从我国实施西部大开发战略和中部崛起战略以后，我国高速公路建设逐步由东部沿海地区向多丘多山的中西部地区延伸，在这些地区修筑高速公路不可避免地产生大量填方和挖方高度超过 10m 的高填方路基，对于其沉降问题的研究必须考虑以下主要特点：

（1）由于高填方路堤的填筑高度较高而且填筑时采用分层填筑，需要进行很多层数的填筑，在沉降计算时应当考虑多级加荷的情况。

（2）高填方路堤填料种类复杂多样、性能有差别并且复杂，在我国中西部地区山岭丘陵分布广泛，路堤填料选择时，常采用山体开挖得到的土、石或土石混合料。

（3）为满足线型要求，高填方路段有时伴随一定的挖方区，在这些高填方路段存在挖填交界面，可能引起路堤应力和位移分布的改变，同时可能影响路堤的稳定性。

以上这些问题的出现对高填方路堤的沉降研究带来了极大挑战，目前国内外一些学者对上述问题进行了研究，并取得了一定进展。

1925 年 TerZaghi 提出的一维固结理论，从理论岩土力学角度推动了沉降计算理论的形成，并大大促进了沉降计算的发展。后人研究得到的沉降计算理论和方法都是在一维固结理论基础上发展起来的。国内外学者首先针对解决地基的沉降问题进行研究并形成了一系列的重要理论，并对工程实践有很重要的指导意义。Lapedes 在沉降预测方面提出了神经网络预测模型，该模型通过模拟人类神经细胞的结构和功能来进行沉降量的预测。赵偑等在线黏弹性模型的基础上，考虑路堤填料的黏弹性性质，提出了由于自重荷载引起的高填方填筑体沉降的数值计算方法；曹喜仁等分别采用分层总和法、修正邓肯—张模型和应力路径法对高填石路堤的沉降进行了研究，并探讨了高填方路堤填筑阶段和非填筑阶段的沉降规律；吕庆等在现场沉降监测资料的基础上，在三维有限元正交数值试验中采用基于广义 Kelvin 模型来表征填筑体的本构关系，结合回归分析反演了计算模型的材料参数，并在反演参数的基础上预测了高填方路堤的工后沉降；曹文贵等以工程所得实测数据为基础，考虑高填方路堤工后沉降变形机理和工程特点，提出了考虑蠕变变形的高填方路堤工后沉降三参数双曲线型的本构模型，并将该本构模型引入有限元分析理论，建立了模型参数的反演分析方法。

除上述理论研究工作外，在高填方路基沉降的研究中，还不断发展并采用了一些新的试验方法。

刘宏等分别采用压缩蠕变试验和土工离心模型试验研究了高填方路堤的沉降变形规律；傅旭东等针对地基湿化条件下的高填方路堤变形试验开展了研究；董云等对路堤填筑所用土石混合材料分别进行了原位直剪和室内大型直剪试验获取了填料的基本力学性质，并在此基础上开展了振动压实试验、离心模型试验和强度特性试验等系列试验工作。在试验获得的第一手数据的基础上，建立二维力学模型对土石混填路堤的沉降变形特性进行了探讨；景宏君针对我国黄土地区的高填方路堤的特点及沉降变形等问题做了一系列研究，提出了一些解决实际工程技术难题的方法和措施。总体而言，欧美等西方国家经济相对发达，在修建高等级公路时更注重对环境的保护，为避免深挖方和高填方，在选择跨越方式时一般更愿意选择造价较高的高架桥方式，因而目前西方对高填方路堤的研究报道较少。

从上述高填方路堤的研究进展来看，其所面临的问题比普通路基更加复杂并且也不同于软土上修筑路基，目前对其很多问题的探讨还处于初始阶段。近年来，我国中西部山区高速公路工程越来越多，虽然我国已经积累了部分高填方路堤的施工与设计经验，但是对土石填料路堤的沉降和应力特性研究尚在探索阶段。

▌ 1.3.2　高填方路堤稳定性

自 20 世纪 50—60 年代，我国开始了边坡稳定性分析的系统研究工作，虽然起步相对较晚，但是在理论研究和施工技术方面已经取得了较为显著的成绩，特别是 70 年代末以来，我国在路堤及边坡稳定性计算方法的改进方面取得了较大进展。

张天宝基于瑞典条分法，通过数值分析对简单边坡稳定安全系数的函数进行了数值分析，对最危险滑弧的变化规律进行了较为全面的归纳，并补充了费伦纽斯以及泰勒和洛巴索夫等的计算方法中的不足。1980 年，他对复杂土坡最危险滑裂面进行了计算和分析，并获得了其分布的多极值规律。1986 年，他对黏性土的滑裂面形状展开了论述，提出了求解黏性土圆弧滑裂面的整体平衡法。孙君实基于杜拉克（Drucker）公式，采用模糊数学工具，建立了土坡稳定性安全系数的模糊函数和模糊约束条件，提出了土坡稳定性安全系数的模糊解集和最小模糊解集的概念，并提出了条分法的数学模型，他建立的模糊极值理论以及提出的双层复形法分析方法在边坡稳定计算方法研究方面处于世界的前列。陈祖煜对边坡稳定分析的 Mogerstern-Price 法加以改进，在 Mogerstern-Price 法的基础上建立了具有普遍意义的土体的力和力矩平衡方程，提出在边坡极限平衡分析方法中保证滑动土体端点的剪应力成对原理不被破坏，而引入的对土条侧向力作用所作的假定必须满足的限制条件。他随后开发了 STAB 系列程序。该程序是在国内水电部门应用较广泛的土石坝边坡稳定性分析程序。

随着计算科学的快速发展，计算机的迅速普及以及数值分析理论与方法的出现，采用数值分析手段分析研究工程问题，能够对复杂的边界条件问题和介质不连续性等复杂地质条件问题进行分析，通过数值分析计算法对边坡稳定性和变形进行分析，可以克服边坡几何形状的不规则和材料的不均匀性的制约。在路堤及边坡稳定性数值分析理论的应用方面，国内外学者采用不同的数值方法，也开展了极为丰富的研究工作。

有限元法作为一种广泛被使用的数值计算方法，在 70 年代初，该方法主要是用于处理解决二维条件下的弹性变形问题，Goodman 等在深入研究分析岩石节理和不连续结构面的强度以及变形特性基础上，建立了接触面（节理面）单元模型，成功地实现了工程中岩土体结构面之间不连续面的模拟。到了 80 年代中期，我国殷有泉教授考虑材料的非线性，主导开发了 NOLM 岩土系统非线性应力变形稳定性分析程序。到了 90 年代，Matsui、Zou、Duncan、Farias 等通过有限元法分别对路堤安全稳定性系数及滑动面发展规律进行了分析。同一时间，我国科研院所和各大高校等相关科研机构在组织研究开发有限元程序的同时，开始引进国外的许多优秀的有限元软件。

由于极限平衡理论采用了一系列简化措施，其求解的安全系数具有多解性。针对极限分析法和滑移线场法在实际应用中的局限性，一些学者在数值分析方法的基础上提出了强度折减法。Zienkiewicz 首次提出了抗剪强度折减系数的概念，其所确定的强度储备系数与 Bishop 条分法所确定的稳定性安全系数在概念上是一致的。迟世春在应用强度折减法时发现当折减系数大于某一数值之后，土坡顶点的水平位移增长迅速，因此提出了界定土坡破坏的坡顶位移增量标准，以避免在应用强度折减法分析土坡稳定性时以不收敛或者迭代次数作为判别边坡破坏的"模糊"标准。杨有成采用 FLAC^{3D} 对强度折减法的若干问题进行了讨论，他认为在利用强度折减法求解边坡稳定性安全系数时，为了得到与极限平衡法类似的结果，需要采用合理的网格密度以及合适的边界范围。

■ 1.3.3　路堤沉降规律

路堤的沉降是指路基在垂直于地基方向发生较大的竖向位移。路堤的沉降主要有两个原因：①路堤自身荷载引起的压缩或固结；②地基承载力不足，在路堤和其他外部荷载下产生沉降或向两侧挤土造成。路堤的不均匀沉降带来的危害很大，尤其是高填方路堤，沉降的不均匀给工程带来很大的隐患，故而沉降一直是岩土研究人员重点研究的问题。1925 年 TerZaghi 提出的一维固结理论，在岩土的理论方面大力地推动它的发展。后人研究的沉降计算方法都是借助于一维固结理论而发展的。沉降量的计算是从变形角度进行分析，包括三个部分：主固结沉降、次固结沉降和瞬时沉降。国内外研究人员最先研究的沉降问题主要针对解决地基的沉降问题，得到了一些重要的理论，并对实践工程有很重要的指导意思。但是目前，对于土体作为填筑体特别是土石混合作为填料的沉降，尚且没有一套成熟的理论，还在探索阶段。土石混合作为一种填料的优点是：透水性好、在山区便于取土、强度大等等，但也有自重大、自身的沉降量和结构松散不易压实等问题存在，尤其是高填方路堤，土体的压实度直接决定着路堤的沉降量和稳定性，并给工后沉降问题带来了巨大的隐患。尹基德等对压实度的研究对工程有很大的指导作用，选取两块试验区，分别用 50t 振动压路机与 25t 的振动压路机对两块试验区进行碾压，得到要达到最大干密度时每层所需的压实遍数。青海马平公路为高等级填石公路，采用 18t 振动压路机压实填筑高度大于 7m 的路堤，对路堤压实八遍后压实度达到要求。罗振华对施工期间高填石路堤发生滑坡的原因进行了分析，提出有效的治理措施，为类似工程提供了参考。

国内外研究人员不仅通过大量的试验对现场数据进行分析来为工程提供可以借鉴的经验，还通过大量的理论研究，希望对施工期间或工后的沉降量给予预测，以便更好地指导工程施工。钟守滨和淤永和从理论和路堤破坏形式出发，得到对路堤稳定性产生影响的因素有地下水位、地基强度、填料强度、填料与地基的界面强度等；并采用瑞典法和简布法等对路堤稳定性在理论上进行分析。"灰色理论"（GM 理论）预测模型 1982 年由邓聚龙首创，到目前为止已经经过多年的发展，国内外 300 多种期刊都曾刊载过灰色理论的论文。它的主要内容包括灰色方程、灰色矩阵、灰色预测等。此理论是对现有的单位时间内实测沉降量分析后得到变形规律，并通过变形规律来预测未来的沉降量。"灰色理论"一经创立就被迅速应用到工程实践的预测中，后人又对 GM 理论进行了丰富，石世云等提出多变量灰色理论。Lapedes 和 Farber 又提出了新的预测方法神经网络预测模型，它是模拟人类神经细胞的结构和功能，沉降量的计算结果与实测值较好吻合。从 80 年代起在岩土界广泛应用，对人类的生产活动产生了重大影响。大量的实测数据分析沉降—时间曲线趋于 S 形，目前 S 形曲线模型也是一种常用的预测路堤沉降变化的模型。

近年来，我国在西部山区修筑高速公路越来越广泛，山区高填方路堤需要大量填料，因此就地取材，把开挖的土石作为填料，即方便施工又节约经济费用，而且土石填料透水性好，强度高。虽然我国已经积累了部分高填方路堤的施工与设计经验，但是在土石混合作为填料的路堤的研究尚在探索阶段，还未有一定的定量标准。因此，本书中以鄂西北山区高填方公路工程为依托，对山区土石混合高填方路堤的沉降和稳定性进行了研究。

第 2 章

填土—筋材界面特性研究

　　土工格栅铺设在土体中，在土体自重和外部荷载作用下，其纵横肋条与结点的摩擦力和咬合力能够增加强土体的整体性，减少土中颗粒的竖向和侧向位移。因此，土工格栅与土体的作用力主要可以分为两个部分：摩擦力和咬合力。摩擦力主要是土工格栅的肋条和结点与土体的摩擦力。咬合力又由两个部分组成：①土体与土工格栅纵横肋条和结点的端承力；②被土工格栅网眼锁住的土体与网眼外的土体之间的界面摩擦力，这是土工格栅与土体咬合力的另一部分。土工格栅与土体界面的摩擦力在土工合成材料中是比较普遍的，但是土工格栅肋条和结点的咬合却是其独有的。这也是它优于其他土工加筋材料的一个重要因素之一。土工格栅加筋土体的相互作用形式主要有两种：第一种是图 2.1 中的 A 点，破裂面沿着土工格栅和土体的界面，在土体与土工格栅的接触面发生滑移，D 点为土工格栅与土体界面的剪切，这两者均可以通过直剪试验进行研究，剪应力作为评定加筋效果的指标之一；第二种是图 2.1 中的 B 点和 C 点，C 点滑裂面穿过加筋材料，破坏时加筋材料表现为在土体中拔出或拔断，可以通过拉伸/拉拔试验来分析。

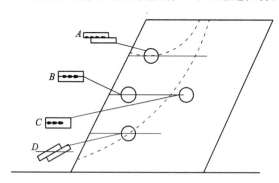

图 2.1　土工格栅加筋土体

　　砂土自身的黏聚力较小，摩擦角较大，砂土与土工格栅相互作用时，砂土颗粒与土工格栅表面欲发生滑移必产生很大的摩擦力，在土工格栅横肋或网眼附近较大的砂土颗粒被咬合在格栅中，其欲发生移动时也将与网眼外的土体产生很大的摩擦力，这些摩擦力和咬合力将松散的砂土加固成较大的整体，减小了破坏的概率。

　　黏土加水拌和后，土体具有较大的黏聚力，压缩性也比较大，黏土压实后与土工格栅表面的摩擦力较小，但是在竖向受到荷载时，黏土易固嵌在土工格栅的网眼内，网眼内外的黏土要想发生滑移就必须克服很大的摩擦力。土工格栅进一步加大了黏土的整体性。

2.1　直剪试验

■ 2.1.1　直剪试验原理

1776 年库仑（Coulomb）根据砂土剪切试验提出的库仑理论，依然适用于土工格栅与土体的直剪试验。在法向荷载作用下，土工格栅与土体若要在接触面上发生相对滑移，就必须克服它们之间的摩擦阻力和咬合力，两者在接触面上单位面积极限值就是剪切强度（剪应力）τ，即

$$\tau = c + \sigma \tan\varphi \qquad (2.1)$$

若 $c = 0$，则

$$f = \tan\varphi = \frac{\tau}{\sigma} \qquad (2.2)$$

式中：f——近似摩擦系数；

　　　c——土体的黏聚力（kPa）；

　　　φ——土体的内摩擦角。

这里为了便于分析加筋材料和土体接触面之间的摩擦特性，特此引入界面摩擦系数比 k，摩擦系数比是土工格栅与土体的摩擦系数与填料自身摩擦系数的比值，即

$$k = \frac{\tan\varphi_{sg}}{\tan\varphi} = \frac{f_{sg}}{\mu} \qquad (2.3)$$

式中：φ_{sg}——土工格栅与土体的界面摩擦角；

　　　f_{sg}——土工格栅与土体的界面摩擦系数；

　　　μ——土体的摩擦系数。

■ 2.1.2　试验材料和方法

1. 试验材料

本试验所用的土料是取自武汉地区的砂土和黄黏土，其物理性能指标见表 2.1 和表 2.2，砂土的颗粒级配曲线如图 2.2 所示，筛分曲线如图 2.3 所示。直剪试验配制黏土的颗粒均小于 5mm，黏土试样的含水率均为最优含水率。配置最优含水率，通过含水率试验［按《土工试验规程》（SL237-003—1999）中烘干法相关规定进行］和击实试验［按《土工试验规程》（SL237-055—1999）相关规定进行］。压实度是 98%。根据《公路土工试验规程》（JTG E40—2007）分类方法，试验土样定名为粗砂，黏聚力为 11.56kPa。采

用四种国产土工合成材料：TDGD70单向土工格栅、TDGD80单向土工格栅、双向土工格栅和三向土工格栅。土工格栅的材料性能指标见表2.3。

表2.1　砂土物理力学性质指标

颗粒组分/%					不均匀系数	曲率系数	限制粒径/mm			内摩擦角
10～2mm	2～0.5mm	0.5～0.25mm	0.25～0.075mm	<0.075mm	C_u	C_c	$d60$	$d30$	$d10$	$\varphi/(°)$
38.4	113.6	100.6	44.8	2.6	5.3	1.09	0.31	0.14	0.058	8.22

表2.2　黏土物理力学性质指标

密度/(g/cm³)	最大干密度/(g/cm³)	液限/%	塑限/%	塑性指数 I_p/%	液性指数 I_1/%	最优含水率/%	黏聚力 c/kPa	有效内摩擦角 φ/(°)
2.095	1.75	42.2	19.5	22.7	0.012	22	30	4.59

表2.3　土工格栅性能指标

特性指标	规　格	指　　　标
单向土工格栅	TGDG70	极限抗拉强度70kN/mm
	TGDG80	极限抗拉强度80kN/mm；极限延伸率≤10%；2%延伸率抗拉强度≥20kN/mm；5%延伸率抗拉强度≥48kN/mm
双向土工格栅	TGSG30-30	单位质量400（±40）g/m²；纵、横向极限抗拉强度30kN/mm；纵向极限延伸率≤16%；横向极限延伸率≤13%；纵向2%延伸率抗拉强度≥11kN/mm；5%延伸率抗拉强度≥13kN/mm；横向2%延伸率抗拉强度≥15kN/mm；5%延伸率抗拉强度≥15kN/mm
三向土工格栅	TX160	肋条中距35mm；结点厚度4mm；节点有效性95%；低应变时的径向拉伸模量520kN/m/0.5%；质控拉伸模量315kN/m/2%

　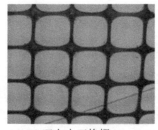　

（a）单向土工格栅　　　（b）双向土工格栅　　　（c）三向土工格栅

图2.2　土工格栅

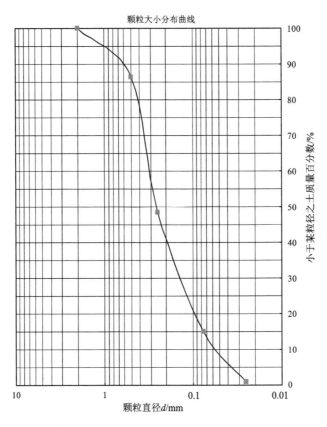

图 2.3 筛分曲线

2. 试验设备

试验设备采用浙江土工仪器制造有限公司生产的 STJY-5 型土工合成材料直剪仪, 试

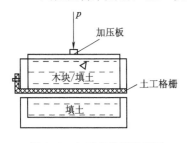

图 2.4 大型直剪仪示意图

验装置主要由剪力盒、水平加载系统、垂直加载系统和量测系统组成。上盒长 30cm×宽 30cm×高 6cm, 下盒长 30cm×宽 30cm×高 6cm, 上下盒壁厚是 2.5cm。水平荷载采用单片电机驱动, 单片机控制。其有 0.02～3mm/min 速率挡位可供选择, 加载速率采用应变控制, 测力范围是 0～10kN。水平位移采用百分表测量, 量程范围是 0～30mm, 精度是 0.01mm。该仪器垂直荷载采用杠杆加载, 杠杆比是 1:12。大型直剪仪示意图如图 2.4 所示。

3. 试验方法

试验按中华人民共和国行业标准《公路土工合成材料试验规程》(JTG E50—2006) 进行。剪切采用应变控制方式, 按试验要求在大型直剪仪的下盒内填满压实的土样 (土样的压实度 96%), 将加筋材料通过上盒侧壁的夹具固定在上盒的下表面, 加筋材料与砂的接触面积是 30cm×30cm。上盒内放置木块, 在上盒上盖好承压板。施加竖向荷载 50～200kPa, 上盒固定, 推动下盒, 剪切速率为 1mm/min; 三向土工格栅有两个剪切速率:

1mm/min、2mm/min，剪切时通过电子屏读取水平推力，百分表读取剪切位移，剪切位移达到 20mm 时试验停止。在相同条件下一组试验重复做三四次，然后对三四次试验数据取平均值，以便减小试验中人为操作等因素的误差。本次试验的每一加筋材料在每一级法向应力作用下，剪应力 τ 从 0 开始增长，记录 τ 值所对应的剪切位移 L 值，绘制 $\tau-L$ 关系曲线图，找到曲线中的峰值为最大剪应力 τ_f，绘制 τ_f 与所对应的法向应力 P 的关系曲线图并进行线性回归，回归方程的斜率即为内摩擦角的正切值，回归方程的截距即为黏结力。土工格栅与砂土直剪试验如图 2.5 所示。

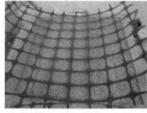

(a)单向土工格栅与砂土　　(b)双向土工格栅与砂土　　(c)三向土工格栅与砂土

图 2.5　土工格栅与砂土直剪试验

■ 2.1.3　试验结果分析

1. 砂土与土工格栅界面摩擦分析

土工格栅与砂土界面的剪应力峰值随着法向应力的增大而增大。单向土工格栅 $\tau-\Delta L$ 关系曲线表现为应变软化型（图 2.6），而其他土工合成材料的 $\tau-\Delta L$ 关系曲线表现为应变硬化型（图 2.7）。单向、双向土工格栅剪切位移在 1～3mm 范围出现拐点，且法向应力越大出现拐点的剪切位移越大。在法向应力 200kPa 的单向土工格栅 τ_f 是法向应力 50kPa 的单向土工格栅 τ_f 的 2.35 倍；在法向应力 200kPa 的双向土工格栅 τ_f 是其法向应力 50kPa 的 2.8 倍。

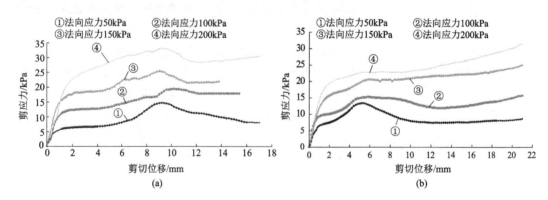

图 2.6　TDGD70/80 单向土工格栅与砂 $\tau-\Delta L$ 关系曲线

三向土工格栅剪切位移在 3～6mm 范围出现拐点，如图 2.7 所示。三向土工格栅出现拐点的剪切位移值比单向土工格栅和双向土工格栅要大，表明三向土工格栅的弹性变形阶段比单向和双向土工格栅的长。在法向应力 200kPa 的三向土工格栅 τ_f 是法向应力

50kPa 的三向土工格栅 τ_f 的 2.5 倍。

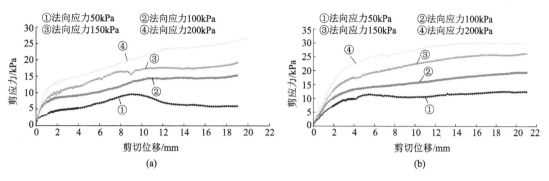

图 2.7　双向/三向土工格栅与砂 τ—ΔL 关系曲线

如图 2.8 和图 2.9 所示，法向应力为 50kPa 时，TDGD80 单向土工格栅与砂土的剪应力峰值 τ_f 大于其他土工格栅与砂土的剪应力峰值 τ_f，当法向应力增大到 100kPa，三向土工格栅的剪应力值明显大于单向土工格栅和双向土工格栅。由此可见，单向土工格栅适用于法向荷载不是很高的加筋工程；随着法向荷载的增加，双向土工格栅与砂土的界面剪应力值逐渐小于其他类型土工格栅；TDGD80 单向土工格栅与砂土界面的剪应力峰值比 TDGD70 单向土工格栅的大。

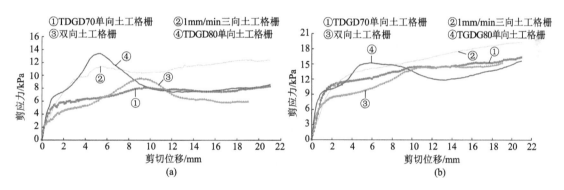

图 2.8　法向应力 50kPa/100kPa 土工合成材料与砂 τ—ΔL 关系曲线

随着法向荷载（50～200kPa）的增加，三向土工格栅 τ_f 比单向土工格栅 τ_f 的提高率减小。加筋砂土时，三向土工格栅 τ_f 比双向土工格栅 τ_f 的提高率大于三向土工格栅 τ_f 比单向土工格栅 τ_f 的提高率。在法向荷载是 50kPa 时，单向土工格栅 τ_f 比双向土工格栅 τ_f 的提高率为负值，说明双向土工格栅的 τ_f 大于单向土工格栅 τ_f；法向荷载增大，单向土工格栅 τ_f 比双向土工格栅 τ_f 的提高率也增大（表 2.4～表 2.5）。

表 2.4　三向比单向、双向土工格栅的 τ_f 提高率　　　　　　　　　　单位：%

法向应力/kPa	50	100	150	200
单向土工格栅	49.34	18.37	17.99	3.98
双向土工格栅	30.13	26.51	36.2	13.38

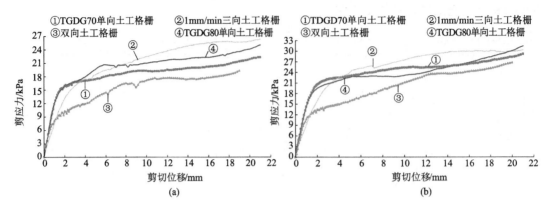

图 2.9　法向应力 150kPa/200kPa 土工格栅与砂 $\tau - \Delta L$ 关系曲线

表 2.5　单向比双向土工格栅的 τ_f 提高率　　　　单位:%

法向应力/kPa	50	100	150	200
单向土工格栅	−12.86	6.87	15.43	28.17

法向应力很小时，三向土工格栅的剪应力值与剪切切速率关系不大；但随着法向应力增大（100～200kPa），三向土工格栅与砂土界面的剪应力随着剪切速率的减小而增加，如图 2.10 所示。

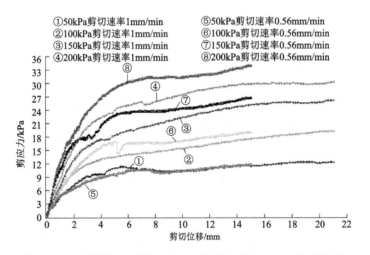

图 2.10　两种剪切速率下三向土工格栅与砂土 $\tau - \Delta L$ 关系曲线

通过上述分析可知，在法向应力增大后，三向土工格栅剪应力值明显大于其他土工合成材料，并且剪切速率越小剪应力值越大，说明三向土工格栅在加强砂土抗剪强度方面优于其他土工合成材料。

如图 2.11 和表 2.6 所示，试验结果分析说明：①土工格栅与砂的摩擦系数比 k 均小于1，即土工格栅与砂土界面摩擦角小于砂土自身的摩擦角，表明土工格栅材料和砂的摩擦界面是个软弱滑动面。②三向土工格栅与砂土的界面黏聚力 $c = 6.995$kPa，在几种土工格栅里最大，由于三向土工格栅的网眼和纵横肋条较多，对土体具有一定的黏附力。③TDGD80 单向土工格栅界面摩擦系数比 $k=0.917$ 最大；TX160 三向土工格栅与TDGD70 单向土工格栅比较接近；最小的是双向土工格栅 $k=0.77$。④通过 f_{sg}（土工合成材料与砂的界面摩擦系数）比较可以看出，两种单向土工格栅的 f_{sg} 比较接近且大于三向、双向土工格栅，是由于单向土工格栅的网眼少，肋条面积大，在界面主要表现为摩擦力。

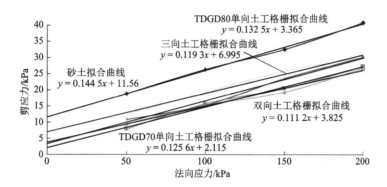

图 2.11　最大剪应力与法向应力（$\tau_f - p$）关系曲线

表 2.6　试验结果

填料	土工材料	黏聚力 c/kPa	摩擦角 φ_{sg}/（°）	摩擦系数 f_{sg}	摩擦系数比 k
砂土	TDGD70 单向土工格栅	2.115	7.16	0.125 6	0.869
	TDGD80 单向土工格栅	3.365	7.55	0.132 5	0.917
	TDSD30-3 双向土工格栅	3.825	6.35	0.111 2	0.77
	TX160 三向土工格栅	6.995	6.8	0.119 3	0.826

2. 黏土与土工格栅界面摩擦分析

土工格栅与黏土界面的剪应力峰值随着法向应力的增大而增大。单向土工格栅、双向土工格栅在法向荷载较小时，$\tau-\Delta L$ 关系曲线表现为应变硬化型，如图 2.12 和图 2.13（a）所示。单向、双向土工格栅剪切位移在 1~2mm 范围出现拐点，且法向应力越大出现拐点的剪切位移越大。三向土工格栅随着法向应力增加，$\tau-\Delta L$ 关系曲线表现为应变软化型，三向土工格栅剪切位移在 3~6mm 范围出现拐点，如图 2.13（b）所示。三向土工格栅出现拐点的剪切位移值比单向土工格栅和双向土工格栅要大，表明三向土工格栅的弹性变形阶段比单向和双向土工格栅的长。

从图 2.14 和图 2.15 可以发现，三向土工格的剪应力值明显大于单向土工格栅和双向土工格栅；同一法向应力、同一剪切位移下双向土工格栅与黏土的界面剪应力大于单向土工格栅。这是由于土工格栅在加筋黏土时，黏土压实后表面偏于光滑，土工格栅表面也光滑，这样它与土体的摩擦力作用就不是很大，相反网眼的咬合力却发挥重要的作用，因此网眼越多，咬合力越大，单位面积上土工格栅的网眼数量是：三向土工格栅＞双向土工格栅＞单向土工格栅。法向应力为 50kPa 时，TDGD80 单向土工格栅与黏土界面的剪应力峰值与 TDGD70 单向土工格栅的非常相近，法向荷载增加后，TDGD80 单向土工格栅 τ_f 大于 TDGD70 单向土工格栅 τ_f，因为 TDGD80 单向土工格栅的结点和肋条比 TDGD70 单向土工格栅的要厚，所以端承力的优势在法向荷载增大后表现出来。通过上述分析可知，单向土工格栅适用于法相荷载不是很高的加筋工程。并且同样法向荷载下，三向土工格栅加筋黏土比双向、单向土工格栅效果要好。

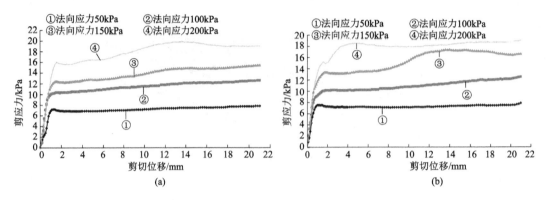

图 2.12　TDGD70/80 单向土工格栅与黏土 $\tau-\Delta L$ 关系曲线

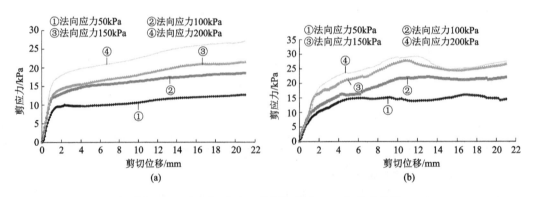

图 2.13　双向/三向土工格栅与黏土 $\tau-\Delta L$ 关系曲线

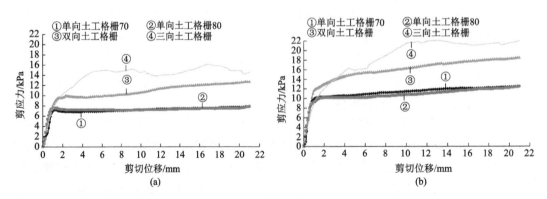

图 2.14　法向应力 50kPa/100kPa 土工格栅与黏土 $\tau-\Delta L$ 关系曲线

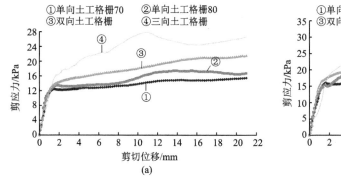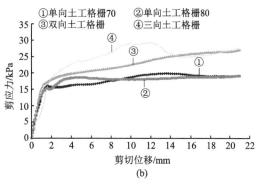

图 2.15　法向应力 150kPa/200kPa 土工格栅与黏土 $\tau - \Delta L$ 关系曲线

图 2.15 所示三向土工格栅与黏土界面剪应力峰值 τ_f 显然大于双向、单向土工格栅的界面剪应力峰值 τ_f。表 2.7 中数据表明，在同一法向应力下，三向土工格栅的界面剪应力峰值 τ_f 比双向、单向土工格栅的提高率。

表 2.7　三向比单向、双向土工格栅的 τ_f 提高率　　　　单位:%

法向应力/kPa	50	100	150	200
单向土工格栅	100	76.88	73.50	50.23
双向土工格栅	26.42	19.51	26.83	7.78

随着法向荷载（50~200kPa）的增加，τ_f 提高率减小。当法向应力在 50kPa 时，三向土工格栅的 τ_f 比单向提高了 100%；即使法向应力在 200kPa 时，三向土工格栅的 τ_f 也比单向提高 50% 以上，可见三向土工格栅加筋黏土的效果明显优于单向土工格栅。三向土工格栅的 τ_f 比双向土工格栅的 τ_f 提高率虽然没有单向的那么突出，但是也很明显。

表 2.8 表明，在同一法向应力下，双向土工格栅的界面剪应力峰值 τ_f 比单向土工格栅 τ_f 的提高率，随着法向荷载（50~200kPa）的增加，τ_f 提高率减小。当法向应力为 50kPa 时，双向土工格栅的 τ_f 比单向提高了 50%。由此可见，双向土工格栅加筋土效果也较好。

表 2.8　双向比单向土工格栅的 τ_f 提高率　　　　单位:%

法向应力/kPa	50	100	150	200
单向土工格栅	62.45	48	34.23	32.38

如最大剪应力与法向应力（$\tau_f - p$）关系曲线（图 2.16）和表 2.9 所示试验结果分析可知：①土工格栅与黏土的摩擦系数比 k 均小于 1，即土工格栅与黏土界面摩擦角小于砂土自身的摩擦角，表明土工格栅材料和黏土的摩擦界面是个软弱滑动面。②三向土工格栅与黏土的界面黏聚力 $c = 12.525$kPa，在几种土工格栅里最大，由于三向土工格栅有很多网眼和纵横的肋条，它们具有一定的咬合力，这种咬合力又表现为黏土与格栅间的黏

聚力。③几种土工格栅与黏土界面的摩擦系数比较小，因为黏土压实后表面比较光滑，且土工格栅表面也是光滑表面，故而表面摩擦力较小。

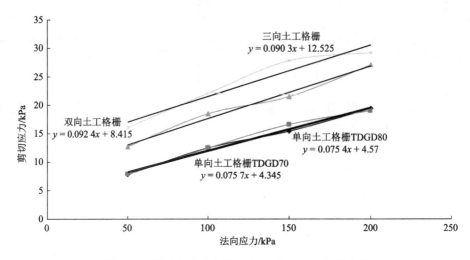

图 2.16　最大剪应力与法向应力（τ_f-p）关系曲线

表 2.9　试验结果

填料	土工材料	黏聚力 c/kPa	摩擦角 Φ_{sg}/(°)	摩擦系数 f_{sg}	摩擦系数比 k
黏土	TDGD70 单向土工格栅	4.345	4.33	0.075 7	0.648
	TDGD80 单向土工格栅	4.57	4.31	0.075 4	0.646
	TDSD30-3 双向土工格栅	8.415	5.28	0.092 4	0.791
	TX160 三向土工格栅	12.525	5.16	0.090 3	0.773

3. 砂土与黏土对比分析

砂土和黏土是岩土工程中常见的土体，对其加筋的研究也是非常有必要的。对比分析不同土工格栅对两种土体的加筋情况，有利于在工程实践中对土工格栅类型的选择提供指导。

通过图 2.17、图 2.18 和表 2.10 单向土工格栅加筋砂土与黏土的比较可知，法向应力 50kPa 时，单向土工格栅与砂土界面剪应力值和单向土工格栅与黏土界面剪应力比较接近，砂土 τ_f 只比黏土 τ_f 大 2.18%，随着法向应力的增加（100～200kPa），单向土工格栅与砂土界面 τ 值比黏土界面 τ 值增大的要迅速；法向应力增长到 200kPa 时，砂土 τ_f 比黏土 τ_f 大 46%，表明单向土工格栅加筋砂土的效果比黏土好。这是由于单位面积内单向土工格栅的肋条面积大于网眼面积，砂土颗粒比较松散，试样表面也比黏土试样表面粗糙，单向土工格栅肋条与砂土界面的摩擦力大于其与黏土界面的摩擦力。

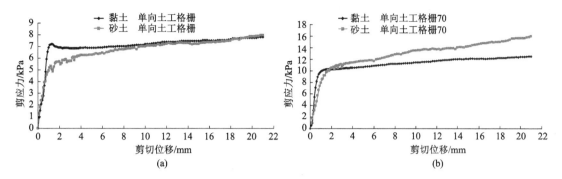

图 2.17　法向应力 50kPa/100kPa 单向土工格栅 $\tau - \Delta L$ 关系曲线

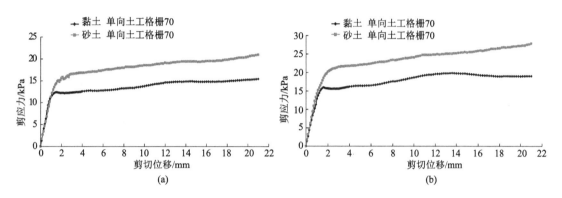

图 2.18　法向应力 100kPa/200kPa 单向土工格栅 $\tau - \Delta L$ 关系曲线

表 2.10　单向土工格栅加筋砂土与黏土的比较

法向应力/kPa	50	100	150	200
黏土 τ_f/kPa	7.81	12.52	15.44	19.04
砂土 τ_f/kPa	7.98	16	20.96	27.8
砂土 τ_f 比黏土 τ_f 增大率/%	2.18	27.79	35.75	46

　　双向土工格栅与黏土界面 τ_f 值比单向土工格栅与砂土界面 τ_f 大（图 2.19、图 2.20 和表 2.11），表明双向土工格栅加筋黏土的效果比砂土好。这是由于单位面积内双向土工格栅的网眼面积大于肋条面积，黏土在最优含水率情况下压实后，颗粒间的黏聚力大于砂土的黏聚力，网眼对黏土的咬合力也大于砂土。但是随着法向应力的增加，加筋黏土 τ_f 比砂土 τ_f 的增大率确有减小趋势。工程实践中加筋土体若土样是黏土，采用双向土工格栅比单向土工格栅加筋效果更为理想。

表 2.11　双向土工格栅加筋砂土与黏土的比较

法向应力/kPa	50	100	150	200
黏土 τ_f/kPa	12.72	18.5	21.53	27.11
砂土 τ_f/kPa	9.56	15.28	19.31	26.75
黏土 τ_f 比砂土 τ_f 增大率/%	33.05	21.07	11.5	1.34

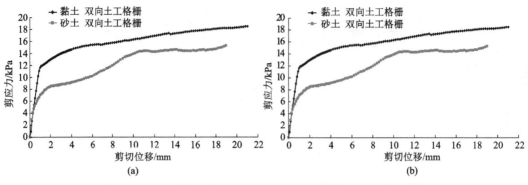

图 2.19　法向应力 50kPa/100kPa 双向土工格栅 $\tau - \Delta L$ 关系曲线

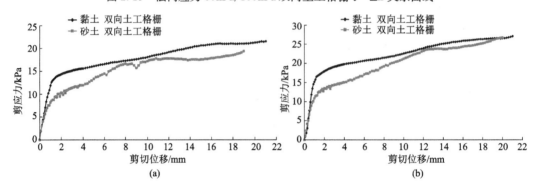

图 2.20　法向应力 150kPa/200kPa 双向土工格栅 $\tau - \Delta L$ 关系曲线

当法向应力在 50kPa、100kPa、150kPa 时，三向土工格栅与黏土界面 τ 值比三向土工格栅与砂土界面 τ 大，如图 2.21 和图 2.22 所示。这表明法向应力不是很大时，三向土工格栅加筋黏土的效果比砂土好，三向土工格栅加筋黏土 τ_f 比砂土 τ_f 增大 29.26%。当法向应力增大到 200kPa 时，三向土工格栅与黏土界面 τ 值与砂土界面 τ 值非常相近，如图 2.22 所示。这是由于法向应力比较小时，黏土的黏聚力导致三向土工格栅的网眼对黏土的咬合力大于砂土，但是随着法向应力的增大，三向土工格栅的网眼对砂土颗粒的固嵌力增强。当法向应力在 200kPa 时，三向土工格栅加筋黏土 τ_f 只比砂土 τ_f 增大 3.8%（表 2.12）。工程实践中，若土体上部荷载不是很大时，三向土工格栅对黏土的加筋效果优于砂土，土体上部荷载很大时，加筋黏土和加筋砂土的效果相当。

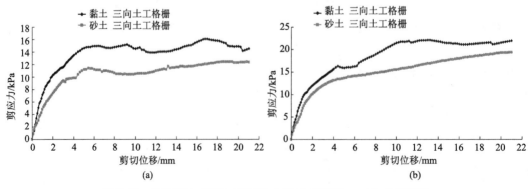

图 2.21　法向应力 50kPa/100kPa 三向土工格栅 $\tau - \Delta L$ 关系曲线

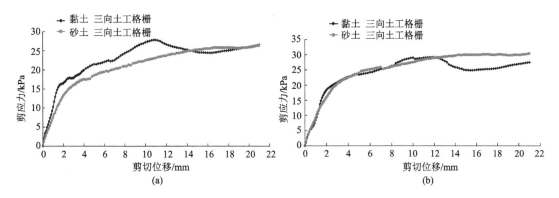

图 2.22 法向应力 150kPa/200kPa 三向土工格栅 $\tau-\Delta L$ 关系曲线

表 2.12 三向土工格栅加筋砂土与黏土的比较

法向应力/kPa	50	100	150	200
黏土 τ_f/kPa	16.08	22.11	27.83	29.22
砂土 τ_f/kPa	12.44	19.33	26.3	30.33
黏土 τ_f 比砂土 τ_f 增大率/%	29.26	14.38	5.82	3.8

2.2 土石混合料—格栅界面摩擦试验

土体的抗剪强度是土体的重要力学性能指标，当土体受到自身和外部荷载后，在土体内部将产生剪应力。若土体内某点的剪应力达到其抗剪强度，处在剪切面上的土体将发生相对滑移，因此土的抗剪强度就是土体抵抗剪切破坏的能力。1776 年首先由库仑提出了适用于砂土的抗剪强度表达式：$\tau_f=\sigma\tan\varphi$。试验不断改进又提出了适合黏土的剪切强度表达式：$\tau=C+\sigma\tan\varphi$。摩尔—库仑理论提出的函数 $\tau=f(\sigma)$ 表达了剪切面上的剪切应力和法向应力的关系。国内外许多学者也曾对土石混合强度和变形特性进行深入的理论和试验研究，也提出了几种抗剪强度公式。例如，Duncan J M 假定无黏性土的应力圆包络线通过应力圆的坐标原点，则抗剪强度 $\tau_f=\sigma_n\tan\left[\varphi_0-\Delta\varphi\log\left(\dfrac{\sigma_3}{p_n}\right)\right]$，德迈罗（De Mello）提出压实堆石的强度破坏公式：$\tau_f=F(\sigma_n)^T$，经后人改进为 $\tau_f=FP_n\left(\dfrac{\sigma_n}{p_n}\right)^T$，式中 F、T 均为无量纲强度参数。郭庆国提出四种形式的粗粒土强度包线，可用一个通式表示：$\tau=C+FP_n\left(\dfrac{\sigma}{p_n}\right)^T$，即（$\tau_f-C$）和 σ_n 之间具有幂函数关系。当 $T=1$ 时，该式简化成库仑公式相同；当 $C=0$ 时，该又与 De Mello 公式相同。

2.2.1 试验试样制备

《公路土工试验规程》（JTG E40—2007）中，将粒径大于 2mm 的颗粒视为石，根据已有规范和前人研究成果，本试验将粒径 5mm 作为土石混合材料中的"土"和"石"界限粒径加以区别，把 5mm 以上颗粒的含量称为含石量。本次试验是分析土石混合材料与几种土工格栅的界面摩擦，采用的土石混合试样是按体积比进行配比，有三种配比：第一种土石混合配比 7∶3，即黏土占 70%，石头占 30%；第二种土石混合配比 1∶1，即黏土占 50%，石头占 50%；第三种土石混合配比 3∶7，即黏土占 30%，石头占 70%。选择这三个配比的原因是：当石头占路堤总体积的 70% 以上时，视为填石路堤。当土体占路堤总体积的 30% 以上时，视为填土路堤。选择这两个界限，再选取土石各占一半。土石混合试样的含水率配比为最优含水率，最优含水率通过大型击实试验得到。

第一种配合比（黏土占 70%）最优含水率为 12%，第二种配合比（黏土占 50%）最优含水率为 10%，第三种配合比（黏土占 30%）最优含水率为 6%。用击锤将土石混合试样分层击实到直剪仪的下盒，盒中试样的压实度必须达到 98%。土石混合的压实度为 98%，剪切速率采用 1mm/min。在相同条件下一组试验要重复做三四次，然后对三四次试验数据取平均值，以便减小试验中人为操作等因素的误差。

■ 2.2.2 相同配比试样与不同土工格栅的试验结果分析

1. 第一种土石配合比（7∶3）

当法向应力的增大（50～200kPa）土工格栅与土石混合（7∶3）界面的剪应力值也增大。四种土工格栅的 $\tau-\Delta L$ 关系曲线是应变硬化型，如图 2.23 和图 2.24 所示。双土工格栅的 $\tau-\Delta L$ 关系曲线在拐点后出现剪应力下降后又升高的趋势，这是由于格栅的网眼（尺寸是 20mm×20mm）比较大，由其对土石的咬合力引起颗粒小的石块滑移。土工格栅剪切位移在 1～3mm 范围出现拐点。在法向应力 200kPa 的单向土工格栅 τ_f 是法向应力 50kPa 的单向土工格栅 τ_f 的 2.36 倍；双向土工格栅法向应力 200kPa 的 τ_f 是法向应力 50kPa 的 2.06 倍。三向土工格栅法向应力 200kPa 的 τ_f 是法向应力 50kPa 的 1.9 倍。

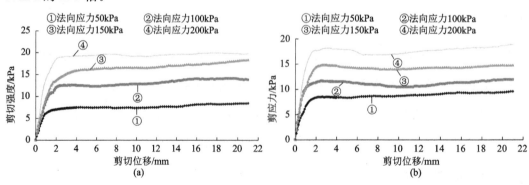

图 2.23 TDGD70/TDGD80 单向土工格栅与土石混合（7∶3）$\tau-\Delta L$ 关系曲线

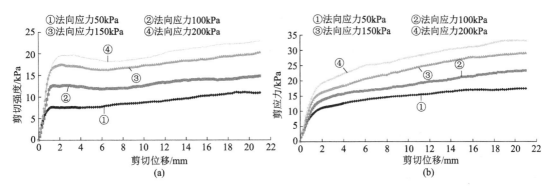

图 2.24　双向/三向土工格栅与土石混合（7∶3）$\tau-\Delta L$ 关系曲线

如图 2.25 和图 2.26 所示，同一法向应力下，三向土工格栅的剪应力 τ 显著大于单向、双向土工格栅的剪应力 τ。而双向土工格栅的剪应力 τ 与单向土工格栅的剪应力 τ 相近。法向荷载增加，TDGD80 单向土工格栅的剪应力 τ 比 TDGD70 单向土工格栅的剪应力 τ 要小。

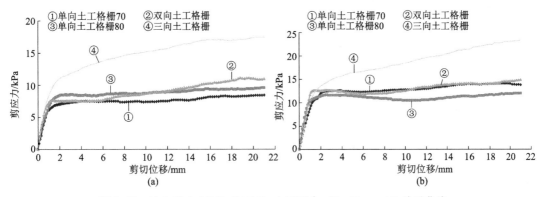

图 2.25　法向应力 50kPa/100kPa 土石混合（7∶3）$\tau-\Delta L$ 关系曲线

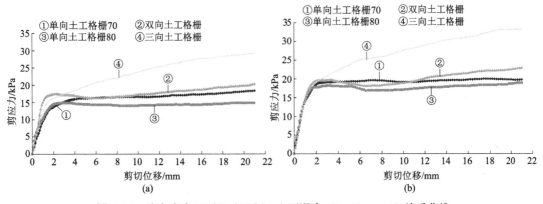

图 2.26　法向应力 150kPa/200kPa 土石混合（7∶3）$\tau-\Delta L$ 关系曲线

图 2.26 和表 2.13 表明，在同一法向应力下，三向土工格栅的界面剪应力峰值 τ_f 比双向、单向土工格栅的提高率。表 2.14 表明，在同一法向应力下双向土工格栅的界面剪应力峰值 τ_f 比单向土工格栅的提高率。

表 2.13　三向比单向、双向土工格栅的 τ_f 提高率　　　单位:%

法向应力/kPa	50	100	150	200
单向土工格栅	93.45	80.72	75.67	71.81
双向土工格栅	56.98	56.37	43.4	45.13

表 2.14　双向比单向土工格栅的 τ_f 提高率　　　单位:%

法向应力/kPa	50	100	150	200
单向土工格栅	23.57	15.38	11.26	18.39

随着法向荷载（50～200kPa）的增加，土工格栅的 τ_f 提高率有减小趋势。三向土工格栅的 τ_f 也比单向土工格栅的 τ_f 提高了70%以上，而且当法向应力在50kPa时，三向土工格栅的 τ_f 比单向土工格栅 τ_f 大93%；并且比双向土工格栅的加筋效果还要显著。双向土工格栅 τ_f 比单向土工格栅的 τ_f 至少提高11%，加筋效果也很理想；但是与三向土工格栅相比，三向土工格栅更优，介于三向土工格栅加筋土的效果，实践工程应该被广泛推广使用。

通过图 2.27 和表 2.15 试验结果分析可知：①三向土工格栅与土石混合（7∶3）的界面黏聚力 $c=12.44$kPa、摩擦角 $\varphi=6.08°$ 在几种土工格栅里最大；②双向土工格栅的 c、φ 值仅小于三向土工格栅；③两种单向土工格栅的 c、φ 值却是负相关。

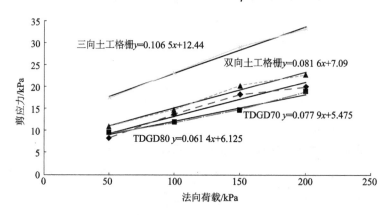

图 2.27　最大剪应力与法向应力（$\tau_f - p$）关系曲线

表 2.15　试验结果

填料	土工材料	黏聚力 c/kPa	摩擦角 φ_{sg}/(°)
土石混合（7∶3）	TDGD70 单向土工格栅	5.475	4.57
	TDGD80 单向土工格栅	6.125	3.51
	TDSD30-30 双向土工格栅	7.09	4.66
	TX160 三向土工格栅	12.44	6.08

2. 第二种土石混合配合比（1∶1）

图 2.28 和图 2.29 所示为 TDGD70 单向土工格栅与土石混合（1∶1）的 $\tau - \Delta L$ 关系曲线，当法向荷载增大时，表现为应变软化型。TDGD80 单向土工格栅、双向土工格栅、三向

土工格栅与土石混合（1∶1）$\tau-\Delta L$ 曲线表现为硬化型。TDGD70 单向土工格栅的 τ_f 在法向应力 200kPa 是法向应力 50kPa 的 2.14 倍；双向土工格栅法向应力 200kPa 的 τ_f 是法向应力 50kPa 的 1.86 倍。三向土工格栅法向应力 200kPa 的 τ_f 是法向应力 50kPa 的 1.96 倍。

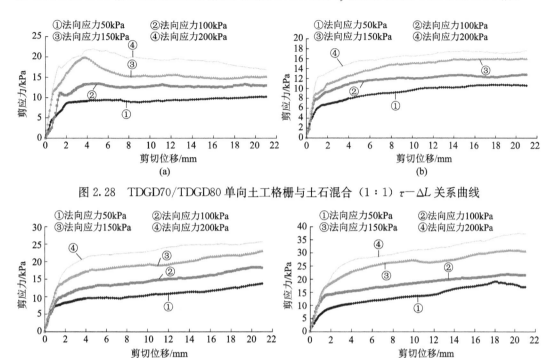

图 2.28　TDGD70/TDGD80 单向土工格栅与土石混合（1∶1）$\tau-\Delta L$ 关系曲线

图 2.29　双向/三向土工格栅与土石混合（1∶1）$\tau-\Delta L$ 关系曲线

如图 2.30 和图 2.31 所示，同一法向应力下，三向土工格栅的剪应力 τ 显著大于单向、双向土工格栅的剪应力 τ。当法向荷载很小时，双向土工格栅的剪应力 τ 与单向土工格栅的剪应力 τ 相近，但是随着法向荷载增大，双向土工格栅的剪应力 τ 大于单向土工格栅的剪应力 τ，尤其是明显大于 TDGD80 单向土工格栅。这是由于法向荷载增大后，双向土工格栅网眼的咬合力也增大。与土石配比 7∶3 的试样一样，TDGD80 单向土工格栅的剪应力 τ 比 TDGD70 单向土工格栅的剪应力 τ 要小。

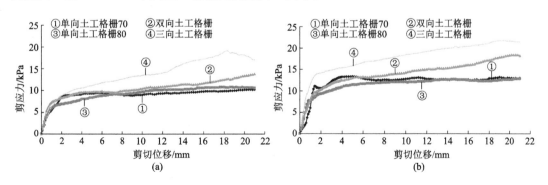

图 2.30　法向应力 50kPa/100kPa 土石混合（1∶1）$\tau-\Delta L$ 关系曲线

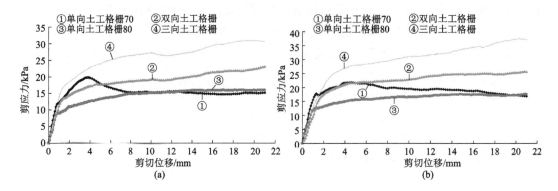

图 2.31 法向应力 150kPa/200kPa 土石混合（1∶1）$\tau - \Delta L$ 关系曲线

表 2.16 中数据为在同一法向应力下，三向土工格栅的界面剪应力峰值 τ_f 比双向、单向土工格栅的提高率；表 2.17 中数据为在同一法向应力下，双向土工格栅的界面剪应力峰值 τ_f 比单向土工格栅的提高率。

表 2.16 三向比单向、双向土工格栅的 τ_f 提高率 单位:%

法向应力/kPa	50	100	150	200
单向土工格栅	86.99	62.88	56.17	70.76
双向土工格栅	38.68	18.73	35.02	45.85

表 2.17 双向比单向土工格栅的 τ_f 提高率 单位:%

法向应力/kPa	50	100	150	200
单向土工格栅	34.83	37.19	15.67	17

当法向应力为 50kPa 时，三向土工格栅的 τ_f 也比单向土工格栅的 τ_f 提高得最大（86.99％）；在 150kPa 时提高率最低，但也达到 55％以上，因此三向土工格栅加筋土的效果优良，在实践工程中应当优先考虑选用。双向土工格栅的加筋效果虽没有三向土工格栅的好，但是它的 τ_f 比单向土工格栅的 τ_f 提高率也在 15％以上。

通过图 2.32 和表 2.18 试验结果分析可知：①三向土工格栅与土石混合（1∶1）的界面黏聚力 $c=10.94$kPa，在几种土工格栅里最大，由于三向土工格栅，网格多纵横的肋条也较多对土石混合的土样具有一定的黏附力；三向土工格栅的黏聚力大于双向土工格栅的黏聚力，TDGD70 单向土工格栅的黏聚力大于 TDGD80 单向土工格栅的黏聚力。②三向土工格栅的摩擦角最大，双向土工格栅的摩擦角次之，单向土工格栅的摩擦角最小。

表 2.18 试验结果

填料	土工材料	黏聚力 c/kPa	摩擦角 φ_{sg}/（°）
土石混合（1∶1）	TDGD70 单向土工格栅	5.86	4.78
	TDGD80 单向土工格栅	8.335	2.73
	TDSD30-30 双向土工格栅	10.13	4.6
	TX160 三向土工格栅	11.105	7.38

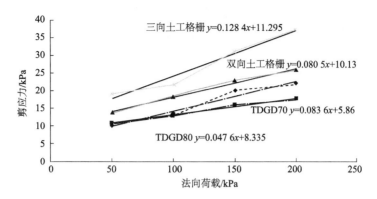

图 2.32　最大剪应力与法向应力（$\tau_f - p$）关系曲线

3. 第三种土石混合配合比（3∶7）

如图 2.33 和图 2.34 所示，TDGD80 单向土工格栅、双向土工格栅、三向土工格栅与土石混合（3∶7）$\tau - \Delta L$ 曲线表现为硬化型。土工格栅与土石混合（3∶7）的 $\tau - \Delta L$ 关系曲线表明，剪应力随着法向荷载增大而增大；TDGD70 单向土工格栅的 τ_f 在法向应力 200kPa 是法向应力 50kPa 的 2.47 倍；双向土工格栅法向应力 200kPa 的 τ_f 是法向应力 50kPa 的 2.14 倍。三向土工格栅法向应力 200kPa 的 τ_f 是法向应力 50kPa 的 1.96 倍。

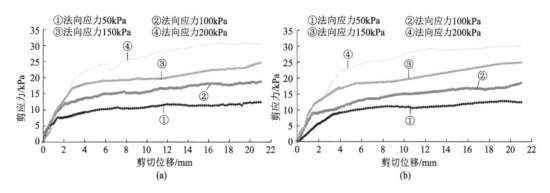

图 2.33　TDGD70/TDGD80 单向土工格栅与土石混合（3∶7）$\tau - \Delta L$ 关系曲线

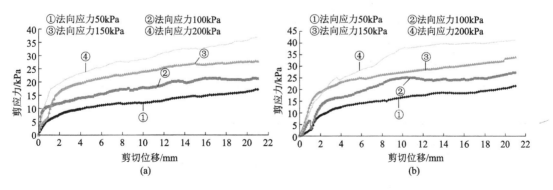

图 2.34　双向/三向土工格栅与土石混合（3∶7）$\tau - \Delta L$ 关系曲线

如图 2.35 和图 2.36 所示，同一法向应力下，三向土工格栅的剪应力 τ>双向土工格栅的剪应力 τ>单向土工格栅的剪应力 τ；TDGD80 单向土工格栅的剪应力 τ 和 TDGD70 单向土工格栅的剪应力 τ 相近。

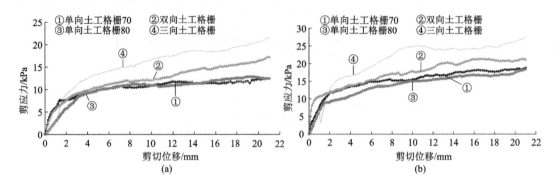

图 2.35　法向应力 50kPa/100kPa 土石混合（3：7）$\tau-\Delta L$ 关系曲线

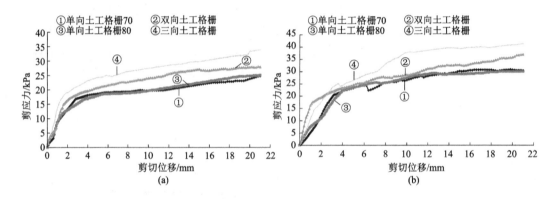

图 2.36　法向应力 150kPa/200kPa 土石混合（3：7）$\tau-\Delta L$ 关系曲线

表 2.19 中数据为在同一法向应力下，三向土工格栅的界面剪应力峰值 τ_f 比双向、单向土工格栅的提高率。表 2.20 中数据为在同一法向应力下，双向土工格栅的界面剪应力峰值 τ_f 比单向土工格栅的提高率。

表 2.19　三向比单向、双向土工格栅的 τ_f 提高率　　　　　单位：%

法向应力/kPa	50	100	150	200
单向土工格栅	68.7	48.5	35.58	37.77
双向土工格栅	25.2	27.61	21.51	11.7

表 2.20　双向比单向土工格栅的 τ_f 提高率　　　　　单位：%

法向应力/kPa	50	100	150	200
单向土工格栅	20.33	11.56	23.33	34.74

土石混合（3：7）与三向土工格栅 τ_f 比单向土工格栅 τ_f 最少提高 35%；比双向土工格栅最少提高 11%。双向土工格栅比单向土工格栅提高的 τ_f 最小是 11.56%，没有三向

土工格栅的效果好。由此可见，应优先选用三向土工格栅加筋土石混合（3∶7）。

由图 2.37 和表 2.21 试验结果分析可知：①三向土工格栅与土石混合（3∶7）的界面黏聚力 $c=14.06$ 在几种土工格栅里最大，由于三向土工格栅中网格多纵横的肋条，也多具有一定的黏附力；双向土工格栅次之，单向土工格栅最小。②三向土工格栅的摩擦角最大，单向土工格栅的摩擦角比双向土工格栅的小。

表 2.21　试验结果

填料	土工材料	黏聚力 c/kPa	摩擦角 φ_{sg}/（°）
土石混合（3∶7）	TDGD70 单向土工格栅	6.385	7
	TDGD80 单向土工格栅	6.945	6.66
	TDSD30-3 双向土工格栅	9.385	7.52
	TX160 三向土工格栅	14.06	7.82

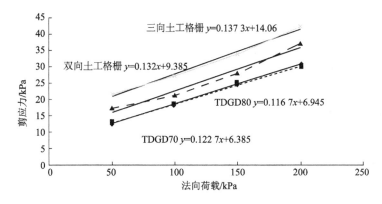

图 2.37　最大剪应力与法向应力（$\tau_f - p$）关系曲线

通过上述分析可知，土石混合试样中含石量增加，三向土工格栅 τ_f 比单向、双向土工格栅 τ_f 的提高率却在减小，并且含石量越大减少得越快。三向土工格栅与三种土石配比土样的界面剪应力峰值 τ_f 在四种土工格栅中最大，三向土工格栅的黏聚力与摩擦角比其他土工格栅都大，说明三向土工格栅提高土样抗剪能力最优，在工程实践中应广泛地推广应用。

2.2.3　不同配比试样与相同土工格栅的试验结果分析

1. 单向土工格栅与不同配比试样的界面分析

当法向应力为 50kPa 时，单向土工格栅与土石混合的界面剪应力 τ_f 明显的是：土石混合 3∶7＞土石混合 1∶1＞土石混合 7∶3。单向土工格栅与土石混合的界面摩擦，随着土体中含石量的增加，剪应力 τ_f 也增大，由于土样中含石量增加，石块增大了与土工格栅的摩擦力。法向应力为 100～200kPa 时，土石混合 1∶1 表现为应力软化现象，如图 2.38 和图 2.39 所示。

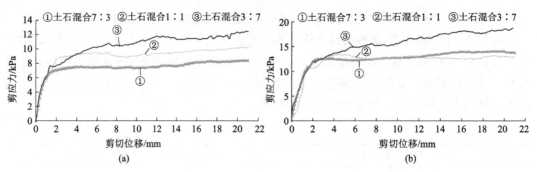

图 2.38　法向应力 50kPa/100kPa 单向土工格栅与混合土体 $\tau - \Delta L$ 关系曲线

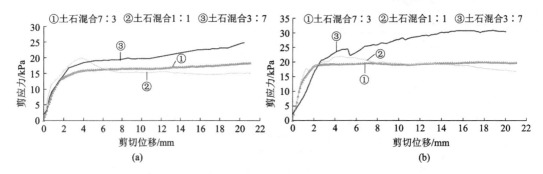

图 2.39　法向应力 150kPa/200kPa 单向土工格栅与混合土体 $\tau - \Delta L$ 关系曲线

由图 2.40 和表 2.22 可以看出，土石混合土样中石块的含量越多，黏聚力越大、摩擦角越大。土石混合中含石量的增加加大了土样与土工格栅的咬合力和摩擦力。土工格栅的黏聚力与摩擦角负相关。

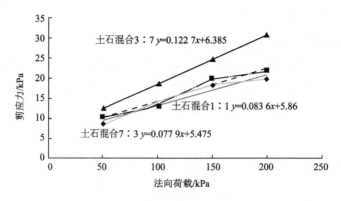

图 2.40　最大剪应力与法向应力（$\tau_f - p$）关系曲线

表 2.22　试验结果

土工材料	填　　料	黏聚力 c/kPa	摩擦角 φ_{sg}/（°）
单向	土石混合（7∶3）	5.48	4.45
土工	土石混合（1∶1）	5.86	4.78
格栅	土石混合（3∶7）	6.39	7

2. 双向土工格栅与不同配比试样的界面分析

双向土工格栅与土石混合的界面摩擦，随着土体中石块含量的增加，剪应力 τ 也增大，由于土样中的石块增大了土样与土工格栅的摩擦力和结点与肋条的咬合力。土石混合(7∶3)与双向土工格栅的界面应力曲线表现为应变软化现象，如图 2.41 和图 2.42 所示。

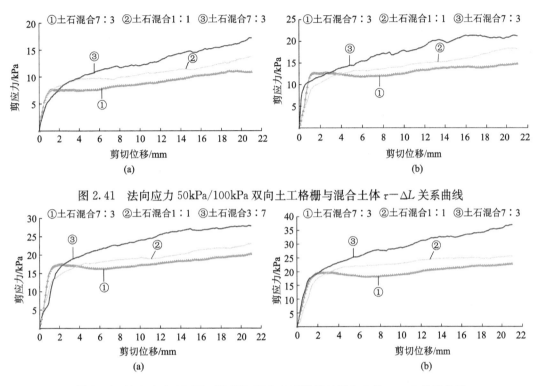

图 2.41　法向应力 50kPa/100kPa 双向土工格栅与混合土体 $\tau-\Delta L$ 关系曲线

图 2.42　法向应力 150kPa/200kPa 双向土工格栅与混合土体 $\tau-\Delta L$ 关系曲线

双向土工格栅与土石混合（1∶1）的黏聚力最大但摩擦角最小；土样中的含石量从 30% 增加到 50%，双向土工格栅的咬合力增加，黏聚力增大；当土石混合中含石量增加到 70% 后，石块与双土工格栅的摩擦力增加，但土样中黏土减少，土样自身的黏聚力也减少，如图 2.43 和表 2.23 所示。

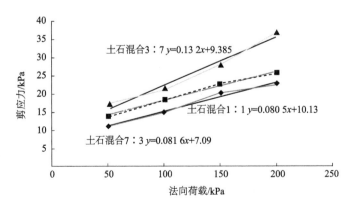

图 2.43　最大剪应力与法向应力（τ_f-p）关系曲线

表 2.23　试验结果

土工材料	填　　料	黏聚力 c/kPa	摩擦角 φ_{sg}/(°)
单向	土石混合（7：3）	7.09	4.66
土工	土石混合（1：1）	10.13	4.6
格栅	土石混合（3：7）	9.385	7.52

3. 三向土工格栅与不同配比试样的界面分析

三向土工格栅与土石混合（3：7）的 τ_f 大于土石混合（1：1）的 τ_f 和土石混合（7：3）的 τ_f。法向应力在50kPa和100kPa时，三向土工格栅土与石混合（1：1）的界面剪应力 τ 和石混合（7：3）的界面剪应力相近；随着法向荷载增大，土石混合（1：1）的界面剪应力大于土石混合（7：3）的界面剪应力，因为法向应力增大，土样与土工格栅的摩擦力和咬合力增大，如图2.44～图2.46所示。

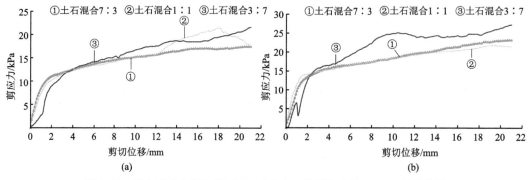

图 2.44　法向应力 50kPa/100kPa 三向土工格栅与土体 $\tau-\Delta L$ 关系曲线

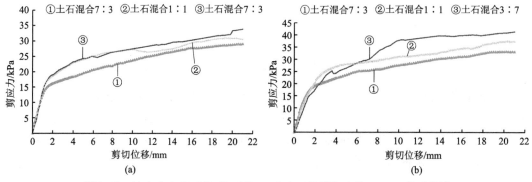

图 2.45　法向应力 150kPa/200kPa 三向土工格栅与土体 $\tau-\Delta L$ 关系曲线

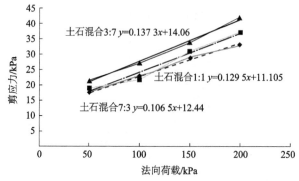

图 2.46　最大剪应力与法向应力（τ_f-p）关系曲线

三向土工格栅与土石混合比（3∶7）的黏聚力和摩擦角最大，三向土工格栅与土石混合比（1∶1）的黏聚力最小，如图 2.46 和表 2.24 所示。

表 2.24　试验结果

土工材料	填　料	黏聚力 c/kPa	摩擦角 φ_{sg}/（°）
单向土工格栅	土石混合（7∶3）	12.44	6.08
	土石混合（1∶1）	11.105	7.38
	土石混合（3∶7）	14.06	7.82

土石混合试样中含石量越多，三向土工格栅的黏聚力随着土样中含石量的增加先减小后增大。TGDG80 单向土工格栅和双向土工格栅的黏聚力与三向土工格栅的相反，随着土样中含石量的增加先增大后减小。双向土工格栅和 TGDG70 单向土工格栅的黏聚力随着含石量的增加而增加，如图 2.47 所示，对四种土工格栅的含石量与黏聚力关系曲线做了二项式拟合。

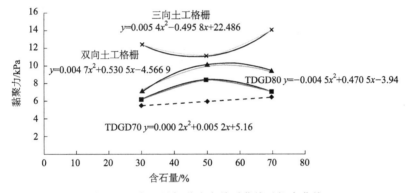

图 2.47　含石量与黏聚力关系曲线及拟合曲线

对图 2.48 中四种土工格栅的含石量与摩擦角关系曲线做了二项式拟合，可分析得：土石混合试样中含石量越多，三向土工格栅的摩擦角越大，单向、双向土工格栅的摩擦角随着土样中含石量的增加先减小后增大。

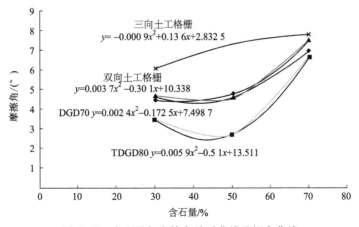

图 2.48　含石量与摩擦角关系曲线及拟合曲线

2.3　不同填料格栅界面摩擦性能分析

砂土、黏土和土石混合是工程中常用作填料的土体。前人对土工格栅加筋土体的研究中，主要研究了单向、双向土工格栅与砂土或黏土的界面摩擦，对加筋土石的研究很少，尤其是三向土工格栅的研究在国内更是刚刚起步。本书分别对砂土、黏土、土石混合与三类土工格栅的界面摩擦进行对比分析，找到加筋每种土体效果最佳的土工格栅。对工程实践有一定的指导作用。

■ 2.3.1　单向土工格栅与不同土体的界面分析

土石混合（3∶7）的剪应力 τ 大于其他土体的 τ，即其 τ_f 也是最大。法向应力（50kPa）较小时，TDGD70 单向土工格栅与砂土、黏土、土石混合（7∶3）剪应力 τ 非常相近，法向应力增加上述三个土样的剪应力 τ 发生变化，砂土的 τ＞土石混合（7∶3）的 τ＞黏土的 τ，因为土石混合（7∶3）中含石量较小，表面没有砂土粗糙，并且土石混合（7∶3）中的石块与土工格栅的摩擦力大于纯黏土的。土石混合（1∶1）的剪应力 τ_f 大于黏土和土石混合（7∶3），但小于砂土的剪应力峰值 τ_f，如图 2.49～图 2.52 所示。

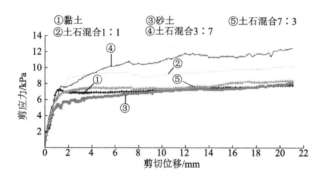

图 2.49　法向应力 50kPaTDGD70 与土体 $\tau-\Delta L$ 关系曲线

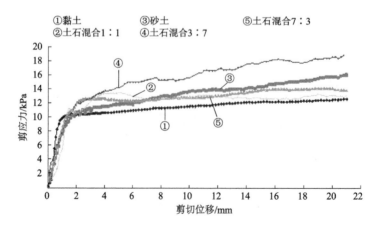

图 2.50　法向应力 100kPaTDGD70 与土体 $\tau-\Delta L$ 关系曲线

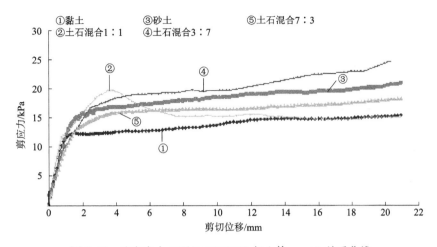

图 2.51　法向应力 150kPaTDGD70 与土体 $\tau-\Delta L$ 关系曲线

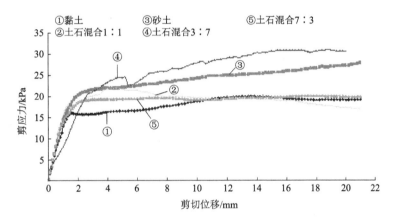

图 2.52　法向应力 200kPaTDGD70 与土体 $\tau-\Delta L$ 关系曲线

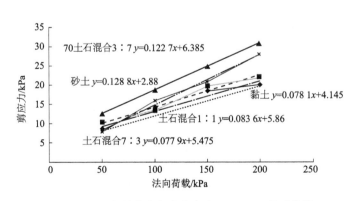

图 2.53　最大剪应力与法向应力（τ_f-p）关系曲线

由图 2.53 和表 2.25 可知，单向土工格栅与土石混合（3∶7）的黏聚力 c 最大且砂土的黏聚力 c 最小，由于砂土自身黏聚力小，又易与土工格栅发生滑移；砂土的摩擦角 φ 最大，因为砂土表面粗糙，单向土工格栅中肋条面积大且网眼面积小，故而砂土的摩擦力较大；土石混合（3∶7）的摩擦角 φ 次之，由于土石中石块的含量达 70%，增大了土样与土工格栅的摩擦力；黏土的摩擦角 φ 最小，黏土压密度达到 98% 后，黏土的表面比较光滑。

表 2.25　试验结果

土工材料	填　料	黏聚力 c/kPa	摩擦角 φ_{sg}/（°）
单向 土工 格栅	黏土	4.15	4.19
	砂土	2.08	7.35
	土石混合（7∶3）	5.48	4.45
	土石混合（1∶1）	5.86	4.78
	土石混合（3∶7）	6.39	7

2.3.2　双向土工格栅与不同土体的界面分析

　　双向土工格栅与土石混合 3∶7 的界面剪应力 τ 最大；双向土工格栅与黏土界面的剪应力 τ 大于土石混合（1∶1）的 τ，这是由于当土工格栅与黏土界面摩擦时，黏土本身具有很强的黏聚力，双向土工格栅结点和肋条的咬合力较大；土石混合（3∶7）的 τ_f 明显小于土石混合（1∶3）的 τ_f，如图 2.54～图 2.57 所示。

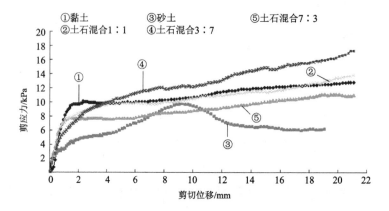

图 2.54　法向应力 50kPa 双向土工格栅与土体 $\tau-\Delta L$ 关系曲线

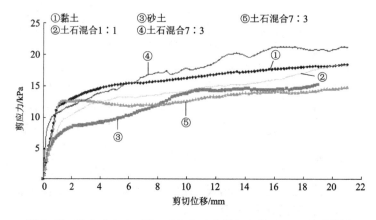

图 2.55　法向应力 100kPa 双向土工格栅与土体 $\tau-\Delta L$ 关系曲线

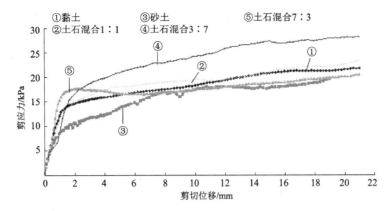

图 2.56　法向应力 150kPa 双向土工格栅与土体 $\tau-\Delta L$ 关系曲线

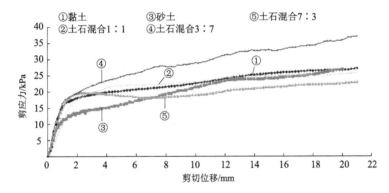

图 2.57　法向应力 200kPa 双向土工格栅与土体 $\tau-\Delta L$ 关系曲线

　　由图 2.58 和表 2.26 可知，双向土工格栅与土石混合（1∶1）的黏聚力 c 最大、砂土的黏聚力 c 最小，由于砂土自身黏聚力小，且与土工格栅易发生滑移；土石混合（3∶7）的摩擦角最大，由于土石中石块的含量达 70%，增大了土样与土工格栅的摩擦力；黏土的摩擦角最小，黏土压实后表面光滑，且双向土工格栅的肋条面积较小。

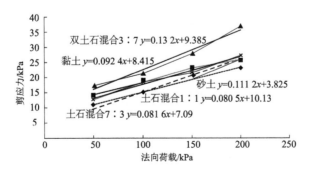

图 2.58　最大剪应力与法向应力（τ_f-p）关系曲线

表 2.26　试验结果

土工材料	填　　料	黏聚力 c/kPa	摩擦角 φ_{sg}/(°)
双向土工格栅	黏土	8.42	4.19
	砂土	3.83	7.35
	土石混合（7∶3）	7.09	4.66
	土石混合（1∶1）	10.13	4.6
	土石混合（3∶7）	9.39	7.52

■2.3.3　三向土工格栅与不同土体的界面分析

三向土工格栅与土石混合（3∶7）的界面应力明显 τ 比与其他土样的剪应力 τ 大，三向土工格栅与土石混合（1∶1）的界面应力 τ 次之，三向土工格栅与砂土的界面应力 τ 最小；三向土工格栅与土石混合（7∶3）的界面剪应力 τ 和黏土的界面应力 τ 非常相近，但其剪应力 τ_f 略大于黏土的剪应力 τ_f。由此可见，黏土中加入石块增大了三向土工格栅与土样的界面剪应力，通过上述分析可知，三向土工格栅加筋土石混合土样的效果优于加筋纯土的土样，如图 2.59～图 2.62 所示。

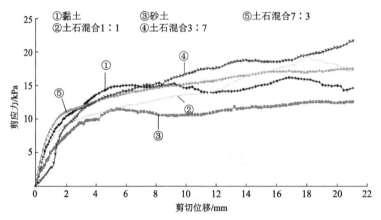

图 2.59　法向应力 50kPa 三向土工格栅与土体 $\tau-\Delta L$ 关系曲线

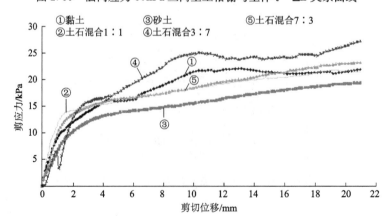

图 2.60　法向应力 100kPa 三向土工格栅与土体 $\tau-\Delta L$ 关系曲线

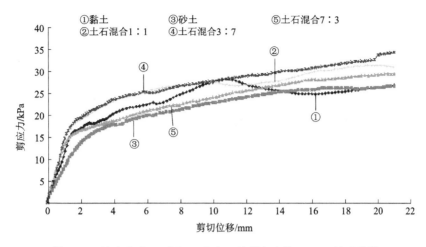

图 2.61　法向应力 150kPa 三向土工格栅与土体 $\tau-\Delta L$ 关系曲线

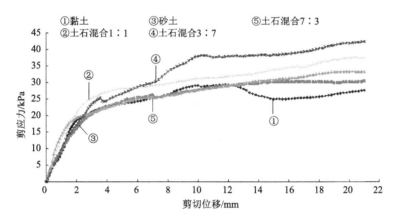

图 2.62　法向应力 200kPa 三向土工格栅与土体 $\tau-\Delta L$ 关系曲线

三向土工格栅与土石混合（3：7）的黏聚力和摩擦角最大，如图 2.63 和表 2.27 所示；与黏土的摩擦角最小，黏土压实后表面相对其他土体比较光滑；砂土的黏聚力最小，由于砂土自身黏聚力较小，且易发生滑移；砂土的黏聚力最小；由此可见，纯土的摩擦力或黏聚力最小。

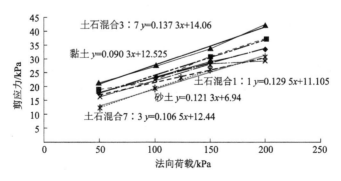

图 2.63　最大剪应力与法向应力 (τ_f-p) 关系曲线

表 2.27　试验结果

土工材料	填　　料	黏聚力 c/kPa	摩擦角 φ_{sg}/(°)
三向土工格栅	黏土	12.53	5.16
	砂土	6.94	6.92
	土石混合（7∶3）	12.44	6.07
	土石混合（1∶1）	11.11	7.38
	土石混合（3∶7）	14.06	7.82

2.4　本章小结

通过本章的填土－筋材界面试验分析得到以下结论：

（1）纯土－格栅界面摩擦试验表明：土工格栅与砂/黏土的摩擦系数比 K 均小于 1，表明土工格栅和砂的摩擦界面是一个软弱滑动面，在加筋工程中应需要演算接触面的滑移稳定性。三向土工格栅的弹性变形阶段比单向和双向土工格栅的长。在同一法向应力下，三向土工格栅与黏土、砂土的剪切应力值明显大于单向和双向土工格栅。三向土工格栅与砂土界面的剪应力随着剪切速率的增加而减小。三向土工格栅加筋黏土的效果比加筋砂土的要好，由于其表面网眼比较多，具有一定的黏附力。同一法向应力、同一剪切位移下双向土工格栅与黏土的界面剪应力 τ 大于单向土工格栅 τ。双向土工格栅加筋砂土的效果最差。TDGD80 单向土工格栅与砂土界面摩擦系数比最大，双向土工格栅最小。单向土工格栅与砂土界面 τ 值比双向土工格栅与砂土界面 τ 大。

（2）土石混合料-格栅界面摩擦试验表明：三向土工格栅与三种土石配比的界面 τ_f（剪应力峰值）大于其他土工格栅的 τ_f。随着法向荷载增大，含石量增加，土工格栅与土石混合的界面 τ 也增大。土石配比中，含石量增加，双向土工格栅的 τ_f 也逐渐大于单向土工格栅。含石量较少的土样（7∶3）与双向土工的剪应力-剪切位移关系曲线表现为应变软化现象。随着土样中石块的含量增加，TDGD80 与填料的界面 τ_f 先小于 TDGD70 单向格栅 τ_f，后大于 TDGD70 单向格栅 τ_f。三向土工格栅与三种土石配比的黏聚力 c，随着石块含量的增加，先减小后增大；三向土工格栅与三种土石配比的摩擦角 φ，随着石块含量的增加而增大。双向土工格栅和单向土工格栅与土石配比的摩擦角 φ 随着石块含量的增加，先减小后增大，拟合线形为开口向上的抛物线。双向土工格栅和 TDGD80 单向土工格栅与土石配比的黏聚力 c，随着含石量的增加，有先增大后减小的趋势。土石混合（7∶3）与土石混合（1∶1）的黏聚力 c 和摩擦角 φ 负相关，黏聚力越大摩擦角越小。三向土工格栅的加筋纯土和混合土的效果均优于单向、双向土工格栅。

第 3 章

天然材料加筋土的力学性能

3.1 毛竹、棕麻材料的拉伸试验

近年来，随着绿色经济和可持续发展观念的不断深入，生态建材，尤其是生态加筋材料的应用也越来越受到关注。我国的毛竹和棕麻树分布极广，适应性极强，具有很强的再生能力和繁殖能力，且具有很好的抗拉性能，用其替代传统土工聚合物，进行填方路基和地基加筋等工程，具有良好的经济效益和生态效益。

材料本身力学性能的研究是其加筋应用的前提，竹材和纤维抗拉强度的研究涉及多个领域。国内外对于棕麻纤维加筋的研究还较缺乏，但对于竹材加筋的研究比较广泛。Atanda J 介绍了尼泊尔将竹材当作建材的一些有利作用。张丹等研究了 4 年生和 6 年生毛竹、圆竹的力学性能。这些研究分析了竹材的单项力学性能，未能针对某一种竹材的抗拉性能进行全面的分析，尤其是缺少影响其拉断性能因素的系统研究。

本章分别对毛竹条和棕麻纤维进行拉伸试验，研究毛竹条和棕麻纤维的抗拉力学性能，针对毛竹条进行 6 组对照试验来研究截面尺寸、含水率、试样距竹根位置、加载速率及竹节与毛竹顺纹抗拉强度之间的关系，针对棕麻纤维进行 4 组对照试验来研究不同纤维束对抗拉强度的影响，并进行 10 组平行试验研究棕麻纤维的均值抗拉强度。

3.1.1 试验过程

1. 试样采集

毛竹和棕麻树在我国分布广泛，本次实验对象取自湖北恩施地区的毛竹和湖北工业大学校内棕麻树。为了消除竹龄对于毛竹试验结果的影响，特统一选择 5 年生的毛竹。在湖北恩施地区取毛竹 30 株，按照试验要求和试验目的选取毛竹竹条，根据《土工合成材料塑料土工格栅》（GB/T 17689—2008）和《建筑用竹材物理力学性能试验方法》（JGT 199—2007）的要求对毛竹进行加工。棕麻纤维选自同一株棕麻树的同一位置，并分别选取 5 株棕麻树进行平行试验。

2. 试样规格与编号

1) 毛竹试样规格与编号

为了研究截面尺寸、含水率、加载速度对毛竹顺纹抗拉强度的影响，在同一株毛竹上的相同位置取试样，如图 3.1 所示。图中编号 1、2、3、4、5、6、7、8 为竹筒上初始尺寸相同的 8 个竹条。

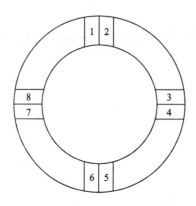

图 3.1　试样位置

为了研究试样距竹根位置对毛竹顺纹抗拉强度的影响，在同一株毛竹的不同位置取试样，分别在毛竹距竹根 5m、10m、15m 处取 3 个试样进行一组实验。

为研究竹节对毛竹顺纹抗拉强度的影响，按照图 3.2 所示的方法在距竹根 10m 处的位置取含有竹节的试样。

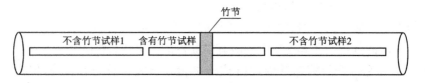

图 3.2　含有竹节试条的劈制方法

竹条尺寸如图 3.3 所示，试验标准截面尺寸为：$L \times b \times t = 200\text{mm} \times 5\text{mm} \times 1\text{mm}$。

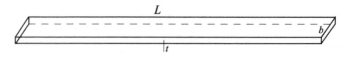

图 3.3　毛竹试条尺寸

（1）试验组 1：不同宽度 b。

为了研究不同宽度 b 的影响规律，按照图 3.1 取 3 个毛竹竹条试样，编号：B1、B2、B3，试样尺寸规格：

B1：$L \times b \times t = 200\text{mm} \times 2.5\text{mm} \times 1\text{mm}$；

B2：$L \times b \times t = 200\text{mm} \times 5\text{mm} \times 1\text{mm}$；

B3：$L \times b \times t = 200\text{mm} \times 10\text{mm} \times 1\text{mm}$。

（2）试验组 2：不同厚度 t。

为了研究不同宽度 t 的影响规律，按照图 3.1 取 3 个毛竹竹条试样，编号：T1、T2、T3，试样尺寸规格：

T1：$L \times b \times t = 200\text{mm} \times 2.5\text{mm} \times 1\text{mm}$；

T2：$L \times b \times t = 200\text{mm} \times 2.5\text{mm} \times 2\text{mm}$；

T3：$L \times b \times t = 200\text{mm} \times 2.5\text{mm} \times 3\text{mm}$。

（3）试验组 3：含水率。

按照图 3.1 所示取 3 个初始含水率一样的毛竹竹条，编号：HSL1、HSL2、HSL3，试样尺寸规格：HSL1、HSL2、HSL3 均为标准试样，尺寸 $L \times b \times t = 200\text{mm} \times 5\text{mm} \times 1\text{mm}$。

（4）试验组 4：距竹跟位置。

在同一毛竹上分别取距竹跟 5m 处、10m 处、15m 处的 3 个试样，编号：D1、D2、D3，试样尺寸规格：D1、D2、D3 均为标准试样，尺寸 $L \times b \times t = 200\text{mm} \times 5\text{mm} \times 1\text{mm}$。

（5）试验组 5：不同加载速度。

按照图 3.1 取 4 个毛竹竹条。编号：S1、S2、S3、S4，试样尺寸规格：S1、S2、S3、S4 均为标准试样，尺寸 $L \times b \times t = 200\text{mm} \times 5\text{mm} \times 1\text{mm}$。

（6）试验组 6：有无竹节。

按照图 3.2 取 2 个毛竹竹条。编号：J1、J2，试样尺寸规格：J1、J2 均为标准试样，尺寸 $L \times b \times t = 200\text{mm} \times 5\text{mm} \times 1\text{mm}$。

2）棕麻纤维试样规格与编号

棕麻纤维的直径较小，直接采用单根纤维进行拉伸试验会受到很多因素的影响而使得试验结果误差较大，所以棕麻纤维拉伸试验采用纤维束进行试验。棕麻纤维均取自棕麻树中段部分，如图 3.4 所示。

图 3.4　棕麻纤维

为了研究纤维根数对试验结果的影响，选取纤维根数为 5、10、15、20 的 4 组试样对照试验，编号为 1 号、2 号、3 号及 4 号，如图 3.5 所示。为了试验的科学性，进行 5 组平行试验，选取均值结果。

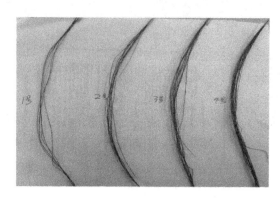

图 3.5　棕麻纤维试样编号

3）试件保存

为了消除含水率对其他几组实验的影响，将所有实验放置在温度 20（±2）℃，相对湿度 65（±15）％的恒温恒湿室内保存，且每个试样不叠加放置。

3. 试验方法

毛竹条和棕麻纤维的拉伸试验采用济南耐尔试验机有限公司型号为 WDW-10E 的微机控制电子万能试验机，仪器由试验机和数据采集系统两个部分构成，如图 3.6 所示。试验采用控制变量的方法，进行对照试验。

图 3.6　微机控制电子万能试验机

■3.1.2　试验结果及分析

1. 毛竹试验结果及分析

1）宽度影响规律

将试验组 1 中的试样 B1、B2、B3 在温度 20（±2）℃，相对湿度 65（±15）％的恒温恒湿室内保存 3d，以归并含水率对于试验的影响，以 0.1mm/min 的加载速度进行拉伸试验。力随时间的变化曲线以及力随变形的变化曲线如图 3.7 所示。

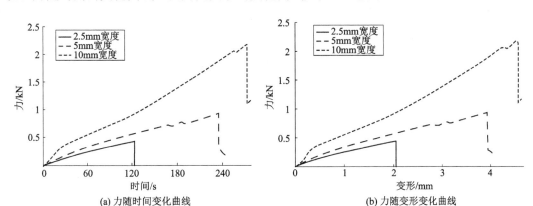

(a) 力随时间变化曲线 　　　(b) 力随变形变化曲线

图 3.7　不同宽度试样拉断试验结果

从图 3.7 可以看出，不同宽度的抗拉强度曲线变化趋势是一致的，在试样拉坏之前都呈现近似线性变化，即毛竹竹条近似为一种弹性加筋材料。从力与时间变化曲线可以看出，试样宽度越宽拉断所需要的力越大且时间越长，两者呈现近似的正比例关系。从力与变形曲线可以看出，试样宽度越宽发生相同变形需要更大的力，也就是说其极限抗拉力更大。综上，毛竹竹条宽度越大，其顺纹极限抗拉力越大。

2）厚度影响规律

为了研究毛竹竹条厚度对于强度的影响，将试验组 2 中的 T1、T2、T3 试样在经过 2d 温度 20（±2）℃，相对湿度 65（±15）％的恒温恒湿处理后，以 0.1mm/min 的加载速度进行拉伸试验。力随时间变化曲线以及力随变形的变化曲线如图 3.8 所示。

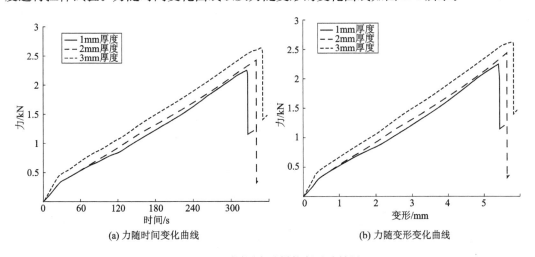

(a) 力随时间变化曲线 　　　(b) 力随变形变化曲线

图 3.8　不同厚度试样拉断试验结果

从图 3.8 可以看出，不同厚度试样的抗拉强度曲线变化趋势是一致的，在试样拉坏之前都呈近似线性变化，即毛竹竹条近似为一种弹性加筋材料。从力与时间变化曲线可以看出，试样越厚拉断所需要的力越大且时间越长。从力与变形曲线可以看出，试样越厚发生相同变形需要更大的力，也就是说其极限抗拉力更大。综上，毛竹竹条越厚其顺纹极限抗拉力越大。

3）含水率影响规律

含水率对于竹子性能的影响是很大的。含水率过高的竹子容易发霉腐蚀，会严重影响其力学性质，故所选用的竹子均为经过 2d 温度 20（±2）℃，相对湿度 65（±15）％的恒温恒湿箱保存后，研究较低含水率情况下的定性规律。用干燥箱对初始含水率一致的试样 HSL1、HSL2、HSL3 进行不同含水率的梯度控制，以 0.1mm/min 的加载速度进行拉伸试验，并测出 3 个试样含水率。力随时间变化曲线和力随变形变化曲线如图 3.9 所示。

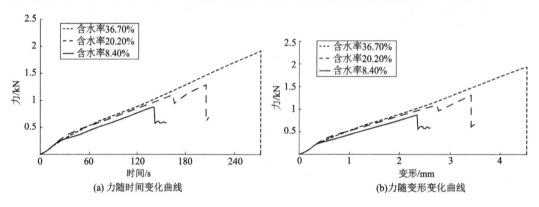

图 3.9　不同含水率试样拉断试验结果

从图 3.9 可以看出，不同含水率毛竹竹条的抗拉强度曲线变化趋势是一致的。从力随时间变化曲线可以看出，试样含水率越大，拉断所需要的力越大且时间越长。从力随变形变化曲线可以看出，试样含水率越大，发生相同变形需要更大的力，也就是说其极限抗拉力更大。综上，经过恒温恒湿处理后的毛竹竹条的顺纹极限抗拉力随含水率的降低而减小。

4）距竹根位置影响规律

毛竹竹条所取位置的不同对应的抗拉强度也会不一样。为了掌握竹条抗拉强度与位置的关系，将试验组 4 的试样在经过 2d 温度 20（±2）℃，相对湿度 65（±15）％的恒温恒湿处理后，以 0.1mm/min 的加载速度进行拉伸试验。力随时间变化曲线和力随变形变化曲线如图 3.10 所示。

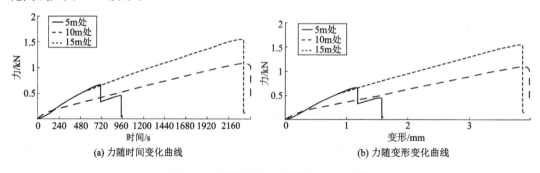

图 3.10　距竹根位置试样拉断试验结果

从图 3.10 可以看出，不同位置毛竹竹条的抗拉强度曲线变化趋势一致。从力随时间变化曲线可以看出，距竹根越远的试样拉断所需要的力越大且时间越长。从力随变形变化曲线可以看出，距竹根越远的试样发生相同变形需要更大的力，也就是说其极限抗拉力更大。综上，毛竹竹条的顺纹极限抗拉力随距竹根距离远近变化，距离越远极限抗拉力越大。

5）不同加载速度影响规律

为了研究加载速度对于毛竹抗拉强度的影响，将试验组 5 中的 S1、S2、S3、S4 试样在经过 2d 温度 20（±2）℃，相对湿度 65（±15）% 的恒温恒湿处理后，分别以 0.1mm/min、0.5mm/min、1mm/min、2mm/min 的加载速度进行拉伸试验。力随时间变化曲线和力随变形变化曲线如图 3.11 所示。

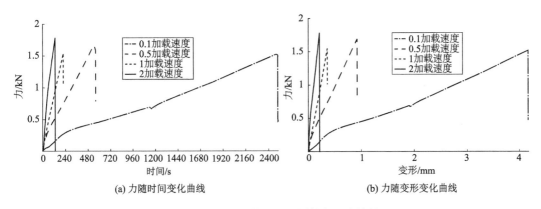

(a) 力随时间变化曲线　　　　　　　　(b) 力随变形变化曲线

图 3.11　不同加载速度试样拉断试验结果

从图 3.11 可以看出，不同加载速度下的毛竹竹条顺纹抗拉强度曲线变化趋势一致。加载速度越快，其极限抗拉力会有所增加，但是增量并不大，即毛竹竹条的顺纹极限抗拉力随加载速度的增加而有所增大，但这种影响并不明显。

6）竹节影响规律

竹材中的竹节是一个无法规避的问题，也是研究竹材必须考虑的问题。为了研究竹节对抗拉强度的影响规律，将试验组 6 中的 J1、J2 试样在经过 2d 温度 20（±2）℃，相对湿度 65（±15）% 的恒温恒湿处理后，以 0.1mm/min 的加载速度进行拉伸试验。力随时间变化曲线和力随变形变化曲线如图 3.12 所示。

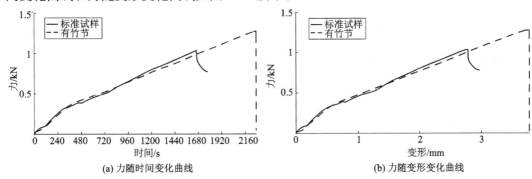

(a) 力随时间变化曲线　　　　　　　　(b) 力随变形变化曲线

图 3.12　有无竹节试样拉断试验结果

从图 3.12 可以看出，有无竹节毛竹竹条顺纹抗拉强度曲线变化趋势一致。从力随时间变化曲线可以看出，有竹节试样拉断所需要的力越大且时间越长。从力随变形变化曲线可以看出，有竹节试样发生相同变形需要更大的力，也就是说其极限抗拉力更大。此外，在数值上可以得出，有竹节试样的极限抗拉力比没有竹节试样的抗拉力大 0.5kN 左右。综上，竹节有利于毛竹竹条的顺纹极限抗拉力，极限抗拉力提高约 0.5kN 左右。

2. 棕麻纤维试验结果及分析

图 3.13 为不同棕麻纤维根数的拉伸试验的拉力－变形关系曲线，可以看出：①棕麻纤维能够被拉伸，具有一定的抗拉强度；②棕麻纤维的拉力－变形曲线呈现弹塑性特征，变形较小时，拉力与变形呈现近似线性关系；③比较各不同纤维根数的拉力－变形曲线，棕麻纤维的抗拉强度随着棕麻束中棕麻根数的增加而增加。

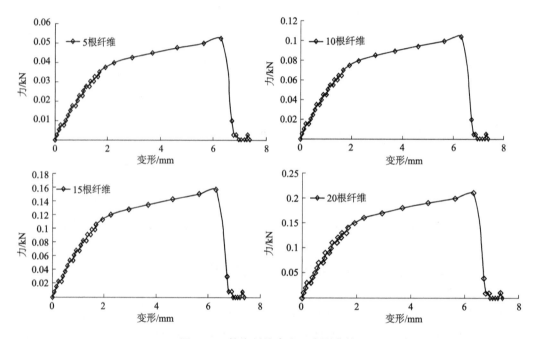

图 3.13　棕麻纤维束力－变形曲线

图 3.14 为棕麻纤维均值化拉力－变形曲线关系。可以看出：棕麻纤维受拉破坏可以分为三个阶段，ab 段为线性变化阶段，即为弹性受拉段，在此阶段拉力与变形呈现线性变化，随着拉力的增加，棕麻纤维线性增；bc 段为弹塑性阶段，在此阶段拉力继续增加，变形也逐渐增加，只需要较小的力就能发生较大的位移，纤维的抗拉不断损失；cd 段为破坏阶段，在此

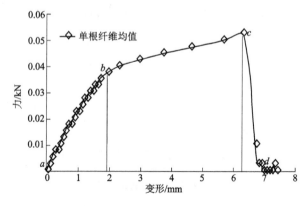

图 3.14　棕麻拉拔力－变形关系曲线

阶段棕麻纤维被拉坏。

3.2 毛竹竹条加筋砂的大尺寸直剪试验

工程实践中常采用土工合成材料作为土体加筋材料，这些合成加筋材料由高分子聚合物构成，其生产过程会有一定环境污染，应用时又需长距离运输，若工程中能够就地取材，应用天然材料进行加筋，将具有良好的经济效益和生态效益。

竹子具有一定的强度和韧性，是很好的天然加筋材料，在土木工程领域已有较为普遍的应用。国内外学者在竹材物理力学特性方面开展了大量的研究，主要集中在竹材力学性能及其影响因素方面。Chen H 等通过化学和物理方法研究了竹纤维、竹纤维束和竹条的物理力学性质。张丹和李旭根据《竹材物理力学性质试验方法》（GB/T 15780—1995）研究了竹龄、竹节等条件下毛竹的力学性能。Bergado 等利用直接剪切试验和拉拔试验研究了竹网和土工格栅加筋粉质黏土的加筋效果，结果表明竹网加筋效果略好于土工格栅。Ma'Ruf M 等通过大量直剪试验研究了印尼某品种竹子根系的加筋效果，结果表明竹根加筋土的抗剪强度与竹根的体积百分比呈线性增加关系。此外，国内外学者对竹子作为加筋材料在实际工程中的运用进行了一系列的研究。党发宁等介绍了竹子作为抗拉筋材加固软土路基的应用效果。Toh 等研究了马来西亚地区土工织物与竹子混合加筋软土的加筋效果。Huang 等研究了水泥和竹条加筋土的强度特性。王蕾等用竹筋格栅加固公路软基，并利用三轴试验研究了其加筋土性质。石振明等通过对某实际工程竹筋地基现场监测成果和数值模拟分析了竹筋对软土地基的加筋效果。文华等基于川南地区常见粉质黏土软弱路基的特点，经过现场试验研究，总结了乡村公路竹筋加筋土路基的施工工艺以及关键技术。Irsyam M 等通过数值分析和室内试验研究了竹子作为锚杆加固软土路基的效果。王晓东等研究了楠竹加筋新型锚杆的力学性质。

从上述文献可以看出，竹条自身力学性质的研究以及在实际工程中的应用已经十分广泛，但是对于竹条加筋的机理研究还相对比较滞后。本章将进行大尺寸直剪试验，通过控制加筋条件研究竹条加筋砂土的加筋机理及竹材的最优加筋率和加筋尺寸。

■ 3.2.1 试验过程

1. 试验仪器

试验采用的大型直接剪切试验机是成都东华卓越科技有限公司研制的 ZY50-2G，试验设备主要由剪切仪、数据采集系统和位移传感器三个部分构成。剪切仪主要由水平加载系统、垂直加载系统、剪切盒、开缝环、下剪切盒位移滚动机、开缝滚柱等组成。水平加载系统和垂直加载系统均为油压千斤顶，最大水平推力和最大垂直荷载为 700kN，且油缸最大水平和垂直行程为 120mm。剪切盒尺寸为 $\phi504.6mm$，包括上剪切盒和下剪切盒，上剪切盒可以自行拆卸。

2. 试验材料

试验用砂颗粒级配曲线如图 3.15 所示，砂的基本物理参数见表 3.1。试验所用加筋材料为恩施巴东的天然竹条，通过一系列拉拔试验得到竹条轴向拉力－变形曲线，其均值化结果如图 3.16 所示。

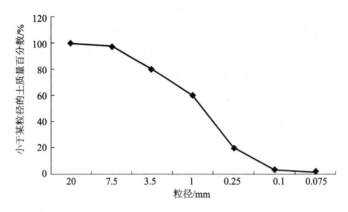

图 3.15　砂土颗粒级配曲线

表 3.1　砂土参数表

参数	最大干密度/ (g/cm³)	最小干密度/ (g/cm³)	含水率/ %	土粒比重	不均匀系数 C_u	曲率系数 C_c	最大孔隙比	最小孔隙比
数值	1.89	1.65	6	2.67	5.4	1.4	0.62	0.41

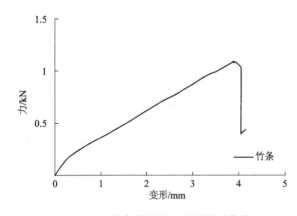

图 3.16　竹条拉拔力－变形关系曲线

3. 试验方法

试验采用应变式直接剪切，剪切速度为 0.5mm/min。通过控制变量法来研究竹条加筋砂土的加筋机理以及不同竹条尺寸和掺入竹条质量百分比对加筋砂土效果的影响。

所采用的加筋方式为均匀拌和加筋，即将竹条均匀拌和于砂土，使竹条均匀分布于砂中。竹条取自自然风干状态下，以竹条的掺入质量百分比和竹条加筋长度作为加筋材料的影响控制因素，制样前将竹条分别剪成 10mm×20mm、10mm×40mm 和 10mm×60mm 的尺寸，加筋质量百分比分别为 0.2%、0.4%、0.6%、0.8%、1.0% 和 1.2%。不同尺寸和质量百分比下的各组试样都在 400kPa、800kPa、1200kPa 和 1600kPa 这 4 种不同的竖向荷载作用下进行 36 组大尺寸直剪试验。

将称好的竹条与砂土拌和均匀，倒入一定质量的水进行搅拌，使试样含水率约为 5%，然后养护拌和均匀的砂土竹条混合物 24h，使其含水率稳定。最后统一称取 135kg

土样，采取统一的击实锤且击实至相同的高度，从而控制试样的击实度。试验分 3 层进行击实，最终制得的试样尺寸为 $\phi504.6mm \times 400mm$。

将试样先加载竖向荷载，稳定后由水平加载系统加载水平剪切荷载，推动下剪切盒水平移动，使试样发生剪切。当水平位移到达 30~35mm 时停止剪切。

3.2.2　试验结果及分析

1. 对抗剪强度的影响

图 3.17 为纯砂发生 30mm 剪切位移的剪切力－剪切位移关系曲线。可以看出，纯砂应力－应变曲线呈现软化型，随着剪切位移的增加剪切力增大，到达峰值后趋于稳定。剪切力和峰值剪切力随着竖向荷载的增大而不断增大。此外，在应变小于 5mm 时，不同竖向荷载作用下的应力－应变曲线很接近，但随着应变的逐渐增加，不同竖向荷载作用下的纯砂剪切力与剪切位移关系曲线的距离逐渐拉开且不断增加，说明竖向荷载对于纯砂抗剪强度的影响在应变较大时较为显著。

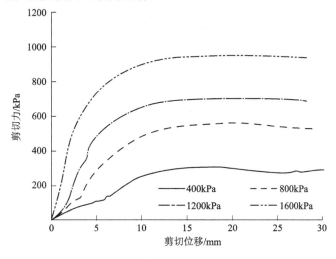

图 3.17　纯砂的剪切力－剪切位移关系曲线

图 3.18 为竹条加筋率为 0.6% 不同尺寸竹条发生 30mm 剪切位移的剪切力－剪切位移关系曲线；图 3.19 为尺寸 10mm×40mm 竹条不同加筋率的剪切力－剪切位移关系曲线。从图 3.18 和图 3.19 可以看出，曲线中均有明显的峰值点，抗剪强度达到峰值后逐渐降低然后趋于平稳。剪切力和峰值剪切力随着竖向荷载的增大而不断增大，曲线呈现软化型。在应变小于 5mm 时，不同竖向荷载作用下的应力应变曲线很接近，但随着应变的逐渐增加，不同竖向荷载作用下的竹条加筋土剪切力－剪切位移关系曲线的距离逐渐拉开且不断增加，说明竖向荷载对于加筋土抗剪强度的影响在应变较大时较为显著。与图 3.17 纯砂剪切力－剪切位移曲线相比，加入竹条的加筋土的关系曲线均要高于纯砂关系曲线，说明竹条加筋可以提高砂土的抗剪强度。加入竹条且拌和均匀的加筋土的剪切力－剪切位移曲线的峰值要明显高于纯砂的剪切力－剪切位移曲线峰值，说明加入竹条后，提升了砂土的峰值剪切强度。此外，达到峰值后的曲线，加竹条的加筋土的残余强度较纯砂也有所提高。

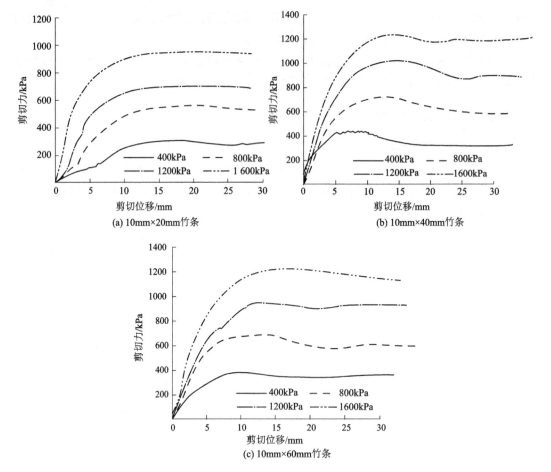

(a) 10mm×20mm竹条

(b) 10mm×40mm竹条

(c) 10mm×60mm竹条

图 3.18　竹条加筋率为 0.6% 的剪切力—剪切位移关系曲线

图 3.18 中，加入竹条后加筋土的抗剪强度均增加，竹条加筋土的峰值抗剪强度随着竹条长度的增加呈现先增大后减小的趋势。其峰值抗剪强度在 400kPa 法向应力时分别提高了 24.12%、26.25% 和 9.38%。在 800kPa 时分别提高了 19.48%、26.95% 和 22.28%。在 1200kPa 时分别提高了 17.32%、25.11% 和 17.53%。在 1600kPa 时分别提高了 6.17%、16.31% 和 15.46%。竹条长度为 40mm 时，加筋土的峰值抗剪强度提高最大，加筋效果达到最佳状态。

图 3.19 中，加入竹条后加筋土的抗剪强度均增加，竹条加筋土的峰值抗剪强度随着加筋率的增加呈现先增大后减小的趋势。与图 3.17 的纯砂相比，尺寸 10mm×40mm 的竹条加筋土峰值强度在 400kPa 时分别提高了 4.55%、15.92%、20.13%、27.33%、21.73% 和 15.42%。在 800kPa 时分别提高了 17.40%、18.22%、19.55%、23.85%、18.83% 和 16.77%。在 1200kPa 时分别提高了 14.07%、14.34%、17.68%、34.71%、12.50% 和 10.86%。在 1600kPa 时分别提高了 1.40%、6.03%、6.08%、11.73%、8.22% 和 8.12%。竹条加筋率为 0.8% 时，加筋土的峰值强度提高最大，抗剪强度达到最大值。

此外，在较大位移处加入竹条的加筋土的剪切强度仍然大于纯砂，即竹条加筋土的残余抗剪强度大于纯砂抗剪强度，提高了砂土的延性，改善了砂土的强度和变形特性。

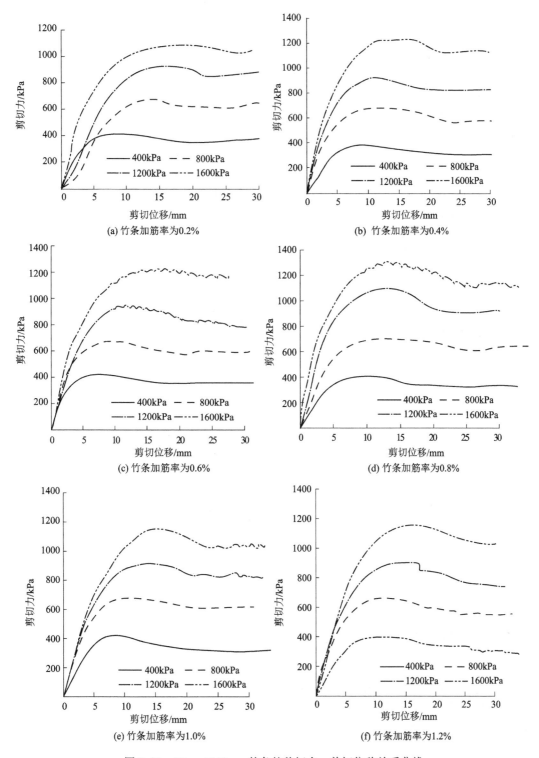

图 3.19　10mm×40mm 竹条的剪切力—剪切位移关系曲线

通过分析可知，竹条加筋土的抗剪强度高于纯砂，其原因是竹条呈"近似曲面体"，表面凹凸不平，且竹条的顺纹方向有很多较深的纹路。这些纹路能够提高竹条与砂土之间的机械咬合力，从而改善竹条加筋土的抗剪性能，提高竹条加筋复合材料的整体性能，增大竹条与砂土之间的摩擦力。同时，竹条是一种天然柔性材料，具有一定的韧性和强度，使其在土体中不容易被破坏。本章所述的加筋土是竹条与砂均匀拌和所成的复合材料，竹条在砂中以一定的角度随机穿插，增加了剪切时的阻力，提高了加筋土的抗剪强度。

当竖向荷载不断增大时，土体的抗剪强度也随之不断增加。通过分析可知，竖向荷载较小时，土体受到的约束较小，试样剪切面发生剪切破坏时所需要的剪切力也相对较小；而土体的抗剪强度达到峰值后，土与土、土与竹条、竹条与竹条之间会出现裂缝，由于约束小，裂缝随着应变的增加而迅速的发展扩大，土体的抗剪强度急剧下降。相反，竖向荷载较大时，对土体的约束也大，当达到峰值后，土与土、土与竹条、竹条与竹条之间裂缝发展受到限制，减缓了裂缝的扩展，抑制抗剪强度的降低。

2. 对抗剪强度指标的影响

图 3.20 为竹条加筋率为 0.6% 的加筋土中不同竹条尺寸对加筋土抗剪强度指标的影响关系曲线。图 3.21 为 10mm×40mm 的竹条加筋土中不同竹条加筋率对加筋土抗剪强度的影响关系曲线。从图 3.20（a）中可以看出，加筋土黏聚力随着竹条长度变化呈现先增大后减小趋势，在竹条长度为 40mm 时曲线达到峰值，较纯砂而言，竹条加筋土的黏聚力大幅度增加。从图 3.20（b）中可以看出，曲线变化不明显，变化范围很小，近似直线。竹条加筋土的内摩擦角较纯砂略微增加。即加入竹条的加筋土的黏聚力和内摩擦角较纯砂均有所提高，但黏聚力增加较为明显，内摩擦角增加很小。说明加筋竹条尺寸对加筋土抗剪强度的影响主要体现对黏聚力的影响。

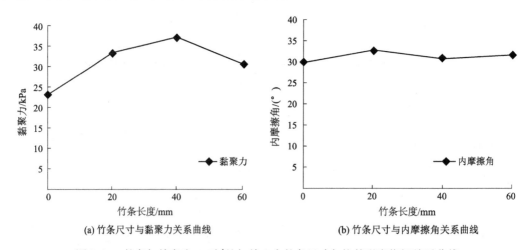

图 3.20　竹条加筋率为 0.6% 的加筋土中竹条尺寸与抗剪强度指标关系曲线

从图 3.21（a）可以看出，加筋土黏聚力随着竹条加筋率变化呈现先增大后减小趋势，在竹条加筋率为 0.8% 时曲线达到峰值，竹条加筋土的黏聚力较纯砂大幅度增加。从图 3.21（b）中可以看出，曲线变化不明显，变化范围很小，近似直线。竹条加筋土的内摩擦角较纯砂略微增加。即加入竹条的加筋土的黏聚力和内摩擦角较纯砂均有所提高，但黏聚力增加较为明显，内摩擦角增加很小。这说明加筋竹条的加筋率对加筋土抗剪强度的影响主要体现对黏聚力的影响。

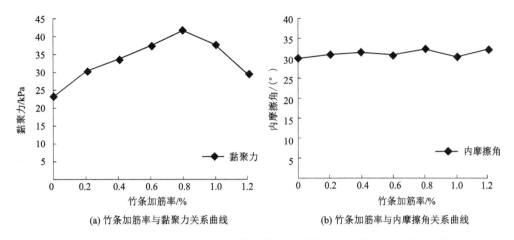

(a) 竹条加筋率与黏聚力关系曲线　　　　(b) 竹条加筋率与内摩擦角关系曲线

图 3.21　10mm×40mm 的竹条加筋土竹条加筋率与抗剪强度指标关系曲线

表 3.2 为加筋土黏聚力和内摩擦角与竹条加筋率和尺寸的数值关系。与纯砂相比，各种竹条加筋土的黏聚力和内摩擦角均有所提高，但黏聚力增加较大，内摩擦角增加较小，几乎没变化。当加筋率为 0.6% 时，10mm×20mm 竹条的黏聚力提高了 44.69%，内摩擦角仅提高了 12.35%，10mm×40mm 竹条的黏聚力提高了 60.89%，内摩擦角仅提高了 3.49%，10mm×60mm 竹条的黏聚力提高了 31.76%，内摩擦角仅提高了 6.96%。从上述数据可以看出，10mm×40mm 竹条的加筋土的黏聚力增加的幅度最大，内摩擦角几乎不变。竹条尺寸为 10mm×40mm 时，竹条加筋率为 0.2% 时黏聚力提高了 29.69%，内摩擦角仅提高了 4.35%，竹条加筋率为 0.4% 时黏聚力提高了 44.78%，内摩擦角仅提高了 5.91%，竹条加筋率为 0.6% 时黏聚力提高了 60.89%，内摩擦角仅提高了 3.48%，竹条加筋率为 0.8% 时黏聚力提高了 79.20%，内摩擦角仅提高了 10.08%，竹条加筋率为 1.0% 时黏聚力提高了 62.14%，内摩擦角仅提高了 2.09%，竹条加筋率为 1.2% 时黏聚力提高了 27.20%，内摩擦角仅提高了 8.87%。从上述数据可以看出，10mm×40mm 竹条且加筋率为 0.8% 时加筋土的黏聚力增加的幅度最大，内摩擦角增加很小，几乎不变。说明黏聚力对砂土抗剪强度的影响较大。

表 3.2　大尺寸直剪试验不同加筋率砂土强度指标

竹条尺寸	加筋率/%	抗剪强度指标	
		c/kPa	φ/ (°)
10mm×40mm	0	23.27	29.90
	0.20	30.18	30.96
	0.40	33.69	31.34
	0.60	37.44	30.75
	0.80	41.70	32.33
	1.00	37.73	30.41
	1.20	29.60	32.05

竹条尺寸	加筋率/%	抗剪强度指标	
		c/kPa	φ/（°）
10mm×20mm	0.60	33.67	32.86
10mm×60mm	0.60	30.66	31.59

竹条作为一种新型的天然加筋材料，加筋土黏聚力和内摩擦角均有所增加，其黏聚力增加的幅度较大，内摩擦角变化较小，几乎不变。在大尺寸剪切试验中，试样受到剪切力沿着剪切面发生剪切破坏，随着剪切位移的增加，土体要改变原有的结构排列，使土颗粒沿着剪切面移动。加入竹条后，竹条与土之间相互作用，使得竹条也承担了一部分剪切力，土的抗压性能和竹条的抗拉性能共同作用，提高了加筋土的摩擦面积，阻碍土颗粒的移动，提高加筋土的峰值抗剪强度，也使土体在发生较大应变时仍然保持较大的强度。但是，加入竹条并没有很大地改变砂土本身的物理性质，因此对于内摩擦角的影响较小。

3. 最优长度和最优加筋率分析

通过分析图 3.20 可知，加入竹条长度对加筋土的抗剪强度影响呈现先增加后减小的趋势。对比表 3.2 中不同长度尺寸加筋土的强度指标可知，当竹条尺寸为 10mm×40mm 时，对砂土加筋效果最为明显。其原因是竹条长度过小不能充分地发挥竹条与砂土之间相互作用的摩擦力，长度过大在加筋过程中易被折断或者使得竹条与砂土不能充分地接触，破坏土体的整体性，从而影响竹条的加筋效果。

通过分析图 3.21 可知，竹条加筋率对加筋土的抗剪强度影响呈先增加后减小的趋势。对比表 3.2 中不同加筋率加筋土的强度指标可知，竹条加筋率为 0.8% 时，砂土加筋效果最显著。其原因是竹条加入量少，竹条与土体之间的作用有限，对筋土之间摩擦力的贡献也较小，随着竹条加入量的不断增加，筋土之间的摩擦力接触面积不断增加，对于加筋土抗剪强度的贡献也不断加强，表现出加筋土的抗剪强度随着加筋率的增加而增加，当达到最优含量 0.8% 时，加筋效果达到最佳状态，继续增加竹条含量，使过量的竹条相互堆积重叠，竹条不能与砂土充分接触，破坏土体的整体性，从而表现出抗剪强度增幅下降的现象。

综上所述，竹条加筋能够提高砂土的抗剪性能，有效地抑制土体变形。从上述 36 组大尺寸直剪试验中可以得到，当竹条尺寸为 10mm×40mm、竹条加筋率为 0.8% 时，对砂土的加筋效果为最佳。

3.3　棕麻纤维加筋土三轴试验

■3.3.1　棕麻纤维加筋砂三轴试验

纤维加筋是指在土体中加入纤维来改善土体性质的一种方法，纤维加筋可以限制土体的侧向和竖向变形，增强土体的强度，并且低含量的纤维就能达到很好的加筋效果，其工程造价一般低于其他的土体改良方法。

如今国内外对于纤维加筋土的研究主要集中于合成纤维加筋和天然纤维加筋，李金和等综述了近 20 年来国内外在人工纤维和天然纤维加筋土技术方面取得的研究成果表明，加筋纤维能够有效提高土体的抗剪、抗压、抗拉强度和承载力。对于纤维加筋土的特性常采用室内三轴试验、直剪试验进行不同加筋条件、不同纤维含量、不同纤维尺寸和不同试验环境等变量下的研究。施利国等运用三轴试验研究了聚丙烯纤维在不同加筋率，不同围压，不同灰土比等工况下加筋灰土的强度特性，证实聚丙烯纤维加筋灰土能够增强灰土的力学性质。刘芳等利用室内三轴试验开展了玻璃纤维加筋标准砂的应力—应变特性及不同加筋条件下加筋效果的研究，试验表明，玻璃纤维加筋砂土的加筋效果受到纤维掺入量，试验含水率等多方面因素的影响。陈昌富等利用室内三轴试验探讨了不同加筋情况下草根加筋土抗剪强度指标变化规律，分析了素土和草根加筋土的变形破坏模式以及筋材在土体剪切过程中的阻抗机理。Garry 等利用直接剪切试验研究了不同纤维角度对纤维土工作机理的影响。Sivakumar 等利用三轴试验对椰壳纤维土的测试结果表明，加入椰壳纤维可以明显提高加筋土的抗剪强度。Yetimoglu 等利用加利福尼亚州承载比试验，研究随机分布离散纤维加筋软黏土的强度性质，试验表明，纤维土的承载能力随着纤维掺入量的增加而增加。

工程中若能够就地取材，应用天然材料进行加筋，将具有良好的经济效益和生态效益，此外，天然纤维较人工纤维加筋效果更显著。天然纤维加筋是近几年兴起的，尚缺少大范围的试验研究，理论还不完善。张艳美等在大量试验的基础上研究各种影响系数与土工合成纤维土补强机理之间的关系，并得到相应计算经验公式。棕麻纤维具有一定的强度和韧性，是很好的天然纤维加筋材料。吴燕开等对剑麻纤维加筋土进行无侧限抗压试验和直接剪切试验，研究了随机分布剑麻纤维加筋土力学性能。Prabakar 等在土体中加入剑麻纤维，研究剑麻纤维加筋机理，试验结果表明剑麻纤维能够增加土体的强度，提高土体的工程性质。璩继立等运用直剪、无侧限压缩等试验方法研究了棕榈纤维加筋上海黏土的加筋效果，得到不同棕榈尺寸、不同混合方式等情况下加筋土的强度性质。

图 3.22 TSZ-2 型
全自动三轴仪

本节通过控制纤维含量及不同围压条件下进行室内三轴试验，研究棕麻纤维加筋砂的力学特征以及破坏特征。在大量试验的基础上，探讨棕麻纤维加筋土的主应力差、抗剪强度以及抗剪强度指标与纤维含量及围压的关系，并初步分析棕麻纤维加筋的补强机理。

1. 试验过程

1）试验仪器

试验采用 TSZ-2 型全自动三轴仪（南京土壤仪器厂有限公司生产）。设备由三轴仪和数据采集系统构成，如图 3.22 所示。

2）试验材料

试验所用砂土颗粒级配曲线如图 3.23 所示，砂土的基本物理参数见表 3.3。试验所用加筋材料为棕麻纤维，取自湖北工业大学校园内棕麻树。

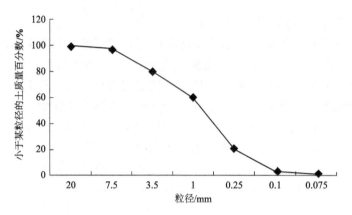

图 3.23　砂土颗粒级配曲线

表 3.3　砂土参数表

参数	最大干密度 / (g/cm³)	最小干密度 / (g/cm³)	含水率 /%	土粒比重	不均匀系数 C_u	曲率系数 C_c	最大孔隙比	最小孔隙比
数值	1.89	1.65	10	2.67	5.40	1.40	0.62	0.41

3）试验方法

试验采用应变式全自动三轴仪，加载速度为 0.50mm/min。本试验采用固结不排水（CU）三轴试验，通过控制不同纤维含量和不同围压两个变量的方法来研究棕麻纤维加筋砂土的力学特性以及不同棕麻纤维含量对加筋砂土效果的影响。

按照《公路土工试验规程》（JTG E40—2007）所述扰动土样的制备程序制备试验土样。采用的加筋棕麻纤维直径为 0.1～0.6mm，先用剪刀剪成统一长度 20mm。将上述棕麻纤维称好与砂土拌和均匀，倒入一定质量的水进行搅拌，使试样含水率为 10%，然后养护拌和均匀的砂土棕麻纤维混合物 24h，使其含水率稳定。试验统一称取 150g 土样，采取统一的击实锤且击实至相同的高度，从而控制试样的击实度为 90%，分 3 层进行击实，最终制得试样尺寸为 $\phi39.1\text{mm}\times70\text{mm}$。棕麻纤维取自自然风干状态下，以棕麻纤维含量作为加筋材料的影响控制因素。棕麻纤维加筋含量为其质量百分比，分别取 0.2%、0.4%、0.6%、0.8%、1.0%、1.2%、1.4% 和 1.6%。不同纤维含量下的各组试样都在 100kPa、200kPa 和 300kPa 这 3 种不同围压下共进行 24 组三轴试验。试验部分试样如图 3.24 所示。

图 3.24　棕麻纤维加筋试样

2. 试验结果及分析

1）主应力差（$\sigma_1-\sigma_3$）与轴向应变 ε_1 的关系

试验结果取试样轴向应变不大于 10% 的数据进行分析研究。图 3.25 和图 3.26 为纯砂和各种棕麻加筋土在固结不排水（CU）三轴试验过程中的主应力差与轴向应变之间的关系曲线。

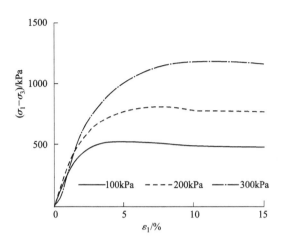

图 3.25　不同围压的纯砂主应力差值与轴向应变关系曲线

　　图 3.25 为不同围压下纯砂的主应力差与轴向应变关系曲线，可以看出：①纯砂的主应力差与轴向应变关系曲线呈现应变硬化现象；②在应变小于 2％时，不同围压下的应力应变曲线很接近，但随着应变的逐渐增加，不同围压下的纯砂主应力差与轴向应变关系曲线的距离逐渐拉开且不断增加，说明围压对于纯砂主应力差的影响在应变较大时较为显著。

　　图 3.26 为不同工况下棕麻纤维加筋土的主应力差与轴向应变关系曲线，通过纵横向的比较可以看出：①棕麻纤维加筋土的主应力差与轴向应变关系曲线呈现应变硬化现象；②在应变小于 2％时，不同围压下的棕麻纤维应力应变曲线很接近，但随着应变的逐渐增加，不同围压下的主应力差与轴向应变关系曲线的距离逐渐拉开且不断增加，说明围压对于棕麻纤维加筋土主应力差的影响在应变较大时较为显著；③棕麻纤维加筋土的主应力差值随着棕麻纤维加入量的增加而有所提升，说明纤维含量影响加筋土的强度和抗变形能力；④加入棕麻纤维后加筋土的强度均增加，棕麻纤维加筋土的主应力差值随着纤维含量的增加呈现先增大后减小的趋势。轴向位移小于 10％时，在围压 100kPa 作用下主应力差值随着棕麻纤维含量分别提高了 27.11％、68.19％、70.57％、101.44％、115.34％、132.58％、128.43％和 83.49％。在围压 200kPa 作用下主应力差值随着棕麻纤维含量分别提高了 29.10％、66.70％、79.22％、102.38％、119.55％、131.68％、115.16％和 93.62％。在围压 300kPa 作用下主应力差值随着棕麻纤维含量分别提高了 23.27％、48.00％、51.44％、60.36％、69.43％、81.52％、75.34％和 70.31％。棕麻纤维含量为 1.2％时，加筋土的主应力差值提高最大，加筋效果达到最佳状态。

　　2）加筋土的抗剪强度

　　同一组试样在 100kPa，200kPa 和 300kPa 的围压下进行试验，根据多组试验获得其均值结果绘制均值莫尔应力圆，并绘制相应的应力圆包线，如图 3.27 所示。

图 3.27 为棕麻纤维含量为 0.6％和纯砂的莫尔应力圆和强度包线。结合整个试验可得抗剪强度指标黏聚力 c 和内摩擦角 φ，见表 3.4。

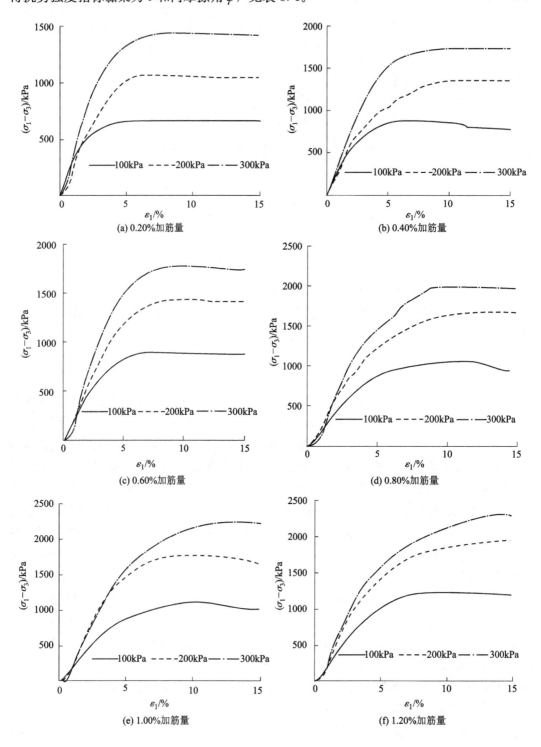

(a) 0.20%加筋量

(b) 0.40%加筋量

(c) 0.60%加筋量

(d) 0.80%加筋量

(e) 1.00%加筋量

(f) 1.20%加筋量

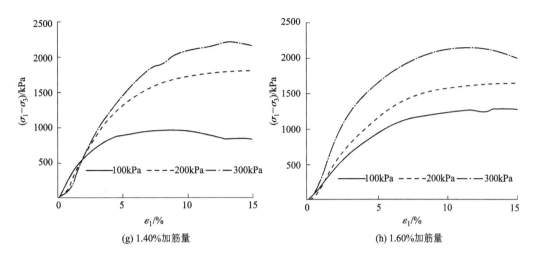

(g) 1.40%加筋量　　　　　　(h) 1.60%加筋量

图 3.26　加筋土主应力差值与轴向应变关系曲线

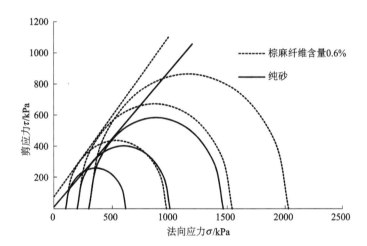

图 3.27　纯砂及加筋土的强度包线

表 3.4　抗剪强度指标

棕麻纤维含量/%	抗剪强度指标	
	黏聚力 c/kPa	肉摩擦角 φ/（°）
0.00	11.3	41.06
0.20	14.8	44.77
0.40	21.7	48.12
0.60	22.6	48.77
0.80	26.9	49.12
1.00	27.7	49.21
1.20	29.9	50.19
1.40	29.2	49.39
1.60	21.4	42.29

从图 3.27 的莫尔应力圆可以看出，棕麻纤维加筋土的抗剪强度较纯砂有所提高，棕麻纤维加筋砂土有明显的加筋效果。强度包线反映加筋土和纯砂的抗剪强度指标，从图 3.27 中的纯砂和加筋土的强度包线可以看出，棕麻纤维加筋土的黏聚力和内摩擦角均有所增加，但内摩擦角增加幅度较小，黏聚力增加幅度较大。表 3.4 为土体黏聚力和内摩擦角与棕麻纤维含量的数值关系，与纯砂相比，棕麻纤维加筋土的黏聚力和内摩擦角均有所提高，但黏聚力增加较大，内摩擦角增加较小，几乎没变化。当纤维含量为 0.20% 时，加筋土的黏聚力提高了 30.97%，内摩擦角仅提高了 9.03%。当纤维含量为 0.40% 时，黏聚力提高了 92.04%，内摩擦角仅提高了 17.19%。当纤维含量为 0.60% 时，黏聚力提高了 93.11%，内摩擦角仅提高了 18.77%。当纤维含量为 0.80% 时，黏聚力提高了 138.05%，内摩擦角仅提高了 19.26%。当纤维含量为 1.00% 时，黏聚力提高了 145.13%，内摩擦角仅提高了 19.84%。当纤维含量为 1.20% 时，黏聚力提高了 164.60%，内摩擦角仅提高了 22.23%。当纤维含量为 1.40% 时，黏聚力提高了 158.41%，内摩擦角仅提高了 20.28%。当纤维含量为 1.60% 时，黏聚力提高了 89.38%，内摩擦角仅提高了 20.04%。从图 3.27 和表 3.4 可以看出，棕麻纤维含量为 1.2% 时加筋土的黏聚力增加的幅度最大，内摩擦角增加很小，几乎不变，说明黏聚力对砂土抗剪强度的影响较大。

3）主应力差（$\sigma_1 - \sigma_3$）与棕麻纤维含量的关系

图 3.28 为主应力差值与棕麻纤维含量关系曲线。可以看出，在围压相同时，主应力差的大小与棕麻纤维含量存在着非线性关系，随着棕麻纤维含量的增加，加筋土的主应力差值先增加后减小，并且存在峰值，即存在最佳棕麻纤维含量。本次试验测得最佳棕麻纤维含量为 1.2%。当砂土中棕麻纤维含量较小时，砂土与纤维的接触面积较小，然而随着棕麻纤维含量的增加，纤维与砂土之间的接触面积不断增加，它们之间摩擦阻力也随之不断增加，轴向变形也减小，棕麻纤维充分发挥其加筋效果。于是在同一轴向应变下主应力差值较纯砂增加，并且该值随着棕麻纤维含量的增加而增大，直到达到峰值，当棕麻纤维含量超过该峰值时，由于棕麻纤维含量过多，使得棕麻纤维在土体内堆积，使得纤维不能与砂土充分接触从而发挥加筋作用，并且形成了一定的"隔断层"，破坏了土体的整体性，从而表现出在达到峰值以后，主应力差值增幅随着棕麻纤维含量增加而有所下降。

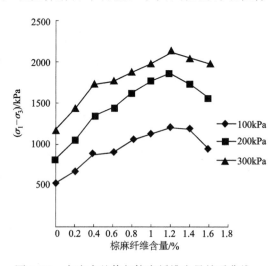

图 3.28 主应力差值与棕麻纤维含量关系曲线

3.3.2 棕麻纤维加筋黏土的三轴试验

土体中加入筋材有利于限制土体的变形，改善土体的强度特性。工程中若就近选取天然筋材就可以达到良好的加筋效果，这将避免筋材的长距离运输，有效节省成本，其工程造价通常低于其他土体改良方法。

有关筋材加筋黏土的研究主要集中于土工格栅、土工布和合成纤维。刘德贵等为了研究土工格栅加筋黏土的效果及加筋土抗剪强度指标，进行三轴压缩试验，分析土工格栅加筋土的强度指标与试样含水率、加筋层数之间的关系，得到两层土工格栅加筋黏土效果最佳，且其加筋效果主要表现在内摩擦角上，对黏聚力的影响并不明显。此外，加筋土的抗剪强度对含水率的变化很敏感。韩志型等利用常规三轴试验，对土工格栅加筋黏土的邓肯—张模型参数进行分析研究，证实了含水率对加筋土的影响，并说明了土工格栅加筋黏土的加筋效果。赵爱根以土工织物为筋材加筋黏土，进行不排水抗剪强度试验，结合有限元分析，得到加筋黏土应力应变关系曲线呈现多峰性。唐朝生等通过无侧限抗压试验和直剪试验，运用电镜扫描，对比了黏土、聚丙烯纤维加筋黏土和掺入一定砂的聚丙烯纤维加筋黏土三者的抗剪强度，结果表明，聚丙烯纤维加筋黏土的抗剪强度较素土增强，主要表现在黏聚力的增加。此外，黏土中的含砂量对纤维加筋土的强度有明显影响，且存在最佳含砂量。赵宁雨等进行了聚丙烯纤维和涤棉纤维加筋红黏土的三轴试验，研究影响纤维加筋红黏土强度的因素，并引入强度增强系数以对纤维加筋红黏土抗剪强度影响因素进行评定。

随着生态经济的不断发展，对于生态加筋材料和天然加筋材料的研究也越来越受到重视。李丽华进行了废旧轮胎加筋方面的一系列研究。高磊等将玄武岩纤维加入黏土进行直剪试验，并运用电镜扫描，研究了玄武岩纤维加筋黏土的剪切强度特性，表明加筋土的抗剪强度明显增强，土样的黏聚力 c 随着纤维含量不断增大，而内摩擦角 φ 变化不大。璩继立等进行了一系列的棕榈和麦秸秆加筋黏土的研究，通过直剪慢剪和三轴试验分析棕榈和麦秸秆加筋的抗剪强度作用机理，阐述棕榈和麦秸秆加筋的重要意义。李贝贝等进行绿色筋材加筋黏土的抗剪强度情况，研究棕榈的长度、长宽比、加筋率等对加筋土的影响，采用 SPSS 因素分析法进行对比分析，表明不同因素对抗剪强度都存在一个最佳值。

本节主要研究棕麻纤维加筋非饱和黏土的情况，通过控制纤维含量及围压条件，进行室内三轴试验，研究棕麻纤维加筋黏土的力学特性和破坏特征，探讨棕麻纤维加筋土的主应力差、抗剪强度，以及抗剪强度指标与纤维含量和围压的关系，并初步分析棕麻纤维加筋机理。

1. 试验过程

1）试验材料

试验所用黏土取自武汉汉街一处工地基坑，埋深 9m，为非饱和黏土，其基本物理参数见表 3.5。试验所用纤维为棕麻纤维，取自湖北工业大学校园内棕麻树，如图 3.29 所示。

图 3.29　棕麻树

表 3.5　黏土参数表

参数	天然密度/（g/cm³）	天然含水率/%	液限/%	塑限/%
数值	2.027	21.9	38.946	20.431 4

2）试验方法

试验采用 TSZ-2 型全自动三轴仪（南京土壤仪器厂有限公司生产）。设备由三轴仪和数据采集系统构成，如图 3.30 所示。进行非饱和黏土在固结不排水（CU）情况下棕麻纤维加筋三轴试验，控制荷载加载速度为 0.50mm/min。通过控制棕麻纤维含量及围压来研究棕麻纤维加筋黏土的加筋效果及机理。

图 3.30　TSZ-2 型全自动三轴仪

按照《公路土工试验规程》（JTG E40—2007）要求制作扰动试样，棕麻纤维取自自然状态，选取棕麻直径约为 0.2～0.4mm，用剪刀剪成长度为 20mm 的短纤维，选取的黏土烘干碾碎过筛。将上述经过处理的棕麻纤维与称重的干黏土混合搅拌均匀，加水使得试样到达目标含水率（15%），然后养护拌和均匀的棕麻纤维加筋土 24h，使其含水率稳定。取 175g 加筋土制备试样，采取统一的击实锤且从相同高度进行击实。试样分 5 层进行击实，控制试样的击实度，最终制得试样尺寸为 $\phi39.1\text{mm}\times90\text{mm}$。为研究棕麻纤维含量对加筋土强度的影响，分别取 0.2%（0.35g）、0.4%（0.7g）、0.6%（1.05g）、0.8%（1.4g）和 1.0%（1.75g）的试样进行试验。为了研究围压对于加筋土强度的影响，将每组试样都在 100kPa、200kPa 和 300kPa 这 3 种不同围压下进行 18 组三轴试验。试验部分试样如图 3.31 所示。

图 3.31　棕麻纤维加筋试样

2. 试验结果及分析

1）主应力差（$\sigma_1 - \sigma_3$）与轴向应变（ε_1）的关系

试验结果选取试样轴向应变小于 15% 的数据进行分析。图 3.32 为围压 300kPa 时素土与棕麻纤维含量为 0.2% 的加筋土主应力差与轴向应变关系曲线。可以看出：①在轴向位移较小（$\varepsilon_1 \leqslant 1\%$）时，素土和棕麻纤维加筋土的主应力差相差较小，曲线较为接近，随着轴向应变的不断增加，曲线逐渐拉开距离，棕麻纤维加筋土的主应力差值明显大于素土；②素土主应力差与轴向应变曲线呈现软化型，而棕麻纤维加筋土主应力差与轴向应变曲线呈现硬化型，说明加入棕麻纤维影响黏土的强度和抗变形能力。

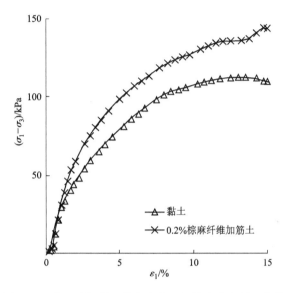

图 3.32　素土及加筋土的主应力差与轴向应变关系曲线

图 3.33 为不同围压下棕麻纤维加筋土的主应力差与轴向应变关系曲线。可以看出：①棕麻纤维土的主应力差值与轴向应变关系曲线受围压的影响，即围压影响加筋土的强度和抗变形能力；②在轴向应变较小（$\varepsilon_1 \leqslant 1\%$）时，不同围压下的棕麻纤维加筋土的主应力差值与轴向应变曲线很接近，但随着应变的逐渐增加，不同围压下的棕麻纤维加筋土主应力差与轴向应变关系曲线的距离逐渐拉开且不断增加，说明围压对于棕麻纤维加筋土主应力差的影响在应变较大时较为显著。横向比较各图可以看出：①棕麻纤维加筋土的主应力差值随着棕麻纤维掺入量的增加而有所提升，说明纤维含量影响加筋土的强度和抗变形能力；②轴向应变小于 15% 时，在围压 100kPa 作用下主应力差值的增量随着棕麻纤维掺入量分别为 58.38kPa、36.14kPa 和 23.6kPa。在围压 200kPa 作用下主应力差值的增量随着棕麻纤维掺入量分别为 83.32kPa、86.33kPa 和 38.9kPa。在围压 300kPa 作用下主应力差值的增量随着棕麻纤维掺入量分别为 38.36kPa、111.14kPa 和 120.74kPa。说明不同棕麻纤维掺入量对于加筋土强度的影响不同，棕麻纤维加筋土的主应力差值随着纤维含量的增加呈现非线性的变化规律。

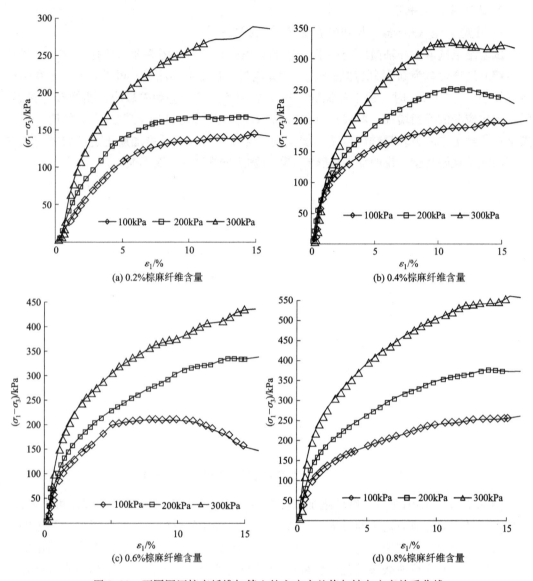

图 3.33　不同围压棕麻纤维加筋土的主应力差值与轴向应变关系曲线

　　图 3.34 为围压 200kPa 时不同棕麻纤维含量主应力差与轴向应变关系曲线。可以看出：①在轴向位移较小（$\varepsilon_1 \leqslant 2\%$）时，素土和棕麻纤维加筋土的曲线较为接近，主应力差值相差较小，随着轴向应变的不断增加，曲线逐渐拉开距离，说明棕麻纤维的加筋作用在轴向应变较大的时效果明显。②较素土而言，棕麻纤维加筋土的主应力差值均大于素土，说明棕麻纤维加筋可以提高黏土的抗剪强度。③素土主应力差与轴向应变曲线呈现软化型，而棕麻纤维加筋土主应力差与轴向应变曲线呈现硬化型，说明加入棕麻纤维增强了黏土的强度和抗变形能力。④不同棕麻纤维掺入量对于加筋土强度的影响不同，棕麻纤维加筋土的主应力差值随着纤维含量的增加呈现先增加后减小的变化趋势，说明棕麻纤维加筋黏土存在最佳掺入量。⑤棕麻纤维含量为 0.8% 时，对应的棕麻纤维加筋土

的主应力差值最大，说明棕麻纤维加筋黏土的最佳掺入量为 0.8%。

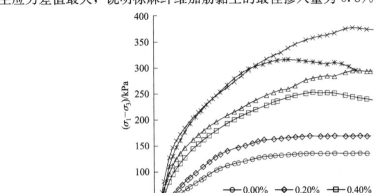

图 3.34　加筋土主应力差值与轴向应变关系曲线

2）主应力差（$\sigma_1 - \sigma_3$）与棕麻纤维含量的关系

图 3.35 为主应力差值与棕麻纤维含量关系曲线。可以看出：在围压相同（200kPa）时，主应力差的大小与棕麻纤维含量存在着非线性关系，随着棕麻纤维含量的增加，加筋土的主应力差值先增加后减小，并且存在峰值，即存在最佳棕麻纤维含量，本次试验测得最佳棕麻纤维含量为 0.8%。当黏土中棕麻纤维含量较小时，黏土与纤维的接触面积较小，然而随着棕麻纤维含量的增加，纤维与黏土之间的接触面积不断增加，它们之间摩擦阻力也随之不断增加，轴向变形也减小，棕麻纤维充分发挥其加筋效果。于是在同一轴向应变下主应力差值较素土增加，并且该值随着棕麻纤维含量的增加而增大，直到达到峰值，当棕麻纤维含量超过该峰值时，由于棕麻纤维含量过多，使得棕麻纤维在土体内堆积，使得纤维不能与砂土充分接触从而发挥加筋作用，并且形成了一定的"隔断层"，破坏了土体的整体性，从而表现出在达到峰值以后，主应力差值增幅随着棕麻纤维含量增加而下降。

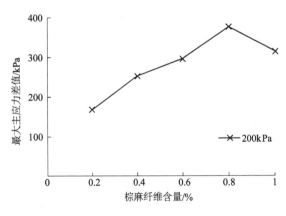

图 3.35　主应力差值与棕麻纤维含量关系曲线

3）棕麻纤维加筋土的抗剪强度

结合整个试验可得抗剪强度指标黏聚力 c 和内摩擦角 φ 值见表 3.6。可以看出：与素土相比，棕麻纤维加筋土的黏聚力和内摩擦角均有所提高，但黏聚力增加较大，内摩擦角增加较小。当棕麻纤维掺入量为 0.20% 时，加筋土的黏聚力提高了 3.04%，内摩擦角仅提高了 1.57%。当棕麻纤维掺入量为 0.40% 时，黏聚力提高了 18.22%，内摩擦角仅提高了 10.59％。当棕麻纤维掺入量为 0.60％时，黏聚力提高了 28.40％，内摩擦角仅提高了 17.65％。当棕麻纤维掺入量为 0.80％时，黏聚力提高了 39.68％，内摩擦角仅提高了 6.67％，棕麻纤维含量为 0.8％时加筋土的黏聚力增加的幅度最大，内摩擦角增加较小，说明棕麻纤维加筋黏土的效果主要体现在黏聚力的增加。

表 3.6　抗剪强度指标

棕麻纤维含量/％	抗剪强度指标	
	黏聚力 c/kPa	内摩擦角 φ/（°）
0.0	34.9	26.5
0.2	35.96	25.9
0.4	41.26	28.2
0.6	44.81	30
0.8	48.75	27.2

3.3.3　棕麻纤维加筋机理

分析本章棕麻纤维加筋砂和黏土的三轴试验结果可以看出，棕麻纤维加筋土改善了原土的力学性能，其抗剪强度指标发生了改变，掺入棕麻纤维使得砂和黏土的内摩擦角和黏聚力均有所增加，黏聚力的增值幅度大，内摩擦角增值幅度小，说明棕麻纤维加筋主要是对加筋土黏聚力的影响。

棕麻纤维加筋土的加筋机理可以用通过分析纤维在加筋土中的状态来解释。棕麻纤维以图 3.36 所示的状态随机分布在土体中，试验选用的原土为离散结构，试样在一定击实度情况下颗粒之间孔隙被压缩，颗粒主要以面面接触为主。当原土中掺入棕麻纤维时，棕麻纤维连接了土颗粒，加强了颗粒之间的黏结，增强了加筋土的整体性，有效约束了土颗粒的变形和位移，增加了加筋土的黏聚力，从而提高加筋土的抗剪强度。当棕麻纤维掺入量较低时，棕麻纤维在土中以图 3.36（a）和（b）分布为主，棕麻纤维在土中分布较为均匀，呈现不相交或者部分局部相交的状态，此时棕麻纤维加筋的效果就主要表现为棕麻纤维加强了土体颗粒之间的黏结，棕麻纤维受拉增强加筋土的抗剪强度。当棕麻纤维掺入量在最佳掺入量附近时，棕麻纤维在土中以图 3.36（c）分布为主，纤维在土中的集中程度增加，纤维之间的交错现象较为明显，此时纤维相互交错，形成网状结构，从而形成局部加强体，增加了土样的整体性，且纤维之间相互约束作用，交织处受到外力作用产生位移趋势时，相邻其他纤维可阻止这种趋势，使得外力能够在纤维之间叠加传递，各个方向的纤维都能承受拉力，实现力的分解，促进试样中内力的重分布，充分发挥纤维的加筋作用。当纤维掺量超过最佳掺入量时，与之前的较低掺量相比，纤维在土体中的分布明显变得不均匀，如图 3.36（d）所示，部分纤维在土体中局部集中，使得有部分纤维没有跟土颗粒接触，不能充分发挥纤维的加筋作用。

棕麻纤维加筋土中的棕麻纤维随机分布于土体中，在土体中形成无数个相互关联的"局部加强体"，这种"局部加强体"的作用主要来源于纤维与土体之间的摩擦阻力和纤维形成的纤维网对土体的空间约束作用。

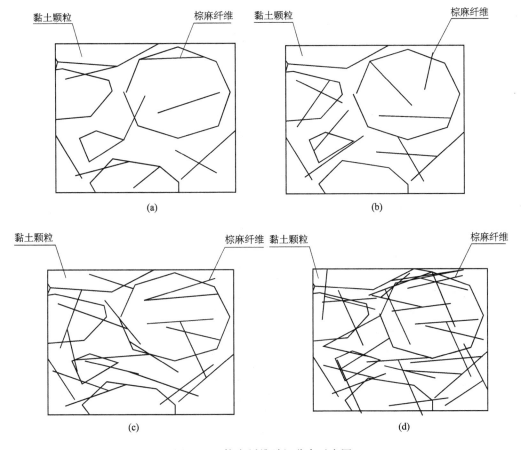

图 3.36　棕麻纤维随机分布示意图

棕麻纤维加筋砂和黏土研究不仅能够利用天然加筋材料改善砂和黏土性能，还能就地取材降低工程成本。从棕麻纤维加筋土的室内三轴试验中可以得到以下结论：

（1）棕麻纤维作为加筋材料，可以提高砂及黏土的强度和抗变形能力，且这种棕麻纤维补强效果在轴向应变较大时比较明显。

（2）棕麻纤维加筋土的加筋机理满足摩擦加筋理论和准黏聚力理论，加筋土的黏聚力和内摩擦角较未加筋土都有所增加，但增加的幅度不同，黏聚力增幅较大，内摩擦角增幅较小。

（3）棕麻纤维加筋土的主应力差、抗剪强度与纤维含量存在着非线性关系，随着棕麻纤维含量的增加，加筋土的主应力差和抗剪强度呈现先增加后减小的趋势，并且存在峰值，该峰值为棕麻纤维加筋土的最佳纤维含量。经过棕麻纤维加筋砂的室内三轴试验测得棕麻纤维加筋砂土的最佳纤维含量为 1.2%，经过棕麻纤维加筋黏土的室内三轴试验测得棕麻纤维加筋黏土的最佳纤维含量为 0.8%。

（4）棕麻纤维加筋土的补强是土中无序分布的纤维弯曲交织形成"局部加强体"，这种"局部加强体"的补强作用主要来源于纤维与土体之间的摩擦阻力和纤维形成的纤维网格对土体空间的约束作用。

3.4 竹条与棕麻纤维复合加筋三轴试验

加筋技术是筋材通过适当的加筋方式有效改善土体的强度和性质的一门学科，近年来对加筋土的研究也越来越广泛。随着生态经济的提出和不断发展，对于加筋材料选择和加筋方式方面的研究也日益受到关注。国内外学者开始关注天然加筋材料在加筋土中的应用。璩继立等通过一系列室内实验和数值模拟研究了棕榈和麦秸秆加筋软黏土的效果及其工作机理，阐述了棕榈和麦秸秆在改善软黏土的重要作用和经济价值，并得到了棕榈和麦秸秆加筋软黏土的最佳尺寸和最佳质量百分比。钱叶琳等研究了黄麻纤维对弱潜势膨胀土加筋改良的情况，通过室内直剪试验和无侧限抗压强度试验，探讨了纤维尺寸及掺量对加筋土强度的影响情况，分析了黄麻纤维加筋的工作机理。肖本林等通过有限元法分析了根系护坡加筋的锚固原理，研究了不同边坡坡度、不同根系情况下边坡的应力—应变关系。Bergado等通过室内直剪试验和拉拔实验研究了竹材作为加筋材料的加筋效果，试验表明竹网加筋效果略好于土工格栅。此外，广大学者还进行了加筋方式方面的研究。唐朝生等通过无侧限抗压试验，并借助电镜扫描技术，研究了含砂量对聚丙烯纤维加筋黏性土强度的影响情况，结果表明，这种多种材料混合加筋的形式能更有效地提高黏土的强度，使纤维的作用发挥得更充分。张孟喜等选用镀锌铁皮和有机玻璃两种不同材料采用了 H-V（水平—竖向）加筋形式分别加筋饱和砂土和黏性土，研究了不同竖筋高度、不同围压下两种材料加筋砂土的应力—应变关系，并分析了两种材料 H-V（水平—竖向）加筋的机理。彭明远等采用有限元建立加筋土结构模型来分析水平—竖向组合式加筋挡土墙中筋—土界面关系。

本节主要研究毛竹条和棕麻纤维混合加筋黏土情况下加筋土的应力应变关系，通过控制不同围压情况、加入黏土的筋材以及筋材的加入方式，进行室内的三轴试验，探讨毛竹条和棕麻纤维两种天然材料混合加筋时，加筋土的性质。

■ 3.4.1 试验过程

1. 试验材料

试验所用黏土取自武汉汉街一处工地基坑，埋深 9m，为非饱和黏土，其基本物理参数见表 3.7。试验所用纤维为棕麻纤维，取自湖北工业大学校园内棕麻树，毛竹条取自恩施巴东的天然毛竹。其筋材自身的力学性质已在前章节中进行试验表述。

表 3.7　黏土参数表

参数	天然密度/（g/cm³）	天然含水率/%	液限/%	塑限/%
数值	2.027	21.9	38.946	20.431 4

2. 试验方法

试验采用 TSZ-2 型全自动三轴仪（南京土壤仪器厂有限公司生产）。设备由三轴仪和数据采集系统构成。进行非饱和黏土在固结不排水（CU）情况下，加筋土三轴试验，控制荷载加载速度为 0.50mm/min。通过控制加筋筋材及围压来研究两种天然材料混合加筋黏土的加筋效果及机理。

按照《公路土工试验规程》(JTG E40—2007) 要求制作扰动试样, 选取的黏土烘干碾碎过筛, 棕麻纤维和毛竹条取自自然状态, 选取棕麻直径约为 $0.2 \sim 0.4 \text{mm}$, 用剪刀剪成长度为 20mm 的短纤维, 选取竹条尺寸为 $10 \text{mm} \times 60 \text{mm}$, 将上述经过处理的黏土、棕麻纤维及毛竹条分别制成两组试样: 棕麻纤维加筋土试样和棕麻纤维与毛竹条混合试样。两组试样均加水控制目标含水率为 15%, 养护试样 24h, 使其含水率稳定。棕麻纤维加筋土试样棕麻纤维与黏土均匀拌和, 棕麻纤维与毛竹条混合试样在棕麻纤维试样基础上竖向加入毛竹条, 具体加筋方式如图 3.37 所示。

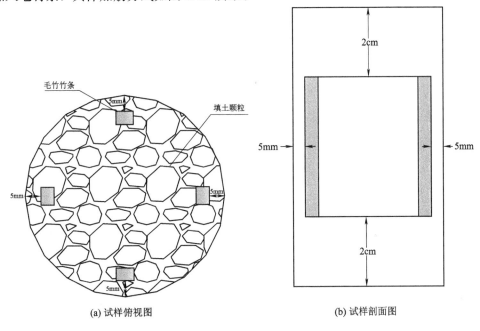

(a) 试样俯视图　　　　　　　　　　　(b) 试样剖面图

图 3.37　毛竹条和棕麻纤维混合加筋布置

取 175g 加筋土制备试样, 采取统一的击实锤且从相同高度进行击实, 试样分 5 层进行击实, 控制试样的击实度, 最终制得试样尺寸为 $\phi 39.1 \text{mm} \times 90 \text{mm}$。将三组试样分别在围压为 100kPa、200kPa 和 300kPa 这 3 种不同围压下进行 18 组三轴试验, 并进行三组平行试验。

3.4.2　试验结果及分析

1. 主应力差 $(\sigma_1 - \sigma_3)$ 与轴向应变 ε_1 的关系

试验结果选取试样轴向应变小于 20% 的数据进行分析。图 3.38 为棕麻纤维加筋土和毛竹条与棕麻纤维混合加筋土在不同围压作用下加筋土的主应力差与轴向应变关系曲线。可以看出: ①在围压相同的情况下, 毛竹条和棕麻纤维混合加筋土的主应力差值明显大于棕麻纤维加筋土, 说明毛竹条和棕麻纤维混合加筋黏土的效果要好于棕麻纤维单独加筋, 明显提高了黏土的主应力差值, 竹条有利于棕麻纤维加筋黏土的强度, 增强了棕麻纤维加筋土的强度和抗变形能力。②在轴向位移较小时, 棕麻纤维加筋土与竹条和棕麻纤维混合加筋土的主应力差相差较小, 曲线有部分交叉重叠, 随着轴向应变的不断增加，曲线逐渐拉开距离，竹条和棕麻纤维混合加筋土的主应力差值远大于棕麻纤维加筋土。③竹条和棕麻纤维加筋土的峰值主应力差值相比较棕麻纤维加筋土更大且往后推移，即可承受的轴向变形更大。说明竹条和棕麻纤维混合加筋土的延性增强，抗变形能力提升。④轴向应变小于20%时，在围压100kPa作用下竹条和棕麻纤维混合加筋土的主应力差值较棕麻纤维加筋土的增量为79.9kPa。在围压200kPa作用下竹条和棕麻纤维混合加筋土的主应力差值较棕麻纤维加筋土的增量为127.4kPa。在围压300kPa作用下竹条和棕麻纤维混合加筋土的主应力差值较棕麻纤维加筋土的增量为216kPa。可以看出，随着围压的增加，竹条对棕麻纤维加筋土的作用逐渐增大，说明竹条在围压较大的工况条件下对于棕麻纤维加筋土的强度和抗变形能力提高更有利。

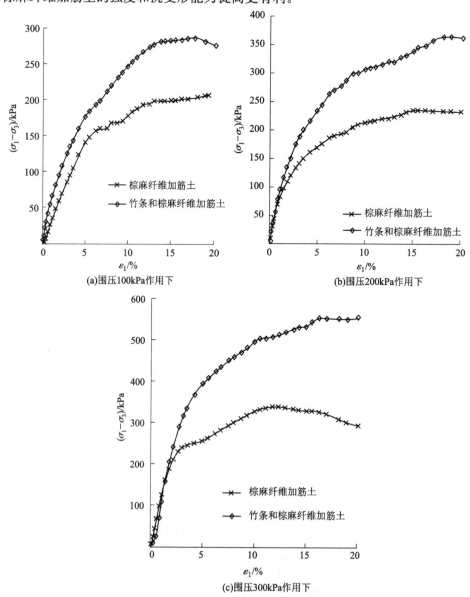

图 3.38　混合加筋土的主应力差与轴向应变关系曲线

　　图 3.39 为不同围压下棕麻纤维加筋土与竹条和棕麻纤维混合加筋土的主应力差与轴向应变关系曲线。可以看出：①棕麻纤维加筋土与竹条和棕麻纤维混合加筋土的主应力差值与轴向应变关系曲线均受围压的影响，即围压影响加筋土的抗剪强度和抗变形能力。②在轴向应变较小时，不同围压下加筋土的主应力差值与轴向应变曲线很接近，有部分交叉重叠，但随着应变的逐渐增加，不同围压下的加筋土主应力差与轴向应变关系曲线的距离逐渐拉开且不断增加，说明围压对于加筋土主应力差的影响在应变较大时较为显著。横向比较各图可以看出：竹条和棕麻纤维混合加筋土的峰值均大于棕麻纤维加筋土，说明竹条能增强棕麻纤维土的强度和抗变形能力。

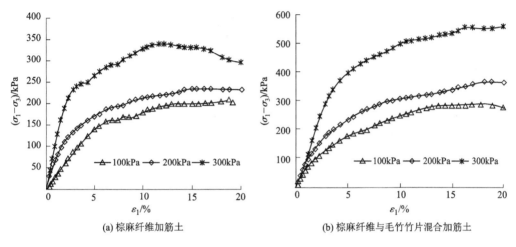

(a) 棕麻纤维加筋土　　　　　　　　　(b) 棕麻纤维与毛竹竹片混合加筋土

图 3.39　不同围压加筋土的主应力差值与轴向应变曲线

2. 棕麻纤维加筋土的抗剪强度

　　结合整个试验和第 4 章棕麻纤维加筋黏土的三轴试验可得抗剪强度指标黏聚力 c 和内摩擦角 φ 值见表 3.8。表 3.8 为竹条和棕麻纤维混合加筋土与棕麻纤维加筋土黏聚力和内摩擦角的数值关系，可以看出：与素土相比，棕麻纤维加筋土与竹条和棕麻纤维混合加筋土的黏聚力和内摩擦角均有所提高，但黏聚力增加较大，内摩擦角增加较小。竹条和棕麻纤维混合加筋土在棕麻纤维加筋的基础上更进一步地增强了黏土的黏聚力和内摩擦角，并且黏聚力增加的幅度最大，内摩擦角增加较小，说明棕麻纤维加筋与竹条和棕麻纤维混合加筋的效果主要体现在黏聚力的增加。

表 3.8　抗剪强度指标

项目名称	抗剪强度指标	
	黏聚力 c/kPa	内摩擦角 φ/ (°)
素土	34.9	26.5
棕麻纤维加筋土	41.3	25.6
竹条和棕麻纤维混合加筋土	44.1	28.11

3. 棕麻纤维加筋土加筋机理分析

　　分析上述 18 组三轴试验结果可以看出，竹条对棕麻纤维加筋土是有利的，竹条的加入改善了棕麻纤维加筋土的力学性能，其抗剪强度指标发生了改变，插入竹条使得棕麻纤维加筋土的内摩擦角和黏聚力均有所增加，黏聚力的增值幅度大，内摩擦角增值幅度小，说明竹条对于棕麻纤维土的影响主体现在对加筋土黏聚力的提高。

竹条和棕麻纤维混合加筋的加筋机理可以通过分析纤维以及竹条在加筋土中的状态来解释。纤维加筋为三维加筋，但在试验过程中击实试样，使试样中的黏土和纤维在竖向方向上被压缩，纤维能够在水平方向上发挥其加筋效果，而在竖向方向上的作用很微小。在棕麻纤维加筋土中加入竹条就弥补了这一缺陷，增强了加筋土在竖向方向的承载能力，能够有效地提升黏土的抗剪强度和抗变形能力。此外，竹条呈"近似曲面体"，表面凹凸不平，且竹条的顺纹方向有很多较深的纹路。这些纹路能够提高竹条与加筋土之间的机械咬合力，从而改善加筋土的抗剪性能，提高竹条加筋复合材料的整体性能。同时，竹条是一种天然柔性材料，具有一定的韧性和强度，使其在土体中不容易被破坏。本章所述的加筋土是竹条和棕麻纤维与黏土均匀拌和所成的复合材料，竹条在棕麻纤维加筋土中沿竖向方向穿插在加筋土中，增加了剪切时的阻力，提高了加筋土的抗剪强度。

3.5　毛竹和棕麻加筋土的工作机理

加筋土研究主要集中于填料、筋材以及筋土界面作用，其中筋土界面的参数情况研究影响加筋土结构的合理性和安全性，也是用于工程实际的关键。目前，对于加筋土筋土界面的描述基于摩擦加筋原理和准黏聚力原理两种基本原理，采用极限平衡法、极限状态法、数值分析法三种计算方法。

摩擦加筋原理是指在外应力和土体自重应力的作用下，填土与筋材之间产生似摩擦作用使加筋土保持稳定。摩擦加筋原理力学情况如图 3.40 所示。

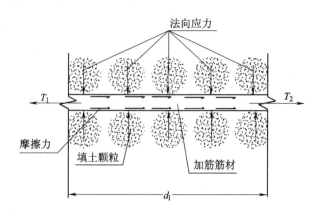

图 3.40　筋材与土之间的摩擦力示意图

在极限状态下，要使得加筋土稳定必须满足下列条件：

$$\left. \begin{array}{l} \mathrm{d}T = T_1 - T_2 \\ 2Nfb\mathrm{d}l > \mathrm{d}T \end{array} \right\} \tag{3.1}$$

式中：f——似摩擦系数；

　　b——加筋筋材的宽度或者直径；

　　$\mathrm{d}l$——所取微段中筋材的长度。

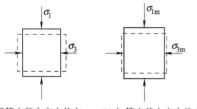

(a) 无筋土基本应力状态　(b) 加筋土基本应力状态

图 3.41　微单元应力状态

准黏聚力原理是把加筋土作为一种各向异性的复合材料来研究，引入筋土界面参数抗剪强度 τ_f 和界面斯摩擦系数 $\mu*$。其中，$\tau_f = c_{sg} + \sigma_n \tan\varphi_{sg}$，$\mu* = \tan\varphi_{sg}$，根据三轴试验和极限平衡条件可以画出莫尔应力圆，从而确定加筋土的抗剪强度指标 c 和 φ 值。加筋土在外应力和自身应力作用下的应力状态如图 3.41 所示。

加筋土在应力作用下的极限平衡条件满足：

$$\left. \begin{array}{l} \sigma_1 = (\sigma_3 + \Delta\sigma_3)\tan^2\left(45° + \dfrac{\varphi}{2}\right) \\[2mm] \sigma_1 = \sigma_3\tan^2\left(45° + \dfrac{\varphi}{2}\right) + 2C_r\tan^2\left(45° + \dfrac{\varphi}{2}\right) \end{array} \right\} \tag{3.2}$$

式中：$\Delta\sigma_3$——相比于无筋土，加筋土试样受到的围压增量，$\Delta\sigma_3 = \sigma_{3m} - \sigma_3$。

3.5.1　毛竹加筋土工作机理分析

1. 毛竹加筋土试验结果分析

通过第 3 章竹条大尺寸直剪试验研究，整理试验结果得到抗剪强度指标数据见表 3.9，毛竹条作为一种新型的天然加筋材料，加筋土黏聚力和内摩擦角均有所增加，其黏聚力增加的幅度较大，内摩擦角变化较小，几乎不变。即毛竹条加筋效果主要体现黏聚力的改变。在大尺寸直剪试验中，试样受到剪切力沿着剪切面发生剪切破坏，随着剪切位移的增加，土体要改变原有的结构排列，使土颗粒沿着剪切面移动，加入竹条后，竹条与土之间相互作用，使竹条也承担了一部分剪切力，土的抗压性能和竹条的抗拉性能共同作用提高了加筋土的摩擦面积，阻碍土颗粒的移动，提高加筋土的峰值抗剪强度，也使土体在发生较大应变时仍然保持较大的强度。但是，加入竹条并没有很大地改变砂土本身的物理性质，因此对于内摩擦角的影响较小。

表 3.9　抗剪强度指标

试　　样	抗剪强度指标	
	黏聚力 c/kPa	内摩擦角 φ/（°）
无筋砂土	23.27	29.90
竹条加筋砂土	41.70	32.33

此外，竹条呈"近似曲面体"，表面凹凸不平，且竹条的顺纹方向有很多较深的纹

路。这些纹路能够提高竹条与砂土之间的机械咬合力，从而改善竹条加筋土的抗剪性能，提高竹条加筋复合材料的整体性能，增大竹条与砂之间的摩擦力。竹条加筋由于竹条的"近似曲面"形状，使得筋土之间发生相对位移时，不仅有界面摩擦产生的摩擦阻力，还有竹条凹凸部分也会产生限制位移的被动阻力，其具体情况如图3.42所示。

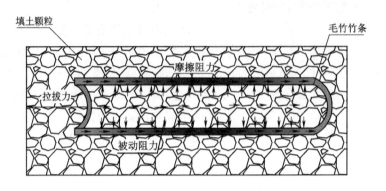

图3.42 作用于竹条凹凸面上的被动阻力

同时，竹条是一种天然柔性材料，具有一定的韧性和强度，使其在土体中不容易被破坏。当试样在竖向荷载作用下被压缩时，试样中竹条会发生一定的弯曲变形，在一定的范围内形成弯曲面，此时竹条弯曲形成的张力作用有利于试样的抗剪和抗变形能力，承担一定的外荷载，提供了水平向的约束，减小了试样下层的切应力，同时降低了主应力差，较高的主应力差分布区域减少。

本章所述的加筋土是竹条与砂均匀拌和所成的复合材料。竹条在砂中以一定的角度随机穿插在砂土中，增加了剪切时的阻力，提高了加筋土的抗剪强度，约束了土样的侧向位移，起到了改善砂抗剪强度的作用，具有一定的工程意义。

2. 毛竹"月牙约束力"模型计算

1）模型计算的几个基本假设

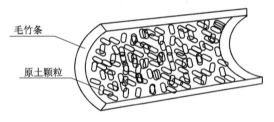

图3.43 毛竹条中土颗粒分布情况

（1）假设每根毛竹竹条"月牙"内与毛竹条内界面接触的土颗粒数量是有限的，设单位长度毛竹条"月牙"接触面上土颗粒最大容量为N，其分布如图3.43所示。

（2）假设原土体的颗粒为一个两端为半球性，中间为圆柱体的组合模型，如图3.44所示。

（3）为了推导竹条"月牙约束力"，将土颗粒与颗粒之间的相互作用力统一假设为计算模型任意表面的法向力q和切应力τ，如图3.45所示，并假设每个颗粒所受其他颗粒的作用的法向力和切应力保持不变。

（4）假设原土颗粒强度和刚度足够大，能够承受各种力的作用而不会发生自身结构的变化和较大的变形，将其视为刚体。

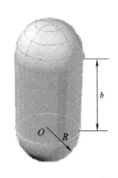

图 3.44　土颗粒示意图

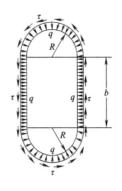

图 3.45　土颗粒之间作用假设

2）模型计算分析

（1）竹条和土颗粒之间相互作用，图 3.46 中 T 即为所求的"月牙约束力"，要求解 T，需先求解每一个与毛竹条内表面接触土颗粒的受力情况，再按照极限平衡方程，在该力方向上求解所有颗粒合力即为"月牙约束力"值。

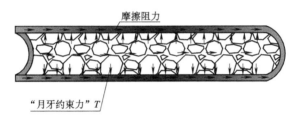

图 3.46　"月牙约束力"分布

（2）"月牙"面所有土颗粒的受力情况，可统一考虑任意状态下的土颗粒情况来进行集中分析，即任意方向角度颗粒的情况。图 3.47 所示为与毛竹条"月牙"接触的任意土颗粒，图中 O 点为接触点即为约束力的作用点，对任意土颗粒进行定位，以接触点 O 为原点建立空间直角坐标系，如图 3.48 所示。图中 α 为颗粒长轴方向相对于"月牙"曲面的转角。

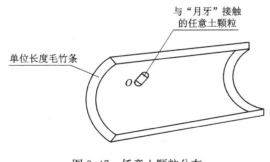

图 3.47　任意土颗粒分布

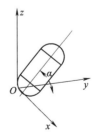

图 3.48　土颗粒定位

（3）土颗粒视为刚体，则其受竹条"月牙约束力"的作用将产生平移和转动这两种运动趋势，如图 3.49 所示。

3）模型计算

分别计算土颗粒在两种运动趋势情况下的极限约束力 T，并取两者的最小值即为竹条"月牙"对单土颗粒的影响。在"月牙"所在方向求所有参与土颗粒的合力即所求模型的"月牙约束力"。每种趋势的受力均为产生最大抗力的情况，两种情况的受力如图 3.50 和图 3.51 所示。

对图 3.50 所示的土颗粒发生平移的情况，在 y 轴方向上去极限平衡方程可得：

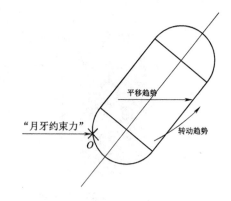

图 3.49　颗粒运动趋势示意图

$$T_1 = q b \pi R \sin\alpha + \tau b \pi R \cos\alpha + \pi R^2 q + \pi R^2 \tau \tag{3.3}$$

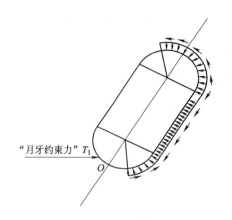

图 3.50　平移计算示意图

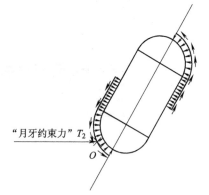

图 3.51　转动计算示意图

对图 3.51 所示的土颗粒发生转动的情况，对土颗粒重心取矩可得弯矩平衡方程：

$$
\begin{aligned}
T_2 &= \frac{\frac{1}{2}\tau b \pi R^2 + \frac{1}{4}q b^2 \pi R + \frac{1}{2}\tau \pi R^3 + \frac{1}{2}\tau b \pi R^2}{y} \\
&= \frac{\tau b \pi R^2 + \frac{1}{4}q b^2 \pi R + \frac{1}{2}\tau \pi R^3}{y}
\end{aligned}
\tag{3.4}
$$

式中，y——作用点与颗粒重心的距离。

由式（3.3）、式（3.4）可以看出，T 值仅与 α 和 y 值有关，而 α 和 y 就是该颗粒的定位参数，$\alpha \in （0，2\pi）$，$y \in （-R_z，R_z）$，其中 R_z 为竹条"月牙"半径。令 $T_1 = T_2$ 求出 y_0 的极限值，即：

$$q b \pi R \sin\alpha + \tau b \pi R \cos\alpha + \pi R^2 q + \pi R^2 \tau = \frac{\tau b \pi R^2 + \frac{1}{4}q b^2 \pi R + \frac{1}{2}\tau \pi R^3}{y_0}$$

则有：

$$y_0 = \frac{\tau b \pi R^2 + \frac{1}{4} q b^2 \pi R + \frac{1}{2} \tau \pi R^3}{q b \pi R \sin\alpha + \tau b \pi R \cos\alpha + \pi R^2 q + \pi R^2 \tau} \tag{3.5}$$

综上所述：

$$T(y) = \begin{cases} T_1, y \in (-R_z, y_0) \\ T_2, y \in (y_0, R_z) \end{cases} \tag{3.6}$$

最终所求单位长度毛竹条的"月牙约束力"的大小为

$$T = \sum_{n=1}^{N} T(y) \sin\alpha_n \tag{3.7}$$

式中：$T(y)$ 可按照每个颗粒的具体情况和具体定位参数分别计算，以提高模型计算精度；单位长度毛竹条"月牙"接触面上土颗粒最大容量 $N = \dfrac{S_{月牙表面积}}{粒径}$。

3.5.2　棕麻加筋土工作机理分析

1. 棕麻纤维加筋土试验结果分析

通过第 4 章棕麻纤维加筋砂和黏土的室内三轴试验研究，得到抗剪强度指标，见表 3.10。分析试验结果，可以看出棕麻纤维加筋改善了填土的力学性能，其抗剪强度指标发生了改变，掺入棕麻纤维使得砂和黏土的内摩擦角和黏聚力均有所增加，黏聚力的增值幅度大，内摩擦角增值幅度小，说明棕麻纤维加筋效果主要体现在对加筋土黏聚力的影响。

表 3.10　抗剪强度指标

试　　样	抗剪强度指标	
	黏聚力 c/kPa	内摩擦角 φ/（°）
无筋砂土	11.3	41.06
棕麻纤维加筋砂土	29.9	50.19
无筋黏土	34.9	26.5
棕麻纤维加筋黏土	48.75	27.7

棕麻纤维加筋机理可以用通过分析纤维在加筋土中的状态来解释。棕麻纤维加筋土中的棕麻纤维随机分布于土体中，在土体中形成无数个相互关联的"局部加强体"，这种"局部加强体"的作用主要来源于纤维与土体之间的摩擦阻力和纤维形成的"纤维网"对土体的空间约束作用。

2. 棕麻纤维加筋土应力应变增量模型计算

1）模型建立的几个基本假设

（1）棕麻纤维在原土体中均匀分布。

（2）棕麻纤维和原土体的变形满足 Voigt S 假设，即棕麻纤维变形量与原土体变形量相等，且等于加筋土整体的变形量，如式（3.8）所示：

$$\varepsilon = \varepsilon_x = \varepsilon_y \tag{3.8}$$

（3）棕麻纤维加筋土受力满足复合材料混合定律，即棕麻纤维加筋土的受力采用加权平均值的方法来表述，如式（3.9）所示：

$$\sigma = \frac{v_1\sigma_x + v_2\sigma_y}{v_1 + v_2} \tag{3.9}$$

式中，v_1 和 v_2——棕麻和原土体的体积比例系数，其大小为

$$v_1 = \frac{v_x}{v}, \quad v_2 = \frac{v - v_x}{v}$$

式中：v——棕麻纤维加筋土的整体体积；

v_x——加筋用棕麻纤维的体积。

2）棕麻纤维加筋土应力应变表达

设 p 和 q 分别为作用在加筋土上的平均应力和广义剪应力，ε_p 和 ε_q 分别为对应 p 和 q 产生的应变和广义剪应变，根据胡克定律 $\varepsilon = \dfrac{\sigma}{E}$ 得：

$$\begin{bmatrix} \mathrm{d}p \\ \mathrm{d}q \end{bmatrix} = E_c \begin{bmatrix} \mathrm{d}\varepsilon_p \\ \mathrm{d}\varepsilon_q \end{bmatrix} \tag{3.10}$$

根据复合材料混合定律可得：

$$E_c = \frac{v_1[M_1] + v_2[M_2]}{v_1 + v_2} \tag{3.11}$$

综上可得：

$$\begin{bmatrix} \mathrm{d}p \\ \mathrm{d}q \end{bmatrix} = \frac{v_1[M_1] + v_2[M_2]}{v_1 + v_2} \begin{bmatrix} \mathrm{d}\varepsilon_p \\ \mathrm{d}\varepsilon_q \end{bmatrix} \tag{3.12}$$

式中，M_1 和 M_2——棕麻纤维刚度矩阵和原土体刚度矩阵。

3）棕麻纤维刚度矩阵 $[M_1]$

根据王磊提出的纤维加筋土的两相本构模型可得：

$$[M_f] = \frac{nE_f}{2} \begin{bmatrix} \dfrac{2}{3}\displaystyle\int_a^b \cos^3\theta \sin^4\theta \mathrm{d}\theta & \dfrac{3}{2}\displaystyle\int_a^b \cos^5\theta \sin^2\theta \mathrm{d}\theta \\ \dfrac{3}{4}\displaystyle\int_a^b \cos^5\theta \sin^2\theta \mathrm{d}\theta & \dfrac{3}{4}\displaystyle\int_a^b \cos^7\theta \mathrm{d}\theta \end{bmatrix}$$

上述模型充分考虑了纤维与加筋土径向角度 θ 对纤维刚度矩阵的影响，模型假设加筋土在三轴试验条件下变形均匀，将所有纤维平移于一点，即将所有纤维集中于该点为圆心的圆形区域内。此时的计算只考虑了纤维分布角度的因素，忽略了纤维位置的影响。然而，纤维的应变与纤维所处的位置是紧密相关的，靠近剪切面的纤维明显应变要大于远离剪切面的纤维，不应忽略纤维位置的影响，应在此基础上考虑纤维位置，对上述纤维刚度矩阵进行修正。

纤维位置对刚度影响主要体现在加筋土体整体刚度分布均匀性上，若纤维分布均匀，则整体刚度较分布均匀，若分布不均匀，则可能会出现薄弱层。现引入参数 k_m 来表述纤维位置修正。

$$[M_1] = k_m [M_f] = k_m \frac{n E_f}{2} \begin{bmatrix} \frac{2}{3} \int_a^b \cos^3 \theta \sin^4 \theta \mathrm{d}\theta & \frac{3}{2} \int_a^b \cos^5 \theta \sin^2 \theta \mathrm{d}\theta \\ \frac{3}{4} \int_a^b \cos^5 \theta \sin^2 \theta \mathrm{d}\theta & \frac{3}{4} \int_a^b \cos^7 \theta \mathrm{d}\theta \end{bmatrix} \tag{3.13}$$

式中，k_m 的取值取决于棕麻纤维分布函数 $\rho(\theta)$ 的导数，导函数越大纤维分布约均匀，k_m 取值越大。

4）原土体刚度矩阵 $[M_2]$

原土体刚度矩阵采用剑桥模型，其表达式为

$$[M_2] = \begin{bmatrix} \dfrac{(\lambda - k)(M^2 - \eta^2)}{v_{p0} p_p (M^2 + \eta^2)} + \dfrac{k}{v_{p0} p_p} & \dfrac{(\lambda - k) 2\eta}{v_{p0} p_p (M^2 + \eta^2) M^2} \\ \dfrac{(\lambda - k) 2\eta}{v_{p0} p_p (M^2 + \eta^2) M^2} & \dfrac{(\lambda - k) 4\eta^2}{v_{p0} p_p (M^4 - \eta^4) M^2} + \dfrac{1}{3 G_p} \end{bmatrix}^{-1}$$

综上所述，棕麻纤维加筋应力应变增量关系式为

$$\begin{bmatrix} \mathrm{d}p \\ \mathrm{d}q \end{bmatrix} = f_m \left\{ \frac{v_1}{v_1 + v_2} k_m [M_f] + \frac{v_2}{v_1 + v_2} [M_2] \right\} \begin{bmatrix} \mathrm{d}\varepsilon_p \\ \mathrm{d}\varepsilon_q \end{bmatrix} \tag{3.14}$$

式中：f_m——纤维与原土体之间的滑移影响因素，为无纲量，计算式为

$$f_m = \frac{2}{\pi} \arctan \left[\left(\frac{q}{p} \right)^2 \right]$$

3.5.3　棕麻纤维和竹条混合水平—竖向加筋机理分析

加筋土技术已经广泛应用于工程实际，对于水平加筋方式的研究已经较为完善，但对于竖向加筋研究还不充分。本书第 5 章进行了竹条竖向加筋棕麻纤维加筋土的室内三轴试验，研究了多种天然加筋材料混合加筋的效果，以及分析竖向加筋的应力特性。竖向加筋产生被动阻力，提高加筋土的抗剪强度和抗变形能力。竖向加筋降低了水平方向上筋材所受拉应力，并且竖向筋材连接了水平方向上的筋材，在空间上形成一个三维方向上连接较紧密的结构。

在棕麻纤维加筋土的基础上竖向加入竹条进行竖向加筋，棕麻纤维加筋土在击实和竖向荷载的压缩下，其加筋效果主要表现在水平方向上，加入的竹条的加筋效果主要表现在竖向方向上，上述混合加筋构成了水平—竖直方向的立体加筋模型，具体情况如图 3.52 所示。

土体的抗剪性主要源自土颗粒之间的摩擦接触，即产生的有效应力。加入筋材就是为了增加摩擦阻力，增强土颗粒之间和筋材与土颗粒之间的接触，提高加筋土的抗剪强度。土体变形会引起加筋土拉应力和压应力的变化，而压力的大小取决于土体拉应力和压应力方向上筋材受拉和受压情况。土体中加入筋材会改变其中力的平衡，使得应力在筋材的位置进行重分布。水平加筋时，其加筋土发生切应变时筋材受力情况如图 3.53 所示。

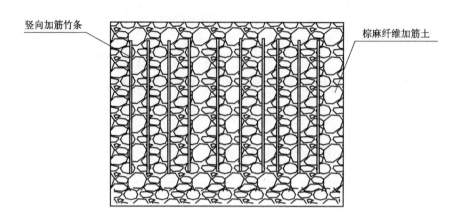

图 3.52　竖向加筋布置剖面图

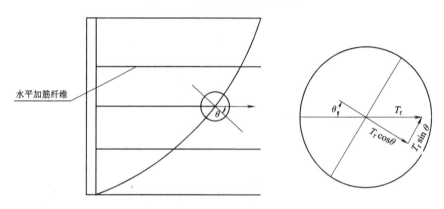

图 3.53　水平加筋平衡条件

加筋土中的切应变引起拉应力 T_r 的变化，并且在应变界面上产生沿截面方向和垂直截面的两个应力分量，加筋土中切向分量为 $T_r \sin\theta$，直接抵抗剪切力破坏，法向分量为 $T_r \cos\theta$，增加筋土界面的摩擦阻力 $T_r \cos\theta \tan\varphi$。

在棕麻纤维加筋土插入竹条，构成水平—竖直立体加筋土试样，其加筋土发生切应变时筋材受力情况如图 3.54 所示。

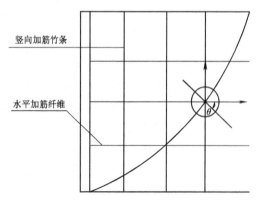

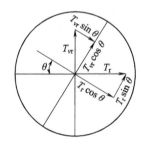

图 3.54　水平—竖向加筋平衡条件

竖向加筋时，界面上拉应力由棕麻纤维水平加筋和竹条竖向加筋产生的拉应力构成，棕麻纤维加筋土中的水平切应变引起拉应力 T_r 的变化，加筋土中切向分量为 $T_r\sin\theta$，法向分量为 $T_r\cos\theta$，棕麻纤维加筋土中的竖向切应变引起拉应力 T_{vr} 的变化，加筋土中切向分量为 $T_{vr}\cos\theta$，法向分量为 $T_{vr}\sin\theta$，界面上切向分量直接抵抗剪切力的剪切破坏，大小为 $T_r\sin\theta + T_{vr}\cos\theta$，法向分量增加筋土界面的摩擦阻力，大小为 $(T_r\cos\theta + T_{vr}\sin\theta)\tan\varphi$。水平—竖向立体加筋比单独的水平加筋和竖向加筋效果均要好，因为其充分发挥了筋材在水平向和法向方向上的加筋作用。

3.6　本章小结

本章主要针对毛竹和棕麻这两种天然材料作为加筋材料的力学特性及其工作机理方面进行分析研究，利用系列室内试验研究了毛竹和棕麻纤维抗拉强度、毛竹加筋土的力学特性、棕麻纤维加筋土的力学特性，以及毛竹和棕麻纤维混合加筋土的力学特性，分析毛竹和棕麻纤维作为加筋材料的工作机理。

（1）毛竹和棕麻纤维均为柔性材料，自身具有较强的抗拉强度，可以用于土体加筋，改善土体的强度。并且，毛竹和棕麻纤维分布广泛，若能就地取材，将合理利用资源，大大节省工程成本。

（2）毛竹条加筋砂研究能够利用天然加筋材料改善砂性能，竹条加筋砂使砂的抗剪强度提高，峰值剪切强度和残余抗剪强度均增大，峰值剪切强度最大提高了约 26.95%。加筋土残余抗剪强度的增加，增强了加筋土的抗变形能力。

（3）竹条加筋效果主要表现在黏聚力上，其加筋土黏聚力和内摩擦角均有所增加，但黏聚力增加较大，内摩擦角几乎没变。经过直剪试验测得尺寸为 $10\text{mm} \times 40\text{mm}$ 且加筋率为 0.8% 的竹条加筋土的黏聚力最大，与纯砂相比，黏聚力提高了 79.20%。

（4）毛竹竹条的"近似曲面"形状，使竹条与土之间的应力传递机制可由摩擦阻力和被动阻力两种模式构成。竹条在土样中以"短钢筋"的形式存在，增强了土样的刚度，约束了土样的侧向变形，提高了土样的承载能力。

（5）棕麻纤维作为加筋材料，可以提高砂和黏土的强度和抗变形能力。并且，这种棕麻纤维补强效果在轴向应变较大时比较明显。

（6）棕麻纤维加筋土的加筋机理满足摩擦加筋理论和准黏聚力理论，加筋土的黏聚力和内摩擦角较纯砂都有所增加，但增加的幅度不同，黏聚力增幅较大，内摩擦角增幅较小。

（7）棕麻纤维加筋土的工作机理是土中随机分布的纤维弯曲交织形成"局部加强体"，这种"局部加强体"的补强作用主要来源于纤维与土体之间的摩擦阻力和纤维形成的纤维网对土体的空间约束作用。

（8）毛竹和棕麻纤维混合加筋的效果要优于两者分别作为筋材加筋的效果，说明合理选用搭配筋材可以使筋材充分发挥加筋效果。此外，两者混合加筋形成的水平—竖直加筋方式充分应用了两种筋材的抗拉强度。

若能将天然加筋材料运用于工程实际，能够有效地节约成本，也能满足生态发展的需要。本章虽然进行了大量的室内试验和分析其力学特性的工作，但是采用毛竹加筋未考虑到毛竹防腐方面的要求，未考虑在加筋过程中腐蚀对毛竹抗拉强度的影响及对毛竹加筋土抗剪强度的影响，在理论分析方面还不完善，缺少工程实例以及运用工程设计的相关参数，要进一步加强筋土界面参数研究，为毛竹和棕麻纤维真正能够应用于工程实际做贡献。

第 4 章

轮胎加筋土力学性能研究

4.1　轮胎加筋土界面剪切性能

土工合成材料加筋土技术已在道路工程、环境工程等领域得到广泛应用，废旧轮胎作为一种新兴的加筋材料在堤坝、挡墙和护岸工程中也同样受到重视。在加筋材料的工程应用过程中，筋－土界面的抗剪强度参数对工程的安全性与稳定性有决定性的影响，是工程设计的关键因素。筋－土界面抗剪强度同时受到各种因素的影响，包括加筋材料特性、土的种类与性质、剪切速率以及应力水平等。筋－土界面的直剪试验是研究和揭示土工合成材料与土界面变形和受力规律的重要方法之一。

针对筋－土界面的抗剪强度参数的研究目前已取得了大量的研究成果，国内外学者采用直剪试验方法研究了土工合成材料与填料的界面相互作用性质。Athanasopoulos 采用直剪试验研究了土工织物与黏土的界面特性；Goodhue 等则对砂土与土工合成材料开展了直剪试验；Abu-Farsakh 等通过大型直剪试验研究了含水率和密实度对黏土与土工合成材料的界面性质。尽管众多国内外学者已经对不同填料（砂土、黏土、尾矿颗粒等）、不同土工合成材料（土工布、土工格栅等）的筋－土界面特性开展了大量研究，但轮胎－填土的界面特性研究甚少。

本章以废旧轮胎作为加筋材料，以砂土和黏土作为填料进行大型直剪试验，研究筋－土界面类型、填土类型、剪切速率等因素对界面变形特点和抗剪强度的影响。试验结果对轮胎加筋土的界面剪切机制研究和轮胎加筋土的实际工程应用具有较大意义。

■ 4.1.1　试验准备

1. 试验仪器

试验采用天水红山试验机有限公司生产的 THE-1000 型大型直剪仪。试验系统由承载机器、剪切盒、垂直加载装置、水平剪切加载装置、液压系统、计算机控制及数据采集系统组成，如图 4.1 所示。上下剪切盒内腔（长×宽×高）均为 500mm×500mm×200mm，轴向及水平向最大出力为 1000kN，轴向和水平向位移量程分别为 50mm、100mm，精度均为±0.2%。

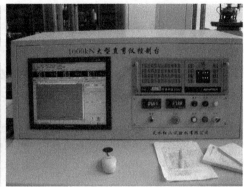

图 4.1　THE-1000 大型直剪仪及数据采集系统

2. 试验材料

1) 填料

试验所用砂土的有效粒径为 0.14mm，限制粒径为 0.57mm；粉质黏土的物理力学性质指标见表 4.1。

表 4.1　粉质黏土主要物性参数

参数	比重	塑限/%	液限/%	最大干密度/（g/cm³）	最优含水率/%
数值	2.70	18.6	35.0	2.08	10.1

2) 加筋材料

试验采用加筋轮胎规格为 10×2.125，即轮胎内径 25.4cm，胎面宽度 5.4cm。

4.1.2　试验方案

1. 试验内容

直剪试验研究对象包括 4 种筋-土界面、2 种填土、4 种剪切速率，考虑了不同筋-土界面类型、填土类型、剪切速率对剪切性质的影响，具体试验方案见表 4.2。其中 4 种筋-土界面分别为轮胎切除侧壁后与填料剪切（以下简称整胎与填土，见图 4.2）、轮胎水平环向切为两半后与填料剪切（以下简称半胎与填土，见图 4.2）、轮胎切除侧壁填入填料后相互剪切（以下简称整胎与整胎，见图 4.2）、轮胎碎片与填土混合后剪切（见图 4.2）。

表 4.2　直剪试验方案

填土类型	界面类型	剪切速率/（mm/min）	竖向应力/kPa
砂土	素土	2	100，200，300，400
	整胎与填土	2，5，8，10	100，200，300，400
	半胎与填土	2	100，200，300，400
	整胎与整胎	2	100，200，300，400
	碎片混合填土	2	100，200，300，400

续表

填土类型	界面类型	剪切速率/（mm/min）	竖向应力/kPa
黏土	素土	2	100，200，300，400
	整胎与填土	2	100，200，300，400
	半胎与填土	2	100，200，300，400
	整胎与整胎	2	100，200，300，400

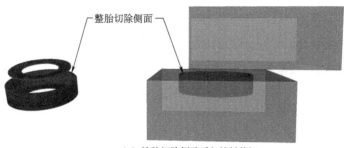

（a）轮胎切除侧壁后与填料剪切

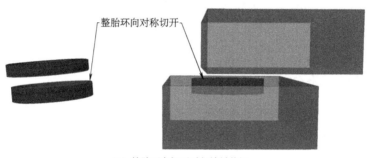

（b）轮胎环向切开后与填料剪切

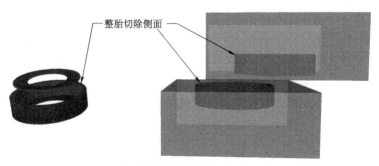

（c）轮胎切除侧壁后相互剪切

93

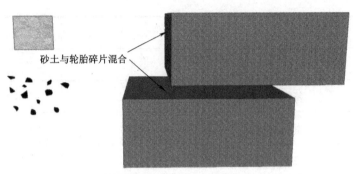

砂土与轮胎碎片混合

（d）砂土与轮胎碎片混合后剪切

图 4.2　筋—土界面类型

2. 试验步骤

（1）试验开始后，先用 1.0kN 竖直荷载使各部件紧密接触，再垂直加载，控制垂直加载速度为 0.5kN/s，使垂直荷载分别达到 100kPa、200kPa、300kPa、400kPa。

（2）待竖向荷载及竖向位移读数稳定后，开始剪切，上剪切盒向右，下剪切盒向左，上下速率保持一致，保持垂直压力在试样中心。

（3）剪切时每 2s 记录一次剪切位移和水平剪切力，竖向压力及剪力分别由竖向压力传感器和水平的拉—压传感器量测，水平和竖向位移由位移传感器输出。

（4）在水平剪切过程中若有峰值出现，则在出现峰值的时刻认为试样发生剪切破坏；在剪切过程中未出现峰值，则控制上下盒相对位移 80mm 时停止剪切；试验结束后观测并记录轮胎磨损情况。

4.1.3　试验结果及分析

1. 筋—土界面类型对剪切性质的影响

试验过程中，通过控制作用于加筋土的垂直有效应力，测定剪切力随剪切位移的变化，反映筋—土界面的相互作用特性。

图 4.3 为相同剪切速率下不同筋—土类型（填土为砂土）的大型直剪试验剪切位移与剪切应力关系曲线。可以看出，所有直剪试验的剪应力和剪切位移呈非线性关系，且随着法向应力的增加，筋—土界面的剪应力和剪切位移增大，剪切刚度也逐渐增大。当筋—土界面有轮胎存在时，在整个试验过程中，应力—位移曲线发展可分为两个阶段：①当剪切位移分布在 30mm 以内时，试样的应力随着位移的增加快速增长；②当位移达到一定值后（在 30mm 左右），发展为应变硬化阶段。

试验确定的不同筋—土界面试样的黏聚力、摩擦角见表 4.3。由表 4.3 可知，相对于素土，铺设废旧轮胎后加筋土的黏聚力提高很大，摩擦角变化却不明显；而轮胎碎片混合砂土后试样的黏聚力变化范围较小，但摩擦角增大较为明显。整胎与砂土剪切时加筋土的黏聚力提高了 60.1kPa，半胎与砂土剪切时加筋土的黏聚力提高了 56.0kPa，而当上下剪切盒中均有加筋轮胎时，黏聚力提高 60.6kPa，摩擦角亦增加 1.33°。混合砂土比素土的摩擦角提高了 14.8%。

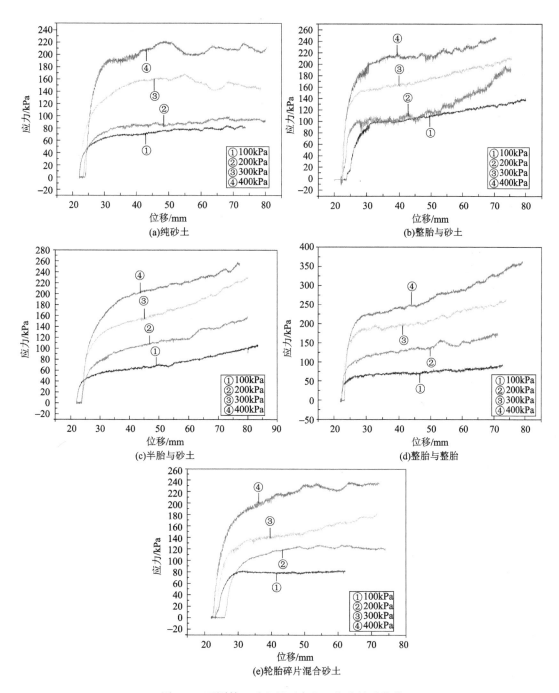

图 4.3　不同筋－砂土界面应力－位移关系曲线

表 4.3　不同筋－砂土界面抗剪强度指标

界面类型	c/kPa	φ/ (°)	Δc/kPa	$\Delta\varphi$/ (°)
纯砂	0	27.0		
整胎与砂土	60.1	24.4	60.1	−2.6

界面类型	c/kPa	$\varphi/(°)$	$\Delta c/\text{kPa}$	$\Delta\varphi/(°)$
半胎与砂土	56.0	26.1	56.0	−0.1
整胎与整胎	60.6	28.4	60.6	1.3
轮胎碎片混合土	10.0	31.0	10.0	4.0

注：表中 Δc、$\Delta\varphi$ 为与素土比较时强度参数的差值。

在各级竖向应力作用下，各筋－土界面类型试样的抗剪强度基本有以下规律：①整胎与整胎界面试样的峰值强度最大，且主要体现为黏聚力的提高；②整胎与砂土界面、半胎与砂土界面的试样剪切强度随着位移变化规律较为相似，对于峰值强度的提高也来源于黏聚力的提高；③轮胎碎片混合砂土与素土相比，各应力水平下剪切强度稍有提高但提高的幅度不大，且其对峰值强度的贡献主要为摩擦力的增大。

总的说来，轮胎加筋土的抗剪强度得到明显提高，且当试样中剪切面有轮胎存在时应力－位移曲线出现明显的应变硬化现象。分析可知，当试样中采用轮胎加筋后，剪切过程中砂土的位移在一定深度范围内均受到轮胎壁的阻力作用，但是砂土的运动在垂直剪切面的深度方向是有限的，轮胎高度的变化超过这一深度，轮胎对剪切过程的抗力作用便不明显，所以整个轮胎和半个轮胎对试样剪切强度的提高幅度基本一致；当有轮胎加筋时，由于轮胎的变形能力极强，即使剪切位移量达到较大的水平，抗力依然存在且随着位移的增大轮胎与填土的协调变形越大，抗力也越大；轮胎碎片作为加筋材料加筋填土时，其主要作用在于碎片和砂土间摩擦作用的增强，在强度参数中表现为摩擦角的增大。

2. 填料类型对界面特性的影响

图 4.4 为填土为黏土时，相同剪切速率下不同筋－土类型大型直剪试验剪切位移与剪切应力关系曲线。与砂土曲线规律基本一致，剪应力和剪切位移呈非线性关系，剪切刚度也随着法向应力的增加逐渐增大。且筋－土界面有轮胎存在时应力－位移曲线最终演化发展为应变硬化阶段。

表 4.4 为不同填料时不同筋－土界面试样的黏聚力、摩擦角的对比。由表 4.4 可知，相对填料为砂土的情况，黏土作为填土时废旧轮胎加筋后对于剪切强度的增加幅度变小。整胎与黏土剪切时加筋土的黏聚力提高了 30.1kPa，摩擦角增加了 2.5°，与砂土为填土时比较黏聚力提高幅度减小 50%，半胎与黏土剪切时加筋土的黏聚力提高了 35.7kPa，摩擦角增加了 1.8°，较砂土为填土时黏聚力提高幅度减小 38%，当上下剪切盒中均有加筋轮胎时，黏聚力提高 40.0kPa，摩擦角增加 4.9°。

当填料性质改变时，试样的大型直剪试验体现出以下规律：①轮胎加筋对于砂土的加筋效果明显较黏土好，相同应力作用下剪切强度提升幅值大；②加筋轮胎对于砂土的加筋效果主要体现为黏聚力的增加，而对于黏土，加筋后的黏聚力和摩擦角均有所增加，但幅值均较小。

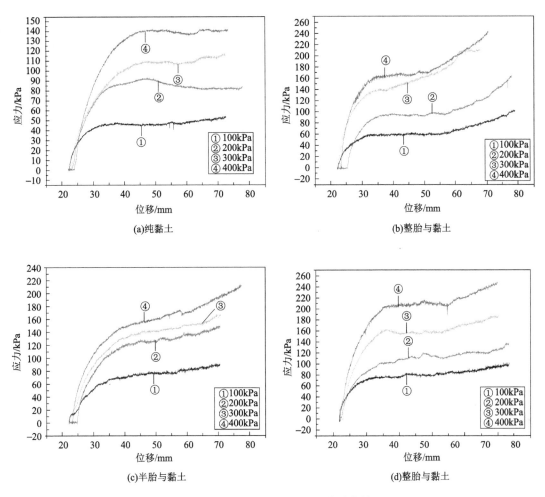

(a)纯黏土　　　　　　　　　　　　　(b)整胎与黏土

(c)半胎与黏土　　　　　　　　　　　(d)整胎与黏土

图 4.4　筋—黏土界面应力—位移曲线

表 4.4　不同填料试样抗剪强度指标

界面类型		c/kPa	φ/ (°)	Δc/kPa	$\Delta \varphi$/ (°)
素土	砂土	0	27.0		
	黏土	10.0	18.3		
整胎与填土	砂土	60.1	24.4	60.1	−2.6
	黏土	30.0	20.7	20.0	2.5
半胎与填土	砂土	56.0	26.1	56.0	−0.1
	黏土	35.7	20.1	25.7	1.8
整胎与整胎	砂土	60.6	28.4	60.6	1.3
	黏土	40.0	23.2	30.0	4.9

注：表中 Δc、$\Delta \varphi$ 为与素土比较时强度参数的差值。

由上所述，轮胎对于砂土和黏土的加筋效果差异较大，且体现方式不同。轮胎加筋后，在直剪试验的剪切面位置，砂土与轮胎沿着剪切方向的相互摩擦系数提升不大，甚至可能降低，但轮胎与黏土间沿着剪切方向的摩擦性能则有一定的提升；废旧轮胎对于砂土和黏土在剪切时均可沿着剪切面垂直的深度方向产生一定的阻力，这种阻力体现为对黏聚力的提升，且轮胎对于砂土的阻力明显较黏土大。

3. 剪切速率对剪切强度的影响

图 4.5 为直剪试验在不同法向应力作用时不同剪切速度下加筋土的应力—位移曲线。剪应力峰值随着剪切速度的增加而明显下降。例如，400kPa 法向应力作用下，剪切速度等于 2mm/min 时的剪切强度峰值与剪切速度等于 5mm/min，8mm/min，10mm/min 时的剪切强度峰值相比，前者分别为后三者的 120％、150％、200％。

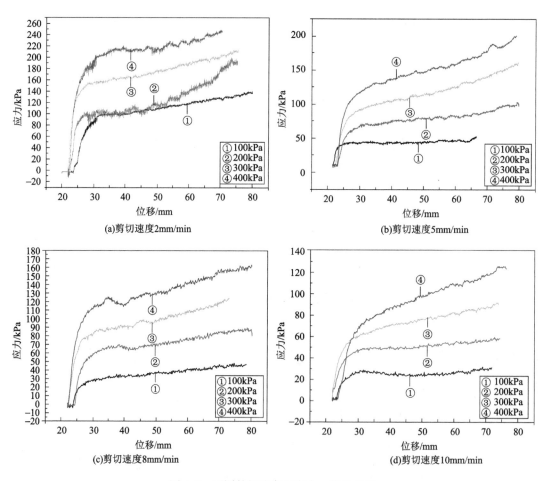

图 4.5　不同剪切速率下应力—位移曲线

表 4.5 为其他条件相同时，不同剪切速率作用下试样的黏聚力、摩擦角。由表 4.5 可知，当加载速率由 2mm/min 增加到 5mm/min 时，黏聚力减小 25.1kPa，降低幅度为 41.8％，而 φ 值仅降低了 1.6°，幅度仅为 6.7％；当剪切速率提高到 8mm/min 和 10mm/min，黏聚力降低幅度分别为 83.5％和 99.2％，摩擦角降低幅度分别为 11.3％和 14.9％。且剪切强度降低值主要发生在试验剪切速率超过 2mm/min 时，其他三种剪切速率作用下剪切强度相互比

较的降低幅度并不十分明显。

表 4.5　不同剪切速率抗剪强度指标

剪切速率/（mm/min）	c/kPa	φ/（°）	Δc/kPa	$\Delta\varphi$/（°）
2	60.1	24.4		
5	35.0	22.8	−25.1	−1.6
8	10.0	21.7	−50.1	−2.8
10	0.6	20.8	−59.5	−3.7

注：表中 Δc、$\Delta\varphi$ 为与 2mm/min 比较时强度参数的差值。

可见，剪切速率增大时，黏聚力的损失幅度远远较摩擦角的幅度大，并且剪切速率存在一个合理范围，一旦超过范围剪切强度将急剧减小，若速率继续增加则剪切强度的降低速度减小。试验中一旦增大剪切速率，由于加筋土中土粒之间来不及重新排列，土体的变形不能及时进行调整，试样宏观抗剪强度得不到充分的发挥。特别是速率增大后，土颗粒配位数无法及时变化，土颗粒间的嵌固作用不能充分体现，导致黏聚力大幅降低。

4.2　废旧轮胎加筋土三轴试验研究

加筋土是在填土中加入筋材而形成的一种复合体，自 Henri Vidal 于 1963 年提出以来在世界各地的土木工程领域得到快速发展和广泛应用。1973 年 Schlosser 和 Long 首先用三轴压缩试验研究金属条加筋砂土。后来许多学者利用三轴试验研究了加筋土的力学特性，加筋材料主要有合成纤维、土工格栅等。赵川等通过大型三轴压缩试验研究了土工格栅加筋碎石土；2005 年吴景海通过三轴压缩试验比较了五种土工合成材料对砂土的加筋效果。废旧轮胎作为一种新型的加筋材料，国内外学者开展了广泛的研究，Foose 等利用直剪试验装置，研究了轮胎碎片混合砂土的强度性质。Edil 等采用有侧限静态重复荷载研究了轮胎复合土的压缩—回弹变形性质。Ghazavi 等针对掺入不同尺寸和含量轮胎碎片的混合砂土，通过开展剪切试验，分析并优化混合砂土中轮胎碎片的尺寸和含量以提高砂土的剪切强度和变形性质。Wu 等通过对轮胎碎片加筋土进行三轴拉伸试验，得出三轴试验的轮胎加筋土强度要高于直剪试验结果。Bressette 等进行的三轴压缩试验与直剪试验结果相近。

三轴剪切试验能够模仿土体在实际土层中的受力状况，试验中可模拟与工程条件相近的三向受力状态，易于反映土体不连续性和各向异性，具有能控制主应力及排水条件，受力状态明确，剪切面不固定，破坏面是土体最薄弱面，并根据工程所需准确测定土的孔隙压力及体积变化等优点，同时还能提供所需有效强度指标，进行土体稳定的有效应力分析。三轴试验可以在水平和垂直方向施加控制荷载，更接近现场的应力变化，而直剪试验只能在垂直方向施加荷载，所以在室内测定土的抗剪强度时，采用三轴剪切试验比采用直接剪切试验或无侧限抗压强度试验更为客观，更接近实际工程情况。

本章将通过室内三轴试验研究轮胎加筋土的应力—应变关系和强度特性，并通过试验研究轮胎加筋砂土和黏土的不同加筋效果。

4.2.1 试验方案

1. 试验仪器

试验采用上海土工公路仪器有限公司生产的 STSZ-30 型应变控制式三轴仪，如图 4.6 所示。三轴试样的直径为 61.8mm，截面积为 12cm²，试样的高度为 125mm。

图 4.6　三轴仪

2. 试验材料

试验采用轮胎型号同上，由于三轴试验仪的试验直径限制了试样的尺寸大小，为了防止轮胎的棱角可能刺破三轴室中的橡皮膜，试验通过切割轮胎胎侧为圆盘形，直径为 61.8mm，厚度为 8mm，并在圆盘状轮胎上均匀开孔，平均孔径约 2mm，以提高筋材的渗透性能。试验时轮胎片沿水平方向铺设在土样的中间位置。试验用土为砂土和粉质黏土。

3. 试验方法

试验试样按照《土工试验方法标准》（GB/T 50123—1999）扰动土样的制备程序处理。试验分加筋砂土、加筋粉质黏土、砂土、粉质黏土 4 种试样，每组取 3 个相同的试样，分别在围压 50kPa、100kPa 和 200kPa 下进行试验，试验时土样饱和，加荷速率为 1.0mm/min，加载方式为固结不排水，设定试验在轴向形变达到 15% 时停止。固结不排水剪（CU）试验就是试样先排水固结，然后在不排水条件下剪切至破坏。

4.2.2　试验结果及分析

1. 应力与应变特性

砂土和加筋砂土试验的轴向应变与偏主应力的关系曲线如图 4.7 所示。由图可知：①随着应变的增加，加筋砂土较砂土的偏主应力差值呈现逐渐增加的趋势。当小于一定的应变值（约为 4%～6%）时，加筋土和素土的应力—应变关系曲线较为接近，随着轴向应变的逐渐增大，加筋土与素土的应力—应变关系曲线的距离逐渐加大且最终趋向于一定值，反映出轮胎片的加筋作用只有当轴向应变较大时才比较明显。素土的应变主要是由于空隙变形和土骨架结构的变化，而加筋砂土的变形除了以上两种因素外还有轮胎条的变形。由于砂土和加筋砂土在加载开始阶段，均有较大的孔隙度，试样的应变主要是由空隙被压缩引起的，所以开始加载阶段加筋的效果不明显；随着荷载的增加，土骨架所受荷载明显提升，素土在超过一定荷载后发生剪切破坏，而加筋土中由于轮胎片在较大荷载作用下与土骨架协同作用，且轮胎片强度明显高于土骨架的强度，加筋土整体强度明显提升。②不同围压作用下，加筋土偏主应力差值增长速度不同，随着围压的增加，加筋土的偏主应力差值增加量变小，如图 4.8 所示。分析可知，随着围压的增加，素土和

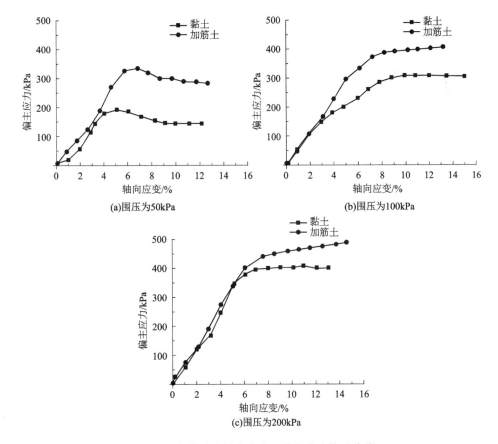

图 4.7　加筋砂土轴向应变—偏主应力关系曲线

加筋土变得更加密实，土骨架的承载能力提高，轮胎片对土的加筋作用逐渐减弱，当围压为50kPa时，稳定的偏主应力差值为134kPa；围压为100kPa时，稳定的偏主应力差值为88kPa；围压为200kPa时，稳定的偏主应力差值为49kPa。③随着围压的增加，素土和加筋土的应力—应变曲线均由应变软化向应变硬化过渡，但是围压增大后，加筋材料的应变硬化更为明显。

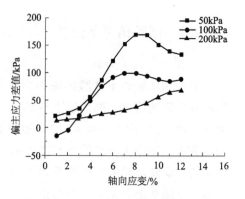

图4.8　砂土加筋前后偏主应力差值与应变关系曲线

黏土和加筋黏土的应力应变曲线如图4.9所示。由图可知：①随着应变的增加，加筋黏土较黏土的偏主应力差值呈现先减小后增加的趋势。在应变值较小时（3%～7%），在相同的应变值下加筋土的偏主应力值较素土的偏主应力值小，当应变值超过一定值时，加筋土的偏主应力值随着轴向应变的增长速度较素土快，最终两种试样的偏主应力差值趋向于一定值。②随着围压的增加，加筋黏土较黏土的偏主应力差值逐渐降低。围压为50kPa、100kPa、200kPa时，加筋黏土较黏土稳定的偏主

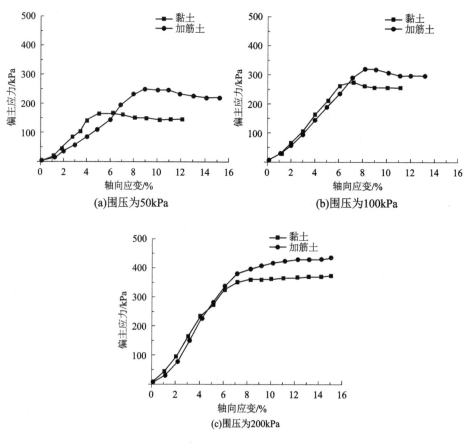

图4.9　加筋黏土轴向应变—偏主应力关系曲线

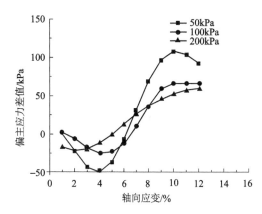

图 4.10　黏土加筋前后偏主应力
差值与应变关系曲线

应力差值分别为 92.51kPa、61.29kPa、59.76kPa，如图 4.10 所示。与加筋砂土规律类似，随着围压的增加，黏土和加筋黏土的应力—应变曲线均由应变软化向应变硬化过渡。

图 4.11 分别为围压在 50kPa、100kPa、200kPa 时，砂土和黏土加筋后偏主应力差值与轴向应变的关系曲线。由图 4.11 可知，轮胎片对砂土的加筋效果较黏土更为明显，但随着围压的增加砂土和黏土的加筋效果愈发接近。围压在 50kPa、100kPa、200kPa 作用下，砂土加筋后比加筋前提高偏主应力值较黏土分别高 41.7kPa、21.4kPa、9.4kPa。

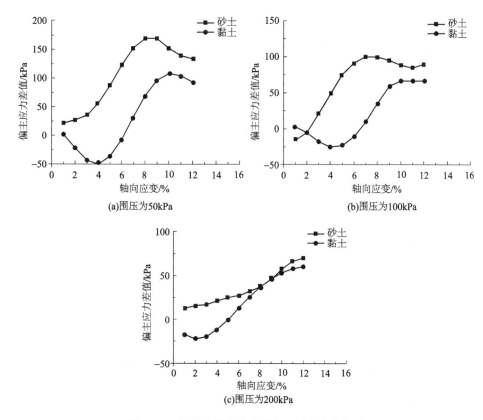

(a)围压为50kPa

(b)围压为100kPa

(c)围压为200kPa

图 4.11　加筋后偏主应力差值—轴向应变关系

2. 抗剪强度

对于同一组试样，根据莫尔应力圆绘制不同围压下破坏应力圆的包线如图 4.12～图 4.15 所示，可得抗剪强度指标黏聚力 c 和内摩擦角 φ 值见表 4.6。

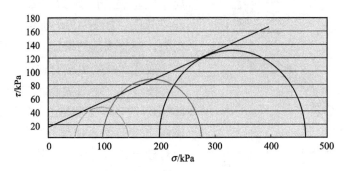

图 4.12 砂土莫尔应力圆

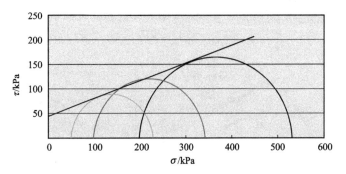

图 4.13 加筋砂土莫尔应力圆

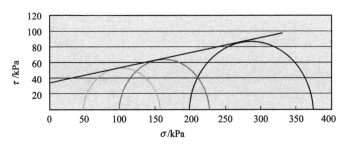

图 4.14 黏土莫尔应力圆

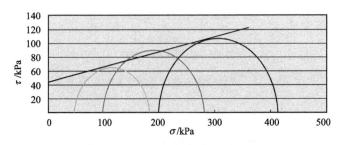

图 4.15 加筋黏土莫尔应力圆

由表 4.6 可知，加筋砂土较纯砂的 c 值增加 28.9kPa，提高 169%，而 φ 值仅增加了 0.1°，提高幅度仅为 0.5%；加筋黏土较黏土的 c 值增加 11.2kPa，提高 32.2%，φ 值则增加了 1.5°，提高达 14.7%。

表 4.6　抗剪强度指标

试样类别	c/kPa	φ/ (°)	Δc/kPa	$\Delta\varphi$/ (°)
纯砂	17.1	20.7		
加筋砂土	46.0	20.8	28.9	0.1
黏土	34.7	10.5		
加筋黏土	45.8	12.0	11.2	1.5

注：表中 Δc、$\Delta\varphi$ 为加筋后较相应素土的差值。

比较砂土和黏土两种土体加筋前后的强度指标可发现，轮胎对砂土的加筋效果主要体现为黏聚力的提高，而内摩擦角基本没有变化，这说明轮胎与砂土的筋土间摩擦系数与纯砂土颗粒间的摩擦系数较为接近；轮胎对黏土加筋后黏聚力有所提高，同时内摩擦角也有一定提高。

4.3　废旧轮胎碎片混合土动三轴试验

振动三轴试验是在常规三轴试验的基础上发展而来的，通过模拟实际环境，对试样施加动主应力，测试试样在承受动荷载作用时的动态反应。这种反应是多方面的，最基本和最主要的是动主应力与动应变之间的关系、动主应力与相应的孔隙水压力的变化关系。根据应力、应变和孔隙水压力这 3 种指标的相对关系，可推出土的各项动弹性参数（动剪切模量、动弹性模量、动强度）、黏弹性参数（阻尼比）以及土样在模拟某种实际振动的动应力作用下所产生的性状等。

振动三轴试验具有与常规三轴试验相似的应力条件，主要是将静荷载变成循环作用的动荷载，测试试样在动荷载作用下的动力特性。同时，数字化动三轴仪还可以比较灵活地控制和改变试样的应力状态，可直接模拟各种动力作用。还可以有效地控制固结度和孔隙水压力，从而可以较好地模拟不同排水条件下饱和土的动态应力应变关系。

将废旧轮胎碎片或颗粒掺拌沥青、水泥、砂土、黏土等作为新型土工材料加以应用，已成为一种理想的废旧轮胎回收利用方式，不仅可缓解环保压力，拓展废弃物处理途径，而且可提供质优价廉的土工材料。废旧轮胎碎片颗粒与土混合在边坡、挡土墙、路基、跑道回填、建筑物基础与地基之间隔震层等方面应用，由于具有质轻、土压力小、减震隔振效果好、耐久性优良、费用低廉、施工方便等诸多优点，目前在国外已有应用实例，而国内相关研究和应用则起步较晚。

废旧轮胎颗粒与砂土混合物广泛用于边坡、挡土墙以及路基回填中，用作轻质填料、隔震材料，或用作建筑物隔震体系。其动弹性模量和阻尼比是描述土体动力性能的首要参数，是能否成功用于减震隔振体系的关键。纵观目前国内外研究现状，缺乏对轮胎颗粒混合砂土在不同颗粒含量、不同围压下的动强度、动弹性模量和等效阻尼比等主要动力特性开展的系统研究。对此，本书通过室内数字化动三轴试验，在验证轮胎颗粒混合土减振隔振效果的基础上，系统地探讨了混合土动强度、动弹性模量和阻尼比等动力特性及其影响规律。

4.3.1 试验过程

1. 双向振动三轴试验基本原理

双向振动三轴试验采用的是圆柱形实心试样，与单向振动三轴试验不同的是，在压力室内同时对试样施加垂直方向和水平方向的动荷载。双向振动三轴试验的初始应力状态是模拟试样的天然应力状态，而在施加动荷载时，则是同时控制垂直应力和水平应力变化，但两者以 $180°$ 相位差交替地施加动荷载，这样，试样内 $45°$ 斜面上的法向压力可保持恒定，而其上的剪应力则循环交替地改变其符号，从而可在不受应力比 σ_1/σ_3 局限的条件下，模拟土层所受的地震剪应力。因此，与单向振动三轴试验相比，双向振动三轴试验的应力条件得到了改善，可以模拟一般的应力条件。

2. 试验目的

橡胶轮胎混合砂土的动力特性研究主要由国外学者开展，本次试验利用粒径为 $1\sim2\text{mm}$ 的橡胶轮胎颗粒按不同体积比例掺入到砂土中，通过室内动三轴试验，研究橡胶颗粒含量及围压对混合砂土的动强度、动弹性模量和等效阻尼比等动力特性参数的影响规律。

3. 试验仪器

试验仪器采用西安力创检测有限公司研制的土动三轴试验系统，如图 4.16 所示。

图 4.16 数字化土动三轴试验装置

4. 试样制备

试样原材料准备：废旧轮胎碎片、砂土；

工具准备：橡胶薄膜、制样套筒、透水石、滤纸；

试样制备过程中以干密度控制混合砂土的制样配比，使得试样在不同橡胶颗粒含量时，混合砂土试样中砂土干密度始终等于纯砂试样的干密度。混合砂土总体积为橡胶颗粒体积、砂土体积、孔隙体积之和，总质量为砂土质量、橡胶颗粒质量之和。混合砂土中砂土干密度定义为

$$\rho = \frac{M_S}{V_S + V_K} = \frac{M_S}{V_0 - V_X} \tag{4.1}$$

试验所用砂土的有效粒径为 0.14mm，限制粒径 0.57mm；橡胶颗粒平均直径为 1~2mm。橡胶颗粒含量用试样中的橡胶颗粒体积含量量化，即混合砂土中橡胶颗粒的体积占试样总体积的百分比。

制备开始时，按试验配比称取原料，搅拌混合 5min 形成混合砂土，如图 4.17 所示。试样成型方法采用砂雨法：根据试样干容重与承模筒的体积，称取定量混合砂土，将混合砂土均匀撒入已装入一定高度无气水的承膜筒的乳胶膜内，并使得水平面一直高于混合砂土表面，轻敲筒壁以密实试样。待砂样制完后，平整表面，放上滤纸和透水石。在围压室底座装样后，施加负压使试样挺立。试样规格为直径 39.1mm、高度 80mm，如图 4.18 所示。

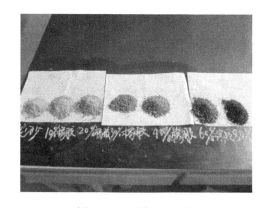

图 4.17　不同配比试样

图 4.18　成型后的试样

5. 操作步骤

1）开机

依次打开电源、电脑、控制器、控制软件，在参数选项中选择"动态试验"；将调整控制部分改为变形、位移控制，并使传感器显示值与给定平均值一致（以防开油源时侧向活塞突然升高，侧向岗中水喷出）。开油源，按"启动"按钮，10s 后按下"高压"按钮，然后缓慢调整油源至 10MPa，开冷却水。

2）试样安装

在控制区，将轴向及侧向调整为变形、位移控制；然后拖动轴向杆平均值到左端

适当位置，调整以便装样；拖动侧向平均值调整至最左端以便加水时使水充满侧向缸。

进行软件界面围压、负荷、下孔压、上孔压清零，变形不清零。

将试样两端分别放滤纸、透水石，然后套好橡皮膜，后将两端的橡皮膜翻转。微开下孔压阀，使试样安装底座有一层水膜，以便赶走气泡，将试样平推放在底座上，翻下下端橡皮膜，缠两条橡皮条，每条两圈，先将橡皮条缠在底座上。

首先确认轴向控制方式为变形控制，然后升底座，缓缓拉动轴向杆右移调整，观察试样是否与上底座接触，快要接触时，停止拉动，鼠标点击轴向调整，使轴向缓缓上升，同时注意观察负荷传感器数值，当负荷传感器刚好有数值变化时，说明试样刚好接触上压头，立即停止鼠标点击。

翻上端橡皮膜包住上压头，然后缠上两条橡皮条，每条缠两圈。微开下孔压阀，向试样中缓缓注入水，目的是赶出试样与橡皮膜之间的气泡，同时使用刷子轻轻涂刷赶走气泡。当无气泡时，抽出下孔压体变管中的水，然后关闭下孔压阀。

盖好压力室，依次按顺序拧紧螺丝，先关闭压力室上部排气孔，打开压力室下面的进出水开关，平行为开，垂直为关，用吸气球吸走压力室里的空气。向压力室注水，为确定气泡被完全赶出压力室，可放慢进水速度，同时打开上部排气孔。当上部排气阀出水时，说明压力室已注满水，应立即关闭进水阀并用螺丝拧紧上部排气孔。用抹布清除顶盖多余的水。

3）设置固结和试验参数

调用固结参数，选择固结方案，选择围压、固结比、加载时间和固结时间，输入口令，修改后另存在原目录下，以便再次调用。

选择试验方案，一般为次数、频率、动态轴力等，选择动态试验，输入口令，修改后另存在原目录下，再次调用。

打开固结方案，打开试验方案，本试验采用固结不排水方案，新建文件夹，选择目录，输入文件名，默认为当前日期时间。

系统参数可设置单位、保护等，采样间隔可根据试验要求设置，一般为2~20ms，选择是否记录孔压耗散。系统参数，不更改；

输入混合土的原始数据，包括含水率、密度、干密度等基本的指标。

4）固结前准备

固结前，调整好主机背后的小变形传感器，使其接触良好，使小变形数据显示在适当范围内，以免在试验时超出测量范围，并将轴向调整为变形控制。在侧向位置控制下缓慢预加围压至10kPa左右，侧向转为围压控制。

5）固结加载

确认围压和固结比，根据提示选择是否排水，选择为不排水。然后加围压。围压加完后，自动进入加轴压过程（若加轴压时变形较大，可暂时跳过加轴压部分，记录上下孔压排水管数值，然后开上下孔压阀，再使轴向调整转为负荷控制，加轴向压力，然后开始固结）记录固结开始时刻。若有偏差可使用键盘的方向键手动稍加至设定值。

6）计算排水量

固结结束，记录上下孔压排水管数值，计算排水量，关闭上下孔压阀。单击"下一步"按钮，输入排水量，单击"下一步"按钮。

7）开始试验

设置轴向和侧向的振动次数、幅值。一般轴向振动，当试样达到破坏条件时，试验自动停止。

8）卸样

稍卸轴向和侧向压力，然后将轴向转为变形控制（可防止试样被过度挤压或拉伸），轴压、围压循环卸载，直至围压接近 0。

打开排水阀，压力室上的排气孔，放出压力室的水。

打开压力室，卸样。清理打扫现场。

9）关机

调油源，将压力调至 0，按"卸压"按钮，最后按"停止"按钮，关闭冷却水。严禁在关油源前关主程序及控制器。

退出程序，关控制器；关计算机，关总电源。

6. 参数选取

试样的动力性质由试验得到的应力应变滞回环确定，典型的应力应变滞回环如图 4.19 所示。根据试验所得数据分析计算得出动剪切应力（τ_d），动弹性模量（E_d）和等效阻尼比（λ）的值，以便进行对比研究。E_d 定义为施加动荷载过程中试样 45°面上的动剪应力。如图 4.19、图 4.20 所示，E_d 和 λ 定义如式（4.2）和（4.3）。

$$E_d = \frac{\sigma_{d1} + \sigma_{d2}}{\varepsilon_1 + \varepsilon_2} \qquad (4.2)$$

$$\lambda = \frac{W_D}{4\pi W_A} \qquad (4.3)$$

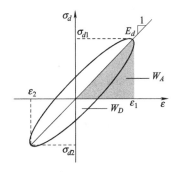

图 4.19　动力作用下典型应力应变滞回环图

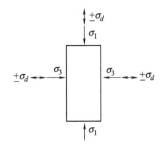

图 4.20　双向激振三轴试验受力状态

7. 试验方案

采取固结不排水振动试验，固结方案为等压固结，固结完成后按设定的动剪应力比施加动荷载。等向固结稳定标准为关闭排水阀后 5min 孔隙水压力不上升，振动破坏标准为全幅轴向应变达到轴向高度的 5%。动荷载加荷频率为 1Hz，动荷载为双向激振，轴向与侧向动荷载初始相位差为 180°。试样应力状态如图 4.20 所示。试验过程中试样应力、应变变化过程如图 4.21 所示。

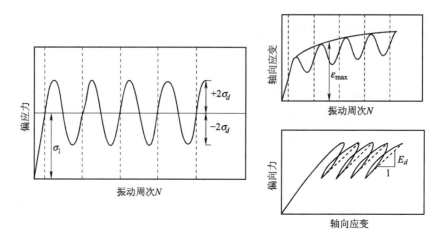

图 4.21　轴向应力、轴向应变变化过程

为研究围压和橡胶颗粒含量对最大轴向应变与动弹性模量关系曲线的影响，分别取固结围压为 80kPa、100kPa、120kPa、140kPa，橡胶含量为 10%、20%、30%、40%。动剪应力比为 2.0、2.2、2.4、2.6。

4.3.2　试验结果及分析

1. 动强度对比

土的动强度是指土在一定的应力循环次数作用下产生某一指定应变所需的动剪应力。试验后，采用动剪应力 τ_d 与破坏时振动周次 N 的关系曲线来描述混合砂土的动强度的变化规律。根据试验结果，分别对橡胶颗粒含量和围压对混合砂土动剪应力－破坏振动周次（τ_d-N）关系曲线的影响进行对比研究。

1）橡胶颗粒含量的影响

一定围压作用下不同橡胶颗粒含量混合砂土动剪应力－破坏振动周次（τ_d-N）关系曲线，如图 4.22 所示。

由图 4.22 可知，所有 τ_d-N 关系曲线均显示，随着动剪应力比的增加，试样所受动应力增加，试样破坏所需的加载次数逐渐减少，且动剪应力比越大，破坏周次减小速度减小。在相同围压和动剪应力比条件下，混合土动强度相对纯砂土略有降低，最大减小值约 20kPa，最大减小量约 8%，随轮胎颗粒含量增加，其减小趋势有所提高。分析可知，由于试验采用应变破坏标准，且控制试验终止条件的应变包含弹性和塑性应变，橡胶颗粒的弹性模量较砂土颗粒的弹性模量低，在动荷载作用下，随着混合砂土中轮胎颗

粒含量 υ 的增大，试样更易发生变形。所以在其他条件相同的情况下，υ 值大的试样破坏振动循环次数较 υ 值小的试样少。

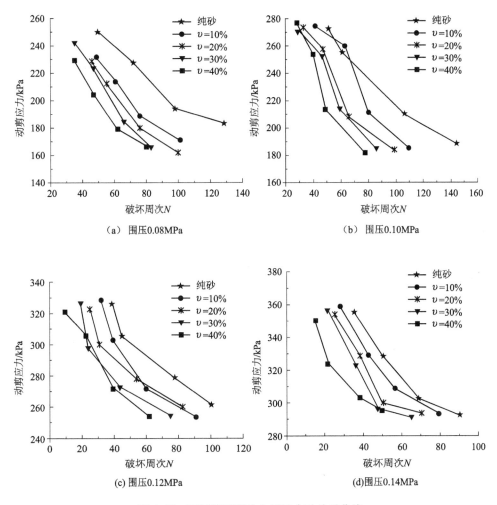

图 4.22　不同橡胶颗粒含量混合砂关系曲线

2）围压的影响

不同固结围压下混合砂土的动剪应力－破坏振动周次（$\tau_d - N$）关系曲线如图 4.23 所示。

由图 4.23 可看出，纯砂试样及混合砂土试样的动强度随着围压的增大逐渐增大，由于围压增大后，混合砂土颗粒间的空隙减小，接触越发紧密，抵抗变形的能力提高，从而使破坏所需的循环次数增加。随着试样的压密颗粒进一步变形密实越发困难，所以围压对于混合砂土试样的压密作用随着围压的增加不断削弱。因此，在 $\tau_d - N$ 关系曲线中，随着围压不断增大，动强度随围压增加而增大的趋势也不断减小。

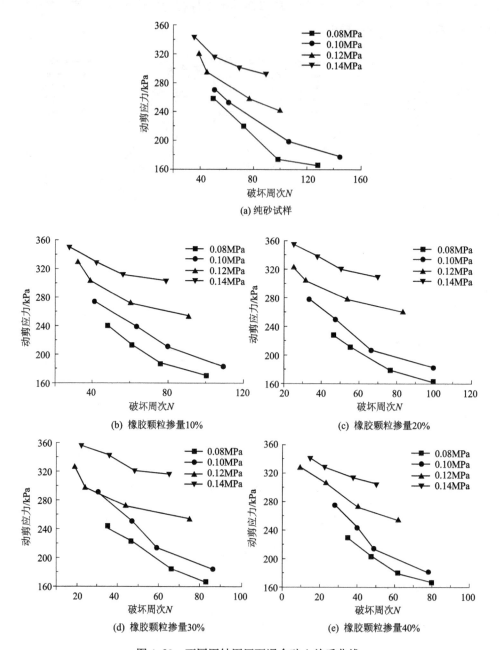

图 4.23　不同固结围压下混合砂土关系曲线

2. 动弹性模量对比

为绘制各试样在动荷载作用下的动弹性模量（E_d）和动应变（ξ_d）关系曲线，对于 4 级动剪应力比，选取每一级动剪应力比作用下前 5 次循环荷载的动弹性模量平均值和轴向应变平均值作为 E_d、ξ_d 的值。根据 $E_d - \xi_d$ 关系曲线，研究橡胶颗粒含量和围压对混合砂土及纯砂动弹性模量影响。

1）橡胶颗粒含量的影响

图 4.24 描述了不同橡胶颗粒含量的混合砂土的动弹性模量－动应变（$E_d - \xi_d$）关系曲线。

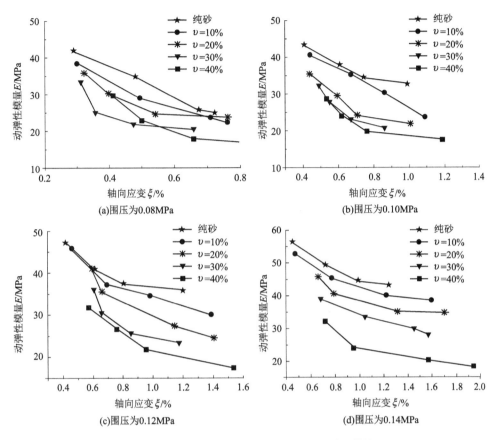

图 4.24　不同橡胶颗粒含量的混合砂土关系曲线

由图 4.24 可以发现，混合砂土及纯砂的动弹性模量均表现出随着轴向动应变的增大而减小的趋势。所有配比混合土动弹性模量均小于纯砂，且在相同围压和动剪应力比条件下，轮胎颗粒含量较高时动弹性模量最大减小量约 22MPa，与纯砂土相比动弹模最大降低了 60％。混合砂土中橡胶颗粒含量越少，其 $E_d - \xi_d$ 关系曲线越靠近纯砂的 $E_d - \xi_d$ 曲线。土的变形主要是由于颗粒的变形和颗粒间的相对移动造成空隙结构的变化，前者主要为可恢复弹性变形，后者为不可恢复的塑性变形。对于纯砂，其颗粒的弹性变形很小，但混合砂土中橡胶颗粒由于弹性模量较小却能产生相当可观的弹性变形，随着橡胶颗粒在试样中含量的增加，试样越容易变形。因此，混合砂土的动弹性模量随着橡胶颗粒含量的增加而减小。

2）围压的影响

图 4.25 为不同配比混合砂土及砂土试样在 80kPa、100kPa、120kPa、140kPa 围压作用下的动弹性模量－动应变（$E_d - \xi_d$）关系曲线。

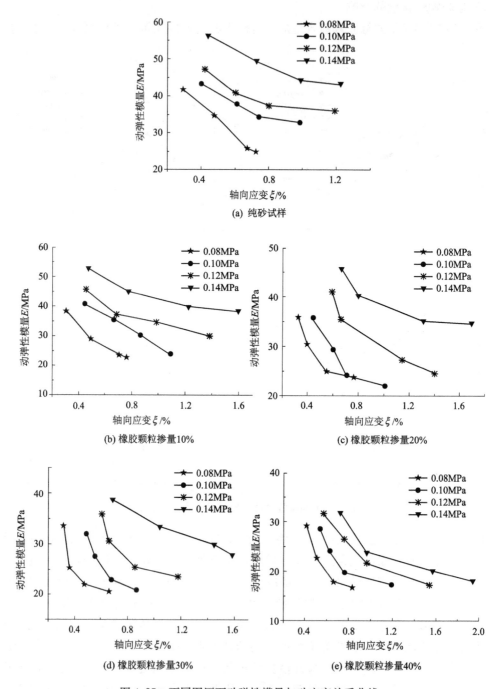

图 4.25　不同围压下动弹性模量与动应变关系曲线

由图 4.25 可知，4 种配比的混合砂土试样以及纯砂试样均具有动弹性模量随着围压的增大而增大的性质。由于试验采用应变控制试验终止条件，围压对试样动弹性模量的影响规律和原理，与其对试样动强度的影响规律和原理基本一致。

3. 等效阻尼比对比

阻尼是振动系统能量耗散的表征量。振动三轴试验中，以等效阻尼比 λ 表示系统阻尼的大小。为研究橡胶颗粒含量与围压对试样等效阻尼比的影响，选取每一级动剪应力比作用下前 5 次循环荷载的动弹性模量平均值和轴向应变平均值作为 λ、ξ_d 的值，分析了各试样等效阻尼比 λ 与轴向动应变 ξ_d 的关系曲线。

1) 橡胶颗粒含量的影响

图 4.26 为不同橡胶颗粒含量的混合砂土、砂土的等效阻尼比—动应变关系曲线。

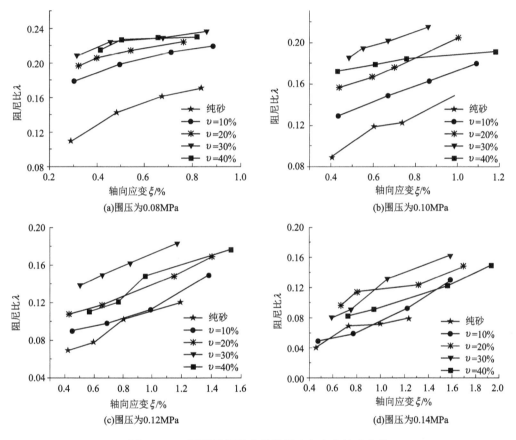

图 4.26　不同橡胶颗粒含量阻尼比与应变关系曲线

从图 4.26 可知，在相同围压和动剪应力比条件下，混合土等效阻尼比相对纯砂土增大比较明显，最大增加了 91%。纯砂试样加载过程中应力波的传播速度主要受砂土孔隙结构的影响。试验过程中各试样的砂土干密度始终保持一致，即试样中砂土的空隙特性基本不变。在砂土中掺入橡胶颗粒后，由于橡胶颗粒的粒径较大且其级配很差，导致试样中的孔隙率增大，从而使应力波传播速度减慢，土体对动荷载反应的滞后性增强，阻尼比随之增加。然而，橡胶颗粒与砂土混合，橡胶颗粒之间、橡胶颗粒—砂土颗粒间的摩擦性能显著增强，从而使颗粒间不易于发生相对运动产生摩擦而耗散能量。当 υ 值增大到一定水平，后者的影响超过孔隙率产生的影响，λ 减小。

2) 围压的影响

图 4.27 为 4 种配比混合砂土与砂土在 80kPa、100kPa、120kPa、140kPa 下的等效阻尼比—动应变（$\lambda-\xi_d$）关系曲线。

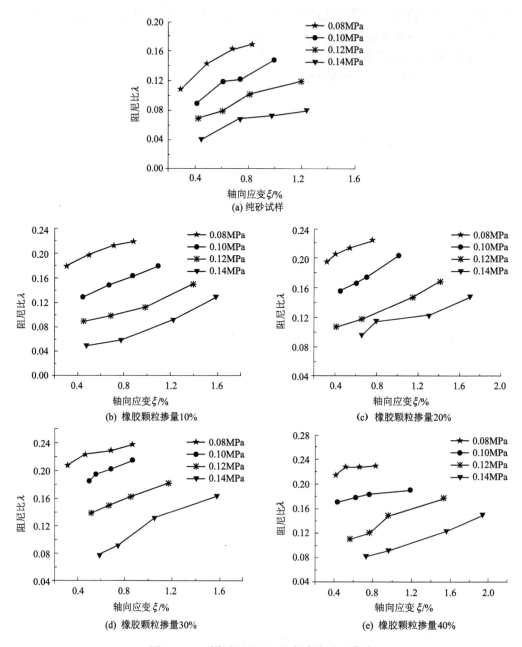

(a) 纯砂试样

(b) 橡胶颗粒掺量10%

(c) 橡胶颗粒掺量20%

(d) 橡胶颗粒掺量30%

(e) 橡胶颗粒掺量40%

图 4.27　不同围压下阻尼比与应变关系曲线

由图 4.27 可知，各配比混合砂土以及纯砂均表现出等效阻尼比 λ 随围压的增大而减小的特性。不同围压对纯砂与混合砂土等效阻尼比 λ 的影响程度相近。围压变大使试样更加密实，孔隙率随围压的增大而减小，从而颗粒间接触点增多，应力波的传播速度加快，表现为阻尼减小。同时，围压的增加也使颗粒间摩擦性能提升，颗粒间相对运动的减小使得塑性变形减小，加载过程中试样耗散的能量就减小。因此所有试样的λ均随着围压的增大而减小。

4.4 本章小结

（1）废旧轮胎加筋土的直接剪切试验表明：采用废旧轮胎加筋土体后，试样抗剪强度得到明显提高，且试样在剪切应力作用下的应力－位移曲线出现明显的应变硬化阶段。轮胎加筋土与素土相比，抗剪强度的提高幅度较为明显，且主要体现为黏聚力的增加，不同界面黏聚力提高约60kPa；而轮胎碎片对于填土剪切强度稍有提高，其对峰值强度的贡献主要为摩擦角的增大，摩擦角相对纯砂土可提高约14.8%；轮胎加筋几种不同筋土界面形式中，整胎－整胎筋土界面峰值强度最大，其次是整胎－砂土界面与半胎－砂土界面，且两者界面剪切强度相似，轮胎碎片砂混合土的剪切强度稍有提高；轮胎加筋砂土时对于加筋土剪切性能的提升较轮胎加筋黏土时更为显著，轮胎对于砂土的加筋效果主要体现为黏聚力的增加，而对于黏土加筋后黏聚力和摩擦角均有所增加但幅值不大，黏土作为填料时，黏聚力提高幅度与砂土作为填料时对比减小约50%；剪切速率增大时加筋土黏聚力的损失幅度远远较摩擦角的降低幅度大，并且剪切速率存在一个合理范围，一旦超过范围剪切强度将急剧减小，若速率继续增加，则剪切强度的降低速度减小。

（2）废旧轮胎加筋土的三轴试验表明：随轴向应变增加，加筋砂土与素土偏应力差值增加；小于一定应变值4%～6%时，加筋土与素土关系比较接近，随轴向应变增加，加筋砂土与素土偏主应力差值距离逐渐加大，最终趋于定值；不同围压下，加筋砂土主应力差值增长速度不同，随围压增加，加筋砂土主应力差值增加量减小；随轴向应变增加，加筋黏土与素土偏主应力差值先减小后增大，在应变值较小时（3%～7%），在相同应变值下，加筋黏土偏主应力值比素土小，当应变超过一定值时，加筋土偏主应力值增长较快，最终两者差值趋于定值；轮胎对砂土的加筋效果较黏土更为明显，但随着围压的增加砂土和黏土的加筋效果越发接近；加筋砂土较纯砂黏聚力提高明显，而内摩擦角基本没有变化；加筋黏土较黏土黏聚力有较大提高，同时内摩擦角也有一定增加，但黏聚力增加幅度较加筋砂土小。

（3）轮胎橡胶颗粒混合砂土的动三轴试验表明：在相同围压和动剪应力比条件下，混合土动强度相对纯砂土略有降低，最大降低约20kPa，最大减小量约8%；混合土动强度随轮胎颗粒含量增加其减小趋势有所提高。随轮胎颗粒含量的增加，混合土越容易变形，混合土动弹性模量随轮胎颗粒含量和动应变的增加而减小，随围压的增大而增大；所有配比混合土动弹性模量均小于纯砂，且减小效果显著；在相同围压和动剪应力比条件下，混合土动弹性模量最大可减小约22MPa，最大减小量达到60%；混合土剪切刚度有效降低，可以发挥减震隔震的优势。在相同围压和动剪应力比条件下，混合土轮胎颗粒含量越低，相应动弹性模量和动应变关系曲线越接近纯砂土。混合土等效阻尼比先随轮胎颗粒含量的增大而增大，之后又随之减小，临界含量值介于 $30\%\sim40\%$；混合土等效阻尼比随围压的增大而减小，不同围压对纯砂土与混合土等效阻尼比的影响程度相近；在相同围压和动剪应力比条件下，混合土等效阻尼比相对纯砂土增大比较明显，最大增加了 91%。

第5章

筋材蠕变特性分析

5.1 筋材蠕变机理和模型研究

5.1.1 蠕变特性机理

蠕变指受力大小不变,而变形随着时间的增长而逐渐加大的现象,是材料在一定温度范围、恒定荷载条件下的慢性变形行为,是土工合成材料的一种重要特性。当无纺织物作为滤层使用时,不需要考虑长期强度。土工合成材料用于加筋时,就必须考虑蠕变产生的长期强度下降。高密度聚乙烯有良好的抗蠕变性,其强度会随时间延长而增长。典型的蠕变曲线如图5.1和图5.2所示。

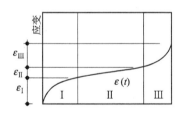

图5.1 应变—时间曲线

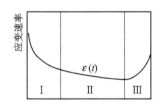

图5.2 应变速率—时间曲线

这些典型的蠕变曲线由三个阶段组成:初级蠕变、次级蠕变和三级蠕变。第一阶段为初始阶段,变形由快到慢变化,如应力比不太大,随时间增长,有可能稳定在某一变形速率,这时进入第二阶段即稳定阶段,这时变形速率保持常数,故第二阶段基本上是直线段,第三阶段为不稳定阶段,蠕变速率迅速增大,直到试样断裂为止。

在时间 t 时的总应变 $\varepsilon(t)$ 可由下列公式表示:

$$\varepsilon(t) = \varepsilon_0 + \varepsilon_I + \varepsilon_{II} + \varepsilon_{III} \tag{5.1}$$

式中:ε_0——瞬时应变,包括弹性和塑性的瞬时应变;

ε_I、ε_{II} 和 ε_{III}——初级、次级和三级蠕变。

在通常荷载水平和温度下,有些材料如聚酯(PET),发生断裂前并不一定出现像聚乙烯（PE）和聚丙烯（PP）材料所常见的蠕变突然增大的现象。

土工合成材料的原料主要有聚酯（PET）、聚乙烯（PE）、高密度聚乙烯（HDPE）和聚丙烯（PP），这些热塑性材料本身具有黏弹性特点，在不变拉伸荷载的作用下，拉应变不是唯一的，随荷载的作用时间不断发展。对于加筋结构来说，一般设计使用寿命较长，如70～120年，因此研究其长期特性显得尤为重要。设计时往往要考虑以下两个方面：①不能达到倒塌的极限状态，例如拉伸破裂，这是强度标准；②在设计使用年限内不能发生过度的应变，这是应变标准。对于聚酯格栅，长期设计强度一般由拉伸破裂来控制；对于聚乙烯长期设计强度一般由应变或破裂来控制。

土工合成材料在工程中常见的蠕变情形有：土工织物和土工格栅承受土压力时的拉伸蠕变；土工网和复合排水材料在回填土衬垫体系中的压缩蠕变；土工膜由于填土的沉降差导致的屈曲蠕变；陡坡中的土工织物发生的剪切蠕变等。总体来说，在土工合成材料蠕变特性的研究方面，无论是生产技术还是应用技术，由于受基础条件、经济条件、认识、技术方面的限制，国内都起步很晚，这方面的研究也很少。蠕变试验需要模拟使用环境温度范围内的受力形变及强度衰减情况，按国际标准，蠕变实验室至少应包括三个以上温度条件的独立实验室，每个独立实验室的温控条件应严格保持在±1℃范围内，且必须保证试验期间的连续不间断性，三个温度条件下的试验结果必须通过特定的数学模型进行推导，以得出长期的蠕变极限强度，专业性强，投资大。另外，我国这方面的规范或标准也不完善，与国外相比差距很大。我国正是因为在土工合成材料蠕变特性方面缺少必要的经验才会造成一些事故，如重庆市市政建设工程采用格栅加筋挡土墙工程，在应用过程中连续发生严重倒塌，经专家们分析研究表明，加筋所采用的格栅产品为普通聚丙烯材料，蠕变快，蠕变极限强度很低。而国际上很早就明确规定禁止使用聚丙烯单向土工格栅应用于挡土墙等工程。

在土工合成材料应用的40多年历史中，已积累了一些关于蠕变性质的经验，但比较接近事实的理论不多。织物的蠕变性质和许多因素有关，如筋材的种类、温度、损伤、荷载水平及侧限条件等，使得室内试验较难模拟实际情况，这就决定了蠕变性质的复杂性，同时蠕变过程发展缓慢，需要很长的持续的研究观察时间，从而制约了理论的发展，因此，在该方面有待于进一步研究。当土工合成材料应用于加筋土结构时，土工合成材料的容许抗拉强度取决于蠕变、化学剂破坏、铺设时机械破坏和生物破坏等诸多因素，其中蠕变引起的抗拉强度折减系数最大，例如，聚丙烯无纺织物的折减系数达到5。过大的折减系数限制了一些土工合成材料在加筋土结构中的应用。从大量试验成果看，在比抗拉强度小很多的拉伸荷载作用下，试样最终拉断了。例如，聚丙烯有纺织物在40%抗拉强度荷载的作用下，396h后拉断，拉断时应变达123%；聚丙烯双向格栅 Tensar SS1在40%抗拉强度荷载的作用下，1196小时后拉断，拉断时应变达62%。我国一些加筋土挡墙出现墙面板鼓肚现象，有的倒塌于建成几年以后，原因与土工合成材料的蠕变现象有关。实际上，对蠕变特性的研究一直没有终止。这一点从国际土工合成材料学术会议的相关论文数量上可以看出来，1990年第四届学术会议有6篇蠕变的文章，其后，第五、六届学术会议分别递增至7篇和8篇，到2002年的第七届学术会议，增加至12篇。与研究的趋势相应，美国 ASTM、英国 BS 和国际标准化协会 ISO，以及水利部 SL 也在发布和不断改进关于蠕变试验的标准。对于如何判断蠕变对工程的影响，一般采用短期蠕变的成果，求得经验公式以推求长期的蠕变量。很多专家主张延长蠕变试验的时间，以增加推求长期蠕变的精度。Greenwood 所做的试验时间长达两年之久，还做了应力松弛试验以进行对比，其他学者也做了类似的试验。如今各国都已颁布了土工合成材料常规蠕变试验的标准，英国要求试验持续 10 000h，其他各国要求至少 1000h。但短期的试验求得的经验公式毕竟不精确，而长期的试验又费时间不经济，难以实现推广，因此，迫切需要研究新的加速蠕变试验的方法以推求土工合成材料更长时间的蠕变特性。

5.1.2　蠕变模型概述

大多数研究土工合成材料蠕变特性的试验方法都是在无侧限条件下进行的，目前为止，很多研究者提出了不同的蠕变方程。为了描述土工合成材料的蠕变特性，Andrawes 等、Greenwood and Myles、Kabir、Bush、Greenwood、Matichard 等、Helwany 和 Wu 等都提出了不同的蠕变模型。一些描述土工合成材料蠕变特性的常用的较简单的蠕变方程，虽然没有考虑应力因素，不够准确，但有的形式简单且能较好地拟合土工合成材料的蠕变特性。

1. 蠕变经验公式

（1）蠕变系数法。公式的形式为

$$\varepsilon_t = \varepsilon_0 + b \lg t \tag{5.2}$$

式中：ε_t——静荷载作用 t 时后的总应变量；

　　　ε_0——受力开始时的初始应变量；

　　　b——蠕变系数；

　　　t——时间。

这一类型的公式没有包括应力的因素，在不同的应力水平下，需进行不同的测试，以取得蠕变系数 b 的值，但由于形式简单比较常用。

（2）三参数法。Shrestha 和 Bell 提出经验公式：

$$\varepsilon_t = \varepsilon_1 + \frac{A}{1-m} e^{aL} \left(t^{1-m} - 1 \right) \tag{5.3}$$

式中：ε_t——时间为 t 时的总应变量；

　　　ε_1——时间 $t=1$ 时的应变量；

　　　L——应力水平，$L = \dfrac{\text{施加的应力}}{\text{断裂应力}} = \dfrac{\sigma}{T_s}$；

m、α、A——试验常数，即三参数，通过试验确定。

当 $m=1$ 时：

$$\varepsilon_t = \varepsilon_1 + A e^{aL} \ln t \tag{5.4}$$

该公式常数多一般不常用。

2. 简单的数学模型

（1）模拟土工合成材料蠕变特性最基本的模型是简单的数学表达式。Findley 给出了聚氯乙烯和聚乙烯 26 年的蠕变数据，数据表明，聚乙烯比聚氯乙烯有更大的应变。加荷载的过程中，蠕变是由下列公式预测的：

$$\varepsilon = \varepsilon^0 + \varepsilon^+ t^n \tag{5.5}$$

式中：　　　ε——应变；

　　　　　　t——时间；

　ε^0、ε^+、n——常数。

由 Findley 等的研究成果可知，n 是与应力和温度无关的独立参数，而 ε^0 和 ε^+ 与应力和温度有关。

（2）根据 Boltzman 的叠加原理可知，如果两个或多种应力连续加载，则应力作用是独立的，并且产生的应变呈线性。因此恢复过程中，应变可由下式表示：

$$\varepsilon = \varepsilon^0 + \varepsilon^+ t^n - [\varepsilon^0 + \varepsilon^+ (t-t_1)^n] = \varepsilon^+ [t^n - (t-t_1)^n], \quad t > t_1 \tag{5.6}$$

（3）Das 指出：

$$\dot{\varepsilon} = C_1 \varepsilon^{C_2 \overline{p}} \left(\frac{t_1}{t} \right)^m \tag{5.7}$$

式中：C_1、C_2、m——材料常数；

　　　　t——时间；

　　　　t_1——参考时间。

$$\overline{p} = \frac{p}{p_u}$$

式中：p——单位宽度的荷载；

　　　p_u——拉伸强度。

（4）Matichard 等和 Blivet 等在侧限试验的基础上提出了应变和时间的关系式：

$$\varepsilon = \varepsilon_1 t^n \tag{5.8}$$

式中：ε_1——加载阶段末期的应变。

Blivet 等对有纺聚丙烯在侧限和无侧限条件下的试验得出 n 值大约为 0.1，有纺聚酯 n 值约为 0.01，无纺土工织物与有纺土工织物 n 值相似，无纺聚丙烯 n 值约为 0.12，无纺聚酯 n 值约为 0.015。

（5）Viezee 等指出应变可由下式预测：

$$\varepsilon(t) = m\lg t + \varepsilon(t_0) \tag{5.9}$$

式中：$\varepsilon(t_0)$——1h 的截距；

　　　m——蠕变斜率。

3. 其他蠕变模型

由 Onaran 和 Findley 提出的技术模型比流变模型更复杂，用来描述土工织物和土工格栅的非线性黏弹性特性很有效。

$$\varepsilon = R(t)p + M(t)p^2 + N(t)p^3 \tag{5.10}$$

式中：p——荷载；在恒定荷载水平下：

$$R(t) = u_1 + w_1 t^n \tag{5.11}$$

$$M(t) = u_2 + w_2 t^n \tag{5.12}$$

$$N(t) = u_3 + w_3 t^n \tag{5.13}$$

u_1、u_2、u_3、w_1、w_2、w_3——与温度有关的材料效应系数；

n——材料效应系数，是否与温度有关不确定。

把式（5.11）～（5.13）代入式（5.10），得：

$$\varepsilon(t, p) = \varepsilon_0(p) + \varepsilon_t(p) t^n \tag{5.14}$$

$$\varepsilon_0 = u_1 p + u_2 p^2 + u_3 p^3 \tag{5.15}$$

$$\varepsilon_t = w_1 p + w_2 p^2 + w_3 p^3 \tag{5.16}$$

此模型中 7 个参数至少要有 3 种不同的荷载水平做试验才能确定其值。

Findley 提出了一个相关的方法，对于单轴蠕变可由下式计算总应变：

$$\varepsilon(t) = F_1 p + F_2 p^2 + F_3 p^3 \tag{5.17}$$

式中：　　p——施加的单轴荷载；

F_1、F_2、F_3——核心效应系数。

为了确定 F_1、F_2、F_3 的值，在 3 种不同的荷载水平 p_a、p_b、p_c 作用下，做单轴蠕变试验，所得应变分别为 ε_a、ε_b、ε_c，即：

$$\varepsilon_a(t) = F_1 p_a + F_2 p_a^2 + F_3 p_a^3 \tag{5.18}$$

$$\varepsilon_b(t) = F_1 p_b + F_2 p_b^2 + F_3 p_b^3 \tag{5.19}$$

$$\varepsilon_c(t) = F_1 p_c + F_2 p_c^2 + F_3 p_c^3 \tag{5.20}$$

如果要预测三重应变，则必须做蠕变破裂试验。利用此模型能模拟出聚丙烯复合物、热黏型土工织物和无纺热黏型聚丙烯土工织物的蠕变特性，所用荷载水平不能太高。但利用此模型不能预测所有土工合成材料的三重蠕变特性，因此不是很全面。

5.1.3　流变模型加载推导及验证

Williams 提出由 3 个参数决定的标准线性固体模型，该模型能有效地估计低应力水平下土工合成材料大范围的蠕变特性。

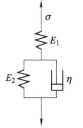

图 5.3　标准线性
固体模型

1. 模型方程

Williams 于 1980 年提出了标准线性固体模型，此模型可以估测大范围土工合成材料的流变特性，考虑的是低应力水平下的流变特性，因此未考虑二、三阶段的蠕变。此模型如图 5.3 所示。

该模型由一个弹簧和一个凯尔文系统连接起来，弹簧的弹性模量为 E_1，凯尔文弹簧弹性模量为 E_2，黏滞系数为 η。如果是一维的情况，则：

$$\frac{1}{E_1}\left(\frac{\mathrm{d}}{\mathrm{d}t} + \frac{E_1 + E_2}{\eta}\right)\sigma = \left(\frac{\mathrm{d}}{\mathrm{d}t} + \frac{E_2}{\eta}\right)\varepsilon \tag{5.21}$$

式中：　　σ——每单位宽度的力；

ε——总应变；

t——时间；

E_1、E_2、η——材料常数，由试验确定。

在蠕变试验中，一般施加恒定的荷载水平，故上述方程可化为

$$\frac{\mathrm{d}\varepsilon}{\mathrm{d}t} + \frac{E_2}{\eta}\varepsilon = \frac{E_1 + E_2}{\eta E_1}\sigma \tag{5.22}$$

解上述方程可得：

$$\frac{\varepsilon}{\sigma} = \varphi(t) \tag{5.23}$$

$$\left.\begin{array}{l} \varphi = \dfrac{1}{E^*} - \dfrac{1}{E_2}\exp\left(-\dfrac{E_2}{\eta}t\right) \\[2mm] E^* = \dfrac{E_1 E_2}{E_1 + E_2} \end{array}\right\} \tag{5.24}$$

2. 加载情况下的蠕变推导

蠕变试验中，当施加第一步荷载 $\sigma = \sigma_1$ 时，可依据式（5.24）计算出应变，当施加下一步荷载 $\sigma = \sigma_2$ 时，依据 Boltzmann 原则，用式（5.25）计算：

$$\varepsilon = \sigma_1 \varphi(t) + (\sigma_2 - \sigma_1)\varphi(t - t_1) \tag{5.25}$$

式中：t_1——第二步荷载开始施加的时刻。

把 $\sigma = \sigma_1$ 和 $\sigma = \sigma_2$ 分别代入式（5.24）和式（5.25）并化简得：

$$\varepsilon = \frac{\sigma_2(E_1 + E_2)}{E_1 E_2} - \frac{1}{E_2}\left[\sigma_1 + (\sigma_2 - \sigma_1)\exp\left(\frac{E_2}{\eta}t_1\right)\right]\exp\left(-\frac{E_2}{\eta}t\right) \tag{5.26}$$

此方程即为土工合成材料加载情况下的蠕变方程。

当施加多级荷载时，依据 Boltzmann 原则，用式（5.27）计算：

$$\varepsilon = \sigma_1 \varphi(t) + (\sigma_2 - \sigma_1)\varphi(t - t_1) + (\sigma_3 - \sigma_2)\varphi(t - t_2) \tag{5.27}$$

3. 滞弹性体模型

1）模型方程的推导

根据前人的研究，本书引入了描述土工合成材料蠕变特性的滞弹性体模型。该模型由一个弹性元件和一个麦克斯韦元件并联而成，麦克斯韦元件由一个弹性元件和一个黏壶串联而成。黏壶是由圆筒内装满一种黏滞性液体与一个可移动的穿孔活塞组成，圆筒中液体服从黏滞定律，即应力与应变速率成比例。模型如图 5.4 所示。

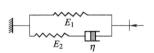

图 5.4　滞弹性体模型

弹簧弹性模量分别为 E_1、E_2，黏壶黏滞系数为 η。

如果是一维的情况，则该模型总应力与总应变关系为

$$\sigma = \sigma_1^e + \sigma_2^e = \sigma_1^e + \sigma^v$$

$$\varepsilon = \varepsilon_1^e = \varepsilon_2^e + \varepsilon^v$$

式中：1——弹性元件；

2——麦克斯韦元件。

又

$$\sigma^v = \eta\dot{\varepsilon}^v, \sigma_1^e = E_1\varepsilon_1^e, \sigma_2^e = E_2\varepsilon_2^e$$

合并以上各方程，消去基本元件的应力应变得：

$$\sigma + \frac{\eta}{E_2}\dot{\sigma} = \varepsilon E_1 + (E_1 + E_2)\frac{\eta}{E_2}\dot{\varepsilon}$$

即：

$$\frac{1}{E_2}\left(\frac{d}{dt} + \frac{E_2}{\eta}\right)\sigma = \left(\frac{E_1 + E_2}{E_2}\frac{d}{dt} + \frac{E_1}{\eta}\right)\varepsilon$$

式中：　　σ——每单位宽度的力；

ε——总应变；

t——时间；

E_1、E_2、η——材料常数，由试验确定。

土工合成材料蠕变试验中，一般施加的荷载是恒定的，故上述方程可化为

$$\frac{E_1 + E_2}{E_1}\frac{d\varepsilon}{dt} + \frac{E_1}{\eta}\varepsilon = \frac{1}{\eta}\sigma$$

解上述方程可得：

$$\frac{\varepsilon}{\sigma} = \varphi(t) = \left[1 - \exp\left(-\frac{E_1 E_2}{(E_1 + E_2)\eta}t\right)\right]\frac{1}{E_1} \tag{5.28}$$

该方程即为研究土工合成材料蠕变特性的滞弹性体模型方程。

2）加载情况下的蠕变

由前述可知：

$$\varepsilon = \sigma_1\varphi(t) + (\sigma_2 - \sigma_1)\varphi(t - t_1) \tag{5.29}$$

式中：t_1——第二步荷载开始施加的时刻。

把式（5.28）代入式（5.29）并化简得：

$$\varepsilon = \frac{\sigma_2}{E_1} - \frac{E_2}{E_1(E_1 + E_2)}\left[\sigma_1 + (\sigma_2 - \sigma_1)\exp\left(\frac{E_1 E_2}{(E_1 + E_2)\eta}t_1\right)\right]\exp\left(-\frac{E_1 E_2}{(E_1 + E_2)\eta}t\right)$$

$$\tag{5.30}$$

式（5.30）为此模型加载情况下的蠕变方程。

4. 模型方程的实例验算

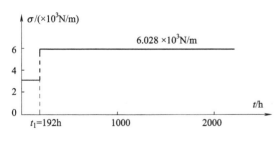

图 5.5　施加的荷载水平

1）某土工织物参数

$E_1 = 0.259 \times 10^6 \text{N/m}$；

$E_2 = 0.198 \times 10^6 \text{N/m}$；

$\eta = 12.631 \times 10^6 \text{Nh/m}$。

施加的荷载水平如图 5.5 所示。

利用标准线性固体模型和滞弹性模型所建立的蠕变方程分别计算应变结果，比较两者的差异。

把数值代入标准线性固体模型方程式（5.24）和式（5.26）得：

$$\varepsilon = 0.026\ 73 - 0.015\ 15e^{-0.015\ 7t} \qquad (t \leqslant t_1)$$

$$\varepsilon = 0.053\ 72 - 0.325\ 3e^{-0.015\ 7t} \qquad (t \geqslant t_1)$$

代入滞弹性模型方程式（5.28）和式（5.30）得：

$$\varepsilon = 0.011\ 58 - 0.011\ 58e^{-0.008\ 9t} \qquad (t \leqslant t_1)$$

$$\varepsilon = 0.023\ 27 - 0.032\ 91e^{-0.008\ 9t} \qquad (t \geqslant t_1)$$

两模型方程曲线图与试验结果曲线图的比较如图 5.6 所示。

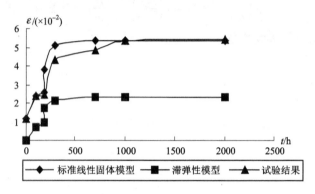

图 5.6　两模型与试验结果的比较

由上述方程和图 5.6 可知，这种新的滞弹性模型所建立的方程计算出的应变值偏小。

2）用于分析加筋挡土墙的蠕变

以往的经验表明，筋材的蠕变影响着加筋挡土墙的整体特性，然而目前还没有简单的工程实际方法分析加筋挡土墙的蠕变特性。假设加筋挡土墙上的荷载垂直均匀分布在上表面上，荷载强度为 p，如图 5.7 所示。

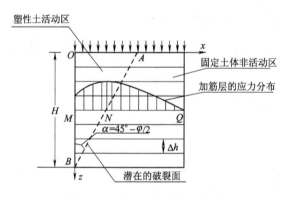

图 5.7　加筋挡土墙的静力模型

假设加筋部分和土部分连接无缝隙，假设在潜在有破裂可能区域的土为塑性的，此区域为活动区，如图中 OAB 所示，其他为固定的。假设加筋部分开始的应力分布已知，加筋部分的蠕变将在活动区发生，其应力将保持恒定。活动区土的流动会受到筋材黏弹性变形的限制，这一点从平常的试验观察中可以看出来。假设非活动区的筋材将保持固定，没有蠕变发生。

加筋以后，当筋材是条状或卷材时，加筋部分的应力为

$$\sigma_r = n_r \sigma$$

式中：n_r——加筋挡土墙中筋材之间的摩擦系数；

　　　σ——实际应力。

当筋材是平面型时，用下列公式计算：

$$\sigma_r = \frac{\sigma}{\Delta h}$$

式中：Δh——筋材层间的距离。

由土力学可知，挡土墙土压力为

$$s = \gamma H \tan^2(45° - \varphi/2)$$

当墙上有压力 p 时，

$$r = p \tan^2(45° - \varphi/2)$$

故：

$$\sigma_{r\min} = r = p \tan^2(45° - \varphi/2)$$

$$\sigma_{r\max} = r + s = p \tan^2(45° - \varphi/2) + \gamma H \tan^2(45° - \varphi/2)$$

根据 $\sigma_{r\min}$、$\sigma_{r\max}$ 可推测墙中应力分布情况为线性，如图 5.8 所示。

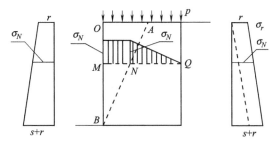

图 5.8　破裂前筋材层的应力估计

蠕变引起的变形图如图 5.9 所示，图中变形量为

$$u = \varepsilon L = \varepsilon(H - z)\tan\alpha$$

式中：L——原长；

　　　z——深度；

　　　$\alpha = 45° - \varphi/2$。

故：

$$u = \sigma\varphi(t)(H - z)\tan\alpha$$

又因为 $\sigma_r = \dfrac{s}{H}z + r$，则：

$$\sigma = \sigma_r \Delta h$$

而根据 Williams 于 1980 年提出的标准线性固体模型可知：

$$\varepsilon = \sigma\varphi(t)$$

$$\varphi = \frac{1}{E^*} - \frac{1}{E_2}\exp\left(-\frac{E_2}{\eta}t\right)$$

$$E^* = \frac{E_1 E_2}{E_1 + E_2}$$

故：

$$u = \left(\frac{s}{H}z + r\right)\Delta h\varphi(t)(H-z)\tan\alpha = (\gamma z + p)\Delta h\varphi(t)(H-z)\tan^3\alpha$$

当 $z = \dfrac{\gamma H - p}{2\gamma}$ 时，u 取最大值。

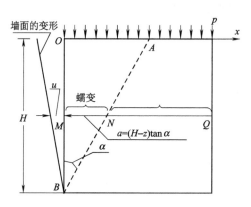

图 5.9　蠕变引起的变形

为了验证上述挡土墙蠕变分析方法的正确性，计算实例如下：

假设加筋挡土墙如图 5.10 所示，已知：$E_1 = 0.7 \times 10^6 \text{N/m}$，$E_2 = 0.8 \times 10^6 \text{N/m}$，$\eta = 3.6 \times 10^8 \text{Nh/m}$，$p = 0.5 \times 10^5 \text{N/m}^2$，$\varphi = 30°$，$H = 7.5\text{m}$，$\gamma = 0.18 \times 10^5 \text{N/m}^3$。

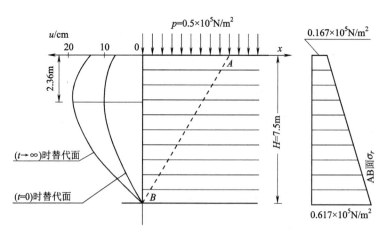

图 5.10　挡土墙示意图

根据方程 $\varphi = \dfrac{1}{E^*} - \dfrac{1}{E_2}\exp\left(-\dfrac{E_2}{\eta}t\right)$ 代入数值，得：

$$\varphi(t) = (0.267\,9 - 0.125\text{e}^{-0.002\,2t}) \times 10^{-5}$$

把数值代入方程 $u=(\gamma z+p)\Delta h\varphi(t)(H-z)\tan^3\alpha$，得：

$$u=(0.026z+0.072\,3)(7.5-z)(0.267\,9-0.125\mathrm{e}^{-0.002\,2t})$$

因为当 $z=\dfrac{\gamma H-p}{2\gamma}$ 时，u 取最大值，此例中代入数值 $z=2.36\mathrm{cm}$。

故当刚开始加载 $t=0$ 时，$u_{max}=9.82\mathrm{cm}$；当 $t\rightarrow\infty$ 时，$u_{max}=18.4\mathrm{cm}$。

这说明当 $z=2.36\mathrm{cm}$ 时，墙面发生的水平最大变形量在 $9.82\sim18.4\mathrm{cm}$ 之间。

该方法考虑的是理想的加筋挡土墙模型，有很多假设前提条件，忽略了很多因素的影响。比如柔性墙面本身对变形会有影响，也忽略了土和筋材间的相互影响。但该蠕变分析方法计算加筋挡土墙应力和变形比较简单，给加筋挡土墙的计算带来了很大的便利。

▌5.1.4　流变模型（图5.11）修正推导及验证

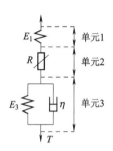

图 5.11　修正的流变模型

1. 蠕变

由于 $\varepsilon=\varepsilon_1+\varepsilon_2+\varepsilon_3$，$\varepsilon_1=\sigma/E_1$，$\varepsilon_2=\sigma/R$，故：

$$\varepsilon_3=\varepsilon-\frac{\sigma(E_1+R)}{E_1R} \tag{5.31}$$

又因为

$$\sigma=E_3\varepsilon_3+\eta\frac{\mathrm{d}\varepsilon_3}{\mathrm{d}t} \tag{5.32}$$

把式（5.31）代入式（5.32）得：

$$\left(1+\frac{E_3}{\xi}\right)\sigma+\frac{\eta}{\xi}\frac{\mathrm{d}\sigma}{\mathrm{d}t}=E_3\varepsilon+\eta\frac{\mathrm{d}\varepsilon}{\mathrm{d}t} \tag{5.33}$$

式中：$\xi=E_1R/(E_1+R)$；

$\qquad\sigma$——单位宽度上所受的拉力。

蠕变试验中荷载恒定，故解得其解为

$$\frac{\varepsilon}{\sigma}=\left(\frac{1}{E_3}+\frac{E_1+R}{E_1R}\right)-\frac{1}{E_3}\exp\left(-\frac{E_3}{\eta}t\right) \tag{5.34}$$

很显然，式（5.34）只适用于恒定加载情形，对于任意的加载只能用式（5.33）。

2. 应力松弛

应力松弛过程中，塑性元件上的应变保持恒定，即 ε_2 恒定，故 $\varepsilon_{13}=\varepsilon_1+\varepsilon_3=\varepsilon-\varepsilon_2$ 恒定。

由 $\varepsilon_1=\sigma/E_1$ 和 $\sigma=E_3\varepsilon_3+\eta\dfrac{\mathrm{d}\varepsilon_3}{\mathrm{d}t}$ 可得

$$\left(1+\frac{E_3}{E_1}\sigma\right)+\frac{\eta}{E_1}\frac{\mathrm{d}\sigma}{\mathrm{d}t}=E_3\varepsilon_{13}+\eta\frac{\mathrm{d}\varepsilon_{13}}{\mathrm{d}t}$$

应力松弛过程中应变恒定故上述方程可变为

$$\frac{\mathrm{d}\sigma}{\mathrm{d}t}+\frac{E_1+E_3}{\eta}\sigma=\frac{E_1E_3}{\eta}\varepsilon_{13}$$

解得：

$$\frac{\sigma}{\varepsilon}=\frac{E_1^2R}{(E_1+R)(E_1+E_3)}\exp\left(-\frac{E_1+E_3}{\eta}t\right) \tag{5.35}$$

式中,参数由蠕变和应力松弛试验确定。

3. 修正模型的验证

Leshchinsky 等于 1997 年对一种有纺聚酯格栅做了蠕变试验,格栅抗拉强度为 41kN/m。蠕变试验结果表明,在 80% 的荷载水平下,试样呈现出三重蠕变现象并伴随着断裂发生;当承受 60% 的荷载水平时,试样没有进入第三阶段的蠕变;当承受 40% 的荷载水平时应变率比 60% 的低,在 60% 和 40% 荷载水平下应变值和应变率都比较低。该格栅参数分别为:$E_1 = 802\text{kN/m}$,$E_3 = 1700\text{kN/m}$,$R = 336\text{kN/m}$,$\eta = 1000\text{kNh/m}$,$T_{ult} = 41\text{kN/m}$。

利用修正的流变模型对该格栅进行蠕变计算,与试验结果相比较。

利用修正的蠕变模型 $\dfrac{\varepsilon}{\sigma} = \left(\dfrac{1}{E_3} + \dfrac{E_1 + R}{E_1 R}\right) - \dfrac{1}{E_3}\exp\left(-\dfrac{E_3}{\eta}t\right)$ 可得到 80%、60%、40% 荷载水平下的蠕变分别为

$$蠕变\begin{cases} \varepsilon = 0.157\,76 - 0.019\,28e^{-1.7t} \\ \varepsilon = 0.118\,32 - 0.014\,46e^{-1.7t} \\ \varepsilon = 0.078\,88 - 0.009\,64e^{-1.7t} \end{cases}$$

故模型和试验结果的比较如图 5.12 所示。

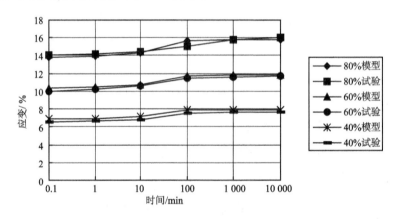

图 5.12 修正流变模型与试验结果比较

由图 5.12 可知,修正的流变模型计算出的蠕变结果与试验结果很吻合,在高的荷载水平下也能较好地模拟蠕变结果,弥补了标准线性固体模型只能针对低荷载水平的缺陷。

5.1.5 利用蠕变模型分析加筋土的本构关系

加筋的土工合成材料一般由聚合物构成,典型的有聚酯、聚丙烯、聚乙烯等,在某种程度上都容易发生蠕变。很显然土工合成材料的黏弹性特性会影响整个加筋土结构的特性。关于土工合成材料加筋土结构的蠕变变形和破裂问题,长期特性是目前最关心的问题。有许多文献建议了加筋土结构的长期容许强度,但只有极少数文献考虑了加筋土结构蠕变特性的重要性。目前国内可能只有邢怀海、付志前、肖成志等谈到了加筋土结构流变特性的问题。加筋土由两部分组成:土和筋材,对这种非均匀的复

合材料一般有两种分析方法。一种是把土和筋材分开考虑，这种分析方法在工程应用中很典型，但这种分开考虑的方法往往会导致结果与试验数据不太符合，接触面难以界定，存在一些缺陷。另一种方法是把加筋土看成是一种宏观上均质的复合材料，其整体特性主要依赖于构成部分所占的体积几何比，有很多学者用这种方法对加筋土进行了研究，这种方法考虑了破裂方式的确定和加筋土的承受能力，但没有考虑加筋土的蠕变特性。本书采用把加筋土体看成一个整体的方法，考虑了加筋土筋材的蠕变特性。利用标准线性固体蠕变模型，推导出了加筋土体黏弹性阶段和黏弹塑性阶段的应力应变表达式。

1. 基本假定

加筋土体是宏观均匀的各向异性复合材料，土看成是理想的弹塑性材料，筋材是黏弹性材料，土和筋材的体积比分别为 n_s 和 n_r，$n_s + n_r = 1$。对于常见的路基、坝基和柱、墙下条形基础等加筋土工程，加筋土复合体可视为平面应变问题，假设筋材和土之间连接良好，无错动滑移，筋材只处于受拉状态，复合体的剪应力、剪应变由土体承担。把加筋土体结构看成两个阶段，第一阶段土体为弹性状态，整个加筋体为黏弹性的，从土体开始进入塑性状态起视为第二阶段。

2. 整体分析

加筋结构整体宏观应力为 σ_{ij}，整体应变为 ε_{ij}，从微观上看，土的应力应变分别为 σ_{ij}^s，ε_{ij}^s，筋材的应力应变分别为 σ_{ij}^r，ε_{ij}^r，加筋土的宏观应力 σ_{ij} 由筋材应力 σ_{ij}^r 和周围土体应力 σ_{ij}^s 组成，如图 5.13 所示。

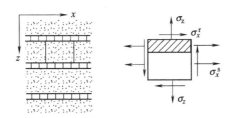

图 5.13　加筋土体宏观与微观应力关系示意图

其整体结构有如下关系：

$$\begin{cases} \sigma_{ij} = n_s\sigma_{ij}^s + n_r\sigma_{ij}^r \\ \varepsilon_{ij} = n_s\varepsilon_{ij}^s + n_r\varepsilon_{ij}^r \\ \sigma_x = n_s\sigma_x^s + n_r\sigma_x^r \\ \sigma_z = \sigma_z^s = \sigma_z^r \\ \tau_{xz} = \tau_{xz}^s \end{cases}$$

不考虑筋材在厚度方向的压缩和弯曲变形，则有：

$$\begin{cases} \varepsilon_x = \varepsilon_x^s = \varepsilon_x^r \\ \varepsilon_z \cong \varepsilon_z^s \\ \varepsilon_{xz} \cong \varepsilon_{xz}^s \end{cases}$$

3. 第一阶段

第一阶段中土体为弹性状态，根据 Hooke 定律有如下关系：

$$\begin{cases} \varepsilon_x^s = \dfrac{1+\mu_s}{E_s}\big[(1-\mu_s)\sigma_x^s - \mu_s\sigma_z^s\big] \\[2mm] \varepsilon_z^s = \dfrac{1+\mu_s}{E_s}\big[(1-\mu_s)\sigma_z^s - \mu_s\sigma_x^s\big] \end{cases}$$

式中：μ_s——泊松比；

E_s——杨氏模量。

根据以上式整理得：

$$\varepsilon_x = \frac{1+\mu_s}{E_s}\left[\frac{1-\mu_s}{n_s}\sigma_x - \mu_s\sigma_z - \frac{1-\mu_s}{n_s}n_r\sigma_x^r\right]$$

又因为

$$n_r\sigma_x^r = \sigma/\Delta h$$

式中：n_r——加筋土中筋材所占的体积比，$n_r = \dfrac{e}{\Delta h}$；

e——筋材的厚度；

Δh——筋材的竖向间距；

σ——单位宽度的筋材拉力，如图 5.14 所示。

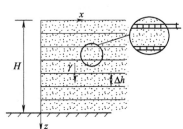

图 5.14　加筋土体示意图

故可得：

$$\varepsilon_x = \frac{1+\mu_s}{E_s}\big[(1-\mu_s)\sigma_x - \mu_s\sigma_z\big] - \frac{1-\mu_s^2}{E_s\Delta h}\sigma \tag{5.36}$$

式（5.36）即为加筋土体黏弹性阶段的弹性应变表达式。

将此式和 $\varepsilon_x = \varepsilon_x^s = \varepsilon_x^r$ 代入标准线性固体模型方程

$$\frac{1}{E_1}\left(\frac{\mathrm{d}}{\mathrm{d}t} + \frac{E_1+E_2}{\eta}\right)\sigma = \left(\frac{\mathrm{d}}{\mathrm{d}t} + \frac{E_2}{\eta}\right)\varepsilon$$

可得：

$$\frac{\mathrm{d}\sigma}{\mathrm{d}t} + \frac{E_s+E_2(1+AE_1)}{\eta(1+AE_1)}\sigma = \frac{E_1E_2(1+\mu_s)}{\eta E_s(1+AE_1)}\big[(1-\mu_s)\sigma_x - \mu_s\sigma_z\big]$$

式中：$A = \dfrac{1-\mu_s^2}{E_s\Delta h}$。

假定筋材初始应力恒定 $\sigma(t=0)=\sigma_0$，砂土模量的数量级一般为 $100\mathrm{MN/m^2}$，而 E_1 和 E_2 的数量级一般为 $100\sim1000\mathrm{kN/m}$，故 $1+AE_1\approx1$，则上述方程的解可为

$$\sigma = \left\{\sigma_0 - \frac{E_1+E_2}{E_sE_1E_2}(1+\mu_s)\big[(1-\mu_s)\sigma_x - \mu_s\sigma_z\big]\right\}\exp\left(-\frac{E_1+E_2}{\eta}t\right) +$$
$$\frac{E_1+E_2}{E_sE_1E_2}(1+\mu_s)\big[(1-\mu_s)\sigma_x - \mu_s\sigma_z\big] \quad (0\leqslant t\leqslant T) \tag{5.37}$$

式中：T——土体塑性到达的时间。

而由前述可知：

$$\sigma_x^s = \sigma_x - \frac{\sigma}{\Delta h} \tag{5.38}$$

因此式（5.37）和式（5.38）即为加筋土体黏弹性阶段的应力表达式。

4. 第二阶段

第二阶段，土体进入塑性状态。下面求土体到达塑性状态所需要的时间，根据 Mohr-Coulomb 准则，由下式确定：

$$f = (\sigma_z - \sigma_x^s)^2 - (\sigma_z + \sigma_x^s)^2 \sin^2\varphi + 4\tau^2 = 0$$

当考虑 σ_z 和 σ_x^s 为主应力时：

$$f = (\sigma_z - \sigma_x^s) - (\sigma_z + \sigma_x^s)\sin\varphi \leqslant 0$$

故 $\sigma_x^s \geqslant \dfrac{1-\sin\varphi}{1+\sin\varphi}\sigma_z = \varphi$，即当 $\sigma_x^s = \varphi$ 时土体开始进入塑性状态。故由方程

$$\sigma = \left\{\sigma_0 - \frac{E_1+E_2}{E_s E_1 E_2}(1+\mu_s)\left[(1-\mu_s)\sigma_x - \mu_s\sigma_z\right]\right\}\exp\left(-\frac{E_1+E_2}{\eta}t\right) + $$
$$\frac{E_1+E_2}{E_s E_1 E_2}(1+\mu_s)\left[(1-\mu_s)\sigma_x - \mu_s\sigma_z\right]$$

和

$$\sigma_x^s = \sigma_x - \frac{\sigma}{\Delta h}\sigma_x^s = \varphi$$

可解得：

$$T = -\frac{\eta}{E_1+E_2}\ln\left\{\frac{1}{\sigma_0 - \dfrac{E_1+E_2}{E_s E_1 E_2}(1+\mu_s)\left[(1-\mu_s)\sigma_x - \mu_s\sigma_z\right]}\cdot\right.$$
$$\left.\left[(\sigma_x - \varphi)\Delta h - \frac{E_1+E_2}{E_s E_1 E_2}(1+\mu_s)\left[(1-\mu_s)\sigma_x - \mu_s\sigma_z\right]\right]\right\} \tag{5.39}$$

式（5.39）即解出了土体塑性到达的时间。

当土体进入塑性状态后，土体符合屈服条件

$$f = (\sigma_z - \sigma_x^s)^2 - (\sigma_z + \sigma_x^s)^2 \sin^2\varphi + 4\tau^2 = 0$$

假设相关联的流动法则是有效的，由（Derski et. al 1988）可知塑性应变可由下列方程给出：

$$\dot{\varepsilon}_x^{pl} = -2\lambda\left[\sigma_z(1+\sin^2\varphi) - \sigma_x^s\cos^2\varphi\right] \tag{5.40}$$

$$\dot{\varepsilon}_z^{pl} = 2\lambda\left[\sigma_z\cos^2\varphi - \sigma_x^s(1+\sin^2\varphi)\right] \tag{5.41}$$

$$\dot{\varepsilon}_x^{pl} = 2\lambda\left[4\tau\right] \tag{5.42}$$

式中，λ——未知数要单独确定。

式（5.40）、式（5.41）、式（5.42）即为塑性阶段变形的表达式。

由前述方程 $\sigma_x = n_s\sigma_x^s + n_r\sigma_x^r$ 和 $n_r\sigma_x^r = \sigma/\Delta h$ 可得：

$$\mathrm{d}\sigma_x^s = -\frac{\mathrm{d}\sigma}{\Delta h}$$

由前面 $\varepsilon_z \cong \varepsilon_z^s$ 和 $\varepsilon_{xx} \cong \varepsilon_{xx}^s$ 可知，宏观应变率等于微观应变率。

土体处于塑性状态时 $\dfrac{\partial f}{\partial \sigma_{ij}^s}\mathrm{d}\sigma_{ij}^s = 0$，在假定宏观应力保持恒定的情况下 $\mathrm{d}\sigma_z = \mathrm{d}\sigma_x = \mathrm{d}\tau = 0$。

将 $\mathrm{d}\sigma_x^s = -\dfrac{\mathrm{d}\sigma}{\Delta h}$ 和 $\mathrm{d}\sigma_z = \mathrm{d}\sigma_x = \mathrm{d}\tau = 0$ 代入相关联的流动法则

$$-\big[\sigma_z(1+\sin^2\varphi) - \sigma_x^s\cos^2\varphi\big]\mathrm{d}\sigma_x^s + \big[\sigma_z\cos^2\varphi - \sigma_x^s(1+\sin^2\varphi)\big]\mathrm{d}\sigma_z + 4\tau\mathrm{d}\tau = 0$$

可得：

$$\big[\sigma_z(1+\sin^2\varphi) - \sigma_x^s\cos^2\varphi\big]\mathrm{d}\sigma = 0$$

由于 σ_z 和 σ_x 是恒定的，只能 $\mathrm{d}\sigma = 0$。这说明土体进入塑性状态后，土体中的应力保持恒定，土体的塑性流动受到加筋体黏弹性变形的控制，故标准线性固体模型

$$\frac{1}{E_1}\Big(\frac{\mathrm{d}}{\mathrm{d}t} + \frac{E_1+E_2}{\eta}\Big)\sigma = \Big(\frac{\mathrm{d}}{\mathrm{d}t} + \frac{E_2}{\eta}\Big)\varepsilon$$

可变为

$$\frac{\mathrm{d}\varepsilon_x}{\mathrm{d}t} + \frac{E_2}{\eta}\varepsilon_x = \frac{E_1+E_2}{\eta E_1}\sigma$$

其解为

$$\varepsilon_x = \Big(e_0 - \frac{E_1+E_2}{E_1 E_2}\sigma\Big)\exp\Big(-\frac{E_2}{\eta}t\Big) + \frac{E_1+E_2}{E_1 E_2}\sigma \tag{5.43}$$

e_0 为开始 $t = 0$ 时的初始应变，t 为从塑性状态开始的时间。

式（5.43）即为塑性状态下的水平变形。

由于塑性阶段应力保持恒定，塑性流动受到筋体黏弹性变形的控制，说明塑性流动取决于时间，故可表达为

$$\dot{\varepsilon}_x^{pl} = \frac{\mathrm{d}\varepsilon_x^{pl}}{\mathrm{d}t}$$

故由式（5.43）和下列两方程

$$\dot{\varepsilon}_x^{pl} = -2\lambda\big[\sigma_z(1+\sin^2\varphi) - \sigma_x^s\cos^2\varphi\big]$$

$$\varepsilon_x = \Big(e_0 - \frac{E_1+E_2}{E_1 E_2}\sigma\Big)\exp\Big(-\frac{E_2}{\eta}t\Big) + \frac{E_1+E_2}{E_1 E_2}\sigma$$

解得：

$$\lambda = \frac{\dfrac{E_2}{\eta}\Big(e_0 - \dfrac{E_1+E_2}{E_1 E_2}\sigma\Big)\exp\Big(-\dfrac{E_2}{\eta}t\Big)}{2\big[\sigma_z(1+\sin^2\varphi) - \sigma_x^s\cos^2\varphi\big]} \tag{5.44}$$

由 λ 即可确定塑性阶段的变形。

本节的研究把加筋土体看成一个整体，分为两个阶段来考虑，第一阶段为黏弹性阶段，接着为第二阶段黏弹塑性阶段。在黏弹性阶段，式（5.36）给出了黏弹性阶段加筋体的弹性应变，式（5.37）和式（5.38）分别给出了黏弹性阶段加筋体筋材的应力和土体的水平微观应力。由式（5.36）、式（5.37）、式（5.38）可知，随着时间的增长，筋材发生按负指数衰减的应力松弛，筋材的应力降低、应变增加。筋材的应力降低引起土的 σ_x^s 降低，产生筋土之间的微观应力重分布。当土体达到屈服条件时弹性阶段结束，开始进入塑性阶段，塑性阶段开始到达的时间由式（5.29）给出。在黏弹塑性阶段，加筋体中应力保持恒定，整个应变由于蠕变的发生逐渐增加，此阶段的变形由式（5.40）、式（5.41）、式（5.42）给出，水平变形由式（5.43）给出，参数 λ 由式（5.44）给出。

总体而言，本节考虑了筋材蠕变特性的因素，给出了加筋土体整个过程中的应力应变表达式，可以针对具体的工程例子分析加筋土体的应力和变形情况，尽量减轻由于加筋土体强度、稳定性降低，变形增加造成的严重后果。

5.2　室内蠕变试验

5.2.1　有纺织物和格栅蠕变试验研究

对典型的加筋材料有纺织物和单向土工格栅做了室内蠕变试验研究。格栅施加的荷载水平分别为抗拉强度的 20%、40%、60%；有纺织物施加的荷载水平分别为 10%、15%、20%。试样特性指标及尺寸见表 5.1，所得蠕变曲线如图 5.15 和图 5.16 所示。

表 5.1　试样特性指标

材料	厂家	克重/（g/m²)	强度/（kN/m)	伸长率/%	长/mm	宽/mm
格栅	力特	433	53.55	11.8	155	单根
织物	常州	150	20.25	15.8	155	200

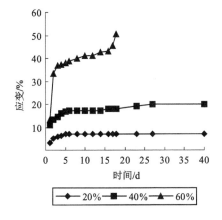

图 5.15　格栅应变—时间关系曲线

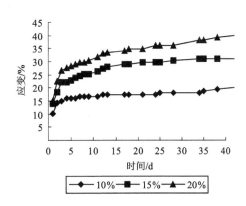

图 5.16　有纺织物应变—时间关系曲线

由图 5.15 和图 5.16 可知，所有荷载水平下试样的应变随时间增加而增加，所有试样在 40% 荷载水平下曲线的斜率在约 200h 后变得很平缓，说明当试样承受 40% 荷载水平以下时蠕变应变增长非常缓慢，但当格栅承受 60% 荷载水平时蠕变应变增长非常迅速，以至在 600h 后断裂，当荷载水平较低时试样都只经历了两个阶段的蠕变，当荷载水平较高时蠕变发展到了第三阶段。有纺织物的荷载水平明显小于格栅，但蠕变量比格栅 40% 荷载水平下的还要高，说明有纺织物的蠕变远大于格栅。

另外，对一种聚酯格栅和高密度聚乙烯格栅做了蠕变试验，温度为室温，荷载水平为 40%，60%，80%。试验中的荷载水平超过了目前的设计允许荷载值，目前对于聚酯蠕变折减系数不允许荷载水平超过抗拉强度的 60%，对高密度聚乙烯不超过 40%。但目前的设计值一般是根据结构使用寿命为 100 年时产生的容许应变考虑的，试验时为了几个月内短时期的观察蠕变效应不得不考虑高荷载水平，同时所用荷载水平超过推荐值也是为了考虑蠕变折减系数能否降低。试验结果如图 5.17 和图 5.18 所示。

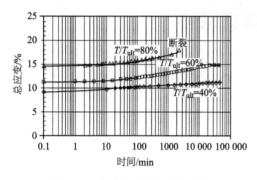

图 5.17　聚酯格栅蠕变试验曲线

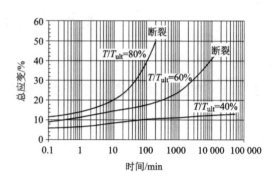

图 5.18　高密度聚乙烯格栅蠕变试验曲线

由图 5.17 可知，聚酯格栅在 80% 的荷载水平下，试样呈现出三重蠕变现象并伴随着断裂发生；当承受 60% 的荷载水平时，试样没有进入第三阶段的蠕变；当承受 40% 的荷载水平时应变率比 60% 的低，在 60% 和 40% 荷载水平下应变值和应变率都比较低。由图 5.18 可知 80% 和 60% 荷载水平下的高密度聚乙烯格栅都呈现出三重蠕变现象并发生断裂，在 80% 荷载水平下，仅蠕变发生 100min 左右后试样开始发生断裂，非常迅速，40% 荷载水平下的高密度聚乙烯格栅应变值和应变率都非常平稳，比较低。

总结上述聚酯格栅和高密度聚乙烯格栅蠕变试验结果可知，在 80% 的荷载水平下都发生了断裂，并有明显的三重蠕变现象出现。在 60% 的荷载水平下仅高密度聚乙烯格栅发生了断裂，但也都有明显的三重蠕变现象发生。在 40% 荷载水平下两种格栅的蠕变曲线都比较平缓。同时也可看出，在给定的荷载水平下，高密度聚乙烯格栅比聚酯格栅蠕变应变和总应变值要大，但聚酯格栅的初始蠕变值高于高密度聚乙烯格栅。也说明荷载水平越大断裂得越快，三重蠕变现象越明显。

5.2.2　室外老化蠕变试验

当土工合成材料在土木工程、水利工程和环境工程等领域中运用时，设计要求它们在实现一定功能的条件下，能服务一定的年限，这就需要考虑土工合成材料的耐久性。评价运用土工合成材料实现一定功能的耐久性，要求研究土工合成材料的功能、性质随时间的变化，即研究土工合成材料的老化规律、耐久性能。而高聚物在不同的使用条件下其蠕变行为不同，随着荷载的增加和温度的升高，蠕变量会有所增加，蠕变速率会随之加快。在外界环境的综合影响下，高聚物的实际蠕变行为会变得更加复杂，其中老化也是一个重要的影响因素。由于高聚物尤其是聚丙烯是一种光敏感高分子材料，在使用过程中难免受到紫外辐射的作用，发生光氧老化，因此蠕变性能也将改变。因此本节对典型加筋材料格栅和有纺布做了室外光氧老化试验，首次做了室内老化后的蠕变试验，以寻求光氧老化对蠕变的影响。

1. 光氧老化原理

土工合成材料的老化是指土工合成材料在紫外线辐射、温度和湿度变化、化学侵蚀、生物侵蚀、冻融变化和机械损伤等外界因素的影响下，土工合成材料的力学性能变化。土工合成材料在生产、存储、施工和运营阶段都可能受到太阳光的照射，以高分子聚合物为原料的土工合成材料在太阳光中紫外线部分的照射下将会强烈地诱发材料光氧反应，使土工合成材料发生老化，从而使土工合成材料的性能降低。而土工合成材料光氧老化则是太阳的紫外辐射和氧参与下的一系列复杂反应所造成的，主要是由于土工合成材料的基本原料高聚物发生了降解和交联两类不可逆的化学反应。

1）聚乙烯和聚丙烯光氧老化机理

在紫外线辐射下，聚乙烯和聚丙烯的光氧老化主要通过一系列自由基的反应来控制，其反应方程式可表示如下：

$$RH + O_2 + h\nu \rightarrow R \cdot + ROO \cdot + RO \cdot + OH \cdot \tag{5.45}$$

式中：　　　　　　　　RH——聚合物链；

$h\nu$——光子能量，其中 h、ν 分别为布朗克常数和波长；

$R \cdot$、$ROO \cdot$、$RO \cdot$、$OH \cdot$——自由基种类；

R——聚合物链。

氧化反应导致聚合物的链断裂，进而生成一种羧基化学物。在聚烯烃中生成自由基的能量要小于破坏化学键的能量，因此聚烯烃比其他聚合物更易遭受紫外线老化。

2）塑化聚氯乙烯的光氧老化机理

聚氯乙烯（PVC）在受热或紫外线辐射时易变黑变脆。PVC 紫外线老化机理包括 HCl 的消除以及在聚合物链上形成的包含多烯类抗菌素的共轭双键，具体如下：

$$-CH_2-CHCl-CH_2-CHCl- + h\nu \rightarrow$$
$$-CH = CH-CH = CH- + HCl \tag{5.46}$$

式中：$-CH_2-CHCl-CH_2-CHCl-$——PVC 聚合物链；

$h\nu$——光子能量，其中 h、ν 分别为布朗克常数和波长；

$-CH = CH-CH = CH- + HCl$——具有共轭双键多烯类抗菌素；

HCl——氯化氢。

多烯类抗菌素在紫外线区域和可见光区域因吸收光而具有高活性，结果导致聚合物褪色。另外多烯类抗菌素与氧作用产生羧基，导致聚合物链的断裂及交联反应。

在塑化 PVC 塑化聚氯乙烯材料中，有 30%～50% 的增塑剂与 PVC 树脂混合以降低玻璃态温度及增加聚合物的韧性。但是，增塑剂也易在紫外线下老化。

3）聚酰胺的光氧老化机理

在聚酰胺或尼龙（PA）紫外线老化中，依据紫外线的波长，交联与断链共同发生。当波长小于 300nm 时，交联是其主要的反应；而在长波情况下，则主要发生键的断裂反应。

4）聚酯的光氧老化机理

聚酯的紫外线老化主要是链的断裂，形成羧基。

2. 室外光氧老化试验

1）材料选取

本次户外老化试验所选材料为湖北力特单向格栅 RS50HDPE，常州土工合成材料公司提供的聚丙烯有纺织物和武汉大学岩土试验室提供的加炭黑后的有纺织物。

2）试验时间

本次老化试验为 2005 年 6 月 28 日开始至 2006 年 2 月底结束。

3）试验场地

按照规范应该有标准制作的户外曝露试验架，由于试验条件有限，同时兼顾充分吸收阳光照射，试样向南呈 45℃晒于武汉大学工学部 12 舍楼顶混凝土长条墩上。

4）试验目的

让试样经受户外无覆盖土自然条件的老化，每隔两到三个月测定其耐光氧老化性能，之后做老化后的蠕变试验与原试样的蠕变试验对比。

5）试验的测试项目

为了减少试样宽度对拉伸性能的影响，户外曝晒后蠕变试样的尺寸与未老化蠕变试样保持一致，测试标准采用《公路土工合成材料试验规程》（JTJ/T060—98）标准，主要测试样品老化前后的抗拉强度和断裂伸长率两种力学指标。

6）试验结果及分析

拉伸试验在武汉大学岩土试验室进行，所用仪器为液压式万能试验机和 YJ-25 型静态电阻应变仪。有纺织物拉伸速率为 20mm/min，土工格栅取计量长度的 20％/min。对格栅和有纺织物不同时期老化后的抗拉强度和断裂伸长率两个力学性能指标进行了对比分析。所得试验结果见表 5.2。

表 5.2　室外老化后强度和断裂伸长率的变化

材　料	项　目	曝露时间				
		原始样品	2 个月	3 个月	5 个月	8 个月
有纺织物	抗拉强度/（kN/m）	20.25	1.57			
	断裂伸长率/%	15.80	3.00			
加炭黑 有组织物	抗拉强度/（kN/m）	23.40	4.15	0.46		
	断裂伸长率/%	18.14	4.67	2.15		
单向格栅	抗拉强度/（kN/m）	53.55	48.33	45.14	56.39	50.12
	断裂伸长率/%	11.80	10.23	9.56	12..33	10.25

将表 5.2 中试样抗拉强度与老化时间的关系用图来表示，如图 5.19 所示。

由表 5.2 和图 5.19 可知：有纺织物老化 2 个月后抗拉强度迅速下降几乎完全消失；炭黑有纺织物老化 2 个月后强度也几乎消尽，3 个月后完全消失；单向格栅在老化 2 个月和 3 个月后呈规律性下降，但下降不多，老化 5 个月后又突然稍微上升，随后老化 8 个月

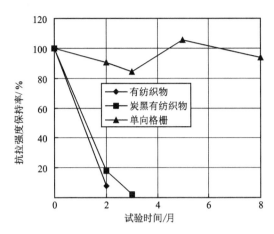

图 5.19　抗拉强度保持率与老化时间关系曲线

后又下降，始终强度减小不多。这说明未加紫外线稳定剂的有纺织物经不起老化，只在老化 2 个月后强度完全丧失，加了炭黑后的有纺织物稍微好些，3 个月后强度才完全丧失。格栅则完全不同，始终只是稍微下降随后稍微上升，到 8 个月后才又下降，规律性不强，说明在曝露时间较短的情况下强度保持率不稳定，与曝露时间之间的关系规律性较差，但随着曝露时间的延长，格栅强度保持率随曝晒时间延长而降低的规律性会越来越明显，这点从 8 个月后可以看出，许多其他文献也指出过。同时说明材料不同，反映出的老化规律完全不同，格栅的抗老化特性明显优于有纺织物，加稳定剂后的耐老化性能又明显优于未加老化剂的。因此，光氧化可以使土工合成材料产生降解老化，使土工合成材料聚合物分解，从而使土工合成材料的性能衰变，材料的内部结构破坏；抗紫外线稳定剂可以提高土工合成材料的光老化性能；紫外线可以对土工合成材料试样提供了化学交联所需的能量使材料强度可能得到暂时的改善；土工合成材料光氧老化试验周期长，在短时期内难以得到老化的完整规律。

3. 老化后的蠕变试验

本书对老化后的有纺织物和格栅做蠕变试验，结果表明有纺织物老化后强度几乎完全丧失，已无法进行蠕变试验，格栅老化后强度稍微有所降低或增加，但并未影响蠕变量。这只能说明格栅在短时期内老化规律性不强，并不能说明发生光氧老化后蠕变性能将不会因此而改变。实际上，在长期的加筋过程中采用设计蠕变对材料使用性能及使用寿命进行预测时，应该考虑光氧老化的影响。本书由于老化试验时间只有几个月故未看到影响。

▌5.2.3　蠕变特性影响因素分析

针对土工合成材料蠕变特性影响因素的复杂性，下面通过试验具体地分析材料种类、侧限条件、温度和荷载水平等因素的影响机理和影响结果，为土工合成材料的蠕变研究提供一定帮助。土工合成材料的蠕变性质和许多因素有关，如筋材的种类、结构、工艺条件、温度、损伤、荷载水平及侧限条件等。材料类别不同，其蠕变性能差异较大，金属、陶瓷等材料蠕变极小，塑料、橡胶等材料蠕变较大，同类材料，因其内部分子结构、排列组合形式不同，其蠕变性能差异也很大。从一定意义上讲，蠕变是一种材料属性，但在其加工条件对其内部分子结构与排列组合形式产生影响时，会在很大程度上改变其蠕变性能。聚合物不同，蠕变性质相差很大，例如 PP 织物的变形率约为 PET 织物的 10 倍左右，这一倍数不受侧限（织物平面两侧）压力影响。

1. 聚合物种类和结构的影响

对高密度聚乙烯单向格栅与聚丙烯单向格栅蠕变性能差异的比较研究表明，相同的加工工艺条件下，高密度聚乙烯单向格栅的抗蠕变性能明显优于聚丙烯单向格栅，材料属性是其决定性因素。高密度聚乙烯的超长分子链及其低支化度特征保证了其拉伸后稳定的晶格结构及分子间作用力，从而具有较好的抗蠕变性能；而聚丙烯因其大分子链支化度较高，拉伸后其晶格结构及分子取向不如高密度聚乙烯规则，故其抗蠕变性能差，两者的比较如图 5.20 所示。

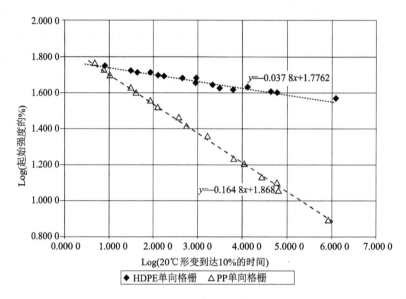

图 5.20　HDPE 与 PP 单向格栅蠕变性能的对比

2002 年在镇江举行国际土工合成材料会议上，英国坦萨公司和青岛颐中格栅股份有限公司分别就聚丙烯单向格栅与高密度聚乙烯单向格栅蠕变性能比较研究作了专题报告，其研究结果完全一致，即聚丙烯单向格栅的长期蠕变强度（即蠕变极限强度）只有其标称强度的 10% 左右，而高密度聚乙烯单向格栅的长期蠕变强度可以达到其标称强度的 40% 以上。也就是说对于标称强度同为 100kN/m 的单向格栅产品，聚丙烯单向格栅的蠕变极限强度只有 10kN/m 左右，而高密度聚乙烯单向格栅的蠕变极限强度可以保持在 40kN/m 以上。在工程建设施工过程中，格栅 90% 的蠕变行为在比较短的时间内就已完成，当其蠕变变形超过其峰值应变时，就会发生断裂，这就是聚丙烯单向格栅为何不能应用于加筋挡土墙工程的主要原因。

另外，即使同种材料但结构不同、蠕变特性也不相同。对不同牌号聚乙烯材料所生产的单项格栅的研究表明，其抗蠕变性能存在很大的差异，如图 5.21 所示。一般来讲，聚乙烯分子量越高，分子量分布越窄，其抗蠕变性能就越好，而其加工性能就越差；相反，高密度聚乙烯的分子量越小，分子量分布越宽，其抗蠕变性能就越差，而其加工性能就越好；大量小分子链段的存在，会使拉伸强度和模量降低，拉伸后分子结晶不好，导致抗蠕变性能较差；研究表明，即使分子量相同，分子量分布不同，也可以使格栅的长期蠕变强度下降 20%～80%。

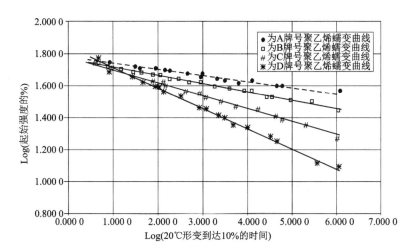

图 5.21　各种牌号聚乙烯格栅蠕变性能对比

　　同种土工合成材料加工工艺不同,其蠕变性能也会不同。同一材料,因加工制造工艺条件不同,其蠕变性能差异也很大,除了孔型设计与分布等几何因素处,拉伸温度、拉伸比、拉伸速度、结点形状及其取向程度等因素都会影响其蠕变性能。拉伸程度较高,网孔尺寸均匀,取向充分,分子后期蠕变变形受到限制,其抗蠕变性能就比较好,蠕变极限强度就高。

　　2. 侧限条件的影响

　　土工织物的蠕变试验大多是在空气中进行的,隔离了实际的应用环境,这就与实际在工程中的应用有很大的不同。但由于试验条件的不同,土工织物的蠕变特性有很大的不同。因此,为了确定土工织物的真正特性,必须在模拟的实际环境中进行,即不得不考虑侧限条件。侧限不影响不同结构织物的蠕变,但对聚酯蠕变影响很大,特别是在侧压较小时。有纺织物表面成网格状,侧限压力的作用可以忽略。无纺织物在有或没有侧压条件下的变形率一样,但变形曲线在开始阶段受围压影响很大,原因是围压环境中产生了高刚度。当土工织物受到土侧限时,两者的摩擦阻力降低了土工织物的蠕变性。尤其在初步蠕变阶段,侧限大大减小了蠕变现象。对此,有三种可能的解释:一是因为土的侧限能增加夹具间内部的摩擦力;二是因为土的侧限限制了土工织物的重新排列;三是因为土的侧限限制了夹具的移动。因此,蠕变试验只有在侧限条件下进行才能得到可靠的结果,特别是对无纺织物。为了得到侧限对无纺织物蠕变特性影响的准确结果,进行现场试验是非常重要的。

　　织物在砂土中的拉伸试验,法向压力(75kPa和150kPa)借助杠杆用砝码施加、拉力用砝码施加,织物拉力取 $(T_1+T_2)/2$,应变片通过固定在织物上,并伸出盒前后边缘的测针量测,如图 5.22 所示。

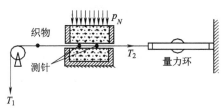

图 5.22　土工织物在土中的蠕变试验

试验结果表明，法向压力作用下无纺织物的蠕变减小比有纺织物大，考虑到沿织物平面的排水性能，无纺织物亦可作为筋材。

Becker 等构思了一个现场试验，用砂填起一个高 3m 的坡，两种无纺织物插入坡中不同的深度，分别距离顶部为 0.5m 和 0.25m，使坡中的无纺织物试样承受 10kPa 和 50kPa 的侧限压力，织物拉力借助安装于堤外的框架、滑轮和砝码施加，加载 1000h，砂中装有土压力盒、温度遥控器、8 个固定于织物上的定位标记和拉伸应变仪。试验结果表明：应变沿织物长大概呈线性分布；因侧限作用，织物的初始应变可忽略不计；试样和侧限介质的摩擦力降低了沿拉伸方向的蠕变荷载水平；侧限条件下的应变比无侧限条件下的应变明显要小；蠕变率随时间减小，但比无侧限条件下要大。AASHTO（美国州公路与运输管理人员协会）进行的有侧限试验，温度为 20℃，织物法向的侧限压力为 0～200kPa，以 50kPa 一级逐渐递加，试验结果为，PET 长纤维无纺织物和 PP 有纺织物的蠕变几乎不受侧压的影响，而 PP 长纤维无纺织物的蠕变伸长率减小。由此可见，侧限不影响不同结构织物的蠕变，但对 PP 材料的无纺织物有影响。

Mikki 等根据土工织物承受不同的荷载，把蠕变分成三种类别：轻微的荷载导致初步蠕变，中等荷载导致次要蠕变，重荷载导致三重蠕变，以至于导致土工织物迅速破裂。研究中有人用有纺土工织物和无纺土工织物做侧限试验。一种典型的地质坚硬材料泥石作为侧限试验材料。侧限器材由高低盒组成，每个盒子尺寸为 $22cm \times 24cm \times 2.9cm$，低盒中土样被压缩到 95％的压实度，湿度含量为 OMC＋2％，土工织物放在上面。上盒放在上面，装土压实。土工织物的末端由铝盘保护着，铝盘用 EC-30 牢固的胶粘着。试样的一个末端被夹住，固定在盒子上，另一个末端也由于施加蠕变荷载而被夹住。在上层土中施加正常的静荷载侧压力，用到两种侧限压力（$1.5kg/cm^2$ 和 $2kg/cm^2$），蠕变荷载是最大拉伸荷载的 10％、20％、30％、40％和 60％。分析可用下列方程表达：f_1、f_2 的值可由拉拔或直剪试验得到：

$$p = f_1 l_{Al} + f_2 l_{sg} + p_g$$

式中：p——左边加筋土中土工织物的拉伸荷载；

　　　f_1——土和铝盘间相互的摩擦阻力；

　　　f_2——土和土工织物间相互的摩擦阻力；

　　　l_{Al}——铝盘埋深部分的长度；

　　　l_{sg}——土工织物在侧限盒中埋深的长度；

　　　p_g——转移到土工织物上的应力。

侧限蠕变试验结果表明：即使摩擦阻力比施加的蠕变荷载大，少许的蠕变仍然会在土工织物中发生。数据表明：少许的蠕变发生在施加蠕变荷载的时刻，且在短时期内不会有进一步的伸长。原因可能就是当开始施加蠕变荷载时，土工织物和土间的摩擦阻力还没有发展到预测值，故一些蠕变发生了。但一旦土和织物间的摩擦阻力完全发展了，它就开始限制土工织物的延长，当超过了摩擦峰值，土工织物和土一起开始承受蠕变。这种情形下，实际蠕变特性有点不同于预料，因为这种情形下的摩擦影响不像以前列举的。考虑施加到土工织物上的分布力，当拉伸荷载逐渐用到侧限试样上时，应变按三角形方式从施加荷载的点逐渐传递到固定的末端。因此，此研究中所有的蠕变荷载能被预料到会导致一种独立的三角形应变分布在试样中。占最大拉伸荷载的百分比的荷载越小，则它占摩擦阻力的比例越小。很有可能转移到土工织物上的应变将在荷载末端呈三角形分布。尽管应力转移成 p_g 还没有沿试样完全发展到固定末端，但当时接近有荷载末端的阻力已经超越了某种程度，且正在向土工织物转移，这种假设应能对摩擦阻力和应力转移提供一种合理的解释。在侧限压力 1.5kg/cm² 条件下，蠕变应变为 5％，在 2kg/cm² 下，为 2.58％。这表明在侧限条件下，土颗粒可限制蠕变发生，土工织物的强度能更充分地利用。

试验证明：

(1) 在同样侧限压力下，随着荷载的增加，蠕变增加。蠕变荷载相同时，增加侧限压力，蠕变量会减小，甚至减小到零。

(2) 侧限条件下，安全因素降低，从整体而言是比较安全的。

(3) 土工织物侧限试验中，当蠕变发生时，应变转移和分布的过程能进一步证明观察的现象和研究得出的结论。

3. 温度的影响

温度通过影响分子间的连接来影响土工织物的蠕变特性。为了研究温度对土工合成材料蠕变特性的影响，有人用热黏型聚乙烯、聚丙烯、针刺型聚酯三种无纺材料和一种聚丙烯有纺织物在 25％ 和 50％ 的短期强度下，在 10℃ 和 30℃ 条件下做了试验。研究结果表明材料的特性可分成如下三种类型：

(1) 温度影响变形，应力不影响变形，所有的 PETP 材料都显示出这种特性。

(2) 当应力变形的临界值接近最后的蠕变值时，温度和应力影响变形，超过临界值就会导致破裂，如高密度聚乙烯 HDPE 格栅。

(3) 在低应力水平下如 25％ 的荷载水平下，温度和应力影响变形，尤其是温度有明显的影响，如有纺聚丙烯 PP。

由试验可知，聚丙烯和聚乙烯的蠕变特性受温度影响很大，对聚酯的影响相对较小。对于聚酯材料，在一般土壤温度为 10～30℃ 时，蠕变变形几乎仅受应力水平的影响；对于聚烯烃温度明显影响蠕变变形，且会在应力水平下发生破裂。但当埋在土中时，土工织物特性的真正应用必须另外确定。

4. 荷载水平的影响

土工织物的蠕变特性还随荷载水平的不同而不同。聚酯受荷载水平影响很小，而无纺和有纺的聚丙烯织物受荷载水平影响很大，当荷载水平增加时，需要很长时间和较大变形才能使变形率达到一个稳定值。

总之，影响土工合成材料蠕变性能的因素是一个极其复杂的组合，涉及材料、分子量、分子量分布、孔型设计、拉伸工艺、温度、损伤、荷载水平及侧限条件等，只有正确地选用材料，合理地确定加工工艺条件，才能生产出高品质的产品。因此在工程应用中，尤其是加筋挡土墙等长期载荷工程，土工合成材料的长期蠕变强度是一个极其重要的指标，产品必须进行蠕变试验。

5.3 加速蠕变试验方法

■ 5.3.1 时温叠加法

时温叠加（Time-temperature superposition，TTS）法是一种加速土工合成材料蠕变试验的方法。常规的土工合成材料蠕变试验时间比较长，英国标准要求至少不少于 10 000h；美国标准、国际标准化协会标准以及我国标准都要求至少不少于 1000h。常规试验方法试验时间长、费用高，外推至设计使用年限将产生一定的误差，因此生产厂家很难保证材料蠕变指标合格。时温叠加方法虽然仍需要做较长时间的试验，如 1997 年 Farrag 和 Shirazi 以及 1998 年 Thornton 等都做过 1000h 的时温叠加法蠕变试验，2002 年 Jeon 也做过 500h 的时温叠加法蠕变试验，但时温叠加法得到的主曲线可预测更长时间的蠕变特性，至少可预测到 1 000 000h 即 115 年后材料的蠕变特性，因此比常规方法更可靠更先进。利用时温叠加法得到的蠕变图形，可以确定材料的蠕变强度和蠕变折减系数，为材料的安全使用提供可靠的依据。TTS 方法可大大节约时间和费用，目前，此方法广泛用于研究领域。例如，TTS 原理用于确定齿状复合树脂的长期蠕变特性、用于确定聚合物土工膜的耐久性、用于确定塑料物质的玻璃转化温度、用于估计应力扩展等，最常用的是确定材料的拉伸压缩特性。下面将讨论用于土工合成材料蠕变试验的 TTS 法的原理、试验步骤和该方法存在的一些问题。

1. TTS 的发展历史

最早提出时温叠加概念是在 20 世纪 30 年代末期，从黏弹性聚合物试验中开始的，后来进一步研究表明 TTS 方法从理论上能用来解释一些分子结构模型。理论和实践证明聚合物的动力特性 E（如储备模量）受温度和动力荷载的频率即时间效应的影响，依据 TTS 原理，在温度 T_0 作用下动力特性的作用频率或时间效应在形状上与在相邻温度下的作用相同。E 和荷载频率或时间效应对数关系的曲线能沿着水平的时间轴移动，直至覆盖相邻温度下的曲线，水平移动的距离为频率—温度转换因子 a_T：

$$a_T = f_0/f_T \tag{5.47}$$

式中：f_T——材料在温度 T 下达到一种特别的反应状态下的频率；

f_0——材料在参考温度下达到相同反应状态下的频率。

同样，沿时间轴移动的距离为时间—温度水平转换因子 a_T：

$$a_T = t_T/t_0 \tag{5.48}$$

式中：t_T——在一种温度 T 时给出某种反应需要的时间；

t_0——在参考温度 T_0 下给出同种反应需要的时间。

当温度大于参考温度时，a_T 值小于 1，故有的加速试验中 a_T 作为一种阻尼因素，而取 A_T 与 a_T 互为倒数则为加速因素，两者都是转换因子。曲线的覆盖可以是全部或部分，依据温度的间隔而定。对于曲线覆盖的部分，有：

$$E(T, a_T f) = E(T_0, f) \tag{5.49}$$

式中，f——频率。

TTS 法中除参考温度下的曲线外，每种温度下的曲线都能够移动恰当的距离以覆盖相邻温度下的曲线，移动的距离取决于参考温度和聚合物的材料特性。选择一种参考温度形成一条主曲线，试验表明主曲线的转换因子与温度有关。如果试验温度低于材料的玻璃化温度，材料非结晶区域的分子冻结，分子链没有流动性，因此不容易发生蠕变。因此聚合物玻璃化温度低于室温的比玻璃化温度高于室温的更容易发生蠕变。聚丙烯玻璃化温度为 $15 \sim -10℃$，高密度聚乙烯为 $-80℃$，聚酯为 $75℃$，因此在室温下聚酯比聚丙烯和聚乙烯更难发生蠕变。自 20 世纪 50 年代以来，人们提出了许多主曲线的转换因子和参考温度关系的公式，得到一致公认的是 1955 年 Williams 的公式，即 WLF 方程。由于试验中温度范围一般超过玻璃化温度，人们普遍接受 WLF 方程：

$$\lg a_T = -C_1(T - T_0)/(C_2 + T - T_0) \tag{5.50}$$

式中：C_1、C_2——常量，随聚合物类别的不同而不同。

如果把玻璃化温度 T_g 作为 T_0，则对于 $T_0 \sim (T_0 + 100℃)$ 的范围，C_1、C_2 分别取值 17.4、51.6。Takaku 于 1980 年指出：

若 $T_g \neq T_0$，则通过下式求解：

$$C_1^g = C_1 C_2/(C_2 + T_g - T_0)$$

$$C_2^g = C_2 + T_g - T_0 \tag{5.51}$$

在低于玻璃化温度的范围用 Arrhenius 方程描述主曲线转换因子和参考温度的关系：

$$\ln a_T = E_a(1/T - 1/T_0)/R \tag{5.52}$$

式中，E_a——聚合物的黏弹性能量。

利用方程（5.50）～方程（5.52）可计算出水平转换因子 a_T 和温度（$T - T_0$）的关系。

2. TTS 法试验装置和条件

1）试验温度

常规的蠕变试验一般在室温（20℃左右）和几种不同的恒定荷载水平下进行。TTS 方法不同之处在于在几种不同的升高的温度下做试验，如一般在 20℃、40℃、60℃ 等温度下分别进行。温度精度保证在 $\pm 1℃$ 左右。

2）试验装置

试验装置因聚合物类别和土工合成材料特性的不同而不同。试验装置要适应夹具的机械特性、试样的尺寸大小、温度范围、加载水平、试验时间和蠕变测量方法等诸多方面，因此不同类别的材料有不同的装置。一般由一个温度控制箱和一个热风扇组成，以保持恒定的温度条件。试样在温度控制箱内进行试验，仪器和测量装置位于控制箱外，避免受温度的影响。

3. TTS 方法原理、步骤

聚合物易发生依赖于时间和温度的变形。在恒定荷载、恒定温度下做一种简单的蠕变试验，记录应变容易得到一种等温蠕变曲线。如果试验中温度发生变化，可看到两种反应：①应变随温度而变化；②产生附加应变。表示两种反应的模型为时温叠加模型。

TTS 最基本的概念是升高温度加速反应特性。通常在室温和低温范围内短时期的蠕变应变较小，并且应变的影响主要是由温度引起的。

TTS 方法的基本原理：用多种试样在相同恒定的拉伸荷载下，进行几种不同温度下的短期蠕变试验。任意选出一种参考温度（一般选试验最低温度为参考温度），把非参考温度下的曲线图沿水平轴移动，使之与参考温度下的曲线图成为一光滑连接的整体。前段图的末端与后段图的前端保持重合，最终形成一条主曲线。移动的水平距离为那种温度下的水平转换因子，垂直距离为垂直转换因子。此主曲线与室温下长期蠕变试验结果相比较，试验得到的转换因子与 WLF 方程理论计算的相比较，看是否符合。依据此转换关系可预测更长时间更高温度的蠕变特性。

利用 TTS 方法确定土工合成材料的蠕变特性的步骤如下：

（1）做蠕变试验的准备工作，如准备试样、试验条件、设备器材等。

（2）取多种试样在相同恒定荷载下，在不同的温度下做短期的蠕变试验，再在其他恒定荷载下做相同试验。

（3）作出不同温度下黏弹性效应和时间对数的关系图；任意选取一种温度作为参考温度，一般选试验中最低温度为参考温度；水平移动相邻曲线得到主曲线；从图中得出转换因子 a_T 值。

（4）可把得到的 a_T 值与经验公式计算的相比较。

（5）用 a_T 值和主曲线预测更高温度下更长时间的蠕变特性。

4. 转换因子

Ferry 在 1955 年总结了时温转换因子的应用应满足的几条规则：①不同温度下的相邻曲线图的形状必须精确匹配；②转换因子的值须与所有的黏弹性效应一致；③依据曲线所得的转换因子值应与经验值一致。

在图中，移动因子为其相应移动的距离，也等价于用下列公式计算，其结果是一样的。

水平移动因子为

$$a_T = \frac{t_{\mathrm{amb}}}{t_{\mathrm{elev}}} \tag{5.53}$$

式中：t_{elev}——某点在移动前的图中对应的时间；

t_{amb}——该点在移动后的主曲线图中对应的时间。

如果图形存在拐点，则除水平移动外还需要垂直移动。

垂直移动因子为

$$b_T = \frac{P_{\mathrm{amb}}}{P_{\mathrm{elev}}} \tag{5.54}$$

式中：P_{elev}——某点在移动前的图中对应的应力；

P_{amb}——该点在移动后的主曲线图中对应的应力。

下面用图来说明如何求得移动因子及其代表的意义。

1）应变—时间对数图，曲线无拐点

产品 A 为某种有纺织物，图 5.23 为该有纺织物在三种温度下，在 56% 的拉伸强度荷载水平下短期试验的蠕变曲线。利用时温叠加方法原理，水平移动 40℃ 和 60℃ 下的曲线得到的主曲线图如图 5.24 所示。

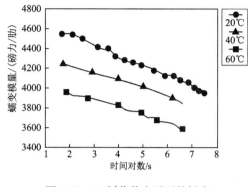

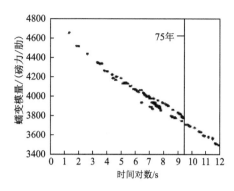

图 5.23　56％荷载水平下的蠕变

图 5.24　56％荷载水平下的主曲线

注：图 5.23 和图 5.24 中 1 磅力＝0.453 6kg 力＝4.445 28N。

从图 5.23 和图 5.24 中可知：

（1）lg$t$＝9.37 说明 t＝$10^{9.37}$ s＝75 年，明显可看出主曲线可以预测很长时间的蠕变特性。

（2）60℃的曲线上最后一点从 6.8 移动后变为 11.8，移动的距离为 5 个单位，说明 60℃下的水平移动因子为 5，或根据式（5.53）计算：

$$a_T = \lg \frac{10^{11.8}}{10^{6.8}} = 11.8 - 6.8 = 5$$

其意义说明，试样在 60℃条件下在 t 时刻产生的应变等价于在 20℃条件下在 5t 时刻产生的应变。

2）应力—时间图，曲线有拐点

图 5.25 为移动前的曲线，由于有拐点，则既有水平移动又有垂直移动；图 5.26 为移动后的主曲线。

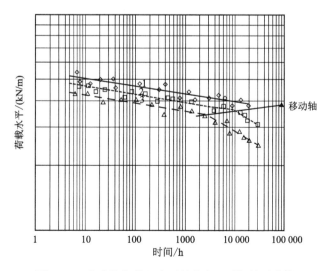

图 5.25　移动前各种温度下的应力—时间关系曲线

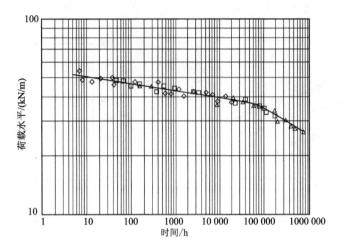

图 5.26　移动后的应力—时间关系曲线

40℃下的图形上的最后一点未移动前对应的时间为 30 000h，应力为 24.75kN/m，移动后此点时间变为 750 000h，应力为 26.235kN/m，根据式（5.53）和式（5.54），$a_T=$ 750 000/30 000＝25，$b_T=$26.235/24.75＝1.06，40℃下的图形上各点都是一样的。30℃下的图形移动同理可知，$a_T=6.0$，$b_T=1.03$。

Farrag 于 1998 年提出：

$$\varepsilon(T_0,t)=\varepsilon(T,t/a_T) \tag{5.55}$$

转换因子能解释温度和时间的关系，方程式（5.55）显示了这种关系，利用此关系可预测更高温度下的应变特性。从经验方程（5.50）～方程（5.52）可计算出如在 75℉、100℉、120℉ ［注：5（t℉－50）＝9（t℃－10）］ 条件下的值。例如，HDPE 土工格栅利用公式计算得到 a_T 与温度的关系如图 5.27 所示。

三种恒定荷载下，这三种温度下的蠕变试验曲线中得到的 a_T 与温度的关系图如图 5.28 所示。图 5.27 和图 5.28 比较可知，由试验得到的转换因子与经验值大体一致。所得转换因子见表 5.3。

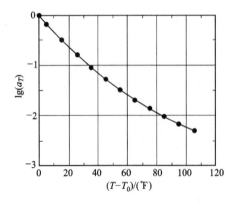

图 5.27　HDPE 土工格栅 a_T 的计算值

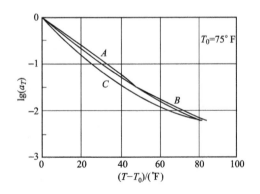

图 5.28　由试验结果得到的温度转换因素

表 5.3　不同温度下的转换因子 a_T 值

荷载/（kN/m）	作用效应	转换因子		
		75℉	100℉	120℉
13	应变	1	10	40
16	应变	1	8	20
22	应变	1	8	25

作用效应为应变或弹模，得到的 a_T 值都是一样的。

由图 5.27 可知，荷载为 13kN/m、温度为 100℉时，$T-T_0=25℉$ 对应的纵坐标 $\lg a_T=1$ 即 $a_T=10$；温度为 120℉时，$T-T_0=45℉$ 对应的纵坐标 $\lg a_T=1.6$，即 $a_T=10^{1.6}=40$。

由上述介绍可知：

（1）由试验可知，a_T 值与温度变化不成线性关系，依据温度和参考温度的不同而不同。

（2）参考温度的选取不同，主曲线的始端会不同。

（3）蠕变长期的应变和短期应变的差别随施加的拉伸荷载水平的增加而增加，原因是试样的应力随应变的发展而增加。

（4）TTS 原理已广泛用于研究材料的蠕变特性中，试验充分证明了其可行性。

（5）TTS 方法明显优于常规长期的蠕变试验方法。

（6）TTS 方法也有许多弊端，如对聚酯产品的广泛应用受到三个因素的制约：第一，PET 产品的蠕变率相当低，每 10 年在 0.1% 到 0.2% 范围内变动；第二，在很小的蠕变应变下，在荷载和应变关系中试样与试样间的差别是相当大的；第三，施加相同荷载蠕变曲线对温度的依赖性是相当小的。上述因素共同导致 TTS 过程具有不确定性，以至需要很多试样反复试验确定转换因子，确定应变曲线的准确位置。而试样间的差别容易掩盖温度对试验结果的影响。

（7）TTS 法由于试样的差别产生的不确定性有待于改进。

（8）尽管 TTS 法在研究领域很流行，但在工程实践中仍需更简单的方法。

5.3.2　分级等温法

分级等温方法（Step Isothermal Method，SIM）和时温叠加方法都是用来加速土工合成材料蠕变试验的新方法。早在 20 世纪 30 年代末期，国外就提出了时温叠加的概念，后来广泛用于研究领域的各个方面。常规的土工合成材料蠕变试验需要很长的时间，一般至少 1000h，因此耗时长、费用高。而时温叠加法与常规方法相比耗时短、费用低、效率高。时温叠加方法相对常规方法而言节省了大量时间，创造了很高的效益，但本身也有一些缺陷。如多种试样做试验使由于试样间的差别遮盖了温度对蠕变的影响，也造成了转换因子和主曲线的不确定性。分级等温方法是时温叠加方法的一种特例，用到了时温叠加方法的原理，是在时温叠加方法上发展起来的一种更先进的方法。分级等温方法既节约了时间创造了效益又克服了时温叠加方法的缺点。分级等温试验中主曲线由一种试样得到，因此不存在转换因子的不确定性问题。虽然用一种试样做试验所得完整主曲线的精确位置也是不确定的，但这对分级等温方法巨大的优越性而言并不是一个很大的缺点。因为如果做一种分级等温试验且其位置很重要，可通过做许多短期的常规蠕变试验来确定。用分级等温方法做土工合成材料的蠕变试验，虽然相对其他常规的长期蠕变试验费用有点高，但所用时间特别短，效率尤其高，因此得到广泛应用。

1. 试验装置、条件

1）试样、装备

常规的土工合成材料蠕变试验或时温叠加试验一般用 200mm 或 50mm 宽的试样，分级等温试验一般用 50mm 宽的试样。为了保证蠕变试验拉伸荷载的精确性，至少对每组与蠕变试样相同长度和宽度的试样做一套拉伸试验。试验一般沿主拉荷载方向进行。加速试验与常规的试验方法大体相似，因此试验装备也相似。唯一的区别在于试验温度的变化，故多一个温度控制箱。整个装备包括一个加载系统、一套夹具和一个温度控制箱。温度由温度控制箱调节，应变由电脑摄影记录，加载框架由计算机控制。温度控制箱的内部装置由电阻、风扇和热电偶组成；外部装置由温度控制器和风扇组成。

2）温度

土工合成材料的蠕变特性一般受聚合物类别、荷载水平和温度的影响。对于无纺织物，侧限条件也是一个很重要的影响因素。对于加速试验，聚合物类别和温度更显得重要。一般常用的聚合物有 PP、PET、PE 和 PA。由于温度变化会改变土工织物的蠕变率，故温度升高会加速土工织物的蠕变特性。加速试验中要考虑玻璃化温度 T_g，低于 T_g 聚合物非结晶区域的分子结构会冻结，聚合链缺乏流动性。有些聚合物玻璃化温度比室温还低，这些材料比那些玻璃化温度高的聚合物更容易发生蠕变。例如：聚丙烯的玻璃化温度一般为 $-15 \sim -10℃$，聚酯的玻璃化温度一般约 75℃，故在室温下聚丙烯比聚酯更容易发生蠕变现象。SIM 方法中，一般起始温度考虑实验室的室温条件，最后温度考虑到材料的玻璃化温度。每步间隔一般 14℃ 左右，每步持续时间 10 000s（2~3h）。

2. 分级等温方法原理

1）热能的影响

常规的土工合成材料长期蠕变试验方法和时温叠加方法是在恒定荷载下在不同温度下做独立的蠕变试验。只是时温叠加方法是做短期的蠕变试验，平移非参考温度下的蠕变曲线得到主曲线，水平移动的距离为转换因子，利用转换因子可预测非参考温度下的蠕变特性，利用主曲线可预测更长时间的蠕变特性，因此加速了蠕变试验，节约了时间。分级等温方法用到了时温叠加的原理，也是利用转换因子和主曲线预测高温长期的蠕变特性。但是在恒定荷载下在连续升温的条件下做短期的蠕变试验，各种温度下的蠕变曲线不是独立的。例如，常规试验中先在某种恒定荷载下在 20℃ 条件下做试验，得到一条应变和时间关系的曲线图，又在相同恒定荷载下在 40℃ 条件下得到一条应变和时间关系的曲线图，两者是独立的。时温叠加方法也是如此，只是试验时间相对常规方法较短一些。但分级等温方法则不同，先在恒定荷载下在如 20℃条件下加载，温度保持恒定 2h 左右，再在此基础上每分钟升高 16～17℃达到另一种温度如 40℃，然后温度保持恒定 2h 左右，每步持续 2～3h 左右，重复此过程。显然分级等温方法中每种温度下的蠕变不是独立的，下一种温度下的蠕变应变存在上一种温度下蠕变应变的历史。但测试的目的是要看在某种荷载某种温度下土工合成材料的蠕变特性，因此分级等温方法所得主曲线中由于升温时热膨胀造成的蠕变应变必须去除。分级等温方法中，第一步在参考温度下的蠕变因无先前的蠕变历史故与常规试验中的蠕变一样，但第二步及随后步骤中因为有先前步骤中热能引起的蠕变影响，蠕变应变变得有点复杂。然而这种轻微的复杂性代表了分级等温方法的实质。在升温过程中发生的蠕变应变不可能恢复，且升温过程在 1～2min 内完成非常迅速，因此试样升温前后的力学特性几乎不变，如图 5.29 所示。

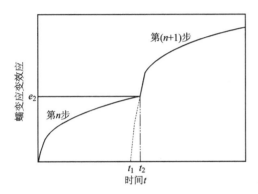

图 5.29　两种温度级别下的应变反应

假设升温过程中仅仅蠕变率发生了变化，力学特性无变化。升温前后对应有两种物理状态，显然高温下的状态发生时间在先，低温下的发生在后，因此高温下实际开始蠕变的时间为 t_1，即第（$n+1$）步实际开始的时间是 t_1。但从图 5.29 中可看出，第（$n+1$）步开始的时间是 t_2，在 t_2 时已有先前第 n 步的应变历史 e_2。假设 e_2 是在时间 t_i 内取得的，$t_i = t_2 - t_1$，t_1 是假设曲线的起始点。这说明如果按照常规方法以时间 t 为横坐标，则作出的应变和时间关系的每段图形不完全是在相应的温度下的反映，而

是受到其他温度的影响。故按常规方法作出时间 t 和应变的关系曲线后，应转换为时间（$t-t_1$）和应变的关系曲线以消除升温的影响。例如，如图 5.29 所示，从第 n 步到（$n+1$）步转折时，应把（$t-t_1$）的值（在此步中 $t=t_2$）作为（$t-t_1$）的初始值。如果升温前后蠕变曲线的斜率一样，则可得到 t_1 的最佳值。分级等温方法中，每个温度步骤转折时刻对应着两种物理状态，因此确定温度升高的时刻和温度变化的大小非常重要。消除两种状态的影响就要保证两种状态几乎是稳定的，即蠕变率不随时间变化（至少不是迅速变化）。

2）原理

分级等温方法中，当刚开始施加荷载时，应变的产生相对而言比较迅速，但应变率随时间增加而减小。因此，用黏弹性效应与时间的关系图来描述材料的黏弹性特性尤为必要。用于蠕变试验的分级等温方法由一系列分步升温的蠕变试验组成，一般每个步骤持续 10 000s 左右。经过四五步后可预测至 75 年，有时甚至 114 年（1 000 000h）的蠕变特性。这样用很短时间就可达到预定的效果。分级等温方法整体原理是：给一种试样连续加载，分步升温，通过升高温度后放缩时间比例，依据放缩比例后的时间作出弹性模量和时间对数的关系曲线，垂直移动各段曲线去除热膨胀造成的蠕变影响，水平移动得到主曲线。与时温叠加方法加速土工合成材料蠕变试验的区别仅在于：温度是连续升温

的，存在热膨胀产生的蠕变历史，垂直移动了各分段曲线。试验由一种试样进行，克服了时温叠加法中由于试样间的差别造成的转换因子和主曲线不确定的缺点。如果放缩时间比例恰当，则得到的曲线前一段图的末端斜率与后一段图的始端斜率精确匹配。垂直移动和水平移动的过程要反复进行试验，以得到光滑的主曲线。沿时间对数水平轴移动的距离为转换因子 a_T，意义与时温叠加法中的转换因子一样，表明了在某种温度下材料达到某种应变状态，若在参考温度下要达到相同的应变状态需要的时间。一般时间以秒为单位，水平轴取时间的对数。因此如果从 t_1 时刻移动到 t_2 时刻，则 $a_T = t_2 - t_1$，移动的时间为 $10^{t_2} \sim 10^{t_1}$ s。

3. 过程

分级等温方法蠕变试验中试样的准备工作包括：安装夹具间的试样；准备升温装置；对试样施加预应力荷载，此过程必须迅速以减小蠕变的影响。分级等温方法蠕变试验开始与常规试验一样，在一恒定荷载和参考温度下测量随时间的变形，为一个试验阶段。在此阶段末，保持荷载恒定不变，迅速升高温度。为了使温度变化前后试样的物理特性保持不变，升温的时间不能太长。重复此过程，使每种温度升高直至得到主曲线。具体升温过程如下：

（1）在恒定荷载下，在室温大约 22℃ 条件下给试样加载保持温度恒定 2h；

（2）每分钟升高温度 16～17℃，达到 40℃ 后保持温度恒定 2h；

（3）每分钟升高温度 10℃，达到 50℃ 后保持温度恒定 2h；

（4）每分钟升高温度 10℃，达到 60℃ 后保持温度恒定 2h。

如此循环重复，直至达到最后的试验温度。

分级等温方法整体过程如下：

（1）在恒定荷载下，做分级等温蠕变试验；

（2）画黏弹性模量和时间 t 对数关系的曲线，确定温度变化的时刻；

（3）放缩单个蠕变片段图的时间比例，以 $t - t_1$ 时间对数为水平轴重画蠕变曲线；t_1 用于调整计算应变历史，当后段图始端斜率与前段图末端斜率完全一样时，说明调整恰当；

（4）垂直移动去除热膨胀的影响；

（5）水平移动得到并列的放缩后的图形，垂直移动得到一条主曲线。

具体移动过程图如图 5.30、图 5.31 和图 5.33 所示。首先以时间 t 为水平轴，作出蠕变曲线图 5.30，再以 $t - t_1$ 的对数为水平轴改时间比例得到图 5.31，垂直移动消除先前温度蠕变的影响得到图 5.32，最后水平移动得到主曲线图 5.33。放缩时间比例对图形的形状有很大的影响，这点从图 5.30～图 5.31 的变化可明显看出来。一方面是因为对数比例的特性引起的；另一方面是由于由新的开始点的时刻引起的斜率变化。图 5.30～图 5.33 是 1998 年 Thornton 等用一种有纺织物，在 40% 的拉伸强度荷载水平下用分级等温方法做土工合成材料的蠕变试验得到的。主曲线描述的时间为 $\lg t = 9.596\,665$，即 $t = 10^{9.5966}$ s $= 127$ 年，故分级等温方法中利用主曲线可预测更长时间的蠕变特性。

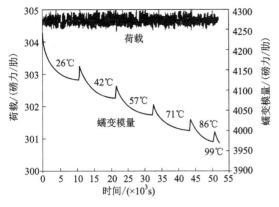

图 5.30　蠕变模量、荷载和时间的关系曲线

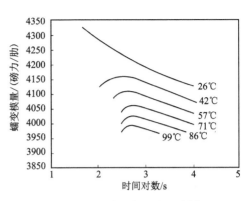

图 5.31　放缩比例后在 40％的拉伸荷载下的蠕变曲线

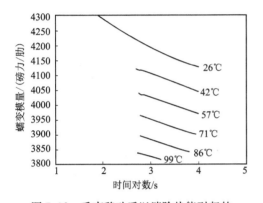

图 5.32　垂直移动后以消除热能引起的蠕变影响曲线

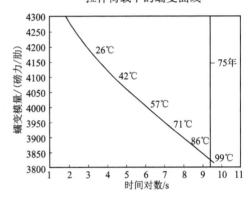

图 5.33　SIM 试验所得主曲线

注：蠕变模量单位（磅力/肋），1 磅力＝0.453 6kg 力＝4.445 28N。

由本节可知：

（1）试验证明时温叠加方法和分级等温方法得到的转换因子大体上一致，基本区别仅在于开始的应变值不同。

（2）分级等温曲线斜率随荷载的增加而增加，但转换因子不受荷载的影响，因此斜率的增加不是由转换因子引起的。

（3）分级等温方法可减少用于构造主曲线的转换因子的不确定性。

（4）时温叠加和分级等温方法得到的主曲线至少能预测 100 年的蠕变特性。

（5）分级等温方法大大地节省了时间，提高了效率。

（6）试验中时间和温度条件不充分可能会导致主曲线较短。

（7）目前正进一步研究分级等温方法用于确定土工织物蠕变破裂特性。

5.3.3　荷载转换法

土工合成材料的常规蠕变试验需要很长的时间，为了加速土工合成材料的蠕变试验，Farrag、Thornton、Piyush 和 Baras 等先后提出和完善了时温叠加法和分级等温法。这两种方法的基本原理都是升高温度以缩短蠕变试验时间，通过温度转换因子，依据高温某恒定荷载水平下短时间内的蠕变特性外推出常温同种荷载水平下长期的蠕变特性。这两种方法虽然节省了大量时间，但对实验室恒温要求高且只能转换同种荷载水平下不同温度条件下的蠕变特性。本书提出的荷载转换法只应用常规蠕变试验设备就可以转换同种温度下不同荷载水平的蠕变特性。该方法的原理与前两种方法大致相同，升高温度与加大荷载水平是等效的，升高温度可以加快分子的热运动，外力加大也可以使高分子单元以较快的速度运动，两者的结果都会使材料的变形或破坏的能量增大，加快材料的变形，缩短蠕变时间。因此利用此原理，通过应力转换因子，可以依据高荷载水平下短时间内的蠕变特性推测低荷载水平下长期的蠕变特性，以缩短蠕变试验时间。同时，根据该方法可以计算出设计使用年限时的长期蠕变强度以确定蠕变折减系数。

土工合成材料经常用于加筋陡坡、堤坝、挡土墙等，在不同的环境下需要的服务年限和安全系数也不同，一般典型的为50～100年，因此土工合成材料的蠕变关系到加筋土结构的变形和正常运行，必须作为一项长期特性指标来研究。土工合成材料蠕变性能的研究目前正逐步受到重视，近期国内外这方面的研究报道也颇多。但目前对土工合成材料蠕变性能的研究都只限于长期的室内蠕变试验研究和蠕变模型研究。土工合成材料的蠕变特性是一个长期的过程，蠕变试验需要很长的时间，一般是至少1000h，即使是按照规范做了1000h的蠕变试验，对其设计使用年限时的蠕变特性研究还是只能用外推法或借助于经验公式。对此，许多国外学者如 Farrag、Khalid、Thornton、Piyush、Thornton、Han 和 Baras 等都提出了升高温度以加速蠕变试验的方法，就是做几种不同温度下的较短时间的蠕变试验，然后通过转移因子把所有温度下的曲线平移到一种参考温度下，形成一条长期的主曲线。该方法有一定的适用性，但试验温度条件一般较难实现，目前在国内而言，这种升高温度的方法尤其是分级等温法很难实现。因此如何快速评判土工合成材料长期的蠕变特性，如何缩短蠕变试验时间的研究变得非常有意义。本节从荷载水平的角度出发，研究应力对蠕变特性的影响，对照温度转换的方法讨论同种温度下不同荷载水平下蠕变曲线之间相互转换的原理、方法和具体试验的结果，提出一种新的荷载叠加法预测了 RS50 土工格栅设计使用年限下的长期蠕变特性，利用此方法计算出了 RS50 土工格栅的蠕变折减系数。

1. 荷载叠加法的原理及推导

1）温度转换原理

时温叠加法中 WLF 方程主要由聚合物的自由体积理论演化而来，自由体积是指聚合物体内允许部分分子运动的有效空间，自由体积的变化将影响材料的流动性并直接影响到依赖于时间效应的力学特性，自由体积越大，分子的活动性越大。很多学者都证明温度转移因子跟自由体积相关，提出了如下公式：

$$\ln\alpha_T = A + B/(\tilde{V} - 1) \tag{5.56}$$

式中：A，B——材料常数；

α_T——温度转移因子。

$$\widetilde{V} = \frac{V}{V - V_f} \tag{5.57}$$

式中：V——总体积；

　　V_f——自由体积。

WLF 方程 $\lg \alpha_T = -\dfrac{C_1(T - T_0)}{C_2 + (T - T_0)}$ 是由式（5.56）演化而来，是其特例，WLF 方程只适用于温度在 $T_g \sim (T_g + 50\mathrm{K})$ 的范围内（T_g 为材料的玻璃化温度，其含义是材料从玻璃状固态变软为可塑态的过渡温度。超过这个温度，材料的蠕变将加大），而式（5.56）适用于所有的温度范围。

2）荷载叠加原理

土工合成材料承受外加荷载导致变形，其重要的变化过程为：施加荷载后能量通过分子链传递，部分分子的运动起到传递能量给相邻分子链的作用，分子链发生变形重排，分子的黏结拉伸、角度的变化导致弹性能量的储存，所有这些运动变化过程都与分子的自由体积有关，自由体积越大，分子运动得越快，当升高温度时，自由体积变大，从而加快分子运动的能力。这就是从高温下短期试验预测低温下长期特性的原理。任何改变自由体积的方法都能用来预测长期特性，只是现在普遍用到的是升高温度的方法。同样，应力水平也影响自由体积的变化，从而影响分子运动能力。当施加荷载时如升高温度一样加速了蠕变过程，蠕变反映了承受荷载水平的能力。

由自由体积理论可知应力影响自由体积的变化，据此，Brostow 提出了自由体积与应力水平之间的关系式：

$$\ln \alpha_\sigma = \ln[V(\sigma)/V_{\mathrm{ref}}] + B[(\widetilde{V} - 1)^{-1} - (\widetilde{V}_{\mathrm{ref}} - 1)^{-1}] + C(\sigma - \sigma_{\mathrm{ref}}) \tag{5.58}$$

式中：B——材料常数，与式（5.58）中相同；

　　C——应力对分子链结构的影响系数；

　　V——总体积；

　　V_{ref}——参考状态时的总体积；

　　σ——应力；

　　σ_{ref}——参考状态下的应力。

由式（5.57）和式（5.58）可知，应力确实同样影响自由体积的变化，因此与时温叠加法一样，升高温度加快蠕变，增大荷载水平也可以加快蠕变或应力松弛。跟做几种不同温度下的蠕变试验一样，可以做几种不同应力下的短期蠕变试验来预测长期特性。

3）荷载转移因子推导

有关黏度的分子理论是极为复杂的，但总可以把黏度看作是分子间相互运动时的阻力。因此如果分子间有较大的活动空间，运动阻力就小，黏度也小，也就是说黏度是与它本身的自由体积有关。Doolittle 于 1983 年根据黏度理论和自由体积理论给出了黏度和自由体积分数之间的关系：

$$\eta = A' \exp\left[B\left(\frac{1}{f} - 1\right)\right] \tag{5.59}$$

式中：η——材料黏性系数，能反映与自由体积有关的时间效应；

$\qquad f$——自由体积分数，$f = \dfrac{V_f}{V}$；

A'、B——材料常数，B 与式（5.56）中相同。

因此根据前述荷载叠加的原理和式（5.59），可假定应力对自由体积的影响与温度产生的影响相似，即自由体积分数可表示为

$$f = f_0 + \alpha_t (T - T_0) + \alpha_\sigma (\sigma - \sigma_0) \tag{5.60}$$

式中：α_σ——应力对自由体积的影响系数；

$\qquad \alpha_t$——温度对自由体积的影响系数，对同一材料为常数；

$\qquad f_0$——参考状态下的自由体积分数；

$\qquad T_0$——参考状态下的温度；

$\qquad T$——温度；

$\qquad \sigma_0$——参考状态下的应力，与上述 σ_{ref} 意义相同；

$\qquad \sigma$——应力。

假定存在温度—应力转移因子 $\varphi_{T\sigma}$ 满足：

$$\eta(T,\sigma) = \eta(T_0,\sigma_0)\varphi_{T\sigma} \tag{5.61}$$

将式（5.60）代入式（5.59），得：

$$\eta(T,\sigma) = A' \exp\left[B\left(\frac{1}{f_0 + \alpha_t(T - T_0) + \alpha_\sigma(\sigma - \sigma_0)} - 1 \right) \right]$$

$$\eta(T_0,\sigma_0) = A' \exp\left[B\left(\frac{1}{f_0} - 1 \right) \right]$$

把上述两式代入式（5.61），得：

$$\varphi_{T\sigma} = \exp\left[B\left(\frac{1}{f_0 + \alpha_t(T - T_0) + \alpha_\sigma(\sigma - \sigma_0)} - \frac{1}{f_0} \right) \right]$$

$$\ln\varphi_{T\sigma} = B\left[\frac{-\alpha_t(T - T_0) - \alpha_\sigma(\sigma - \sigma_0)}{f_0^2 + \alpha_t f_0(T - T_0) + \alpha_\sigma f_0(\sigma - \sigma_0)} \right]$$

故可得：

$$\lg\varphi_{T\sigma} = \frac{-0.434B}{f_0} \frac{\dfrac{f_0}{\alpha_\sigma}(T - T_0) + \dfrac{f_0}{\alpha_t}(\sigma - \sigma_0)}{\dfrac{f_0^2}{\alpha_\sigma \alpha_t} + \dfrac{f_0}{\alpha_\sigma}(T - T_0) + \dfrac{f_0}{\alpha_t}(\sigma - \sigma_0)}$$

$$= -C_1\left[\frac{C_3(T - T_0) + C_2(\sigma - \sigma_0)}{C_2 C_3 + C_3(T - T_0) + C_2(\sigma - \sigma_0)} \right] \tag{5.62}$$

式中：$C_1 = \dfrac{0.434B}{f_0}$；$C_2 = \dfrac{f_0}{\alpha_t}$；$C_3 = \dfrac{f_0}{\alpha_\sigma}$

当应力恒定时式（5.62）变为

$$\lg\varphi_T = -\frac{C_1(T - T_0)}{C_2 + (T - T_0)} \tag{5.63}$$

当温度恒定为参考温度 T_0 时，式（5.62）变为

$$\lg\varphi_\sigma = -\frac{C_1(\sigma-\sigma_0)}{C_3+(\sigma-\sigma_0)} \tag{5.64}$$

式中：φ_σ——荷载转移因子。

式（5.64）即为荷载转移因子的计算式，与温度转移因子 WLF 方程相似。同时由式（5.62）得出了式（5.63）温度转移因子表达式与 WLF 方程相符合，说明了计算推导的正确性。

2. 蠕变试验

笔者于 2005 年 7 月 8 日开始对典型的加筋材料单向高密度聚乙烯土工格栅（RS50HDPE，由湖北力特塑料制品有限公司提供）做室内蠕变试验。试验目的是研究应力水平对蠕变的影响，尽量利用少量较短期蠕变试验数据根据荷载叠加法推求设计使用年限下的长期蠕变特性，计算出蠕变折减系数。试验在武汉大学岩土试验大厅进行，试验温度为室内温度，格栅施加的荷载水平分别为抗拉强度的 10％、15％、20％、25％、30％、35％、40％、60％；试样特性指标及尺寸见表 5.4。试验所得蠕变曲线如图 5.34 所示。

表 5.4　土工格栅特性指标

材料	型号	克重/（g/m²）	强度/（kN/m）	伸长率/％	长/mm	宽/mm
格栅	RS50	433	53.55	11.8	155	单根

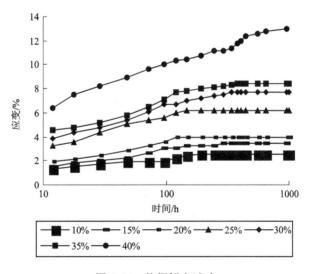

图 5.34　格栅蠕变试验

由图 5.34 可知，所有荷载水平下试样的应变随时间增加而增加，所有试样在 35％ 荷载水平以下曲线的斜率在约 200h 后变得很平缓，说明当试样承受 35％ 荷载水平以下时蠕变应变增长非常缓慢，但当格栅承受 40％ 荷载水平时蠕变应变增长非常迅速。另外还做了 60％ 荷载水平下的蠕变试验，蠕变也发展得非常迅速，以至在 600h 后断裂，且蠕变量立即超过 10％，故不能用于后面的荷载叠加法中，在图 5.34 中没有给出。说明当荷载水平较低时试样都只经历了两个阶段的蠕变，当荷载水平较高时蠕变发展到了第三阶段。

3. 荷载叠加法用于蠕变试验

依据前述自由体积和应力之间的关系原理和荷载转移因子可知，增大荷载水平也可以加快蠕变或应力松弛，同样可如温度转移一样，把几种不同荷载水平下的蠕变曲线平移到参考荷载水平下的曲线上，形成一条光滑的主曲线。本试验中分别选取荷载水平10％、15％、20％、30％为参考应力，平移试验曲线所得的几种荷载水平下的主蠕变曲线图分别如图 5.35～图 5.38 所示。

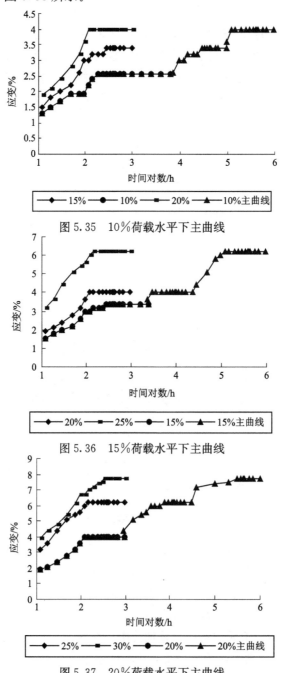

图 5.35　10％荷载水平下主曲线

图 5.36　15％荷载水平下主曲线

图 5.37　20％荷载水平下主曲线

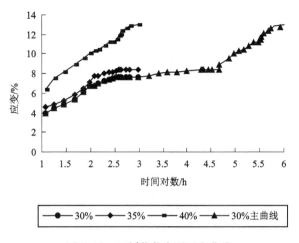

图 5.38　30％荷载水平下主曲线

图中图例：—●— 30%　—◆— 35%　—■— 40%　—▲— 30%主曲线

由图 5.35～图 5.38 可知，根据荷载叠加原理，土工格栅在同种温度下三种不同荷载水平下的蠕变曲线沿水平时间对数轴平移成了一条主曲线，10％荷载水平下的主曲线由 10％、15％、20％三段曲线组成，15％、20％两段曲线的荷载转移因子分别为 2 和 2.6；15％荷载水平下的主曲线由 15％、20％、25％三段曲线组成，20％、25％两段曲线的荷载转移因子分别为 1.4 和 2.9；20％荷载水平下的主曲线由 20％、25％、30％三段曲线组成，25％、30％两段曲线的荷载转移因子分别为 1.5 和 2.3；30％荷载水平的主曲线由 30％、35％、40％三段曲线组成，35％、40％两段曲线的荷载转移因子分别为 1.1 和 3.0。可见四条主曲线都由三段组成，尽管每条主曲线每两段之间荷载水平相差都为 5％和 10％，但其荷载转换因子却有差别，共同的规律是荷载水平相差 10％时转移因子比相差 5％时要大，荷载转移因子随荷载水平的增加而增加。图中土工格栅用三种不同荷载水平下的蠕变曲线连成主曲线后，可以预测的时间变为 $t＝10^6 h＝114a$，由此完全可以预测出土工格栅设计年限下的长期蠕变特性。

由上述可知，每条主曲线由三段组成，每两段之间荷载水平相差都分别为 5％和 10％，其对应的荷载转移因子平均值（四个值的平均值）分别为 1.5 和 2.7。现根据式（5.61）利用该格栅的试验结果计算出系数 C_1、C_3 的值。试验格栅为单根肋条，肋条宽 6.2mm，肋条厚 1.2mm，抗拉强度为 53.55kN/m，每米 44 根肋条，故单根为 1.217kN。故荷载水平相差 5％对应的荷载转移因子为 1.5，计算得对应的应力差 $(\sigma-\sigma_0)$ 为 8.178MPa；同理荷载水平相差 10％对应的荷载转移因子为 2.7，对应的应力差为 16.356MPa。分别把这两组荷载转移因子和相应的应力差代入式（5.61）得出系数 $C_1＝13.5$、$C_3＝65.4$。由此计算出了 RS50 单向格栅荷载转移因子公式系数的参考值。荷载叠加过程中此系数只能当应力差值较小时参考用，荷载水平相差太大时不能用于转移叠加，否则误差太大。

4. 蠕变折减系数

运用图 5.35～图 5.38 中的蠕变主曲线可求得土工格栅在 $10^6 h$ 的应力－应变曲线（等时曲线），并求得蠕变折减系数。具体作法如下：从图中查得四种参考荷载水平下对应于 $10^6 h$ 的应变分别为 4.0％、7.1％、7.7％和 13％，绘制荷载应变曲线如图 5.39 所示。

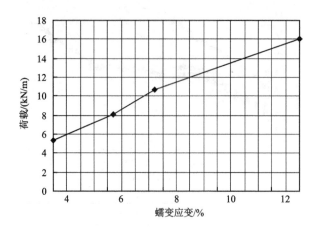

图 5.39　蠕变的应力－应变关系曲线（10^6 h）

根据蠕变应变的设计容许值例如 10％，从图 5.39 查得长期蠕变强度为 13kN/m，RS50 土工格栅抗拉强度为 53.55kN/m，故蠕变折减系数为

$$\mathrm{RF}_{\mathrm{CR}} = \frac{53.55}{13} = 4$$

由本节可知，考虑土工合成材料蠕变试验所需时间较长，且其长期蠕变特性难以确定。本节提出了一种与时温叠加法原理相似的荷载叠加法，从自由体积理论着手分析了荷载相互转移叠加的原理，提出了荷载转移公式因子。分析了 RS50 单向土工格栅的室内蠕变试验研究结果，根据荷载叠加原理把不同荷载水平下的蠕变曲线形成了主曲线。由此得出了设计使用年限下的荷载应变曲线，计算得出 RS50 格栅蠕变折减系数为 4，为工程设计提供了依据。利用荷载叠加法预测土工合成材料蠕变曲线的过程中，应尽量选取不同级别的荷载水平，且不少于三组。在高荷载水平下蠕变发展迅速不能用于转移，否则会引起很大误差。另外，由前述自由体积理论可知，温度和应力水平都可以影响分子运动能力从而影响蠕变特性［式（5.59）和式（5.61）］。时温叠加法现已经应用较成熟，只是试验温度难以达到，如果把时温叠加法和荷载叠加法结合起来应用，则每组试验需要的时间更短且能得出可以预测很长时间蠕变特性的主曲线，两者联合使用后其综合转移因子即为式（5.61）。

5.3.4　动荷载法

本节从荷载水平的角度出发，试图用动态荷载代替恒定的静态荷载，找出动态荷载和静态荷载的转换等价关系以缩短蠕变试验时间。

　1. 原理

土工合成材料的动态力学性能是指土工合成材料在周期性的或变化着的应力作用下所产生的反应形变的特性。用动态力学方法研究土工合成材料的力学性能是一种较新的测试方法。土工合成材料在动态荷载作用下的变形要比静态荷载作用下的变形发展快得多，因此只要明确动态荷载水平下蠕变特性和静态荷载水平下蠕变特性的内在关系，就能用动态力学试验来代替长期的静态蠕变试验，缩短土工合成材料的蠕变试验时间。土工合成材料在恒定的动态荷载作用下的疲劳试验可以看作是动态的蠕变过程。试验可在机械式或液压伺服振动试验机上进行，试验过程采用施加单级负荷法的滞后测量法动态力学试验。单级负荷法动态力学试验表明，材料在其动态负荷极限以内，可以长时间经受动态负荷的作用，而性能保持稳定。滞后测量法作为一种新的动态力学实验方法，已成功地运用于研究和评价聚合物的动态疲劳特性上，也已经成功地应用于各种热固性树酯和热塑性塑料。动态力学试验仪器如图 5.40 所示。滞后测量法动态力学实验原理为：在周期性正弦负荷的作用下，黏弹性材料的应力和应变之间产生相位差，反映在应力—应变曲线上则为一封闭的滞后圈。黏弹性材料的实际滞后圈大多为图 5.41 所显示的形状。应力和应变信号经应力和应变传感器到放大器上，然后集中到计算机计算滞后圈，根据滞后圈可以计算出蠕变试验中需要的部分力学参数：最大应力、最小应力、最大应变、最小应变、平均应力、平均应变。试验要求保持恒定的平均应力和应力振幅，应力振幅的大小可通过调节动态荷载的最大最小应力比来调节，但要确保最大应力不超过试样的动态负荷极限，否则其他的变形机理产生，影响土工合成材料的蠕变特性。试验过程中应尽量采用较低的应力频率，避免测试过程中试样升温，可采取措施监控试样的温度。

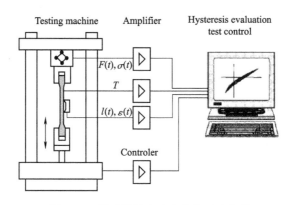

图 5.40　滞后测量法动态力学试验仪器

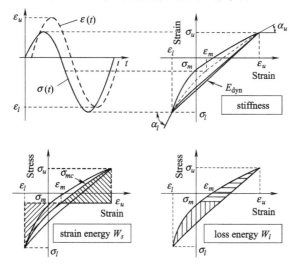

图 5.41　根据滞后圈计算材料特征参数

2. 动静态蠕变关系推导

动态的荷载可以看成是恒定的平均应力加上由振幅决定的动态负荷组成。恒定的平均应力相当于一个静态荷载。通过改变最小应力与最大应力的比例可以调节应力振幅的大小，显然当最小应力与最大应力绝对值大小相等时动态荷载的应力振幅为零，这时的动态荷载的平均应力就相当于恒定的静态荷载。所以动态试验过程中要保持恒定的平均应力，做不同应力比例下的动态蠕变试验，找出最小最大应力绝对值相等时的情形。

在静态荷载水平下一般常用的有应力描述、参数较少的土工合成材料蠕变模型为

$$\varepsilon = c\sigma^m t^n \tag{5.65}$$

式中：c 与应力、材料的活化能、Boltzman 常数等有关，量纲为 $mN^{-1}s^{-1}$；

$\quad\quad m$ 与材料和形状有关，无量纲；

$\quad\quad n$ 与应力、材料和形状有关，无量纲。

在动态荷载水平下的蠕变变形也可采用此模型，只是式中的荷载水平非恒定而已。动态荷载水平可以看成是正弦荷载，如图 5.42 所示，为了计算简便，把正弦波简化成矩形波计算。现计算动态荷载水平下第 N 个周期内的蠕变，如果第 N 个周期是从最大应力开始，则最大应力下的蠕变和最小应力下的蠕变分别为

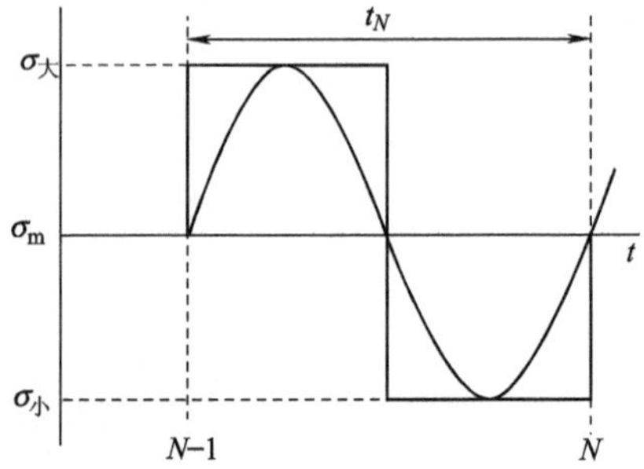

$$\Delta\varepsilon_{\text{大}} = \int_{(N-1)t_N}^{(N-\frac{1}{2})t_N} \frac{\mathrm{d}\varepsilon_{\text{大}}}{\mathrm{d}t}\mathrm{d}t$$

图 5.42 动态荷载简化

代入式（5.65），得：

$$\Delta\varepsilon_{\text{大}} = c\sigma_{\text{大}}^m \left[\left(N-\frac{1}{2}\right)^n t_N^n - (N-1)^n t_N^n \right]$$

同理，最小应力下的蠕变为

$$\Delta\varepsilon_{\text{小}} = \int_{(N-\frac{1}{2})t_N}^{Nt_N} \frac{\mathrm{d}\varepsilon_{\text{小}}}{\mathrm{d}t}\mathrm{d}t$$

代入式（5.65，得：

$$\Delta\varepsilon_{\text{小}} = c\sigma_{\text{小}}^m \left[N^n t_N^n - \left(N-\frac{1}{2}\right)^n t_N^n \right]$$

N 个周期后总的蠕变为

$$\varepsilon_1 = \sum_{N=1}^{N} (\Delta\varepsilon_{\text{大}} + \Delta\varepsilon_{\text{小}})$$

以上是振动周期从最大应力开始时的蠕变计算，如果振动周期是从最小应力开始，则同理可知：

$$\Delta\varepsilon'_{\text{小}} = \int_{(N-1)t_N}^{(N-\frac{1}{2})t_N} \frac{\mathrm{d}\varepsilon'_{\text{小}}}{\mathrm{d}t}\mathrm{d}t = c\sigma_{\text{小}}^m \left[\left(N-\frac{1}{2}\right)^n t_N^n - (N-1)^n t_N^n \right]$$

$$\Delta\varepsilon'_{\text{大}} = \int_{(N-\frac{1}{2})t_N}^{Nt_N} \frac{\mathrm{d}\varepsilon'_{\text{大}}}{\mathrm{d}t}\mathrm{d}t$$

即

$$\Delta\varepsilon'_{\text{大}} = c\sigma_{\text{大}}^m \left[N^n t_N^n - \left(N-\frac{1}{2}\right)^n t_N^n \right]$$

同理 N 个周期后总的蠕变为

$$\varepsilon_2 = \sum_1^N (\Delta\varepsilon'_大 + \Delta\varepsilon'_小)$$

因此动态荷载水平下试样总的蠕变可表示为

$$\varepsilon_动 = \frac{1}{2}(\varepsilon_1 + \varepsilon_2) = \frac{1}{2}\sum_1^N (\Delta\varepsilon_大 + \Delta\varepsilon'_大 + \Delta\varepsilon_小 + \Delta\varepsilon'_小) \tag{5.66}$$

显然式中前两项代表平均应力加上应力振幅下的动态蠕变，后两项代表平均应力减去应力振幅下的动态蠕变。把上述公式代入式（5.66），得：

$$\varepsilon_动 = \frac{1}{2}\big[c(\sigma_m + \sigma_a)^m (Nt_N)^n + c(\sigma_m - \sigma_a)^m (Nt_N)^n \big]$$

$$= c\sigma_m^m (Nt_N)^n \frac{1}{2}\Big[\Big(1 + \frac{\sigma_a}{\sigma_m}\Big)^m + \Big(1 - \frac{\sigma_a}{\sigma_m}\Big)^m\Big] = \varepsilon_静 \cdot K \tag{5.67}$$

式中：σ_m——动态荷载下的平均应力；

　　　σ_a——动态荷载下的应力振幅；

　　　N——周期数；

　　　t_N——第 N 个周期荷载作用的时间。

　　　$(\sigma_m + \sigma_a)$ 相当于最大应力；

　　　$(\sigma_m - \sigma_a)$ 相当于最小应力。

由式（5.67）可知动态荷载下的蠕变相当于静态荷载下的蠕变叠加一系数，动态荷载下的蠕变表达式中第一项代表了平均应力下的静态蠕变，第二项系数代表了周期荷载的影响。由式（5.67）可知：

$$K = \frac{1}{2}\Big[\Big(1 + \frac{\sigma_a}{\sigma_m}\Big)^m + \Big(1 - \frac{\sigma_a}{\sigma_m}\Big)^m\Big]$$

又 $\sigma_比 = \dfrac{\sigma_m - \sigma_a}{\sigma_m + \sigma_a}$，可得：

$$K = \frac{1}{2}\Big[\Big(1 + \frac{\sigma_a}{\sigma_m}\Big)^m + \Big(1 - \frac{\sigma_a}{\sigma_m}\Big)^m\Big]$$

$$= \frac{1}{2}\Big[\Big(\frac{2}{1 + \sigma_比}\Big)^m + \Big(\frac{2\sigma_比}{1 + \sigma_比}\Big)^m\Big] \tag{5.68}$$

式中：$\sigma_比$——最小应力与最大应力比值。

由前述可知：

$$\varepsilon_动 = c\sigma_m^m (Nt_N)^n K$$

对此式两边取对数，得：

$$\lg(Nt_N) = \frac{1}{n}\lg\frac{\varepsilon_动}{c\sigma_m^m} - \frac{1}{n}\lg K \tag{5.69}$$

此式即求出达到相同应变时静态荷载下的蠕变时间。由式（5.69）可知，单级负荷动态力学蠕变试验中周期数的对数与系数 K 的对数呈线性关系。由前面分析可知，当应力比等于 1 即系数 K 等于 1 时动态试验下的负荷就是平均应力下的静态负荷，也就是由式（5.69）可知当 $\lg K = 0$ 时对应的周期数即为要求的静态荷载下的蠕变时间。

3. 换算步骤

（1）保持恒定的平均应力和应力振幅，做不同应力比下的动态力学蠕变试验，记录平均应变—周期曲线即 ε_m-N 曲线，如图 5.43 所示。

（2）根据式（5.68）计算出对应于不同应力比下的系数值即 K 值。

（3）在 ε_m-N 曲线中选取一组达到相同应变值时对应于不同的应力比值和相应于不同周期数，得出相同平均应变值 ε_m 下的 $N-\sigma_{比}$ 值，再换算成 $N-K$ 值。

（4）作出 $\lg N-\lg K$ 的关系曲线，由式（5.69）可知两者对数为线性关系，如图 5.44 所示。

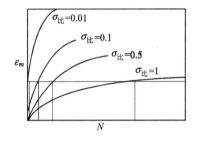

图 5.43　动态试验 ε_m-N 关系曲线

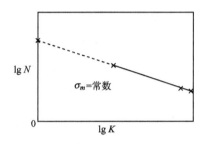

图 5.44　$N-\lg K$ 关系曲线

（5）找出曲线上 $\lg K=0$ 对应的 N 值，即为达到相同应变值时静态蠕变需要的时间。

（6）同理取其他相同的应变值计算出相应的静态蠕变时间，得出静态蠕变 $\varepsilon-t$ 曲线，如图 5.45 所示。

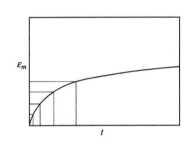

图 5.45　由动态试验
得出的静态蠕变

由本节分析可知，土工合成材料动态荷载下的蠕变特性和常规的静态荷载下的蠕变特性存在内在关系，动态荷载下的蠕变相当于静态荷载下的蠕变叠加一周期性荷载的影响系数。当动态蠕变试验中最大最小应力比值相等应力振幅为零时，此时动态荷载下的平均应力相当于静态荷载下的恒定应力。由此得出利用单级加荷的动态力学土工合成材料蠕变试验可以替代恒定荷载水平下的蠕变试验，大大地缩短了土工合成材料蠕变试验时间。由于该方法用到包含应力的蠕变模型的局限性，另外一般试验条件也很难达到，因此该课题的研究有待于进一步深入。

5.4　蠕变折减系数

▌5.4.1　概述

土工合成材料的容许抗拉强度取决于蠕变、铺设时机械破坏和材料老化等诸多因素。1996 年 AASHTO 建议，筋材的容许抗拉强度 T_a 可按下式计算：

$$T_{\mathrm{a}} = \frac{T_u}{\mathrm{RF}_{\mathrm{CR}} \cdot \mathrm{RF}_{\mathrm{ID}} \cdot \mathrm{RF}_{\mathrm{D}}} = \frac{T_u}{\mathrm{RF}} \tag{5.70}$$

式中：$\mathrm{RF}_{\mathrm{CR}}$——蠕变折减系数；

$\quad\quad \mathrm{RF}_{\mathrm{ID}}$——机械破坏折减系数；

$\quad\quad \mathrm{RF}_{\mathrm{D}}$——老化折减系数；

$\quad\quad \mathrm{RF}$——总折减系数；

$\quad\quad T_u$——材料的抗拉强度，取试验平均值减去两倍的标准差。

其中，机械破坏折减系数可达 3，老化折减系数为 2，而蠕变的高达 2.5～5。表 5.5 为美国联邦公路管理局（FHWA）于 1998 年建议的典型蠕变折减系数范围，某些情况下总折减系数可达 7。如此大的折减系数限制了加筋土结构的应用。如果折减系数从 7 减到 5，容许强度即可增加大约 30%。近年来，FHWA 和 AASHTO 以及其他机构均花费了大量时间和财力对折减系数进行研究。与研究的趋势相应，美国 ASTM、英国 BS 和国际标准化协会 ISO，以及我国水利部 SL 也在发布和不断改进关于蠕变和机械磨损试验的标准。这些标准中规定了试验步骤和提交的成果，但均没有说明确定折减系数的方法。例如，蠕变试验是在无侧限（空气中）和一定的温度、湿度条件下进行的，根据在一系列不同荷载水平下的

表 5.5　蠕变折减系数 $\mathrm{FR}_{\mathrm{CR}}$

高分子材料	折减系数 $\mathrm{RF}_{\mathrm{CR}}$
聚酯 PET	3～2.5
聚丙烯 PP	5～4.0
聚乙烯 PE	5～2.5

拉伸试验，经历至少 1000 小时得到的结果整理得蠕变时程曲线，而如何从这些曲线得到材料的容许抗拉强度 T_{a} 或蠕变折减系数一直困扰着设计人员和生产厂家。

下面比较了获得拉伸蠕变破坏荷载与时间的曲线和蠕变应变与时间的曲线的试验方法，给出了外推这两种蠕变曲线的数据处理步骤，用其他研究者的试验成果说明怎样根据设计使用年限的长期蠕变强度或容许应变确定蠕变折减系数。

1. 蠕变试验成果

图 5.46 为土工格栅 Tensar SR80 的蠕变曲线。为说明蠕变折减系数的确定方法，对原图的曲线作了适当的延长。

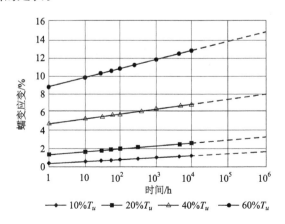

图 5.46　土工格栅蠕变应变和时间曲线

在这些标准中，ISO13431：1999（E）还要求记录达到拉伸蠕变破坏所需时间，并给出拉伸蠕变破坏荷载 $\lg L$ 和破坏时间 $\lg t$ 的曲线。试验的荷载水平取四种，可在抗拉强度的 50%～90% 中选取，每个荷载水平取三个试样，使破坏的时间均匀分布在 100h、500h、2000h 和 10 000h，要求计时器能记录试样拉断的时间。此外，ISO 13431 提出，在可能情况下，进行不同温度下的蠕变试验，虽然没有说明利用升高温度下的蠕变曲线可以根据时温叠加法 TTS 获得更长历时的主蠕变曲线。

下面将介绍和提出根据蠕变曲线确定蠕变折减系数的方法，即怎样从拉伸蠕变破坏荷载与时间的曲线或从蠕变应变与时间的曲线整理得蠕变折减系数。

2. 蠕变折减系数的确定

定义蠕变折减系数：

$$RF_{CR} = \frac{T_u}{T_l} \tag{5.71}$$

式中，T_l——长期蠕变强度，即在环境温度和设计使用年限下不发生破坏的最大强度。

设计使用年限取 75～100 年，一般取 10^6 h（114a）。蠕变试验进行的时间较短，不得不按数据回归分析的曲线（或直线）趋势外推试验数据至设计使用年限，对 PP 和 PE 材料外推时间一般不超过一个对数循环，对 PET 材料不超过两个对数循环。

1）从拉伸蠕变破坏荷载与时间的曲线求 RF_{CR}

根据统计误差分析，用外推法求 T_l，应除以外推不确定因子：

$$T_l = \frac{T_{le}}{1.2^{x-1}} \tag{5.72}$$

式中：T_{le}——长期蠕变强度的外推值；

$\qquad x$——外推的对数循环数，如小于 1，取 1；

1.2^{x-1}——外推不确定因子。

从图 5.46 可知，$T_{le}=63.4$kN/m，$x=1.68$，代入式（5.72）得 $T_l=56$kN/m；根据与蠕变同批试样的拉伸试验测得 T_u 为 110kN/m；代入式（5.71），求得聚酯格栅的 $RF_{CR}=2$。

这里还应强调指出，厂家给出的长期蠕变强度还不是容许抗拉强度，从式（5.70）可见，T_l 还要除以其他折减系数才能得到 T_a。

2）从蠕变应变与时间的曲线求 RF_{CR}

从图 5.47 可见对蠕变应变的数据也必须按直线趋势外推，当用外推法求设计使用年限的应变 ε_l 时，应乘以外推不确定因子：

$$\varepsilon_l = 1.2^{x-1}\varepsilon_{le} \tag{5.73}$$

式中，ε_{le}——长期蠕变应变的外推值。

用下面的步骤说明怎样从蠕变应变与时间的曲线求 RF_{CR}：

（1）从图 5.47 量取设计使用年限（10^6h）的应变 ε_{le}，用式（5.73）求 ε_l。

（2）由蠕变试验的四个拉伸荷载和相应的 ε_l 值，绘制设计使用年限的蠕变荷载与应变的曲线，如图 5.48 所示。

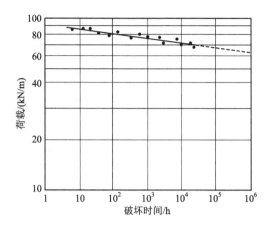

图 5.47　聚酯格栅的拉伸蠕变破坏荷载与时间曲线

（3）根据蠕变应变的设计容许值（例如 10％），从蠕变荷载和应变的曲线中查得长期蠕变强度 T_l。

（4）用式（5.71）求蠕变折减系数 $\mathrm{RF_{CR}}$。

从图 5.48 和上文数据计算得相对 10％应变的 $T_l = 28\mathrm{kN/m}$，Tensar SR80 的原材料为 HDPE，测得抗拉强度为 66.6kN/m，则 $\mathrm{RF_{CR}} = 2.4$。

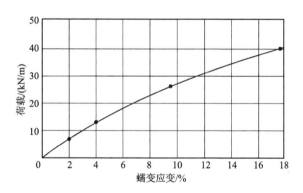

图 5.48　蠕变的荷载应变曲线（$10^6\mathrm{h}$）

3）两种蠕变曲线折减系数确定方法的比较

蠕变试验的成果可以整理成两种蠕变曲线，即拉伸蠕变破坏荷载与时间的曲线和蠕变应变与时间的曲线。获得这两种曲线的试验工作量基本相同，在计算 $\mathrm{RF_{CR}}$ 时，从前一种曲线较为简单，但不能获得相对于一定应变的 $\mathrm{RF_{CR}}$。很多加筋土结构对变形很敏感，例如，大的应变使挡土墙面板凸出，使加筋陡坡路堤因大的横向变形而产生工后沉降，故必须对应变有所限制。《公路加筋土工程设计规范》规定"断裂伸长率不宜大于 10％"，为获得一定应变时的蠕变折减系数，应进行蠕变应变测量的蠕变试验。另一种可能的替代方法是在进行拉伸破坏荷载试验时，不记录破坏的时间，而记录达一定应变（如 10％）的时间，并计算得蠕变折减系数。

▌5.4.2 时温叠加法确定蠕变折减系数

1. 蠕变强度的确定

（1）根据时温叠加法蠕变试验数据作出各种温度下断裂时间和相应应力的关系图。一般而言，至少需要用到 12～18 个数据点，数据点应大致沿时间水平轴均匀分布。小于 5～10h 的断裂数据点应不用。如果在室温下断裂的图形存在拐点，则只需较少的点确定升温下的图形；如果室温下断裂的图形不存在拐点，则需要较多长期的点确定升温下的图形是否存在拐点。

（2）用时温叠加法移动图形得到主曲线。利用移动因子可以预测出设计温度下设计时间内的蠕变强度。如果蠕变曲线不存在拐点，则直接把高的温度下的曲线平移到设计温度下的曲线上，设计温度一般是室温。如果有拐点，则继续垂直移动。

（3）确定长期蠕变强度。蠕变强度可从移动后的主曲线图中直接读出，即设计时间相对应的强度，但由于有可能时间很长，主曲线数据点连接长度不够需要预测延长，这就存在预测的不确定性，因此蠕变强度需要修正。如果在试验时间以内出现拐点或无拐点，长期蠕变强度由下式修正确定。

$$T_l = \frac{P_{cl}}{(1.2)^{x-1}} \tag{5.74}$$

式中：P_{cl}——设计强度，直接从应力时间图中得到；

x——预测时间对数循环的个数，如果小于 1 则取值为 1；

T_l——长期蠕变强度。

如果试验时间外出现拐点，则用下列公式修正：

$$T_l = \frac{P_{cl}}{(1.4)^x} \tag{5.75}$$

2. 蠕变折减系数的确定

蠕变折减系数按下列公式计算：

$$\mathrm{RF_{CR}} = \frac{T_{\mathrm{ultlot}}}{T_l} \tag{5.76}$$

式中：T_{ultlot}——抗拉强度；

T_l——长期蠕变强度。

利用应力—应变曲线确定抗拉强度，长期蠕变强度按上述确定。

3. 计算实例

下面以具体例子来说明蠕变折减系数的确定。

一种聚烯烃土工合成材料用于加筋挡土墙，要确定其在室温下，设计寿命为 1 000 000h 时的长期蠕变强度和蠕变折减系数。

具体步骤如下：

（1）利用材料蠕变试验的数据作各种温度下应力和时间的关系曲线。应力—时间曲线如图 5.25 所示。

（2）用时温叠加法移动图形得到主曲线。30℃和 40℃下的图形移动到与 20℃下的图形相连接，由于存在拐点，既有水平移动也有垂直移动。移动后的图形如图 5.26 所示。

（3）确定长期蠕变强度。从图 5.26 中可直接读出 1 000 000h 时的设计强度为 23.9kN/m，由于图中数据点对应的时间已接近 1 000 000h，故 x 值小于 1，按式（5.74）计算：$T_l = \dfrac{23.9}{(1.2)^0} = 23.9(\text{kN/m})$。

（4）确定抗拉强度。从应力－应变曲线中可直接读出抗拉强度值为 90kN/m。

（5）计算蠕变折减系数。利用式（5.76）得 $RF_{CR} = 90/23.9 = 3.8$，即这种材料设计寿命为 115 年时的蠕变强度为 23.9kN/m，蠕变折减系数为 3.8。

由本节内容可知，通过时温叠加法蠕变试验，测出了高温下的蠕变特性，同时也延长了主曲线，减少了预测的不确定性。利用此结果，能更准确地确定蠕变强度和蠕变折减系数，使得土工合成材料的使用有了合理的蠕变指标。但此试验也存在许多弊端有待于改进，如由于试样间的差别，使得试验结果具有不确定性；此试验仍然需要很长的时间，不适合工地作为质量指标严格控制，但蠕变指标尤其重要，因此还需要研究更短时间、简单可行的方法确定蠕变特性。

▌5.4.3　蠕变和铺设磨损复合折减系数的确定

土工合成材料用于加筋挡土墙和土坡时，通常必须考虑设计极限强度的问题，而主要的强度损失一般由铺设磨损、蠕变和化学降解引起，考虑设计强度就必须考虑折减系数问题。把铺设磨损和蠕变两者结合起来考虑，前人已有研究。一般是用磨损的试样和未磨损的试样做拉伸试验、蠕变试验和蠕变破裂试验，把两者的拉伸强度作比较即可得出铺设磨损和蠕变的复合折减系数。实际上，土工合成材料日常应用中最大的强度损失是由铺设磨损和蠕变两个因素引起的。铺设时，由于放置和挤压容易造成损伤破坏，而蠕变是承受拉伸荷载时发生的黏弹性效应。本书主要考虑蠕变和铺设磨损两者的联合影响，并假设复合折减系数 $RF_{IDCR} \neq RF_{ID} \times RF_{CR}$，探讨了以往把两者分开考虑由试验直接得出结果的常规做法或把两者综合考虑但方法复杂的做法所得的折减系数是否偏于保守，在此基础上介绍了一种考虑两者复合效应的新方法。该新方法只需要未破坏的试样做短期的蠕变试验，因此比以前的研究方法简单。

1. 试验

前人研究土工合成材料铺设磨损和蠕变效应一般有两种方法：通过拉伸试验和蠕变破裂试验的结果和把两者分开计算相乘。较早的是 Bush 等在 1988 年用已铺设受损的高密度聚乙烯土工格栅做了 1000h 的蠕变试验。结果表明在短期的试验过程中，由于铺设磨损所损失的强度为 12%，模量没有减小，蠕变率和应变值也没有变化。接着是 Viezee 等在 1990 年对有纺聚酯土工织物丝在模拟铺设破坏条件下做了 1000 小时的蠕变试验。结果表明，强度损失为 20%，模量未变，开始的应变和蠕变率也未受到铺设破坏的影响，但破裂时的应变值减小了。Brady 等在 1994 年用 200m 宽的有纺聚丙烯、聚酯土工织物和高密度聚乙烯土工格栅做了历时 23000h 的有铺设磨损破坏和无破坏的蠕变试验。结果表明，由铺设磨损损失的强度分别为：聚丙烯为 5%～10%，聚酯为 35%，高密度聚乙烯为 7%～16%。整个过程中，蠕变率未受到铺设破坏的影响，并没有发生变化。但开始的应变值减小了，破裂时的应变值也发生了变化。另外，Allen 和 Bathurst 在 1994 年对各种不同类型的已由于铺设受损的土工合成材料做了短期的蠕变试验。设峰值强度率为 R_T，破坏时的应变率为 R_ε，开始的模量比例为 R_J，各值的计算结果如图 5.49 所示。

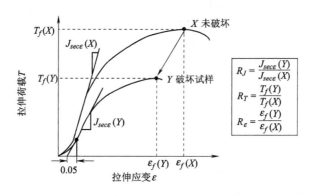

图 5.49　荷载－应变曲线计算特征

　　试验结果表明，对于有纺土工织物和土工格栅，即使铺设时受到严重的损伤，对模量的影响也不大，然而，即使是受到轻微的破坏，峰值应变也会大大地减小。对于无纺织物，铺设破坏则对模量有很大的影响。

　　2. 试验结果分析

　　以上研究结果表明：

　　(1) 由于铺设破坏，拉伸试验和蠕变试验中破裂时的应变减小了。

　　(2) 由于铺设破坏，土工合成材料低于蠕变极限时的蠕变率未受影响，但高于蠕变极限时的蠕变率受到了影响。

　　(3) 铺设破坏了的试样和未破坏的试样的等时荷载－应变曲线的区别不是很明显，蠕变模量和拉伸试验中的割线模量也未受到破坏的影响。但破坏了的试样的等时曲线破裂时的应变值比未破坏的要低一些。

　　(4) Brady 等 1994 年做的拉伸试验和蠕变试验得出的峰值应变率为 0.8 和 0.75。Krumm 等 1988 年对聚酯丝做的这两种试验得到的峰值应变率分别为 0.73 和 0.68。说明铺设破坏对蠕变试验的影响大于拉伸试验。

　　(5) 试验表明，聚酯丝蠕变破裂时的应变随时间的增加而减小，对于聚丙烯，根据 Takaku 和 Allen 的试验可知，情况恰好相反。一般而言，对于脆性易损伤的土工合成材料，破裂时的应变值会随时间的增加而减小；相反，对于可塑的延性材料会随时间的增加而增加。

　　总之，前人的研究结果表明，铺设破坏不影响聚合物的蠕变率，但铺设破坏确实降低了破裂时的应变值。铺设破坏对有纺土工织物和土工格栅两种材料的蠕变率和破裂时的应变值的影响是一样的；对聚丙烯、聚酯和高密度聚乙烯三种材料的影响也是等同的。铺设破坏基本上没有影响聚合物的基本特性，但铺设破坏造成了局部应力的增加，使得局部永久性地破裂。

3. 计算

前人的研究是通过应力破裂数据来计算铺设破坏和蠕变的复合折减系数，计算依据如图 5.50 所示。在 10^6h 破裂时，蠕变极限荷载从 58% 降到了 43%，因此，$\mathrm{RF_{CR}} = \dfrac{1}{0.58} = 1.72$，$\mathrm{RF_{IDCR}} = \dfrac{1}{0.43} = 2.33$。由短期拉伸试验可知，由于铺设破坏造成的强度损失是 19%，故 $\mathrm{RF_{ID}} = \dfrac{1}{0.81} = 1.23$，$\mathrm{RF_{ID}} \times \mathrm{RF_{CR}} = 1.23 \times 1.72 = 2.12$。

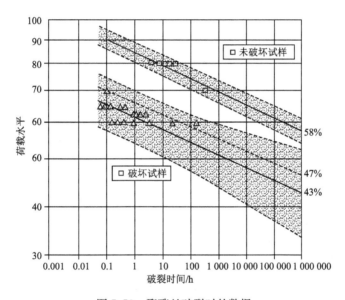

图 5.50　聚酯丝破裂时的数据

这与 $\mathrm{RF_{IDCR}} = 2.33$ 的差别很小。

同理在 10^4h 时，$\mathrm{RF_{ID}} \times \mathrm{RF_{CR}} = 1.23 \times 1.52 = 1.87$，$\mathrm{RF_{IDCR}} = 1.89$。

该方法至少需要知道铺设磨损试样的曲线图，但由于破坏的程度不一样，因此需要一系列破坏了的试样的曲线图，所以该方法不是很实际。

4. 新方法

一种确定土工合成材料蠕变和铺设磨损复合折减系数的新方法需要下列准备工作：作出未破坏试样 0.1h 的短期等时荷载—应变曲线，利用分级等温法根据短期曲线外推出长期曲线，还要已知破坏和未破坏试样的拉伸强度结果，未破坏试样在设计使用年限内的破裂应变值。该方法的操作过程如图 5.51 所示。

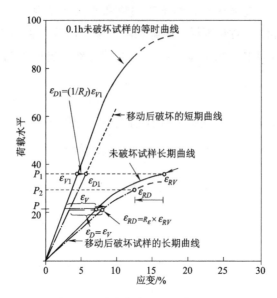

图 5.51　确定复合折减系数的过程

该方法分为如下四个步骤：

（1）用未受到铺设破坏的试样做 0.1h 的短期试验，作出荷载一应变曲线。根据预测的破坏损失强度 P_1 在该曲线上找到相应的应变值 ε_{V1}，由此得出破坏曲线上相应的应变值 $\varepsilon_{D1}=(1/R_J)\varepsilon_{V1}$，式中 R_J 由拉伸试验确定。移动未破坏的短期曲线得到破坏后的短期曲线，该曲线经过相应应变值的那个点（ε_{D1}，P_1）。

（2）令给定荷载水平下未破坏试样短期长期曲线间的应变值 ε_V 等于破坏试样短期长期曲线间的应变值 ε_D，据此移动未破坏试样长期曲线得到破坏试样长期曲线。

（3）根据已知的破裂应变和时间关系的曲线确定未破坏试样长期曲线上的破裂应变值，并在此点截短该曲线。

（4）根据预测的破坏荷载水平和保留的拉伸强度和峰值应变的关系截短破坏试样的长期曲线，这个长期蠕变破裂应变值对应的荷载水平即为计算铺设破坏和蠕变复合折减系数的依据。

5. 具体实例

例一：试样材料为聚酯丝，破裂点对应的强度即为计算复合折减系数的依据，如图 5.52 所示。

例二：试样为聚丙烯有纺土工织物，例如，破裂的时刻为 10^6h 对应的荷载水平为 9.9，则复合折减系数 $RF_{DCR}=\dfrac{1}{0.099}=10.1$，同理 10^4h 对应的折减系数为 6.6，如图 5.53 所示。

例三：试样为高密度聚乙烯土工格栅，计算同上，如图 5.54 所示。常规方法与该方法的比较结果见表 5.6。

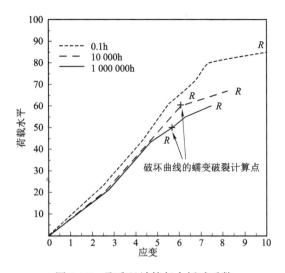

图 5.52　聚酯丝计算复合折减系数

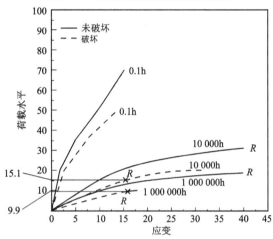

图 5.53　聚丙烯有纺织物计算折减系数

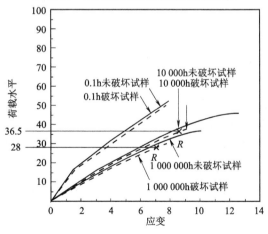

图 5.54　高密度聚乙烯格栅计算折减系数

表5.6　新方法和常规方法的比较结果

合成材料 类型	破裂时刻/ h	铺设折减 系数	蠕变折减 系数	峰值应 变率	未损破裂 应变	新法铺设蠕变 复合折减系数	旧法复合 系数	两系数 相乘
聚酯丝	10^4	1.23	1.50	0.73	8.3	1.7	1.89	1.85
	10^6	1.23	1.63	0.73	7.6	2.1	2.33	2.00
有纺聚丙烯	10^4	1.25	3.28	0.70~0.90	40	3.33~4.2		4.10
	10^6	1.25	5.88	0.70~0.90	40	5.6~5.9		7.35
	10^4	2.50	3.28	0.40~0.55	40	4.6~6.6	—	8.20
	10^6	2.50	5.88	0.40~0.55	40	7.7~10.1		14.7
高密度格栅	10^4	1.25	2.24	0.71~0.78	12.5	2.4~2.7		2.80
	10^6	1.25	2.72	0.71~0.78	10	3.1~3.6	—	3.40

由上表的比较结果可知，常规方法得出的折减系数值偏于保守，尤其是当破坏程度增加的时候。该方法的假设前提条件是蠕变率和短期模量不受到铺设破坏的影响，根据前人的研究结果可知，对于聚酯、聚丙烯和高密度聚乙烯而言，该假设显然是成立的。虽然两种方法都有其局限性，常规方法由于需要大量破坏试样的长期蠕变试验而且结果偏于保守，因此不实际，该新方法也需要提高其精确性，但该新方法只需要未破坏试样短期的蠕变试验，且结果比较符合设计时实际需要。

5.4.4　蠕变性能的灰色预测

本节从荷载的角度出发，首次利用改进的非等间距的灰色预测模型，用高应力水平下的蠕变结果预测了低应力作用下的蠕变结果。具体而言，一方面可以利用高应力水平下蠕变断裂时间预测低应力水平下的蠕变断裂时间；另一方面可以利用高应力水平下的蠕变变形预测低应力水平下的蠕变变形，也就是说既能预测时间又能预测变形，因此有实际的工程意义。

1. 改进的非等间距灰色模型

邓聚龙于1982年提出的灰色系统理论已被广泛应用于社会、经济、工业、农业生态各个领域。灰色预测是基于灰色系统理论的一种预测方法，它是根据过去的及其现在已知的或非确定的信息建立一个由过去引申到将来的灰色模型（Grey Mode，GM），从而确定系统未来发展变化的趋势。该方法的最大优势是对原始数据分布特征及样本量无特殊要求。目前常用的是等间距的灰色模型，但对于土工合成材料蠕变特性而言，存在有如温度、应力、应变、应力强度因子等序列，这些序列在大多数情况下是非等间距的。目前灰色预测用于土工合成材料的老化性能方面已有很多报道，用于预测石膏的蠕变断裂也有报道，但用于预测土工合成材料的蠕变性能方面还未见报道。本书首次利用改进的非等间距灰色模型对土工合成材料的蠕变特性进行了预测。

1）非等间距序列的建模

对于给定 n 组非等间隔时间序列：

$$\{X_k^{(0)}(t_i)\}, \quad k = 1,2,\cdots,n; i = 1,2,\cdots,N$$

各相邻取样时刻间隔为

$$\Delta t_i = t_i - t_{i-1}, \quad i = 2,3,\cdots,N$$

当 $i=1$ 时，取 $\Delta t_i = 1$。

对 $\{X_k^{(0)}(t_i)\}$ 作加权累加，得到一阶加权累加序列：

$$X_k^{(1)}(t_i) = \sum_{s=1}^{i} \Delta t_s X_k^{(0)}(t_s), \quad k = 1,2,\cdots,n; i = 1,2,\cdots,N$$

当只有一个时间序列，动态微分方程取为一阶时，系统动态模型 GM（1，1）模型为

$$\frac{\mathrm{d}X^{(1)}(t)}{\mathrm{d}t} + aX^{(1)}(t) = u$$

待定系数向量为 $\hat{a} = [a, u]^{\mathrm{T}}$。

2）模型的求解及预测函数的建立

对系统模型微分方程作白化处理，即用已知的给定序列 $\{X_k^{(0)}(t_i)\}$ 来近似代替 $\dfrac{\mathrm{d}X^{(1)}(t)}{\mathrm{d}t}$ 和 $X^{(1)}(t)$，由最小二乘法求解，得到待定系数 a 和 u：

$$\hat{a} = [a,u]^{\mathrm{T}} = (B^{\mathrm{T}}B)^{-1}B^{\mathrm{T}}Y_N$$

式中：

$$B = \begin{Bmatrix} -\dfrac{1}{2}(X^{(1)}(t_2) + X^{(1)}(t_1)) & 1 \\[2mm] -\dfrac{1}{2}(X^{(1)}(t_3) + X^{(1)}(t_2)) & 1 \\[2mm] \vdots & \\[2mm] -\dfrac{1}{2}(X^{(1)}(t_N) + X^{(1)}(t_{N-1})) & 1 \end{Bmatrix}$$

$$Y_N = [X^{(0)}(t_2), X^{(0)}(t_3), \cdots, X^{(0)}(t_N)]^{\mathrm{T}}$$

该非等间距模型的解为

$$\hat{X}^{(1)}(t_i) = \left(X^{(0)}(t_1) - \frac{u}{a}\right)\mathrm{e}^{-a(t_i - t_1)} + \frac{u}{a}$$

将此式外推到 $t > t_N$ 时刻，即得到系统的灰色预测函数。

原给定数据序列 $\{X^{(0)}(t_i)\}$ 的拟合值为

$$\hat{X}^{(0)}(t_i) = (\hat{X}^{(1)}(t_i) - \hat{X}^{(1)}(t_{i-1}))/\Delta t_i$$

3）模型精度检验

预测模型建立后，其预测精度能否满足精度要求有必要对其进行检验，采用相对误差检验法，即：

$$q(i) = \frac{|\hat{X}^{(0)}(t_i) - X^{(0)}(t_i)|}{X^{(0)}(t_i)} \times 100\%$$

式中：$\hat{X}^{(0)}(t_i)$——模型对原始数据的预测值；

$X^{(0)}(t_i)$——原始数据实际值。当相对误差 $q(i)$ 满足精度要求时，认为预测结果是理想的。

2. 非等间距灰色预测模型在土工合成材料蠕变中的应用

邓聚龙在《灰理论基础》中指出：灰色系统理论是针对既无经验、数据又少的不确定性问题，即"少数据不确定性"问题提出的，对样本的数量和分布特征不苛求，与一般统计方法最大区别在于不是随机抽取大量样本而是遵循现实信息优先原则，有三四个数据即可建模预测。土工合成材料试验规程中规定土工合成材料的蠕变试验一般选取四组荷载水平且试验时间很久，故本书中两例只有三到四组数据。下面两例既符合规范规定又遵循了灰色理论中尊重现实试验数据的原则，因此试验数据只有三到四组，但仍然可以利用该理论进行预测。

例一：利用高荷载水平下的蠕变变形预测低荷载水平下的蠕变变形。

对英国 Dow & Low 公司生产的一种聚丙烯有纺织物进行了蠕变试验，有纺织物拉伸强度为 37.0kN/m，试验荷载的百分比分别为 10%、20%、30%、40%。利用非等间距灰色预测模型预测 100h 时刻各荷载水平下的蠕变变形，设 $t_i = -T_i$（kN/m），$X^{(0)}(t_i) = \varepsilon_i$。试验与预测结果比较见表 5.7。比较图如图 5.55 所示。

表 5.7 有纺织物试验与预测变形结果对比

项目	1号	2号	3号	4号
$-T_i$	−14.8	−11.1	−7.4	−3.7
$X^{(0)}(t_i)$	0.74	0.3	0.18	0.08
$\hat{X}^{(0)}(t_i)$	0.74	0.295	0.181	0.1
$X^{(1)}(t_i)$	0.74	1.85	2.516	2.812
$\hat{X}^{(1)}(t_i)$	0.74	1.83	2.50	2.90

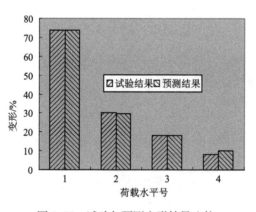

图 5.55 试验与预测变形结果比较

预测过程如下：

（1）选取 3 个数据组成原始序列即 $X^{(0)}(t_i) = \{0.74, 0.3, 0.18\}$，一次累加生成序列 $X^{(1)}(t_i) = \{0.74, 1.85, 2.516\}$。

（2）求解向量：

$$B = \begin{bmatrix} -1.2951 & 1 \\ -2.183 & 1 \end{bmatrix}$$

$$Y_N = \begin{bmatrix} 0.3 \\ 0.18 \end{bmatrix}$$

解得：

$$\hat{a} = [a, u]^T = (B^T B)^{-1} B^T Y_N = \begin{bmatrix} 0.135 \\ 0.475 \end{bmatrix}$$

（3）确定模型：

$$\hat{X}^{(1)}(t_i) = -2.782 e^{-0.135(t+14.8)} + 3.522$$

（4）还原 $\hat{X}^{(0)}(t_i)$ 值，将 $t_4 = -3.7$ 代入，得 $\hat{X}^{(1)}(t_4) = 2.9$。则 $\hat{X}^{(0)}(t_4) = 0.1$，实测数值为 0.08。

其他预测计算同理可得。

从以上可看出，对三种荷载水平下 100h 时刻对应的 3 个蠕变数据建立模型，而第四种最低的荷载水平没有用来建模，纯粹用来与预测结果对比，结果实测变形为 8%，预测结果为 10%，差别很小。对前三种建模用的荷载水平下的变形预测则更精确，实测分别为 30%、18%，而预测结果为 29.5%、18.1%，其误差仅为 1.7%、0.6%。总体而言，用来建模的数据预测结果精度是相当可靠的，用来预测其他低荷载水平下的蠕变特性效果也比较好。其重大意义在于利用高荷载水平下的蠕变变形可以预测低荷载水平下的蠕变变形。

例二：利用高荷载水平下的蠕变断裂时间预测低荷载水平下的蠕变断裂时间。

采用湖北力特塑料制品有限公司的力特 CE131 土工网进行蠕变试验，其抗拉强度为 5.8kN/m，其荷载百分比分别为 70%、60%、40%，样品蠕变断裂时间分别为 1728h、2424h、5304h。现利用非等间距灰色预测模型预测低荷载水平下的蠕变断裂时间，与试验结果对比。设 t_i 为由高到低的荷载水平，单位为 kN/m，为了递增取负值，$X^{(0)}(t_i)$ 取为高到低荷载水平下蠕变断裂的时间取为天数。试验及建模数据见表 5.8。

表 5.8　土工网蠕变结果及建模

项目	1 号	2 号	3 号
t_i	−4.06	−3.48	−2.32
$X^{(0)}(t_i)$	72	101	221
$\hat{X}^{(0)}(t_i)$	72	94	180
$X^{(1)}(t_i)$	72	130.58	386.94

具体预测过程与例一相似：

$$B = \begin{bmatrix} -101.29 & 1 \\ -258.76 & 1 \end{bmatrix}$$

$$Y_N = \begin{bmatrix} 101 \\ 221 \end{bmatrix}$$

$$\hat{a} = [a, u]^T = (B^T B)^{-1} B^T Y_N = [-0.71938, 23.796]^T \hat{X}^{(1)}(t_i)$$
$$= 105 e^{0.71938(t+4.06)} - 33$$

预测比较结果如图 5.56 所示。

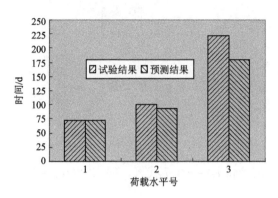

图 5.56　土工网试验与预测时间对比

　　预测较低的两种荷载水平下蠕变断裂时间分别为 94d 和 180d，而实际试验结果为 101d 和 221d。由图 5.56 可看出，尽管试验数据有限，但大体上还是可以借助非等间距预测模型，利用高荷载水平下的蠕变断裂时间预测低荷载水平下的蠕变断裂时间。随着荷载水平的降低，预测精度也变低。利用此方法可以预测土工合成材料在其他受力环境下的蠕变断裂时间。

　　由本节可知，非等间距灰色预测模型在传统的等间距模型上进行了改进，该预测模型需要的数据量少，而且对样本无特殊要求，步骤易于程序化。本书依据加大荷载水平与升高温度等效的原理，首次利用改进的非等间距灰色预测模型对有纺织物的蠕变变形进行了预测，效果很好。同时对湖北力特的土工网进行了蠕变断裂时间的预测，其预测精度不是很高，但大体上可以预测出断裂时间，其时间误差相对长期的蠕变时间而言很小。由于土工合成材料长期蠕变特性的确定一直是研究的热点和难题，目前规范和工程应用对此预测精度暂无要求。整体预测精度的趋势是随着荷载水平的降低，误差逐渐变大。一直以来土工合成材料的蠕变特性试验很费时费力，其长期的蠕变特性有待于确定解决。由本书的两个例子可以看出，借助非等间距的灰色预测模型，一方面可以利用高荷载水平下的蠕变变形预测低荷载水平下的蠕变变形，另一方面可以利用高荷载水平下的蠕变断裂时间预测低荷载水平下的蠕变断裂时间，为工程应用和室内试验提供了参考依据。

5.5　本章小结

　　（1）本章分析了蠕变特性的机理。总结了前人对蠕变模型研究的结果，那些简单的数学模型经验公式过于简单，多数没有考虑应力的影响，不能准确地反应土工合成材料的蠕变特性。对三参数标准流变模型加载后的蠕变进行了推导，引入推导了滞弹性模型。实例验算结果表明滞弹性结果偏小，标准线性固体流变模型与试验结果比较接近。标准线性固体模型考虑的是低应力水平下的流变特性，未考虑二、三阶段的蠕变，不能预测土工合成材料的三重蠕变特性，也不全面。因此，对标准线性固体模型进行了修正，修正模型的验算结果表明在高应力下仍然与试验结果比较接近。

（2）利用标准线性固体模型对加筋土体进行了分析。加筋土体看成一个整体，分为两个阶段来考虑，第一阶段为黏弹性阶段，接着为第二阶段黏弹塑性阶段。在黏弹性阶段，式（5.36）给出了粘弹性阶段加筋体的弹性应变，式（5.37）和式（5.38）分别给出了黏弹性阶段加筋体筋材的应力和土体的水平微观应力。在黏弹塑性阶段，加筋体中应力保持恒定，整个应变由于蠕变的发生逐渐增加，此阶段的变形由式（5.40）、式（5.41）、式（5.42）给出，水平变形由式（5.43）给出，参数 λ 由式（5.44）给出。给出了加筋土体整个过程中的应力应变表达式，可以针对具体的工程例子分析加筋土体的应力和变形情况，尽量减轻由于加筋土体强度、稳定性降低、变形增加造成的严重后果。

（3）首次对新型土工合成材料玻璃钢做了室内拉伸和蠕变试验，由于材料的特殊性，自制了配套的夹具。试验结果表明，玻璃钢作为一种新型的土工合成材料，其蠕变性能优良。而且玻璃钢的蠕变性能不受温度变化的任何影响。试验表明，玻璃钢在实际工程应用中，在 40% 荷载水平下，几乎不需要考虑其蠕变现象的发生，但由于有断裂现象的发生，设计时也应该考虑其折减系数。

（4）对有纺织物和土工格栅的室内试验结果表明蠕变应变随时间增加而增加，当试样承受 40% 荷载水平以下时蠕变应变增长非常缓慢，但当格栅承受 60% 荷载水平时蠕变应变增长非常迅速，在 600h 后断裂，说明当荷载水平较低时试样都只经历了两个阶段的蠕变，当荷载水平较高时蠕变发展到了第三阶段。有纺织物的蠕变远大于格栅。

（5）对有纺织物和格栅的室外光氧老化试验结果表明：有纺布老化两个月后抗拉强度迅速下降，几乎完全消失；炭黑有纺织物老化 2 个月后强度也几乎消尽，3 个月后完全消失；单向格栅在老化 2 个月和 3 个月后呈规律性下降，但下降不多，老化 5 个月后又突然稍微上升，随后老化 8 个月后又下降，始终强度减小不多。因此，光氧化可以使土工合成材料产生降解老化，使土工合成材料聚合物分解，从而使土工合成材料的性能衰变，材料的内部结构破坏；抗紫外线稳定剂可以提高土工合成材料的光老化性能；紫外线可以对土工合成材料试样提供了化学交联所需的能量，使材料强度可能得到暂时的改善；土工合成材料光氧老化试验周期长，在短时期内难以得到老化的完整规律。

（6）首次做了老化后的蠕变试验，结果表明，有纺织物老化后强度几乎完全丧失已无法进行蠕变试验，格栅老化后强度稍微有所降低或增加，并未影响蠕变量。这只能说明格栅在短时期内老化规律性不强，并不能说明发生光氧老化后蠕变性能将不会因此而改变。实际上在长期的加筋过程中在采用设计蠕变对材料使用性能及使用寿命进行预测时，应该考虑光氧老化的影响。由于试验时间只有几个月故未看到影响。

（7）对土工合成材料蠕变特性影响因素的试验分析表明，材料类别不同其蠕变性能差异较大，同类材料其内部分子结构、排列组合形式不同，其蠕变性能差异也很大。侧限条件下的应变比无侧限条件下的应变明显要小，蠕变率随时间减小，但比无侧限条件下要大。聚酯受荷载水平影响很小，而无纺和有纺的聚丙烯织物受荷载水平影响很大。聚丙烯和聚乙烯的蠕变特性受温度影响很大，温度对聚酯的影响相对较小。

（8）介绍了目前国外流行的两种加速土工合成材料蠕变试验的方法，即时温叠加法和分级等温法。比较了两者的原理和试验装置条件，结果表明两种加速方法明显优于常规蠕变试验方法。时温叠加法的缺点是有其不确定性，试样差别影响较大。分级等温法是时温叠加法的升级，克服了时温叠加法不确定性的缺点，但由于试验条件苛刻，目前国内还无法实现。

（9）在借鉴前人研究成果的基础上，从荷载角度出发提出了与时温叠加法原理相似的荷载转换法。从自由体积理论着手分析了荷载转换法的原理，推导了公式，同时结合试验结果计算出了 RS50 格栅的蠕变折减系数。

（10）试图用动态荷载代替恒定的静荷载以缩短蠕变试验时间。初步分析了动静转换的原理，推导了动静态蠕变之间的关系式，举例总结了转换方法。只是由于现实试验条件有限，没有具体做动荷载试验加以验证，该课题的研究有待于进一步深入。

（11）介绍和提出根据蠕变曲线确定蠕变折减系数的方法，即怎样从拉伸蠕变破坏荷载与时间的曲线或从蠕变应变与时间的曲线整理得蠕变折减系数。指出如何用时温叠加法确定蠕变强度和蠕变折减系数，使得土工合成材料的使用有了合理的蠕变指标。此试验仍然需要很长的时间，不适合工地作为质量指标严格控制。比较了如何确定蠕变和铺设磨损复合折减系数的确定方法，常规方法得出的折减系数值偏于保守，尤其是当破坏程度增加的时候。新方法也需要提高其精确性，但新方法只需要未破坏试样短期的蠕变试验，且结果比较复合设计时实际需要。

（12）首次利用改进的非等间距灰色预测模型对有纺织物的蠕变变形进行了预测，效果很好。同时对湖北力特的土工网进行了蠕变断裂时间的预测，预测精度不是很高，但大体上可以预测出断裂时间，时间误差相对长期的蠕变时间而言很小。整体预测精度的趋势是随着荷载水平的降低，误差逐渐变大。由两个例子可以看出，借助非等间距的灰色预测模型，大体上，一方面可以利用高荷载水平下的蠕变变形预测低荷载水平下的蠕变变形，另一方面可以利用高荷载水平下的蠕变断裂时间预测低荷载水平下的蠕变断裂时间，为工程应用和室内试验提供了参考依据。

第6章

土工格栅加筋路堤模型试验装置研究

6.1 土工格栅加筋路堤模型试验装置设计

对于昂贵和未知的现场测试，土工模型试验能帮助研究者提供具体条件下模型的本构关系，并能揭示各种土工现象的机理，而且模型试验研究要比现场试验更为方便易行，因此在土力学等多种领域研究中模型试验一直占有着重要的地位。

路堤、边坡和基坑等坡体的沉降和稳定性是实际工程中遇到的主要问题。我国岩土界的一些研究人员对路堤稳定性和沉降做了大量的实验研究，得到了一些具有实际意义的研究成果。他们使用的试验装置也在不断地改进更新，目前国内路堤变形监测模型试验装置中，加载方法一般有油压千斤顶加载、杠杆加载和堆积加载，数据采集装置主要有直接观测、显微镜观测等方法。

路堤模型试验作为研究路堤加筋效果和筋材性能的主要方法得到了许多学者的认同，这些实验装置都有其实用性和特点，但是也存在如下一些弊端：

（1）油压千斤顶加载，在加载过程中，压力有一部分损耗，无法达到准确的法向压力。

（2）杠杆加载，加载原理简单，但施加的压力大小要受到安全因素的限制，而且加压过程要耗费大量的人力。

（3）堆积加载，要求路堤模型的尺寸必须很大，对模型的场地要求比较严格，而且加载所需的人力物力较多。

对于观测方法位移跟踪法测量位移虽然精度较高，但参照物较小填筑路堤时很难埋设，也难以对准坐标纸上的坐标点；使用杠杆加载荷载精度较低；使用手动千斤顶加载精度虽然一定程度上得到了提高，但是加载过程中油压会减小，压力值降低需要人工继续加载，难以把握加载的精确性。这些缺点都会对实验的过程和效果造成很大影响。

综合了以上装置的优点并对其缺点进行改进，研制成了路堤模型实验装置，此装置不仅在位移测量时精度较高，而且加载时也更加精确易于操作，使得试验过程更加机械化，也使室内模型实验条件与现实工况更加接近，得到的结果更加可靠。

6.1.1 装置研制

1. 路堤模型试验装置系统及其关键技术

1) 路堤模型试验装置的系统构成

路堤模型试验装置由加载系统、模型系统和观察系统三个部分构成，如图 6.1 所示。其中加载系统和观察系统是可以共用的，模型系统可通过制作不同的模型以满足不同的试验要求。

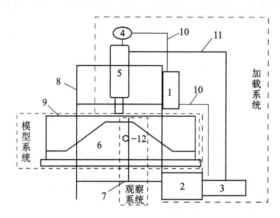

图 6.1　系统结构示意图

1—压力控制柜；2—油箱；3—油压泵；4—压力传感器；5—活塞缸；6—模型；
7—显微镜滑道和支架；8—装置支架；9—模型箱；10—导线；11—管道；12—显微镜

加载系统的作用是对模型施加荷载，通过电器组件对油压泵的控制实现不同试验要求的压力的施加。模型系统是试验的主体部分通过填筑不同的模型实现不同的试验目的。观察系统的作用是通过观察和测量对试验数据进行采集，主要数据是模型的变形量、坡体内部土压力和格栅的应变量等。

2) 路堤模型试验装置的工作原理及关键技术

该模型主要针对模型的沉降和稳定性研究设计的，在模型试验箱中按一定缩小比例填筑模型，分层填土，并且分层压实，压实度、坡比等参数均需按照《公路路基设计规范》(JTG D30—2004) 的相关规定确定。填料含水率根据试验方案要求确定。在填筑过程中分层布设土压力盒，通过土压力盒监测加载后各层土压力。模型箱的观测面是由有机玻璃做成，在路堤模型的顶部、底部、断面中部及侧向边缘分层布设位移观测参照物，通过读取显微镜水平和竖向的坐标变化得到的各参照物的位移，进而分析模型在上部荷载作用下沉降量和侧向位移对稳定性的影响。分级加载，上部荷载较大时，模型的断面可能产生裂隙，由于观测面是透明的，可以方便地观测到裂隙的发展方向。本模型适用于改性土路堤、加筋土路堤模型、软基处理模型等实验研究。用土工合成材料加筋路堤时，也可以在加筋材料上贴有应变片，来检测加筋材料的应变，进而分析土工合成材料对路堤的加筋性能。

由于路堤受到的作用是长期荷载，为了更加准确地模拟现实工况，加载过程中要保证荷载值长时间处于一个稳定状态；而采用油压千斤顶时，荷载会随着油压的降低或者模型变形而变小，杠杆加载更加不能满足对加载长期稳定的需求。在模型变形的同时需要同步地观察其变形量，如何选择一个合适的参照物成为得出有效数据要解决的首要问题，而如何快速准确地测量出数据也是试验的一个难点。

综上所述，本试验的难点有：①试验过程中需要提高长时间稳定的荷载，以保证路堤变形的连续性；②选取合适的参照物来观察模型的变形，以达到方便易行的目的；③采用方便快捷的测量技术以提高试验的效率和精确度。

在进行了多次试验和研究后笔者找到了较好的方法来处理以上问题：①在加载设备中加入了延时器，能够在长时间内保持稳定持续的荷载，保证了路堤边坡变形的连续性；②选取直径 3mm 的包芯电线作为参照物埋设在模型内部，中部的芯线为 0.5mm，采用尖嘴夹埋设，既满足了观测的精度，又同时保证了埋设的方便性；③对显微镜进行了改进，在滑道上设置刻度，显微镜移动的距离即为观测物的位移，在保证测量精度的同时，提高了测量效率。

2. 试验加载系统

1）加载系统的构造

加载系统由压力控制柜、油压泵、油箱、活塞、加载板等组件构成。压力控制柜在试验中用来设定荷载的大小和持续的时间长短；油压泵输送和返回高压油；活塞推动加载板对模型加压。其构造示意图如图 6.1 所示。

压力控制柜用螺栓固定在模型实验装置支架上，其上有电源开关、制压、静止、回程、紧急停止、延时控制盒、压力控制盒等按键。可提供的压力范围为 0～25MPa，压力值可持续时间 0s～99h，输入电压为 380V。油压泵和油箱固定在装置支架底部，实拍油箱和油压泵如图 6.2 所示。

图 6.2　油箱和油压泵

压力控制柜通过导线和油压泵相连，压力控制柜通过导线输入电信号控制油压泵工作。活塞缸位于支架顶部，如图 6.3 所示，其下对准模加载板的中轴线，加载板尺寸为（长×宽×高）790mm×300mm×40mm。油压泵从油箱中吸入液压油，对其进行加压，通过输油管道送达活塞缸推动活塞对置于其下的模型进行加载。压力控制柜如图 6.4 所示。

图 6.3　活塞缸

图 6.4　压力控制柜

2）加载系统的优点和工作原理

为了使荷载保持长时间的持续稳定，加载系统采用了延时开关和压力传感器等组件，当荷载随着模型的形变和液压油压强变小时，压力传感器感知这一压力的降低，对延时开关发信号，启动油压泵继续加载。加载时通过加载板对路堤加载，能使压力比较均匀更符合实际工况。加载板要有足够的刚度以保证在加载过程中本身不会发生变形，本加载板厚度达到 40mm 基本保证了压力的均匀。油压缸的内径为 110mm，较普通油压千斤顶大了 1.5～2 倍，使得加载的精确度得到了提高，试验数据也更加精确。

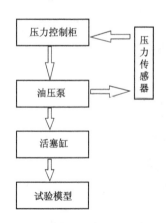

图 6.5　液压系统原理示意图

此加载系统通过电气组件液压组件和活塞杆相互协同工作达到加载目的，具体实施方法如下：确定试验方案设定的荷载值，在压力控制柜上输入所需施加的荷载大小，按制压键传递电子信号给油压泵，油压泵开始工作，从油箱中吸入高压油，通过管道输入活塞缸，推动活塞运动，对模型进行加载。随着时间推移荷载会随着油压的降低和模型的形变而降低，荷载降低后压力传感器感知压力降低，对压力控制柜发信号，压力柜自动调整再控制油压泵工作再次进行加载，只要压力有所降低就会重复此动作。当模型变形稳定后，输入下一级荷载，再次重复以上操作，直到试验结束。液压系统工作原理示意图如图 6.5 所示。

3. 模型系统

1）模型系统的构造

模型系统主要由模型箱构成。模型箱外轮廓线由角钢包裹，内框架是方木，尺寸为长×宽×高＝2000mm×800mm×760mm，正面是 40mm 厚的有机玻璃板。模型系统如图 6.6所示。

图 6.6　模型系统

2）模型系统的优点

由于模拟的路堤等模型在纵向上刚度无限大，主要需要研究的是路堤的横向，固本装置模型箱在宽度方向上使用角钢有效地连接固定，保证纵向变形对试验结果无影响。本装置的加载系统的优点使得模型箱的尺寸设置更加灵活，较以往的模型大，可以铺设的格栅尺寸更大，试验的结果更加接近实际情况。模型箱是放置于装置支架上的，在试验过程中固定好位置，试验后可以随意移动，为了满足不同的试验需求还可以对模型箱进行更改，方便模拟不同的试验和工况。装置的支架用钢材通过不同的连接方式拼合而成，四周有足够的空间放置安装较为精密的测量仪器，如静态应变采集仪等。

4. 数据采集系统

1）数据采集系统的构造

数据采集系统主要由显微镜和其支架滑道及土压力盒、应变片、数码相机、静态应变采集仪组成。显微镜滑道竖向可移动距离为 1000mm，水平可移动距离为 2000mm，固定在装置支架上，竖直和水平滑道上分别刻有以毫米（mm）为单位的刻度，竖向零刻度位移顶部向下最大为 1000mm，水平方向中点处为零刻度，向左右各 1000mm。数码相机通过其三脚架固定在模型一侧，通过遥控器控制拍照，拍照过程中保证了每次拍照的位置不动，即可把照片放入 MATLAB 软件中进行处理，可得到模型整个坡面的变形随时间的变化。水平和竖向均可以滑动满足了位移观测的要求，位移观察系统的示意图如图 6.7所示。土压力盒分层埋设在模型内部，应变片贴在土工格栅等土工合成材料上，静态应变采集仪通过电脑控制采集压力盒和应变片的数据，如图 6.8 所示。

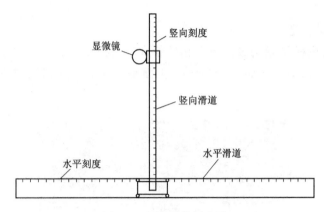

图 6.7　观察系统示意图

图 6.8　静态应变采集仪

2）数据采集系统的特点

数据采集系统主要作用是通过显微镜观察模型内部埋设的观察点的位置变化并测量其位移。通过静态应变采集仪收集土压力盒和应变片的数据。

很多学者进行此试验时都是在玻璃板中画上坐标来观测坡体内部的位移，这种方法造成的误差有：①坐标一般是人为地刻在塑料板上，刻的过程中会存在误差；②观察时透过玻璃板造成的折射会产生误差；③观察点不可能正好对准坐标位置，要进行多次估读，造成测量误差。

本装置的观测系统通过多次试验并对前人试验装置进行改进后，最终采用在显微镜滑道上固定标尺，避免了人为操作的误差。显微镜滑动的距离即为观察点的位移，而且显微镜是垂直对准观测点的，从而减少人为观测造成的折射误差，达到精确和方便的目的，提高试验效率。

试验过程中在加载之前使用显微镜物镜的十字叉对准观察点，并记下水平和竖向坐标值，即为此观察点的初始坐标，随着荷载的增加，每加一级荷载进行一次观测记录，观测过程中即可把位移数据处理好，减少了后期数据处理工作量。

5. 实验装置使用流程

首先制备好模型，装入模型箱中，记录加压前埋置在模型中的参照物的初始坐标，然后接通 380V 电源，从电气控制柜上开启电机运作，选择预压力值，在控制柜上输入相应压力值，启动制压电机输入高压油，液压油通过阀门和管道达到油缸，推动活塞动作对模型进行加压，达到预定压力值后，传感器传出信号，制压停止，加载同时开启静态应变采集仪采集土压力盒应变片数据。当压力值由于模型变形等原因变小后，传感器输出信号，电机自动启动，给模型补压，再次达到预定的压力值。加压过程中同时通过显微镜进行观察，并每隔一定的时间记录模型变形情况，待到模型变形稳定后，再增加压力，继续观察记录，循环往复上述操作直到模型破坏。把前后记录的坐标进行计算处理即可得到模型的变形数据，然后绘制变形曲线图，进行模型稳定性分析。

6.2　土工格栅加筋路堤模型试验研究

自 20 世纪 60 年代以来，加筋土作为一种新的提高堤坝稳定性的工程措施，迅速应用在水利、公路、铁路、港口和建筑等部门的岩土工程中。在公路加筋路堤方面，土工格栅作为一种常用的加筋材料，其作用主要是约束路堤土体的侧向变形，改变加筋土体的受力状态，从而改善加筋堤坝稳定性。国内外很多学者对其应用做了大量室内试验。

多数学者认为土工格栅能提高路堤的整体稳定性与极限承载力，而且能治理一些公路中常出现的不均匀沉降等问题。但在加筋路堤设计时，如何考虑筋材合理位置、不同位置筋材的受力情况及对稳定性的影响等，特别是三向格栅作为一种新型的加筋材料仍然没有很好地解决，需要进一步研究。土工格栅加筋土体位移监测点布置如图 6.9 所示。

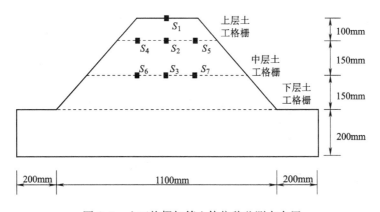

图 6.9　土工格栅加筋土体位移监测点布置

6.2.1　模型试验

1. 实验材料

本次试验所用的土料是取自武汉地区的砂土，其物理性能见表 6.1，砂含水率为 4.1%，有效粒径为 0.09mm，限制粒径 0.45mm。模型的密实度在模型试验开始前进行测量，测量密实度方法为在模型不同位置随机抽取 3 个样本，取其平均值，最终测得的相对密度为 0.48。

表 6.1　砂颗粒级配分析

参数	含量/%				不均匀系数	曲率系数	限制粒径/mm			内摩擦角
	10～2mm	1～0.5mm	0.5～0.25mm	0.25～0.75mm	C_u	C_C	d_{60}	d_{30}	d_{10}	φ (°)
数值	7.12	25.67	46.32	20.59	5	1.93	0.45	0.28	0.09	9.22

试验过程中砂土的压实度以击实功进行控制，使用小型夯实锤，锤击时落距相同并分层填筑，每填筑 100mm 击实一次。模型的密实度在模型试验开始前进行测量，测量密实度方法为在模型不同位置随机抽取 3 个样本，取其平均值，最终测得的相对密实度为 0.45，使用的砂颗粒级配见表 6.1。由于填土的密实程度也是试验的控制条件，如文献 [31] 的结论密实程度不同试验的破坏情况也不同。本试验每种工况砂土的密实程度都基本控制为 0.45。

采用两种国产土工合成材料：TDGD80 单向土工格栅和三向土工格栅。土工格栅的材料性能见表 6.2，土工格栅如图 6.10 所示。

表 6.2　土工格栅类型及物理性能

特性指标	规格	指　标
单向土工格栅	TGDG80	极限抗拉强度 80kN/mm；极限延伸率≤10%；2%延伸率抗拉强度≥20kN/mm；5%延伸率抗拉强度≥48kN/mm。
三向土工格栅	TX160	肋条中距 35mm；结点厚度是 4mm；节点有效性 95%；低应变时的径向拉伸模量 520kN/m/0.5%；质控拉伸模量 315kN/m/2%

 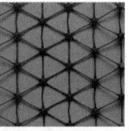

(a)单向格栅　　　　　　　(b)三向格栅

图 6.10　土工格栅

应变片是中航电测仪器股份有限公司生产的 BE120-5AA 应变片，接收数据的装置为

DH3816 动静态应变测试器如图 6.11 所示。应变片粘贴如图 6.12 所示。

图 6.11　静态应变采集仪

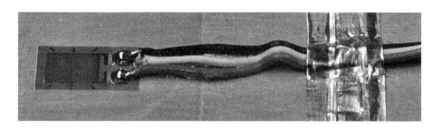

图 6.12　应变片粘贴

贴应变片的步骤如下：

（1）除去保护膜。将贴应变片的格栅部位用纱布打磨除去保护膜。

（2）确定粘贴位置。打磨的位置用 4H 铅笔画线，确定粘贴位置。

（3）对粘贴面脱脂和清洁。用工业用薄纸蘸丙酮溶液对要粘贴应变片部位进行清洁。在清洁过程中，沿着一个方向用力擦拭，然后再沿着相同方向擦拭。

（4）涂粘贴剂。首先要确认好应变片的正反面。向应变片的背面滴一滴粘贴剂（CC-33A）。如果涂抹粘贴剂，先涂抹部分的粘贴剂会出现硬化，使黏性下降，因此不使用涂抹的方式。

（5）粘贴。将滴有粘贴剂的应变片立即粘在所作记号的中心位置。

（6）加压。在置于粘贴位置的应变片上面盖上附带的聚乙烯树脂片，并在上面用手指加压。步骤（4）～步骤（6）要连贯快速地进行。将放好的应变片取下调整位置重新粘贴时会使黏性极大下降。

（7）结束。加压 1min 左右，取下聚乙烯树脂片，确认是否已粘贴牢固。这样整个粘贴过程结束。为了达到更好的效果，最好将应变片放置 60min 左右等粘贴剂完全硬化后再使用。

2. 试验设备

试验装置采用自制的路堤模型试验系统，如图 6.13 所示，其主要由模型试验箱、加载系统、压力控制系统等组件组成。

图 6.13　模型试验装置

模型箱的尺寸为长×宽×高＝2000mm×800mm×760mm，模型箱前侧采用 20mm 厚的透明有机玻璃板，可以方便地观察到模型的变形情况。为了使加载均匀，使用钢板加载，加载钢板尺寸为长×宽×厚＝790mm×300mm×40mm。模型箱的纵向两侧，正面是钢化有机玻璃，背面是木质板，边角部位通过角钢固定，以确保无纵向变形发生。竖向压力采用液压油泵和活塞缸施加，最大工作压力是 25MPa。

该设备的最大特点是：施加的压力由自带的电子压力系统控制，加载过程中能自动保压，可以任意设定某一个荷载的数值及所需的加载持续时长，提供持续稳定的压力。较以往模型试验装置，本装置的优点在于：加压操作过程简易省时；能够对模型施加持续稳定的压力；易于观察，试验数据精度较高；液压缸面积较大，加压精度得到提高。

3. 试验条件

试验模型示意图如图 6.14 所示，路堤高 600mm，垫层厚度为 200mm，每隔 150mm 铺设一层格栅，顶层到坡顶距离为 100mm。

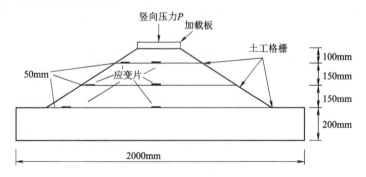

图 6.14　路堤模型示意图

为了研究不同加筋位置土工格栅的变形及路堤破坏模式，试验中分以下 15 种工况，见表 6.3；格栅铺设部位如图 6.14 所示。

表 6.3　试验工况

工况	格栅铺设情况	工况	格栅铺设情况
工况 A_1	无格栅	工况 B_1	顶层铺三向格栅
工况 A_2	顶层铺单向格栅	工况 B_2	中层铺三向格栅
工况 A_3	中层铺单向格栅	工况 B_3	底层铺三向格栅
工况 A_4	底层铺单向格栅	工况 B_4	顶层和中层铺三向格栅
工况 A_5	底层和中层铺格栅	工况 B_5	顶层和底层铺三向格栅
工况 A_6	顶层和底层铺单向格栅	工况 B_6	中层和底层铺三向格栅
工况 A_7	中层和底层铺单向格栅	工况 B_7	底层中层顶层铺三向格栅
工况 A_8	底层中层顶层铺单向格栅		

4. 待测参数

本试验中需要测定的参数为：试验过程中记录施加荷载的大小，即坡顶竖向压力 P；格栅中部和边缘的应变 ε；埋设在格栅上部和下部土体的土压力值 p；并连续监摄路堤从加载到破坏时坡面变形和发展过程。

5. 实验方法

本方法包括以下步骤：

（1）填筑路堤模型采用分层填筑的方法，每填筑 10cm 击实一次，以达到要求的密实度，分层填筑格栅，并在格栅的部位埋设位移参照物。

（2）设定荷载值。本实验设定的荷载为每级 0.5MPa，待模型变形稳定后开始加载下一级荷载，在压力控制柜上设定所需荷载，以及每级荷载所需加载时间。本试验为砂土变形较快，通过多次实验总结每级荷载大约为 5min 后稳定，故设定加载时间为 5min。

（3）加载接通电源，开启电气工作，对模型进行加压试验，并同时开启静态应变采集仪对格栅的应变和土压力进行检测。

（4）测定试验数据。由于加载时间为 5min，在加载时间内通过显微镜进行观察，每隔一定时间记录模型变形情况，待到模型变形稳定后，再增加压力，在此过程中用相机拍摄路堤边坡面的变形情况，加载过程直到路堤破坏。

（5）分析试验结果。把前后记录的坐标进行计算处理，可得到模型的变形数据，然后绘制变形曲线图，进行模型稳定性分析，对采集到的土压力盒格栅应变进行拟合分析格栅的加筋机理。

6. 试验终止条件

竖向压力采用油压泵和活塞缸施加，最大工作压力是 25MPa。加载方法是通过该加载系统持续分级地加载，每级荷载设定为 0.5MPa，每级荷载加载时间视模型变形情况而定，当模型处于变形稳定后（通过多次试验观察到，每级荷载大约加载 5min）施加下一级荷载，直到路堤模型变形很明显，看到发生滑动破坏视为加荷终止条件。

▌6.2.2 试验结果分析

1. 格栅应变分析

从开始加载直至路堤模型破坏，测得格栅变形得到其变形曲线，图6.15为工况1、2、3情况下位于中轴线处格栅的应变曲线。可以看出，工况1和工况2格栅的应变一直处于线性增长状态，工况3格栅应变增长较慢，并逐渐趋于稳定。格栅铺设在底层和中层应变较大，铺设在顶层应变很小，通过对比，从加载开始到破坏，不同荷载下中层铺设格栅比顶层铺设数值上增大了14%～30%，底层比顶层大15%～35%，底层和中层相差不大。

图6.16为3种工况下坡边缘处格栅的应变曲线。可以看出，3种工况下格栅的应变开始增长较快，处于线性增长状态，随着荷载的增大慢慢变缓，荷载达到2.5MPa时格栅应变量突然变小。和中轴线处应变相比较，坡边缘处格栅的应变不管铺设在哪里数值上都不是很大。

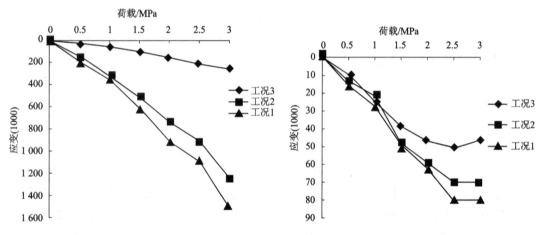

图6.15　3种工况下中轴线处格栅变形曲线　　图6.16　3种工况下坡边缘处格栅变形曲线

对比图6.15和图6.16可知：竖向压力相同时，同一层不同位置的格栅，其应变是非均匀的，越靠近中轴线处应变越大，坡边缘处的应变很小；格栅铺设在不同层时其应变也是不同的，铺设在底层和中层应变较大，铺设在顶层应变较小，随着荷载的增大差别也越来越大。

当荷载相同时，底层铺格栅和中层铺格栅其应变差别从数值上来看，铺在中层时比铺在顶层时大了14%～30%，而坡边缘处应变值较接近。这说明：坡体内部变形较大的位置主要集中在坡体中下部，中层和底层铺设格栅时土体和格栅相互嵌固作用较大，格栅的变形也较大。

由土工格栅的应变曲线（图6.15和图6.16）又可以看出，中轴线处的格栅变形基本上处于持续增长状态，刚开始加载时斜率稍小，荷载增大到大约1.5MPa时斜率开始增大，变形量剧增。原因主要是试验开始时压力较小，格栅与砂土挤压力较小，导致格栅与砂土摩擦力和咬合力小，然而加筋的作用主要在于通过筋材与填土之间的界面对土体的约束而发生的，界面上的摩擦阻力阻止了土体的过大侧向位移，荷载较小时格栅与土体相互作用较小，故格栅受力较小。当压力不断增加，格栅与砂土间挤压力增大，随着土体的变形，格栅与土体相互作用加大，摩擦力也增大。当压力增大到接近破坏时，模型内部变形增大导致格栅受拉，格栅的应变增大也较快。

相对于中轴线处，坡边缘处格栅受到的压力相对较小，随着荷载的增大，坡边缘处格栅的应变也会显著增大，但是当荷载值增大后坡面出现裂缝时，由于格栅上面土层较薄砂土的挤压力不足，摩擦力较小，中轴线处拉力较大，坡边缘处的格栅和砂土的摩擦小于中轴线处拉力，导致格栅和砂土发生相对位移，格栅的变形变小，接近破坏时，出现了图 6.16 所示格栅应变降低的现象。这与文献［32］试验结论一致：在实际工程中经常出现，顶层格栅最先达到抗拉强度极限值，与本试验得出的中层和底层格栅变形较大的结论不符。这是因为本次试验模型比例较小，且填土为砂土，砂土没有黏聚力，破坏时属于脆性破坏，顶层首先被压碎导致格栅和土体咬合作用变小，而且沉降量也较小。

2. 坡体破坏面分析

本次试验通过相机连续拍摄了路堤在荷载作用下坡面变形的情况，图 6.17 是工况底层铺设格栅坡面的变形情况。坡面随着竖向荷载的增大，坡面变形情况可以看出，随着荷载的增大，坡体变形逐步增加，坡面上裂缝不断开展，当达到土体抗剪强度极限时，坡体内部出现圆弧滑动面，沿着滑动面发生滑坡，坡体失去承载力。

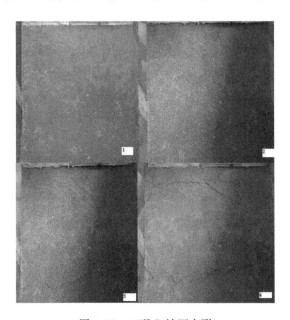

图 6.17　工况 D 坡面变形

图 6.18～图 6.20 是格栅不同布置位置时路堤坡体破坏形式。可以看出：底层铺设格栅时滑动面从坡顶开始延伸到坡脚处；中层铺设格栅时滑动面从中层格栅下面开始延伸

到坡脚；顶层铺设格栅时滑动面从顶层格栅下部开始延伸到坡脚处；不铺设格栅时滑动面和铺在底层相同。

图 6.18　工况 A 坡面

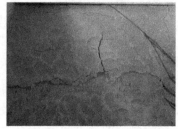
图 6.19　工况 B 坡面

图 6.20　工况 C 坡面

这说明土工格栅的存在影响了模型破坏滑动面位置的分布情况，底层铺设格栅和不铺设格栅滑动面都从坡顶开始延伸到坡脚处，而中层铺设格栅滑动面从坡顶部开始延伸到中层格栅之上，顶层铺设格栅滑动面从格栅下延伸到坡脚处，说明破坏主要位于底部和中部，格栅的存在阻隔了圆弧滑动面的延伸，特别是顶层和中层的格栅使滑动面起始点移动到了格栅下面而不是从坡顶开始。

试验过程中一直拍摄整个路堤的破坏情况。从裂缝开展的情况来看，工况 3 直到坡体发生滑移裂缝都较少，而其他工况裂缝从开始加载到破坏发展情况为：开始时裂缝较少，宽度较小，随着荷载的增大裂缝慢慢向下延伸并逐渐增多，到达破坏时裂缝贯通到路堤底部。证明了格栅可以在一定程度上控制路堤模型的侧向变形。究其内部原因，根据摩尔—库仑理论，土体的抗剪强度主要由土体的内摩擦角 φ 和黏聚力 c 决定的，本试验使用的是砂土，其黏聚力很小，当竖向荷载作用于其上时，坡体内部很快出现剪切破坏，坡体表面也会出现很多竖向的裂缝，当荷载足够大时内部出现圆弧形滑动面，坡体发生滑坡破坏。

而当土工格栅存在时，在横向上，格栅的横条带与纵条带交界处能与土体产生一定的嵌固作用，再加上格栅与土体的摩擦作用使土体的横向变形减小，在一定程度上控制了裂缝的扩展。本次试验格栅铺设在顶层时，坡体直到发生滑移破坏裂缝相比其他工况都较少，如图 6.21～图 6.23 所示，证实了此结论的正确性。

在竖向上，随着荷载的增大圆弧面产生时，由于格栅的存在，格栅相对土体的强度大很多的特点使得圆弧面不能通过格栅层，阻断圆弧面的发展，如图 6.24 所示，从而使圆弧面的位置发生了变化，只能延伸到格栅之上，而不能到达坡脚处。

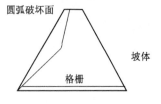
图 6.21　工况 A 坡体滑动面

图 6.22　工况 B 坡体滑动面

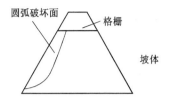

图 6.23　工况 C 坡体滑动面

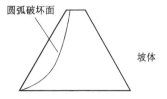

图 6.24　工况 D 坡体滑动面

3. 土压力值分析

通过本试验的土压力采集系统采集到了格栅铺设在模型上层、中层以及底层时，埋设在格栅顶面和底面的土压力盒的土压力，土压力值如表 6.4 所示。土压力盒埋设位置如图 6.25 所示。

表 6.4　坡体中轴线处土压力值　　　　　　　　　　　　单位：kPa

荷载（MPa）	工况 B 格栅下	工况 B 格栅上	工况 C 格栅下	工况 C 格栅上	工况 D 格栅下	工况 D 格栅上
0	0	0	0	0	0	0
0.5	7.13	8.12	0.93	10.395	0.555	2.35
1	19.9	29.56	6.68	32.34	6.9	10.19
1.5	32.86	58.75	13.19	52.285	12.22	17.275
2	44.7	87.76	22.29	79.79	17.825	24.675
2.5	56.72	114.55	40.68	102.5	28	39.35
3	66.11	136.16	43.28	106.69	31.175	45.33
3.5	71.93	153.16				

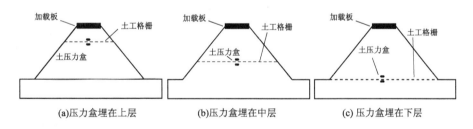

图 6.25　土压力盒埋设位置图

从表 6.4 可以看出，上层铺格栅时承载力能达到 3.5MPa，格栅上部土压力最大达到 153.16kPa，格栅下部土压力最大为 71.93kPa；中层铺格栅时承载力为 3MPa，格栅上部土压力最大达到 106.69kPa，格栅下部土压力最大为 43.28kPa；下层铺格栅时承载力为 3MPa，格栅上部土压力最大为 45.33kPa，格栅下部土压力最大为 31.76kPa。

土压力随着深度的增大逐渐减小，从格栅上部的土压力值来看，上层土压力值是中层的 1.44 倍，是下层的 3.4 倍，中层土压力值是下层的 2 倍。而格栅下部的土压力值，上层是中层的 1.65 倍，是下层的 2.3 倍，中层是下层的 1.4 倍。

当铺设格栅后，格栅能减少格栅底部的土压力，上层铺设格栅减小了 53%，中层铺设格栅减小了 56％，下层铺设格栅减小了 31％，也说明加筋效果较好的部位是上层和中层，底层加筋效果较差。

图 6.26 为坡体内部土压力荷载曲线。可以看出，坡体内部土压力增长趋势是：开始时荷载从 0～0.5MPa 土压力增长较慢，从 0.5MPa 开始曲线斜率变陡，土压力随着荷载增长变快，而达到接近破坏时的前一级荷载时又有斜率降低的趋势，分析这一趋势主要是由于刚开始加载时，土体随着荷载的施加出现沉降密实，土体越压越密，达到最大密实后，土压力开始增长变快，曲线变陡，当趋于限承载力时，内部滑动面出现，土体又会出现塑性流动，土压力增长变慢。而通过对比格栅上下土压力曲线可以看出，位于格栅下部的曲线斜率变化较少，处于较稳定的状态，而格栅上部的土压力斜率变化较大，符合上述情况，说明格栅的存在可以使土压力增长变得更加稳定，不会出现突变，使坡体内部滑动面发展变慢，增加了土体的稳定性。

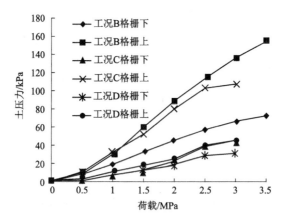

图 6.26　坡体内部荷载－土压力关系曲线

6.3　坡体变形和格栅布置的影响分析

不管对路堤进行何种研究，坡体的变形和位移都是最重要的研究内容，坡体的内部变形和沉降关系到了路堤变形的稳定性和工程竣工后公路的使用功能。而格栅对路堤的加筋旨在解决路堤的不稳定性，国内外学者在这方面进行了很多研究。

6.3.1　路堤变形沉降的组成和影响因素

1. 路堤沉降的组成

路堤的压实标准是为了满足交通车辆荷载来制定的，而这个标准对于路堤内部的受力和变形以及路堤的整体稳定性情况来说是不利的。

现行的路堤压实标准是压实度自上而下逐渐降低，如表 6.5 所示。从而使得路堤上部土层的压实较好，上部土的强度较大，变形较小，而下部土的压实较差，强度较小，变形较大。高路堤（主要指的是填方路堤）承受的主要是自重应力，自重应力的分布规律是从上到下逐渐增大，底部自重应力最大。即高路堤填土体材料上部强度大、变形小，而下部土体材料强度小、变形大，与土体受力沿深度变化刚好相反。

表 6.5　土质填方路堤的压实度标准

路床顶面以下深度 /cm	压实度/%		
	高速公路、一级公路	二级公路	三、四级公路
0~80	≥96	≥95	≥94（90）
80~150	≥94	≥94	≥93（87）
>150	≥93	≥92	≥90（87）

当路堤填方的断面形式、坡率选择合理，并在施工质量得到满足的情况下，填方路堤的稳定性基本不成问题，主要的问题在于其沉降。边坡的沉降主要是由自重应力引起的自重沉降，次要的是施工期的和工后的沉降，而施工期的沉降可以通过施工技术（主要是超填）来控制，所以工后沉降成为设计人员控制的重要指标。竣工后的沉降有以下几部分组成，即：

$$S_r = S_{r1} + S_{r2} + S_{r3} + S_{r4}$$

式中：S_r——工程竣工后，路堤的总工后沉降量；

S_{r1}——路面的垫层、基层及荷载引起地基的沉降量；

S_{r2}——路堤填土本身在自重应力作用下未完成的压缩量及其上部荷载引起的沉降量；

S_{r3}——由路堤填土流变特性产生的蠕变沉降；

S_{r4}——汽车活荷载引起的沉降量。

2. 影响路堤自身沉降的因素

有资料表明，路堤自身沉降主要由以下几方面原因引起：

（1）路堤填料不良引起的沉降变形。在公路施工过程中，填料、级配很难得到有效的控制。填料常是路堑的挖方或隧道掘进的废方，此外如果填料里混进了种植土、腐殖土或泥沼土等劣质土，这些填料的性质差异大，级配也相差很远，会导致路堤出现塑性变形或沉陷破坏。

（2）压实度不足引起的沉降变形。由于各种原因引起填方的压实度不足，土体前期固结压力小于自重应力和各种附加应力之和，在自重应力的作用下就会发生变形。另一方面，在施工过程中，如果分层碾压厚度过大，小颗粒填料和软弱物质很难得到有效压实，在荷载的长期作用下，回填料会产生不协调沉降变形。

（3）土体的干湿变化引起的沉降变形。路堤土体内的含水率在大气降水和地下水影响下反复变化。土体容重在一定的范围内变化，更为重要的是，由毛细管张力引起的负孔隙水压力可以达到相当大的数值，再加上水的软化、润滑效应，使土体产生沉降变形。

（4）由路堤土体侧向变形引起的沉降变形。土体在自重或外动力的作用下，在横剖面上，由于填方材料的不均匀及侧向无约束或约束力不足，应力分布不同于自重变形，出现边坡应力降低，堤内应力集中，易产生剪切变形，这就造成了横向的不均匀沉降，从而导致路堤的自身沉降。

6.3.2 土工格栅加筋路堤模型试验路堤沉降分析

从以上影响因素可以看出，路堤填料不良和路堤土体侧向变形引起的沉降可通过土工格栅的铺设来得以改善，压实度不足可以通过施工来控制，而土体的干湿变化属于自然因素的影响。本书通过不同工况下的土工格栅加筋路堤模型试验得到了大量的路堤变形沉降数据，并对其进行了深入的分析。

1. 单向格栅加筋路堤沉降分析

采用平行试验方法（坡度、压实度、含水率相同）对不同工况条件下路堤的变形进行试验研究。得出不同工况下路堤顶面的总沉降数据见表 6.6，位移监测点的布置如图 6.27 所示，路堤在 8 种不同工况下的荷载—沉降（$P-S$）曲线如图 6.28 所示。

表 6.6　单向格栅路堤沉降　　　　　　单位：mm

荷载/MPa	0	0.5	1	1.5	2	2.5	3	3.5	4	4.5	5	5.5
工况 A	0	2.56	3.4	5.5	30.2	55.34						
工况 B	0	2.55	3.58	5.6	8.79	11.02	23.04	45.4				
工况 C	0	2.64	3.16	5.14	10.8	26.62	46.96					
工况 D	0	2.89	3.95	6.95	26.4	40.7	54.2					
工况 E	0	1.32	2.6	3.8	5.4	7.2	11.2	14.8	17.3	20.1	44.8	
工况 F	0	0.81	1.55	2.3	4.25	5.6	10.08	16.1	26.8	40.5		
工况 G	0	1.05	2.1	3.4	5.2	8.9	15.4	22.1	45.1			
工况 H	0	2.23	3.2	4.3	6.05	7.6	8.75	12.3	15.8	19.1	27.34	55.6

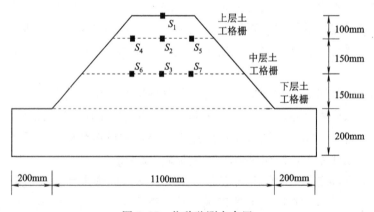

图 6.27　位移监测点布置

由表 6.6 和图 6.28 可以看出，对于坡体的总沉降来说，工况 A 下不加土工格栅时荷载到达 2.5MPa 时坡体破坏，最大沉降量为 55.34mm；工况 D 下加一层土工格栅时荷载达到 3MPa 破坏，最大沉降量为 54.2mm；工况 G 加两层土工格栅时荷载达到 4MPa 时破坏，最大沉降量为 45.1mm；工况 H 加三层土工格栅时荷载达到 5.5MPa 破坏，最大沉降量为 55.6mm。

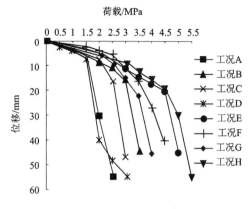

图 6.28　8 种工况下路堤的 $P-S$ 关系曲线

可以看出，随着加筋层数的增多，坡体的总沉降相差不大，这与以往学者的研究结果不同。以往学者认为，随着加筋层数的增加，坡体沉降会明显减小，加筋增大了坡土体的弹性模量或者内摩擦角。

由于坡体填料是砂土，破坏时为脆性破坏，瞬间沉降量很大，机械式加载方法荷载持续加载时，坡体已经破坏而荷载还保持在一定水平不会随坡体的大变形而变小，随着坡体的沉降增大，荷载还会保持在破坏时的水平，而试验过程中未能及时测量导致最终沉降量只能以加载停止时为准，最终沉降量差别不大，通过比较破坏时前一级荷载后可以看出，加筋后路堤的沉降量明显比不加筋时要小。故本书以破坏前一级荷载对应的沉降和坡体的变形情况线性变形持续的时间为研究对象。

破坏前一级荷载时的总沉降量，不加筋时工况 A 为 30.2mm，加筋后从工况 B 到 H 低沉降量从 15.04mm 到 27.34mm，和不加筋相比加筋后沉降小了 10%～50%。对于极限承载力，不加筋时路堤的极限承载力为 2.5MPa，格栅铺设层数为一层时，如图 6.29 所示，在工况 B、C、D 情况下，当格栅铺设在顶层时路堤极限承载力为 3.5MPa，而铺设在中层和底层时荷载都是 3.0MPa 破坏，不铺设格栅时荷载为 2.5MPa 破坏。格栅铺设两层时，如图 6.30 所示，工况 E 格栅铺在顶层和中层路堤破坏时荷载能达到 5.0MPa，工况 F 铺设在顶层和底层破坏荷载为 4.5MPa，工况 G 格栅铺设在中层和底层时极限荷载为 4.0MPa。格栅铺设三层时极限荷载为 5.5MPa，加筋后坡体承载力比不加筋大大增大，加一层筋时大了 1.2 倍，加两层筋时大了 2 倍，加三层筋时大了 2.2 倍。

这说明加筋后路堤的极限承载力明显提高，且随着加筋层数的增大，承载力提高越多，但最终沉降量加筋和不加筋相差不大，沉降的差别主要在坡体破坏前有差别，有随着加筋层数增多而沉降越小的趋势，但是当加筋层数达到三或更多后对沉降的影响越来越不明显。

由图 6.29 和图 6.30 可以看出，开始加载后荷载较小，坡体在一定时间内处于线性变形阶段。图 6.29 中，工况 A、B 线性阶段为 0～1.5MPa，工况 C 为 0～2.5MPa，工况 D 为 0～3MPa；图 6.30 中线性阶段最长的是工况 E 和 H，达到 0～4.5MPa，说明格栅层数越多加筋的效果越明显，路堤的变形越稳定，在荷载水平较小时不会突然出现脆性破坏。格栅铺设在坡体上部时加筋效果比铺设在下部要好。

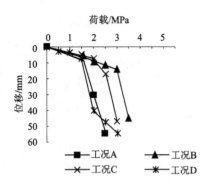

图 6.29 铺设一层单向格栅路堤的
$P-S$ 关系曲线

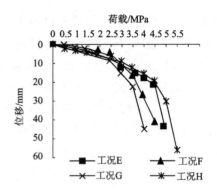

图 6.30 铺设两层和三层单向格栅
路堤的 $P-S$ 关系曲线

2. 三向格栅加筋路堤沉降分析

通过和单向格栅相同的方法进行了平行试验（坡度、压实度、含水率相同）对不同工况条件下路堤的变形进行试验研究。路堤在不同工况下的荷载－沉降（$P-S$）曲线如图 6.31 所示。不同工况下路堤顶面的总沉降 S_1 数据见表 6.7。

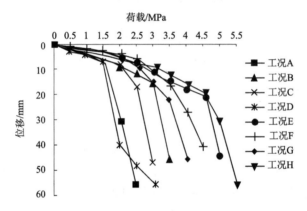

图 6.31 8 种工况下路堤的 $P-S$ 关系曲线

表 6.7 路堤沉降（S_1 处） 单位：mm

荷载/MPa	0	0.5	1	1.5	2	2.5	3	3.5	4	4.5	5
工况 A	0	2.56	3.4	5.5	30.2	55.34					
工况 B	0	1.554	2.58	3.6	4.35	5.79	8.02	9.3	13.62	45.4	
工况 C	0	1.64	2.16	3.14	4.8	9.62	36.96				
工况 D	0	1.89	2.95	4.95	28.35	9.2	44.58				
工况 E	0	0.64	1.7	2.56	4.16	5.4	8.6	15.08	20.9	33.8	
工况 F	0	2.4	3.35	5.14	6.7	8.96	11.55	17.3	36		
工况 G	0	1.8	2.83	4.98	7.76	13.98	36.95	41			
工况 H	0	0.554	1.45	2.29	3.38	5.26	7.76	10.04	17.08	19.4	32.3

从图 6.31 和表 6.7 可以看出，对于坡体底面的总沉降来说，随着加筋层数的增多，

坡体的总沉降相差不大，而破坏前一级荷载时的总沉降量相差较大，不加筋时为30.2mm，加筋一层格栅后为 23～26mm，较不加筋减小了 13%～23%，加两层格栅后为20～26mm，比不加筋小 13%～33%，加三层格栅后为 27mm，加筋比不加筋沉降小了 10%。

对于极限承载力，不加筋时路堤的极限承载力为 2.5MPa，格栅铺设层数为一层时，如图 6.31 所示，在工况 B、C、D 情况下，当格栅铺设在顶层时路堤极限承载力为3.5MPa，而铺设在中层和底层时破坏荷载都是 3.0MPa。格栅铺设两层时，工况 E 格栅铺在顶层和中层路堤破坏时荷载能达到 5.0MPa，工况 F 铺设在顶层和底层破坏荷载为4.5MPa，工况 G 格栅铺设在中层和底层时极限荷载为 4.0MPa。格栅铺设三层时极限荷载为 5.5MPa，与不加筋相比，加筋层数越多承载力越大，加筋三层时承载力最大，加三层时的最大承载力比不加筋增大 2.2 倍。

综上所述，加筋后路堤的极限承载力明显提高，而最终沉降量不大，沉降的差别主要在坡体破坏前。主要原因是坡体填料是砂土，破坏时为脆性破坏，瞬间沉降量很大。实验未能及时测量导致最终沉降量只能以加载停止时为准，最终沉降量差别不大。通过比较破坏时前一级荷载的沉降后可以看出，加筋后路堤的沉降量明显比不加筋时要小。

6.3.3　坡体内部变形分析

分别对坡体内部测点 S_2、S_3、S_4、S_5、S_6、S_7 的位移进行了分析。由于底层格栅处位移较小，基本不发生变形，没有对其进行分析。

1. 上层格栅处坡体沉降分析

表 6.8 是通过试验测得的测点 S_2 的沉降值，测点布置如图 6.27 所示。可以看出，距坡顶 15cm 处的位移值和坡顶处比较，相对较小，最大值为 17.17mm 和顶层相差达到1/3。当格栅铺设位置不同时，其沉降也相差较大，不铺设格栅时，承载力只能达到2.5MPa，破坏时的位移为 14.04mm，格栅铺设在上层时承载力提高到了 3.5MPa，破坏时位移较小，为 8.26mm，格栅铺设在下层和中层时承载力都是 3MPa，破坏位移为9.79mm 和 15.38mm。通过这四组试验可以看出，格栅铺设在中上层时对承载力的提高和位移的限制作用较好，当纯砂路堤发生破坏时，加筋后的路堤还未发生破坏，其位移相差较大达到了 10mm，纯砂在 2.5MPa 的荷载下已经发生了破坏，塑性破坏如图 6.32所示，其 $P-S$ 曲线已经开始急速下滑；而铺设格栅后，2.5MPa 模型还未发生塑性破坏，还处于弹塑性变形区，其 $P-S$ 曲线在 2.5MPa 荷载时还未达到破坏时的曲线段区。

对于铺设两层格栅的情况，表 6.8 工况 E、F、G 的数据显示，当格栅铺设在上层加中层和上层加下层时，模型的极限承载力为 4.0MPa，极限位移为 14.43mm 和15.64mm；格栅铺设在中层加下层时，模型的极限承载力为 3.5MPa，位移为 9.18mm。从 $P-S$ 曲线可以看出，工况 E、F 在荷载为 3.5MPa 时开始由直线段转折为下滑较快的曲线段区，而工况 G 的转折点为 2MPa。这说明格栅位于模型的上层和中层时，极限承载力较高，而且稳定性也更好。

表 6.8　坡顶下 15cm 处上层铺格栅位置 S_2 点位移　　　　　　　　单位：mm

荷载/MPa	0	0.5	1	1.5	2	2.5	3	3.5	4	4.5	5
工况 A	0	0	1.83	4.29	6.75	14.04					
工况 B	0	0	1.37	2.4	4.8	5.8	7.53	8.26			
工况 C	0	0	0.97	1.1	2.47	4.42	9.79				
工况 D	0	0	0.98	2.51	11.06	13.78	15.38				
工况 E	0	1.43	1.8	3.49	3.9	5.12	7.5	8.93	14.43		
工况 F	0	1.58	2.01	3.48	4	5.8	7.39	8.03	15.64		
工况 G	0	1.66	1.8	2.4	2.77	5.61	9.18				
工况 H	0	1.28	3.34	4.45	6.04	8.22	9.26	10.26	11.25	14.05	17.17

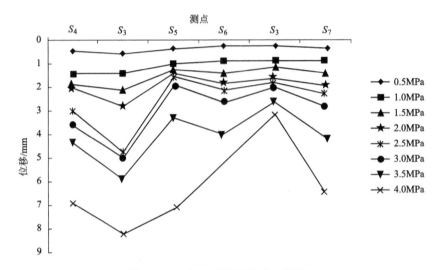

图 6.32　上层格栅处坡体 $P-S$ 曲线

对于铺设三层格栅工况 H，从曲线中可以看出次曲线变形较其他曲线都大，而且发生转折的点在荷载为 4MPa 时，此时的位移值为 11.25mm；而铺设两层格栅时 4MPa 发生了破坏，破坏时位移为 14～15mm，说明了铺设三层格栅模型坡体更加稳定，其线下变形段更长。

2. 中层格栅处测点 S_3 处位移分析

通过土工格栅加筋路堤模型实验得到位移坡顶下部 30cm 处 S_3 点的沉降量数据，如图 6.33 和表 6.9 所示。可以看出，S_2 点的位移较小，沉降最大点是工况 H 铺设三层格栅时，最大位移为 11.31mm，与坡顶下部 10cm 处相比位移小了 6mm。而其他工况位移基本都是 3～5mm，说明越靠近坡底部位移越小，坡体的变形越小。

通过图 6.33 可以看出，S_3 点的 $P-S$ 曲线直线段部分较长，大体上都是达到极限承载力时才开始下降很快，发生突然变化，发生的是脆性破坏。

表 6.9 坡顶下 25cm 处上层铺格栅位置 S_3 点位移 单位：mm

荷载/MPa	0	0.5	1	1.5	2	2.5	3	3.5	4	4.5	5
工况 A	0	0.15	0.38	0.83	1.63	3.26					
工况 B	0	0.22	0.46	0.83	1.45	1.74	2.24	3.18			
工况 C	0	0.22	1.5	2.23	3.47	4.23	5.54				
工况 D	0	0.23	0.67	1.25	2.34	2.89	4.13				
工况 E	0	0.26	1.37	1.55	1.87	2.42	2.99	3.67	5.33	7.92	
工况 F	0	0.24	0.45	0.74	0.89	1.08	1.23	2.14	3.31	4.33	6.17
工况 G	0	0.23	0.59	1.23	2.21	3.9	6.06				
工况 H	0	1.25	2.66	3.14	4.62	4.94	5.72	6.45	8.56	9.89	11.31

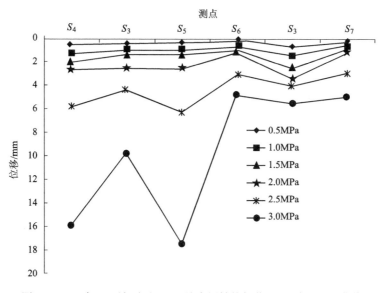

图 6.33 上表 4.5 坡顶下 15cm 处中层铺格栅位置 S_3 点 $P-S$ 曲线

6.3.4 不同工况下加筋对路堤位移场的影响

表 6.10 是工况 A 情况下模型中部各测点的位移荷载表，表 6.11 是不铺设格栅情况下坡体内部测点 S_4、S_5、S_6、S_7 的位移数据。通过表 6.11 和图 6.34 可以看出，不铺设格栅时，坡体内部各测点的变形情况是，靠近坡体中部中轴线处的测点（S_2、S_3）沉降较小，而靠近坡面的测点（S_4、S_5、S_6、S_7）沉降较大，最大沉降差达到了 50% 以上。

对同一层的测点进行比较，S_2 测点刚开始时沉降较 S_4、S_5 大，而坡体达到破坏后 S_4、S_5 测点的沉降远远大于测点 S_2。这说明坡体破坏主要发生在接近边坡处，坡体中轴线向下在荷载作用下越压越密实，坡体发生滑移后还没有发生破坏，模型的极限抗压承载力没有达到完全发挥，坡体就发生了滑移破坏，滑移面对称分布在中轴线两侧（图 6.35）。

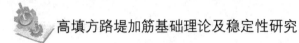

表 6.10　工况 A 情况下模型中部各测点的位移荷载表

荷载	S_4	S_2	S_5	S_6	S_3	S_7
0.5MPa	1.07	1.83	1.52	1.45	0.52	1.13
1.0MPa	3.01	4.29	3.19	1.78	0.83	2.72
1.5MPa	9.06	6.75	8.92	8.25	2.34	10.3
2.0MPa	13.5	9.6	16.8	12.5	2.98	16.39
2.5MPa	35.27	14.04	35.08	26.41	3.26	25.39

表 6.11　工况 A 情况下模型中部各测点的位移　　　　单位：mm

三层格栅	S_4	S_2	S_5	S_6	S_3	S_7
0.5MPa	1.16	1.28	1.1	0.52	1.25	0.52
1.0MPa	3.43	3.43	3.59	1.11	2.66	1.41
1.5MPa	4.84	4.95	5.19	1.82	3.45	1.52
2.0MPa	5.19	6.04	6.21	2.37	4.62	2.45
2.5MPa	6.21	7.11	7.94	2.69	5.72	2.81
3.0MPa	7.21	8.22	9.05	3.41	6.54	3.07
3.5MPa	8.5	9.26	9.64	4.26	7.47	4.17
4.0MPa	9.4	10.26	10.48	4.91	8.56	5.07
4.5MPa	9.97	11.25	11.26	5.61	9.1	6.11
5.0MPa	11.06	14.05	13.09	6.94	9.4	7.01
5.5MPa	14.36	17.17	16.79	9.7	11.31	10.28

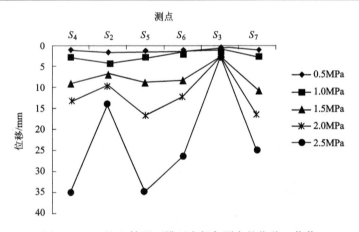

图 6.34　工况 A 情况下模型中部各测点的位移—荷载

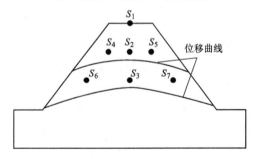

图 6.35　工况 A 情况下模拟坡体内部位移曲线

　　表 6.12 是铺设三层格栅时坡体内部各测点的变形，其变形曲线如图 6.36 和图 6.37 所示。可以看出，坡体在首级荷载 0.5MPa 加载后沉降比 1.0～4.5MPa 大，可能是压实度没有达到，而在荷载 1.0～4.5MPa 过程中，坡体沉降较均匀，基本处于线性增长阶段，而过了 4.5MPa 达到 5.0MPa 后沉降开始急剧在增长，直至破坏，而测点 S_2、S_3、S_4、S_5、S_6、S_7 的沉降规律是，同层的测点 S_2、S_4、S_5 和 S_3、S_6、S_7 都是中间测点沉降很大，而距边坡处沉降较小，与纯砂情况相比，同为 2.5MPa 是上层测点 S_2、S_4、S_5 的位移不铺设格栅时较铺设格栅时大，格栅铺设后限制了坡体的沉降，由于格栅强度较高，模型破坏时的剪切也转移到了格栅上，通过格栅的高抗拉阻止了坡体滑移面的向下延伸。通过第 3 章的结果可知，格栅中部的应变远远大于距边坡面较近处格栅应变，说明坡体中受力较大的位移是在坡体中部，而测点 S_2 的位移大于 S_4、S_5 也说明了这一点。

表 6.12　工况 H 情况下模型中部各测点的位移　　　　　　　　单位：mm

三层格栅	S_4	S_2	S_5	S_6	S_3	S_7
0.5MPa	1.16	1.28	1.1	0.52	1.25	0.52
1.0MPa	3.43	3.43	3.59	1.11	2.66	1.41
1.5MPa	4.84	4.95	5.19	1.82	3.45	1.52
2.0MPa	5.19	6.04	6.21	2.37	4.62	2.45
2.5MPa	6.21	7.11	7.94	2.69	5.72	2.81
3.0MPa	7.21	8.22	9.05	3.41	6.54	3.07
3.5MPa	8.5	9.26	9.64	4.26	7.47	4.17
4.0MPa	9.4	10.26	10.48	4.91	8.56	5.07
4.5MPa	9.97	11.25	11.26	5.61	9.1	6.11
5.0MPa	11.06	14.05	13.09	6.94	9.4	7.01
5.5MPa	14.36	17.17	16.79	9.7	11.31	10.28

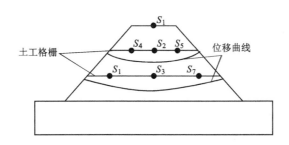

图 6.36　工况 H 情况下模拟坡体内部位移曲线

　　从表 6.13、图 6.38 和图 6.39 可以看出，上层铺设格栅时坡体中部测点 S_2 的位移，开始时和测点 S_4、S_5 相差不大，到达坡体破坏后 S_2 的位移明显大于 S_4、S_5 点，而中层的测点 S_3、S_6、S_7 正好和 S_2、S_4、S_5 相反，坡体破坏后是边缘处的测点的位移很大，中部的测点位移小，和上面的结论相同。

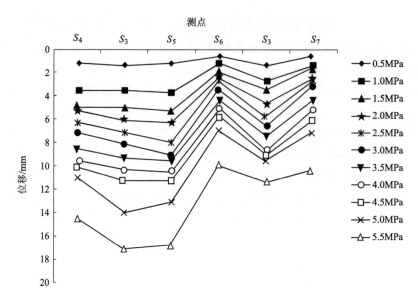

图 6.37　工况 H 情况下模型中部各测点的位移－荷载关系曲线

表 6.13　工况 E 情况下模型中部各测点的位移　　　　　　单位：mm

上层	S_4	S_3	S_5	S_6	S_3	S_7
0.5MPa	0.45	0.56	0.36	0.24	0.21	0.31
1.0MPa	1.44	1.37	0.98	0.89	0.83	0.88
1.5MPa	1.87	2.1	1.24	1.45	1.14	1.39
2.0MPa	2.03	2.84	1.34	1.82	1.62	1.92
2.5MPa	3.03	4.8	1.56	2.13	1.87	2.26
3.0MPa	3.52	5.06	1.94	2.67	2.04	2.77
3.5MPa	4.31	5.96	3.27	4.05	2.57	4.15
4.0MPa	6.84	8.26	7.17	5.16	3.18	6.35

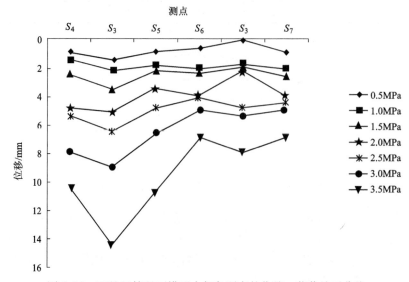

图 6.38　工况 E 情况下模型中部各测点的位移－荷载关系曲线

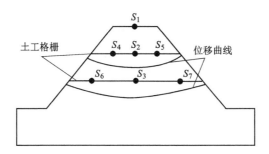

图 6.39　工况 E 情况下模拟坡体内部位移曲线

而通过表 6.14 和图 6.40、图 6.41 可以看出，测点 S_2、S_4、S_5 的沉降是典型的不铺设格栅的情况，而测点 S_3、S_6、S_7 的位移情况是典型的铺设格栅的情况，和之前的结论相同：格栅铺设后加强了坡体中部的抗压能力，格栅约束了边缘处土体的变形，使得坡体整体性更好。

表 6.14　工况 B 情况下模型中部各测点的位移　　　　　　　　　单位：mm

中层	S_4	S_3	S_5	S_6	S_3	S_7
0.5MPa	0.45	0.35	0.31	0.16	0.62	0.22
1.0MPa	1.3	0.97	0.89	0.62	1.5	0.59
1.5MPa	1.9	1.31	1.25	0.98	2.54	0.89
2.0MPa	2.71	2.47	2.56	1.21	3.47	1.26
2.5MPa	5.83	4.42	6.28	3.1	4.06	2.98
3.0MPa	16.04	9.79	17.76	4.8	5.54	4.96

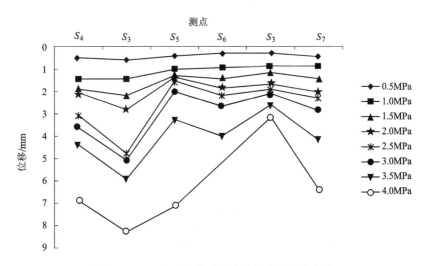

图 6.40　工况 B 情况下模拟坡体内部位移曲线

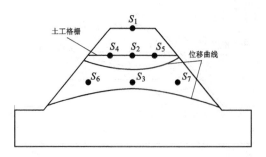

图 6.41　工况 B 情况下模拟坡体内部位移曲线

图 6.42 和图 6.43 所示为工况 C 情况下坡体位移，结合工况 A、工况 E 和工况 H 可以得出：铺设格栅后格栅加强了其和土体接触区域的土体的稳定性，坡体中部（测点 S_2 和 S_3 连线上）出现了强度较大的土柱，其抗压强度较大，坡体破坏后土柱被压下沉，而边缘处（测点 S_4、S_6 连线处和测点 S_5、S_7 连线处）强度较小，刚度大的区域和小的区域界面处即为滑移面发展的位置，未铺设格栅时，坡体承载力较小，荷载较小时即发生滑移，中部土柱沉降较小，边缘处发生了滑移位移较大；而铺设格栅后土柱沉降较大，滑移面发展主要是由中部的下沉引起的。

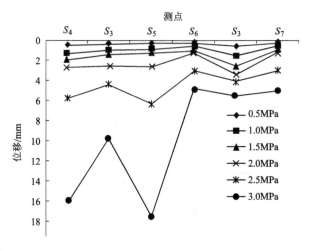

图 6.42　工况 C 情况下模型中部各测点的位移－荷载关系曲线

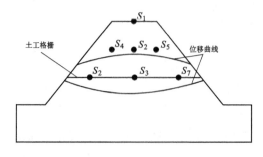

图 6.43　工况 C 情况下模拟坡体内部位移曲线

6.3.5　侧向位移对沉降的影响

1. 路堤中土体受力状况

路基中的土体受力状态和其在固结仪中是不同的（图 6.44），在固结仪中原来作用于土体上的水平方向和垂直方向上的压力是 σ_1 和 σ_3，而在模型实验中开始加载瞬间，新增加了附加应力 $\Delta\sigma_1$ 和 $\Delta\sigma_3$。

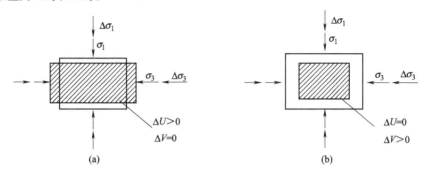

图 6.44　路基中的土体受力状态

对于瞬时的土体弹性变形，如图 6.44（a）所示，土体虽然产生了变形，但体积并未发生改变（$\Delta V=0$），此时水平方向和垂直方向的有效主应力为

$$\begin{cases} \sigma_1^{\cdot} = \sigma_1 + \Delta\sigma_1 - \Delta U \\ \sigma_3^{\cdot} = \sigma_3 + \Delta\sigma_3 - \Delta U \end{cases} \tag{6.1}$$

式中，ΔU——孔隙水压力增量。

而当土体发生完全固结时，$\Delta U=0$，其有效应力为

$$\begin{cases} \sigma_1^{\cdot} = \sigma_1 + \Delta\sigma_1 \\ \sigma_3^{\cdot} = \sigma_3 + \Delta\sigma_3 \end{cases} \tag{6.2}$$

通过式（6.1）与式（6.2）的对比可以明显看出，$0\sim3'$ 在固结过程中比 $0\sim1'$ 的值增加得更多。所以土体在水平方向是膨胀，在垂直方向固结过程使土体进一步压缩。因此，在变形计算中应考虑水平侧向变形的影响。

2. 实测土体侧向位移对沉降的影响

此处最终位移采用坡体破坏前一级荷载的位移，三向格栅 8 种工况下实测侧向位移与总沉降量见表 6.15，所取测点位于坡体中部格栅与边坡相交处，侧向位移与总沉降对应关系如图 6.45 所示。

表 6.15　坡体侧向变形和总沉降量对应表

工况	土体侧向位移/mm	土体总沉降量/mm	侧向位移占总沉降的百分比/%
工况 A	16.4	15.9	103
工况 B	10.57	14.23	74.8
工况 C	8.41	15.2	55.1
工况 D	12.37	18.27	67.7

工况	土体侧向位移/mm	土体总沉降量/mm	侧向位移占总沉降的百分比/%
工况 E	9.54	19.84	48.8
工况 F	9.04	16.55	54.6
工况 G	6.73	15.13	44.8
工况 H	5.12	21.08	25

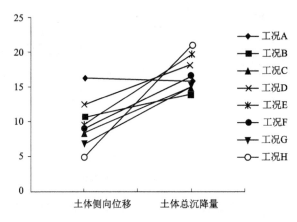

图 6.45　坡体侧向变形和总沉降量对应关系

从表 6.15 和图 6.45 可以看出，纯砂不铺设格栅时侧向位移和总沉降量比值达到 103%；铺设一层格栅时上层铺设格栅最大达到 74.8%，下层次之为 67.7%，中层最小为 55.1%，上层铺设格栅侧向位移最大；铺设两层格栅时，上层和中层铺设时比值为 48.8%，中层和下层铺设时为 54.6%，中层和下层铺设时为 44.8%，相比之下中层和下层铺设时侧向位移较大；铺设三层格栅时侧向位移最小只有 25%。

6.4　废旧轮胎加筋边坡模型试验研究

6.4.1　简介

土工材料加筋技术近年来被广泛运用于工程实践中，但是对于土工合成材料加筋过程中的工作机理以及材料与土体的相互作用等还缺少全面认识，特别是废旧轮胎作为一种新型的立体加筋材料，与常见的平面土工合成材料在加筋机理和破坏模式等方面存在很大的差异。对于普通土工合成材料加筋路堤的受力变形特性，当前已有许多学者开展模型试验进行相关研究，但轮胎加筋路堤的模型试验在国内外开展极少，目前并未见有相关研究。

为了深入了解废旧轮胎加筋路堤边坡的加筋机理，采用高为 0.65m，坡率为 1:1.3 的室内物理模型试验对轮胎加筋路堤进行了试验研究。该模型试验采用两种初始压实度回填土（$D_R = 0.45$、0.32），两种加筋轮胎间距（$S_T = 10cm$、15cm），顶层轮胎与坡顶距离（D_T＝25cm、30cm），以及未加筋路堤模型共计 10 种工况（表 6.16）。本节主要研究边坡和加筋轮胎的受力及变形特征。

表 6.16　试验工况汇总

回填土相对密度	轮胎间距/cm	轮胎与顶层距离/cm	工况编号
0.45	10	25	A_1
		30	A_2
	15	25	A_3
		30	A_4
	未加筋	未加筋	A_5
0.32	10	25	B_1
		30	B_2
	15	25	B_3
		30	B_4
	未加筋	未加筋	B_5

6.4.2　试验方案

1. 试验材料

1）回填土

试验所用砂土的有效粒径为 0.14mm，限制粒径 0.57mm；试验过程中回填土的压实度以击实功进行控制，以小型夯实锤进行击实，并控制落距相同，控制填土厚度一层约 100mm 进行击实，分层填筑，保证单位面积的击实功相同，填成对称的路堤体。模型的密实度由模型试验开始前进行测量，测量密实度方法为在模型不同位置随机抽取 3 个样本，取其平均值分别计算得到两种初始相对密度分别为 0.45 和 0.32。

2）加筋材料

试验采用加筋轮胎，规格为 10×2.125，即轮胎内径 25.4cm，胎面宽度 5.397 5cm。

2. 试验装置与仪器

模型箱为长方体，尺寸（长×宽×高）为 200cm×80cm×76cm，如图 6.46 所示。试验箱一侧采用 12mm 钢化玻璃板密封，以便观察和监测模型变形。加载钢板面积覆盖坡顶，使得加载时荷载分布较为均匀，加载板尺寸（长×宽×厚）为 80cm×40cm×4cm。竖向压力由自行研制的加载系统施加，液压最大工作压力是 25MPa，配有 16MPa 压力表，配备相应的压力传感器进行压力监测。

本次试验的传感器元件为江苏海岩工程材料仪器有限公司生产的 TXR-2030 微型土压力盒，应变片是中航电测仪器股份有限公司生产的 BE120-5AA 应变片，接收数据的系统为江苏东华测试技术股份有限公司生产的 DH3816 动静态应变测试系统，位移监测采用相机为 CANON-500D。本次试验采用应变计连接导线为五芯屏蔽线，芯线为高强度四氟线。试验中废旧轮胎埋在土中的应变用应变片测试，用 502 胶水将应变片平整地贴在废旧轮胎四周的待测点上，并用电烙铁将应变片、端子、连接导线焊接，导线另一端与DH3816静态应变测试仪相连，测量废旧轮胎上相应的应变值。

图 6.46　加载系统及模型箱

3．加筋方式

轮胎间采用绑扎连接方式，如图 6.47 所示。模型布置方式如图 6.48 所示，在高度方向共采用 3 层轮胎加筋，宽度方向布置 2 排轮胎。轮胎布置过程中，改变不同加筋层间距和顶层轮胎与加载板的距离，共有 4 种布置方式，如图 6.49 所示。

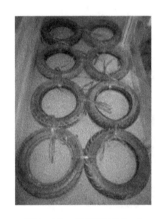

图 6.47　轮胎连接方式

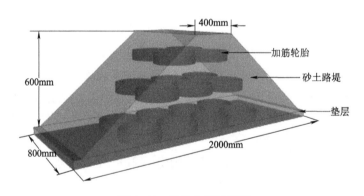

图 6.48　轮胎布置示意图

4．监测参数及方法

试验过程总监测的参数有：

（1）通过在坡体内布置小型的土压力盒测定坡体不同部位压力值。

（2）通过在模型箱钢化玻璃一侧埋设钢珠并定时量测钢珠位移，测得坡体不同深度位移值。

（3）通过在边坡坡面放置钢珠并使用相机定时定位，最后在 MATLAB 中进行图像处理读取数据测定坡面不同位置位移值。

（4）轮胎四周布置有应变片，以监测加载过程中轮胎的变形。监测系统布置如图 6.50 和图 6.51 所示。

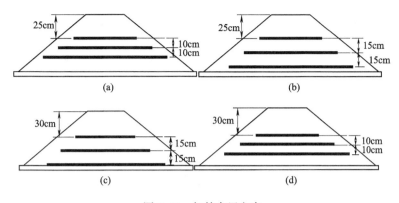

图 6.49　加筋布置方案

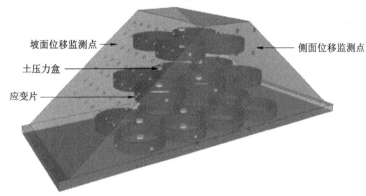

图 6.50　监测布置三维图

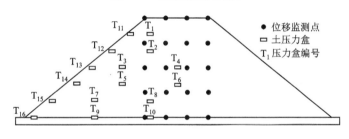

图 6.51　监测布置立面图

5. 终止条件

根据路堤的破坏模式，若加载过程中加载装置无法继续加载，可认为路堤模型已经破坏，即终止试验。同时，路堤模型的破坏亦可根据其变形迹象判断。破坏时路堤可能出现以下变形现象：①本级荷载作用下边坡出现剪切裂缝，侧向位移短时间内变大；②本级荷载作用下产生的沉降量突然增大，荷载-沉降曲线出现明显陡降。

▌6.4.3　试验结果及分析

1. 轮胎加筋对应力场的影响

1）加筋对应力场演化的影响

路堤模型在荷载作用下的附加应力场演化是路堤边坡应力变化的体现，试验过程中对路堤边坡不同时刻在不同荷载值作用下的应力值进行监测，土压力盒在路堤模型中的分布如图 6.51 所示。由于每种工况下有部分土压力盒的数据无法测得，选取部分数据完整的土压力盒进行分析。图 6.52 为加筋前后加载过程中各种工况下路堤内的竖向附加应力演化过程。

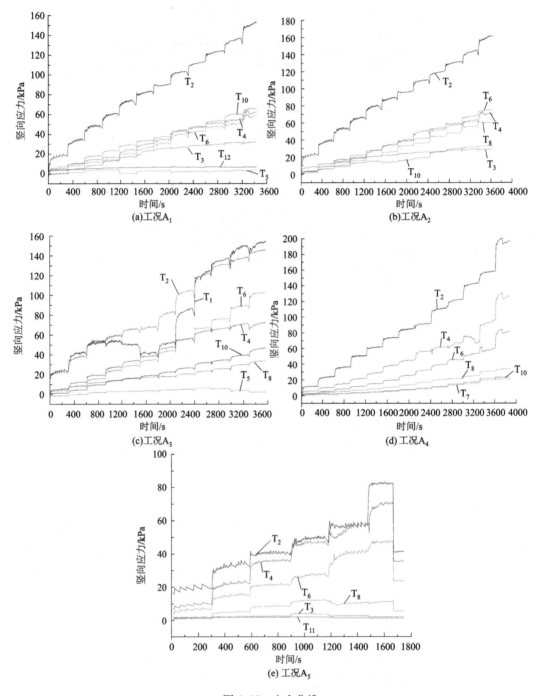

图 6.52 应力曲线

由图 6.52 可知，路堤模型在达到破坏应力时，工况 A_1～A_4（均有加筋）压力盒数值基本保持不变，仅部分压力盒数值在破坏时出现小幅降低，而工况 A_5（未加筋路堤）各点应力值均出现不同程度的下降，其中应力值下降明显的压力盒为 T_2、T_4、T_6、T_8，应力值分别降低 50%、47%、39%、41%。

路堤模型破坏时，加筋前后监测点中应力值的变化表明加筋路堤模型压力盒监测范围内没有出现明显的塑性区，所以应力值没有出现陡降，而未加筋的路堤边坡坡体内则出现较为明显的塑性流动。

2）加筋对应力场分布的影响

路堤模型在荷载作用下的附加应力分布是决定路堤边坡破坏形式的外因，试验过程中对路堤边坡不同位置的应力值用土压力盒进行监测。

在所有工况下，随着深度的增加，竖向附加应力逐渐变小，如土压力盒 T_6、T_4 均位于路堤中轴线上，T_6 较 T_4 深度大，两个监测点在 1MPa、2MPa、3MPa 荷载作用下的应力平均值见表 6.17。除工况 A_2 在 3MPa 荷载作用下，其他各级荷载作用下的 T_6 的竖向附加应力均较 T_4 小，三种荷载下，平均分别减小 48.1%、42.0%、28.9%；越是靠近坡面的点，竖向附加应力较相同深度的其他点小，埋设深度相同的压力盒 T_3 与 T_2、T_3 较 T_2 更接近于坡面，在工况 A_1、A_2、A_5 中，T_3 竖向附加应力均小于 T_2（工况 A_3 和 A_4 未测到相应压力盒数据）。

表 6.17　T_6 和 T_4 平均应力值比较　　　　　　　　　单位：kPa

工况	竖向应力值（kPa）								
	T_4	T_6	T_4～T_6	T_4	T_6	T_4～T_6	T_4	T_6	T_4～T_6
A_1	10.6	8.5	2.1	15.1	12.5	2.6	30.6	26.1	4.4
A_2	11.2	8.2	3.1	16.6	15.2	0.4	32.3	32.7	−0.4
A_3	11.9	8.1	3.7	19.9	16.5	3.4	38.4	34.3	4.1
A_4	10.0	5.4	4.6	15.7	8.3	7.5	37.5	19.3	18.2
A_5	21.2	14.3	6.9	43.3	24.2	18.2	69.6	46.8	12.8

这表明，轮胎加筋路堤的应力分布与未加筋的应力分布基本一致：由于斜坡临空面的存在，路堤边坡内的主应力迹线发生偏转，其总的特征表现为愈靠近坡面，最大主应力平行于临空面。

3）加筋位置对应力场分布的影响

路堤模型中部分压力盒分别埋设在加筋轮胎的上方和下方，对比相应压力盒的数据，可分析加筋轮胎位置和间距对附加应力场分布的影响。由压力盒的布置（图 6.51）可知，压力盒 T_2 和 T_4 在所有加筋工况下分别位于轮胎的上下方，故选取压力盒 T_2 与 T_4 的数据进行分析。图 6.53 为 T_2、T_4 在各种工况下的应力值。

由图 6.53 可知，位于顶部轮胎层上方的压力盒 T_2 在各种工况和荷载作用下，应力变化值并不是很大，在各级荷载作用下 T_2 和 T_4 的最大、最小值见表 6.18，T_2 最大值与最小值的比值分别为 2.1、1.9、1.7、1.2、1.3 和 1.3，T_4 则为 4.0、4.4、6.4、9.6、7.3、10.0，T_4 应力减小幅度明显较 T_2 大；且 T_4 附加竖向应力值由工况 A_3、A_4、A_1、A_2 逐渐变小。在加筋路堤模型中位于轮胎上方的附加应力值变化较小，而轮胎下方的竖向附加值明显减小，且顶层轮胎加筋位置与加载板距离越小，附加应力值减小越明显。

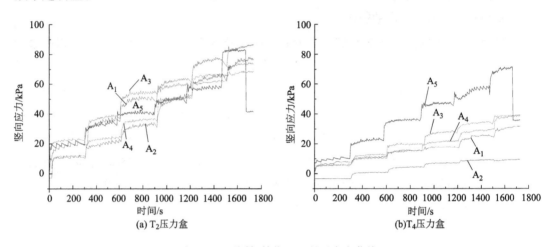

(a) T_2 压力盒 (b) T_4 压力盒

图 6.53 不同加筋位置工况下应力曲线

表 6.18 T_2 平均竖向应力   单位：kPa

项目		荷载值（MPa）					
	压力盒	0.5	1.0	1.5	2.0	2.5	3.0
最大值	T_2	22.57	36.28	51.45	60.36	74.39	82.49
	T_4	9.90	24.47	38.85	47.49	54.87	70.56
最小值	T_2	10.61	19.46	30.35	51.03	58.97	65.38
	T_4	−2.45	0.45	1.47	4.97	7.49	7.09
最大值	T_2	2.12	1.86	1.69	1.18	1.26	1.26
最小值	T_4	4.04	4.37	6.42	9.55	7.32	9.95

注：表格中应力值是由厂家标定公式确定，由于标定环境与试验环境存在差异，所以出现负值。

轮胎与填充在轮胎中的砂土组成的单元体在路堤模型中对砂土颗粒间应力传递产生较大的影响，使得轮胎单元体以下的砂土承担的竖向附加应力明显降低。

2. 轮胎加筋对路堤沉降的影响

分析路堤沉降变形规律中，以路堤顶部沉降监测值为分析数据，为减少误差取左右对称位置沉降数值的平均值。

1）加筋的影响

针对有无轮胎的情况进行了对比计算，得出加筋前后路堤模型堤顶处的竖向沉降关系，如图 6.54 和图 6.55 所示。图 6.54（a）和图 6.55（a）为靠近路堤对称轴一侧的竖向沉降；图 6.54（b）和图 6.55（b）为靠近路堤坡面一侧的沉降值。当荷载值较大时，远离中轴线一侧的沉降值趋于稳定。这是由于监测点靠近坡肩，当荷载值较大时，坡肩发生侧移并超出加载板的范围，加载板继续下行，对坡肩沉降影响减弱。由图 6.54 和图 6.55 可知，各种加筋工况下加筋轮胎对减小沉降量作用十分明显，且随着荷载的增加，加筋轮胎改善沉降效果更加明显。表 6.19 为靠近路堤对称轴一侧各工况较未加筋时沉降减少统计值。对比加筋前后各工况的竖向沉降发现，轮胎对减小沉降量作用十分明显，且荷载越大加筋效果越显著。

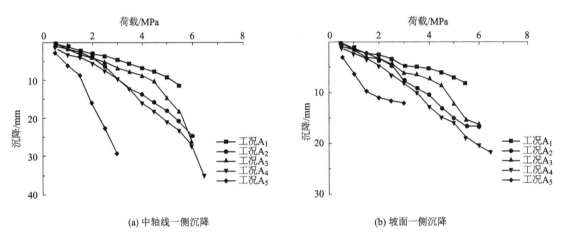

图 6.54　初始相对密度 0.45 砂土路堤沉降曲线

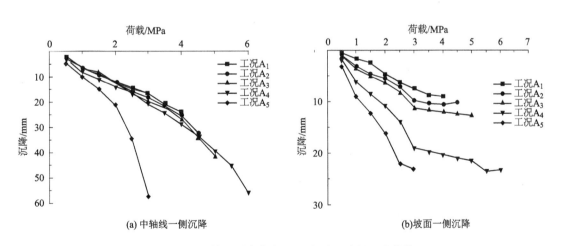

图 6.55　初始相对密度为 0.32 的砂土路堤沉降曲线

表 6.19　加筋前后沉降对比　　　　　　　　　　　　　　单位：mm

回填土相对密度	工况编号	荷载值/MPa					
		0.5	1.0	1.5	2.0	2.5	3.0
0.45	A_1	2.19	5.07↑	6.67↑	12.92↑	18.90↑	24.99↑
	A_2	1.61	4.46↑	6.16↑	11.97↑	16.08↑	19.79↑
	A_3	2.27	4.41↑	5.79↑	11.98↑	17.31↑	22.68↑
	A_4	1.25	2.99↑	5.06↑	10.54↑	14.88↑	19.90↑
	A_5	—	—	—	—	—	—
0.32	B_1	2.23	3.32↑	5.82↑	8.85↑	19.44↑	40.93↑
	B_2	2.02	3.25↑	6.12↑	8.84↑	18.58↑	39.42↑
	B_3	1.81	3.17↑	6.42↑	8.83↑	17.71↑	37.91↑
	B_4	1.80	1.89↑	3.91↑	7.09↑	17.95↑	36.97↑
	B_5	—	—	—	—	—	—

注：表中箭头表示较前一荷载值沉降差增加（↑）或者减小（↓）。

　　加筋轮胎对路堤沉降的影响主要有两个方面。一方面，由6.3.1节分析结果可知，砂土路堤采用轮胎加筋后，附加应力场发生改变，轮胎加筋层下方和轮胎加筋层间的竖向附加应力明显降低；另一方面，轮胎橡胶材料自身虽然较易变性，但是由于形状因素，轮胎单元体刚度明显较砂土大，即使在相同应力作用下轮胎单元体的变形也较砂土小。综合以上两个因素的影响，轮胎加筋路堤沉降明显较未加筋的砂土路堤小。

　　2）加筋形式的影响

　　为分析加筋轮胎位置和间距对砂土路堤沉降的影响，分别绘制顶层监测点沉降值随轮胎位置与间距的曲线，如图6.56～图6.59所示。

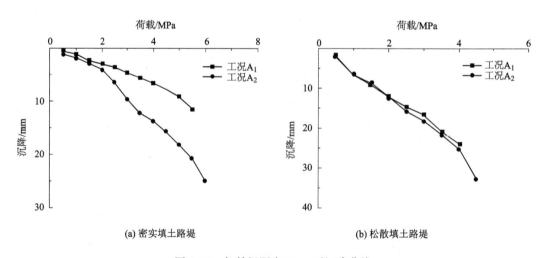

(a) 密实填土路堤　　　　　　　　　　　　(b) 松散填土路堤

图 6.56　加筋间距为 10cm 时沉降曲线

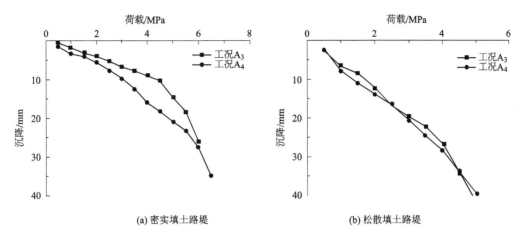

(a) 密实填土路堤　　　　　　　　　　(b) 松散填土路堤

图 6.57　加筋间距为 15cm 时沉降曲线

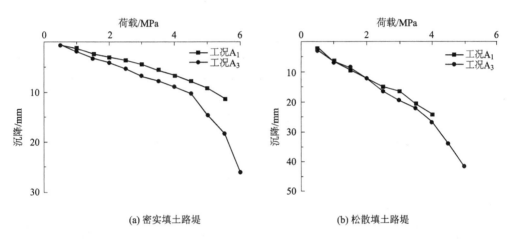

(a) 密实填土路堤　　　　　　　　　　(b) 松散填土路堤

图 6.58　顶层轮胎与加压板间距为 25cm 时沉降曲线

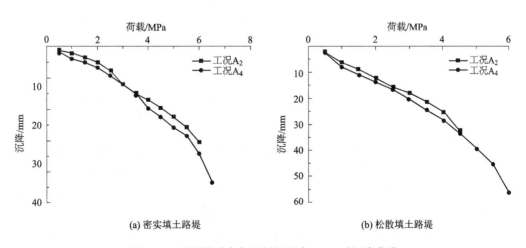

(a) 密实填土路堤　　　　　　　　　　(b) 松散填土路堤

图 6.59　顶层轮胎与加压板间距为 30cm 时沉降曲线

轮胎加筋层间距相同时，当轮胎路堤顶部轮胎到加压板间距越大，路堤沉降越大，且在密实路堤中这种趋势更加明显。表 6.20 为密实路堤在各种荷载作用下不同顶层间距路堤沉降值，轮胎层间距为 10cm 时，顶层轮胎与加压板距离 25cm 的加筋路堤较 30cm 的路堤沉降小 33.71％、23.94％、53.44％、51.85％、49.64％，轮胎层间距为 15cm 时，顶层轮胎与加压板距离 25cm 的加筋路堤较 30cm 的路堤沉降小 43.87％、26.47％、29.00％、44.67％、29.75％；由图 6.58～图 5.59 可知，轮胎路堤顶层轮胎与加压板间距相同时，轮胎加筋层间距为 10cm 的加筋路堤较间距为 15cm 的加筋路堤沉降略大，但影响程度明显没有顶层轮胎至加载板距离的影响大。由表 6.19 可得，轮胎与顶层距离 25cm 时，轮胎层间距为 10cm 的加筋路堤较 15cm 的路堤沉降小 35.52％、23.75％、33.67％、24.60％、37.64％，轮胎与顶层距离 30cm 时，轮胎层间距为 10cm 的加筋路堤较 15cm 的路堤沉降小 45.40％、26.29％、−1.14％、13.36％、13.00％。综上所述，加筋路堤中顶层轮胎层距离加载板越近，轮胎层间距越小，路堤模型沉降越小，且顶层轮胎与加压板距离影响更为明显。

表 6.20　不同顶层与加压板距离轮胎加筋效果比较　　　　单位：mm

轮胎间距/cm	轮胎与顶部间距/cm	荷载值/MPa				
		1.0	2.0	3.0	4.0	5.0
10	25	1.18	3.05	4.53	6.65	9.13
	30	1.78	4.01	9.73	13.81	18.13
15	25	1.83	4.00	6.83	8.82	14.64
	30	3.26	5.44	9.62	15.94	20.84

由路堤模型中的附加应力场分布可知，越靠近加载板竖向附加应力越大，由此可知，加载板附近的回填土产生的沉降较远离加载板的回填土的大。当路堤用轮胎加筋后，由于加筋轮胎单元体刚度较回填土大，故能有效减小路堤沉降量，且顶层轮胎加筋层与坡顶距离较小时，轮胎单元体承担的应力较大，减小沉降效果更明显；与上述原理相似，当轮胎层间的间距较小时，中部和下部轮胎层更靠坡顶，承担的竖向附加应力较大，能更显著地减小路堤沉降，但没有整体上移轮胎（较小顶层轮胎与加压板间距）效果明显。

3）回填土初始密实度的影响

分别对两种初始密实度的回填土进行试验，并在顶层轮胎与加压板距离、轮胎层间距相同的情况下绘制不同初始密实度回填土的沉降曲线，如图 6.60 所示。

在所有工况中，初始密实度较大的路堤模型沉降均明显小于初始密实度小的路堤模型的沉降量，且随着荷载的增加，沉降减小量越大。表 6.21 为两种密实度路堤模型在不同工况下的沉降量差值百分比，当荷载与未加筋的情况相比，工况 A_1～A_4 沉降减小幅度大部分都有所提升。

不同初始密度路堤沉降差异主要由砂土的空隙性质决定，初始密度较小时回填土由于孔隙比较大，在相同荷载作用下产生的沉降变大。当采用轮胎加筋后，轮胎单元体的刚度较密实砂土的刚度大，故加筋后沉降量减小程度较未加筋的大。

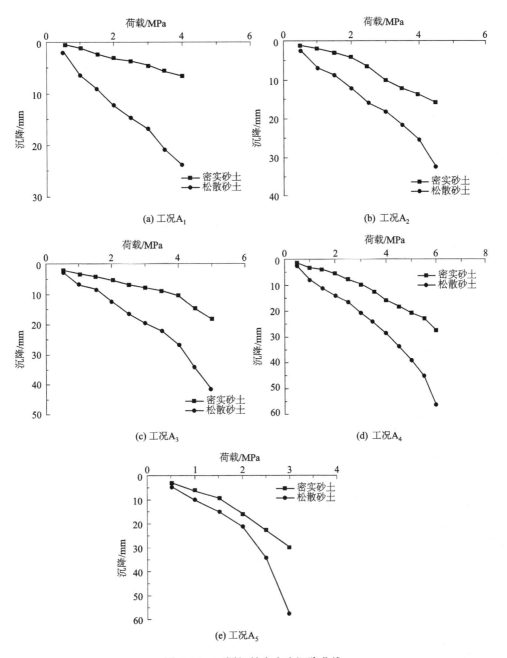

图 6.60　不同初始密实度沉降曲线

表 6.21　不同初始密实度路堤沉降量差值百分比　　　　　　　　单位:%

工况	荷载值/MPa					
	0.5	1.0	1.5	2.0	2.5	3.0
A_1	64.00	23.59	4.34	47.10	45.44	36.44
A_2	−0.15	43.10	35.59	39.26	34.63	48.83

工况	荷载值/MPa					
	0.5	1.0	1.5	2.0	2.5	3.0
A_3	70.53	55.32	39.06	48.78	46.78	44.92
A_4	35.99	62.55	60.86	56.88	52.29	58.07
A_5	10.87	30.70	20.57	31.73	46.84	42.77

3. 轮胎加筋对路堤破坏模式的影响

试验过程中可明显地观察到路堤边坡的破坏形态，由于路堤边坡坡面处侧向位移最为明显，为研究轮胎加筋对于路堤破坏模式的影响，对不同位置的坡面位移进行监测，并绘制不同深度的位移曲线。

图 6.61～图 6.63 为轮胎加筋位置不同时路堤边坡的破坏形态，图中曲线为破裂面的下限位置。图 6.64～图 6.66 为不同荷载作用下坡面位移随深度的变化。可明显看出由于轮胎加筋以及加筋形式的不同，路堤边坡破坏模式发生变化。当未加筋时边坡破坏主要体现为整体剪切破坏面，随着加筋形式的改变，剪切破坏面范围变小。当轮胎加筋层与坡顶距离较大时，坡面的最大位移深度与顶层加筋层深度基本一致，表现为破坏时坡面剪出口位置与轮胎上部基本一致，如工况 A_2 和

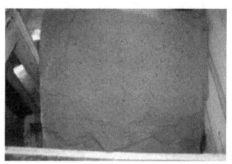

图 6.61　工况 A_5（未加筋时）
路堤边坡破坏形态

A_4 顶层轮胎距离坡顶为 30cm，路堤破坏时剪出口和最大位移深度在 30～40cm 范围内；当轮胎加筋层与坡顶距离较小时，坡面的最大位移深度与破坏时剪出口位置反而降低，如工况 A_1、A_3 顶层轮胎距离坡顶为 30cm，路堤破坏时剪出口和最大位移深度在 40～55cm 范围内。通过比较破坏形态图和位移曲线可知，轮胎间距对于边坡的剪出口位置影响并不明显，可见顶层轮胎位置较其他加筋轮胎层对于路堤边坡破坏形态作用更为明显。

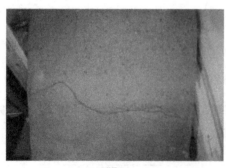

(a)工况A_1

(b)工况A_2

图 6.62　轮胎间距为 10cm 时路堤边坡破坏形态

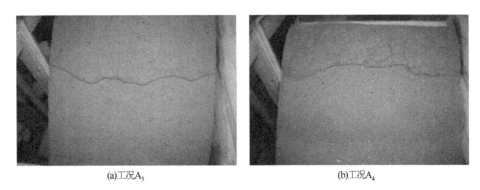

(a)工况A₃　　　　　　　　　　(b)工况A₄

图 6.63　轮胎间距为 15cm 时路堤边坡破坏形态

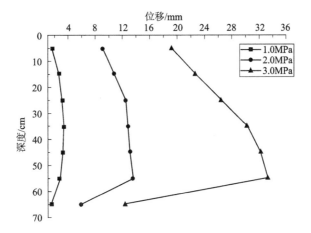

图 6.64　工况 A₅（未加筋时）路堤坡面位移曲线

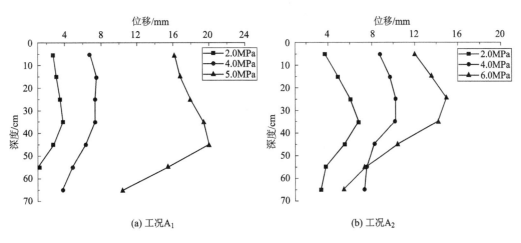

(a) 工况A₁　　　　　　　　　　(b) 工况A₂

图 6.65　轮胎间距为 10cm 时路堤坡面位移曲线

223

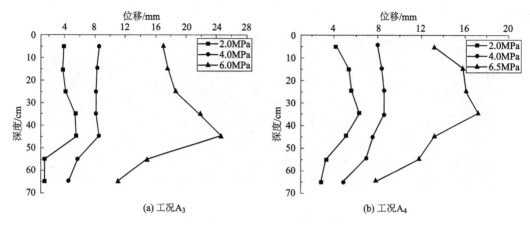

(a) 工况A₃   (b) 工况A₄

图 6.66　轮胎间距为 15cm 时路堤坡面位移曲线

　　砂土与轮胎之间的嵌固和摩擦作用使砂土颗粒的侧向位移受到较大的限制，且由于加筋轮胎抗拉强度较大，使轮胎能够承受由于嵌固和摩擦作用而引起的拉应力，这极大地减小了砂土边坡的侧向位移。如图 6.67 所示，当顶层轮胎离坡顶的距离较小时，路堤内的附加应力值很大且应力分布不均匀，轮胎对于砂土侧向位移的限制作用有限，轮胎自身产生较大的变形；顶层轮胎离坡顶的距离变大时，路堤内的附加应力值较小，轮胎对于砂土侧向位移的限制作用变得更为有效，当顶层加筋材料埋深降低到适宜的深度，其对砂土侧向位移的限制作用可以达到最大值，这与国内外有关研究结论一致。

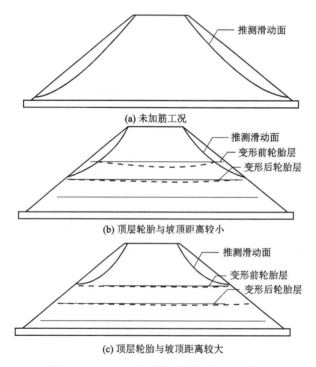

图 6.67　顶层轮胎与坡顶距离不同时加筋边坡破坏模式

6.5　本章小结

（1）根据路堤模型实验对荷载和数据采集的需求研制成了一种路堤模型实验装置。

①装置具有加压操作过程简易省时、能够对模型施加持续稳定的压力、易于观察、试验数据精度较高、液压缸面积较大、加压精度得到提高等特点。该路堤模型实验系统还可以用于不同填料的模型实验以及软基处理等模型实验。

②观测点的选择和埋设对路堤模型试验结构的影响较大，应该选择即方便观测又方便测量的监测物，本装置采用的废弃光纤埋设在土体中时，既能和土体协同变形也能和土体区别开来，较好地解决了这个问题。

③室内模型实验和现场实验势必会有很多差别，为了使室内模型实验更加接近现实，可以对实验设备进行各方面的改进。

④该装置还在很多方面存在缺点，比如机械化不够、填土时较耗费人力、机械体型笨重不易搬动等，这些缺点有待进一步研究解决。

（2）通过四种不同工况的模型试验，对不同的加筋位置路堤的变形情况和破坏情况分析得到以下结论：

①在路堤中每层格栅的不同部位其应变差别很大，中轴线和坡边缘处应变相比数值上达到了 10 倍以上，中轴线处应变最大能达到 1.4%，边坡边缘处应变都小于 0.1%。

②通过不同工况的对比，格栅铺设位置不同时其应变情况不同，顶层铺设格栅时应变较小，在中层和底层铺设格栅时应变较大，应变值中层比顶层大 14%～30%，底层比顶层大 15%～35%，底层和中层相差不大。

③路堤开始加载到破坏，坡体的破坏滑动面从坡顶延伸到坡脚处，但格栅的存在影响破坏面的位置，由于格栅的刚度较大，破坏面不能通过格栅向下延伸。

④格栅在一定程度上控制了裂缝的扩展，增加了坡体的稳定性。

⑤加筋层数越多路堤的极限承载力越高，加筋对承载力的提高最大能达到 2 倍，对沉降的控制作用表明格栅铺设层数越多沉降越小，加筋后能降低 10%～30%。

⑥加筋后路堤的极限承载力明显提高，且随着加筋层数的增大承载力提高越多，但最终沉降量加筋和不加筋相差不大，加一层筋时大了 1.2 倍，加两层筋时大了 2 倍，加三层筋时大了 2.2 倍，但是沉降的差别主要在坡体破坏前有差别，有随着加筋层数增多而沉降越小的趋势，而当加筋层数达到三或更多后对沉降的影响越来越不明显。

⑦格栅能减少格栅底部的土压力，上层铺设格栅减少了 53%，中层铺设格栅减少了 56%，下层铺设格栅减少了 31%，说明加筋效果较好的部位是上层和中层，底层加筋效果较差。

⑧加筋能降低路堤坡体的总沉降量，加筋一层格栅后减少了 13%～23%，加两层格栅后比不加筋少 13%～33%，加三层格栅后比不加筋沉降少了 10%。

⑨格栅位于模型的上层和中层时对承载力的提高和变形量的限制作用较好；铺设三

层格栅比铺设两层和一层坡体内部测点线性变形段更长，模型坡体稳定性更好。

⑩铺设格栅后格栅加强了其和土体接触区域的土体的稳定性，加筋位置坡体中形成了强度较大的格栅－土体块，其抗压强度较大，坡体破坏后格栅－土体块受压下沉，而边缘处强度较小，刚度大的区域和小的区域界面处即为滑移面发展的位置。未铺设格栅时，坡体承载力较小，荷载较小时即发生滑移，中部格栅－土体块沉降较小，边缘处发生了滑移位移较大，而铺设格栅后土柱沉降较大，滑移面发展主要是由于中部的下沉引起的。

（3）对废旧轮胎加筋边坡模型试验结果表明：

①加筋轮胎对于路堤边坡的应力场演化有显著影响。路堤模型破坏时，由于加筋路堤模型内没有出现明显的塑性流动，所以各测点应力值没有出现陡降，而未加筋的路堤边坡则出现明显的塑性流动，表现为压力盒数值出现陡降现象。

②轮胎加筋路堤边坡的应力分布规律与未加筋的应力分布基本一致，但加筋轮胎可较为显著地降低轮胎单元体下方回填土承担的竖向附加应力，且顶层加筋轮胎与加载板距离越小，附加应力值减小越明显。

③加筋轮胎对减小路堤沉降量的作用十分明显，且荷载越大加筋效果越显著。加筋路堤中顶部轮胎层距离加载板越近，轮胎加筋层间距越小，路堤模型沉降越小，且顶层轮胎与加压板距离对路堤沉降的影响更为明显。初始密实度对轮胎加筋效果有一定影响，初始密度较小时，路堤模型加筋效果较好，且随着荷载的增加，加筋效果差异越大。

④路堤模型加筋前后破坏形态存在明显差异，主要是对路堤边坡剪出口位置的影响较大。轮胎加筋层间距对于边坡的剪出口位置影响并不明显，顶部轮胎位置较中部和下部加筋轮胎对于路堤边坡破坏形态作用更为明显。从理论分析，当顶层加筋材料埋深降低到适宜的深度，其对砂土侧向位移的限制作用可以达到最大值，但深度具体值将在以后的试验中进一步探索。

第 7 章

高填方路堤沉降规律研究

7.1 高填方路堤沉降规律现场试验

随着西部大开发战略的深入实施，中西部山岭地区对交通资源的需求日益增加，高等级公路作为快速运输通道，得到了大力的提倡与发展。在高等级公路的建设中，由于受到公路线型设计的制约以及山区地形地貌的限制，通常需要通过一些沟壑纵横的复杂地形区域，在这些区域修筑路堤，路堤的填筑高度通常会达到 30m 以上，形成高填方路堤，高填方路堤由于填土高、自重大，通常会发生较大的沉降。

为了对高填方路堤沉降规律有较全面的了解，本章以湖北省十堰市东环一级公路工程为依托，分别在该项目选取最具代表性的谭家沟和李家院两处典型高填方路堤，进行了现场试验研究和长期跟踪测试。

7.2 试验方案

为明确高填方路堤沉降变形特性，在谭家沟和李家院两段高填方路段，分别通过在路堤边坡埋设位移观测桩作为观测点，两路堤断面里程桩号分别为 K21＋080 和 K22＋020，两高填方路堤观测断面描述如下：

谭家沟路堤断面最大填方高度为 61.898m，左侧边坡分为 7 级，最上一级边坡坡比为 1∶1.25，其他 6 级边坡的坡比为 1∶1.5；右侧边坡最上一级的坡比为 1∶1.25，其他 5 级边坡的坡比为 1∶1.5，路堤下卧地基表面平坦，在路堤左右坡脚之间的最大坡度达到 18°。

李家院路堤断面最大填方高度为 44.034m，左侧边坡分为 6 级，最上一级边坡坡比为 1∶1.25，其他 5 级边坡的坡比为 1∶1.5；右侧边坡最上一级的坡比为 1∶1.25，其他各级边坡的坡比为 1∶1.5，整个路基右高左低，最大坡度达到 28°。

两路段观测点布置如图 7.1 和图 7.2 所示。

227

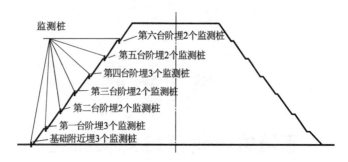

图 7.1 谭家沟路堤试验监测方案

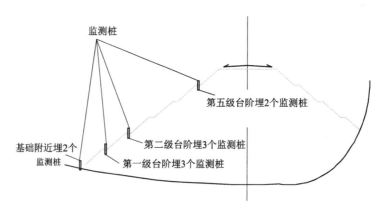

图 7.2 李家院路堤试验监测方案

如图 7.1 所示，该高填方路堤共分 7 级边坡，在坡脚附近（基础）布设 3 个测点，第一级台阶处布设 3 个测点，第四级台阶 3 个测点，第五级台阶 2 个测点，第六级台阶 2 个测点。

如图 7.2 所示，在李家院路段的路堤边坡设置了 10 个测点，路堤左侧坡脚附近（基础）2 个测点，第一级台阶处布设 3 个测点，第二级台阶处布设 3 个测点，第五台阶处布设 2 个测点。

7.3 路基沉降规律

▌7.3.1 谭家沟路段地基沉降规律

1. 沉降量随时间的变化规律

图 7.1 中，基础附近埋设的监测点 1 号、2 号、3 号以 2010 年 10 月 21 日所测沉降为基点，至 2011 年 8 月 12 日为止，共进行了 41 次测量，测量的沉降数据均是相对第一次测量结果（2010 年 10 月 21 日）的沉降量。以时间为横坐标，累计沉降为纵坐标建立沉降与时间的曲线关系，如图 7.3 所示，其中负数代表下沉。

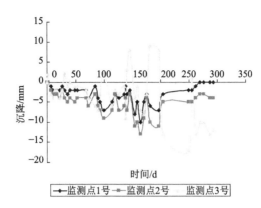

图 7.3　谭家沟路段地基沉降曲线

可以看出，各监测点沉降量存在一定波动性，1 号测点的最大沉降量为 10mm，2 号测点的最大沉降量为 13mm，3 号测点的最大沉降量为 17mm，最大上升量为 9mm。

从图 7.3 可以明显看出，观测期间 3 个监测点的沉降和隆起量几乎都在 $-17\sim10$mm 内，大部分在 $0\sim8$mm。在观测的前 3 个月，路堤沉降量较小，变化较平稳，处于平稳波动状态；3 个月后，沉降有所增加，到第 5 个月时，3 号点有急剧隆起的趋势。但总体来看，整个基础附近的沉降或隆起量较小，为 10mm 左右。在 210d 后，1 号点和 2 号点变化很小，说明两点的土体慢慢地达到稳定状态；3 号点存在 17mm 波动，在 262d 开始变化幅度不大，说明该点开始进入稳定状态。整体上看，地基土在 262d 之后沉降幅度很小，地基的土体沉降趋于稳定。

2. 沉降量随填土高度的变化规律

以路堤填方高度为横坐标，累计沉降量为纵坐标，建立两者之间的关系曲线如图 7.4 所示。

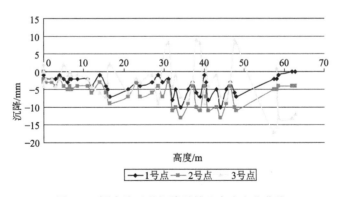

图 7.4　谭家沟地基沉降随填土高度变化曲线

从图 7.4 可以看出，随着填方高度增加，基础的沉降量呈现波动下降（1 号和 2 号点）与波动隆起（3 号点）趋势。这表明，随着填方高度的增加，地基沉降量呈不断增加趋势。总的来看，地基沉降增加的幅度并不大，均在 17mm 之内。

▌7.3.2 谭家沟路堤一级台阶沉降规律

1. 沉降量随时间的变化规律

谭家沟路堤一级台阶上监测点 4 号、5 号、6 号以 2010 年 11 月 16 日所测沉降为基点，至 2011 年 8 月 12 日为止，共进行了 29 次测量，其中 4 号监测点在 2011 年 2 月 25 日被破坏。沉降数据均是相对基点（第一次测量）的沉降量。以时间为横坐标，累计沉降为纵坐标建立沉降与时间的曲线关系，如图 7.5 所示，其中负数代表下沉。

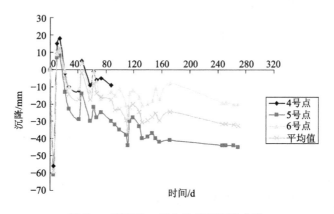

图 7.5　谭家沟一级台阶累积沉降曲线

从图 7.5 可以看出，各监测点沉降量存在一定波动性，除去误差较大的点，1 号测点的最大沉降量为 10mm，2 号测点的最大沉降量为 44mm，3 号测点的最大沉降量为 28mm。三个监测点在初期监测点沉降量有正有负，20d 后沉降量呈波动上升趋势。

从图 7.5 可知，总体而言，一级台阶的沉降位于中间的 5 号点沉降量最大，到三个月左右沉降达到 32mm，6 号点沉降量其次，4 号点沉降量最小，说明中间填土沉降大于两侧。三个点沉降趋势大概都可分为如下三个阶段：

（1）第一阶段大概在 0～15d。三个点的沉降都是回升，同样回升趋势和量度都基本一致。

（2）第二阶段大概在 15～146d。三个点沉降逐渐平稳下沉，4 号点 90d 左右基本趋于稳定，沉降保持在 10mm 内，6 号点在 120d 左右基本趋于稳定，沉降约 20mm；中间 5 号点在 90d 左右时沉降基本稳定在 30～40mm。

（3）第三阶段大概在 146d 之后。采用过原点的直线和改正指数对该变化曲线进行拟合，平均累积沉降值（y）与时间（x）之间的关系如下：

$$y = -0.032x - 23.55, R^2 = 0.956\,8\text{（直线）}$$

$$y = -37.01e^{-39.628/x}, R^2 = 0.972\,6\text{（修正指数）}$$

可以看出，修正指数的相关性高于直线，说明填土的沉降逐渐趋于收敛，路堤沉降会慢慢达到稳定状态。

整体而言，在监测的 252d 时间里，土层的变形已经基本稳定。沉降不再有明显的增加。4～6 号观测点沉降速率分别为 3.1mm/月、9.1mm/月、15.2mm/月，一级平台上三点的平均沉降速率为 6.9mm/月。路堤沉降速率稳定，但要防范由于上方的中间段填土导致两边的隆起。

2. 沉降量随上部填方高度的变化规律

以路堤填方高度为横坐标，测点沉降量为纵坐标，建立沉降与路堤填土高度的关系曲线，如图 7.6 所示。

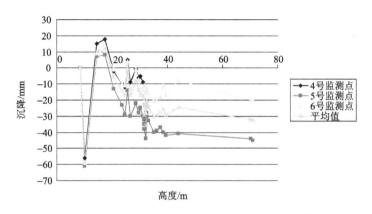

图 7.6　谭家沟一级台阶累积沉降随填方高度变化曲线

从图 7.6 中可以看出，随着路堤填方高度的增加，累积沉降量曲线可分为三个阶段：①填方高度 8～16m 为第一个阶段，累积沉降量波动很大，几乎无规律可言；②填方高度 16～36m 为第二个阶段，4 号点、5 号点、6 号点累积沉降量随着填方高度增加而增加，具有较好的相关性；③填方高度超过 36m 后为第三个阶段，5 号点沉降很小，慢慢处于稳定，6 号点的波动不大，在高度为 60m 时达到稳定。

采用过原点的直线和改正指数对该变化曲线进行拟合，平均累积沉降值（y）与高度（x）之间的关系：

$$y = -0.082x - 11.265, \quad R^2 = 0.9878 \text{（直线）}$$
$$y = -46.922e^{-100.469/x}, \quad R^2 = 0.9954 \text{（修正指数）}$$

可以看出修正指数的相关性高于直线，说明本层土体沉降随填土高度的增加有收敛趋势，逐渐达到沉降稳定状态。

7.3.3　谭家沟四级台阶沉降规律

1. 沉降量随时间的变化规律

2011 年 3 月 16 日，在谭家沟已经完工的四级台阶上布置了三个监测点，7 号、8 号与 9 号。由于坡面防护施工，导致 9 号在 4 月 11 日被破坏。以时间为横坐标，累计沉降为纵坐标建立沉降与时间的曲线关系，如图 7.7 所示，其中负数代表下沉。

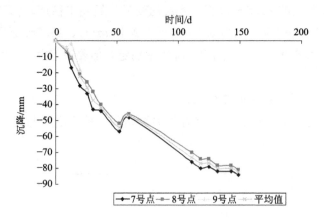

图 7.7　谭家沟四级台阶累积沉降曲线

由图 7.7 可知，在前 60d，7 号、8 号、9 号累积沉降量随着时间而不断增加，且与时间具有较好的线性关系，采用过原点的直线和改正指数对该变化曲线进行拟合，发现平均累积沉降值与时间之间的关系满足：

$$y = -1.103x, \quad R^2 = 0.973\,1（直线）$$

$$y = -123.709e^{-58.027/x}, \quad R^2 = 0.997\,5（修正指数）$$

从而可知，修改指数相关性非常高，说明土体将会收敛，沉降会慢慢达到稳定。60d以后，三点的沉降曲线开始平缓，说明三点的沉降量慢慢减小。从曲线上看第四级台阶的沉降速率将减小，沉降趋于缓慢，需要进一步观测。

2. 沉降量随上部填方高度的变化规律

采用填方高度为横坐标，累积沉降为纵坐标，建立两者之间的关系，如图 7.8 所示。

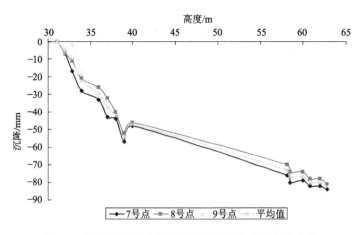

图 7.8　谭家沟四级台阶累积沉降随填方高度变化曲线

由图 7.8 可知，累积沉降随着填方高度增加而增加。在高度 40m 之前三点随高度增加沉降较快；研究其增加的速率，采用直线对其进行拟合，可以得到两者之间的关系为：$y = -4.927\,6x + 156.68$，$R^2 = 0.945$，即沉降与填方高度之间有良好的线性关系，沉降量增加速率较块。当高度 40m 之后，三点随着高度增加沉降较之前缓慢。采用直线和修正指数对平均沉降进行拟合，可以得到两者之间的关系为：

$$y = -1.5345x + 14.467, \quad R^2 = 0.987\,8 (直线)$$

$$y = -211.999e^{-60.387/x}, \quad R^2 = 0.993\,2 (修正指数)$$

从相关性可知，修正指数的相关性高，说明沉降收敛，沉降随高度增加将放缓，慢慢将会收敛。

7.3.4　谭家沟五级台阶沉降规律

1. 沉降量随时间的变化规律

2011 年 6 月 23 日，在谭家沟已经完工的五级台阶上布置了两个监测点 10 号和 11 号。以 6 月 26 日测量结果为基准，截至 2011 年 8 月 12 日，共进行了 6 次测量，以时间为横坐标，累计沉降为纵坐标建立沉降与时间的曲线关系，如图 7.9 所示，其中负数代表下沉。

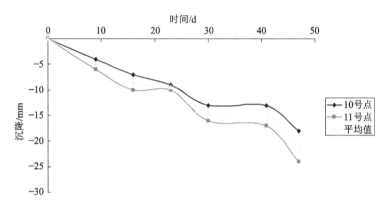

图 7.9　谭家沟五级台阶累积沉降曲线

由图 7.9 可知，11 号测点沉降大于 10 号测点的沉降，相差 3mm。两个点沉降趋势大体都可分为三个阶段：①第一阶段在前 16d，两个点的沉降都是急速下降，而且趋势、沉降量和时间点基本一致；②第二阶段在 16～23d，两个点的沉降变缓，有处于稳定的趋势；③第三阶段在 23d 之后，两个点沉降变快，有急剧沉降的趋势。

总体来说，一个月内的平均沉降量只有 15mm，沉降仍不稳定。采用过原点的直线对该变化曲线进行拟合，发现平均累积沉降值与时间之间的关系满足：$y = -0.472\,5x$，$R^2 = 0.970\,7$，相关性非常高。由此可见，第五级台阶的沉降处于快速下沉阶段。

2. 沉降量随上部填方高度的变化规律

采用填方高度为横坐标，累积沉降为纵坐标，建立两者之间的关系，如图 7.10 所示。

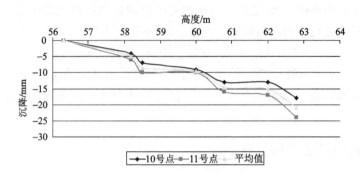

图 7.10 谭家沟五级台阶累积沉降随填方高度变化曲线

由图 7.10 可知，累积沉降随着填方高度增加而增加。为了研究其增加的速率，采用直线对其进行拟合，可以得到两者之间的关系为

$$y = -2.996\ 2x + 168.65, \quad R^2 = 0.934\ 9$$

即沉降与填方高度之间有良好的线性关系，沉降量一直增加。

7.3.5 谭家沟六级台阶沉降规律

1. 沉降量随时间的变化规律

2011 年 6 月 23 日，在谭家沟已经完工的五级台阶上布置了两个监测点 12 号和 13 号。以 6 月 26 日测量结果为基准，截至 2011 年 8 月 12 日，共进行了 6 次测量，以时间为横坐标，累计沉降为纵坐标建立沉降与时间的曲线关系，如图 7.11 所示，其中负数代表下沉。

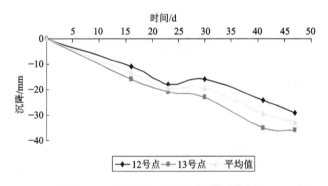

图 7.11 谭家沟六级台阶累积沉降曲线

由图 7.11 可知，30d 内 12 号监测点的沉降达到 16mm，13 号监测点的沉降达到 23mm。前 25d，两监测点累积沉降量随着时间不断增加，沉降的速率较快。25d 后，12 号有少量回隆现象，只有 2mm；13 号沉降速率变慢，沉降量增加较少，还处于沉降阶段。

2. 沉降量随上部填方高度的变化规律

以填方高度为横坐标，累积沉降为纵坐标，建立两者之间的关系，如图 7.12 所示。

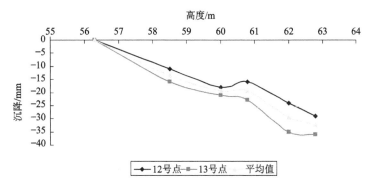

图 7.12 谭家沟六级台阶累积沉降随填方高度变化曲线

由图 7.12 可知，13 号监测点沉降大于 12 号监测点的沉降，两者相差 5mm。两个点沉降趋势大体可分为两个阶段：①填土高度小于 60m 时，第六级台阶累积沉降量随着高度而不断增加，两个监测点沉降的速率较快，12 号监测点的沉降最大值达到 18mm，13 号监测点最大沉降达到 21mm，大多数在 10~20mm；②填土高度超过 60m 以后，12 号监测点处有少量回隆现象，回隆量约 2mm，13 号监测点沉降速率变慢，沉降量增速变慢，有趋于稳定的趋势。

7.4 李家院路基沉降规律

■ 7.4.1 李家院基础沉降规律

基础监测点 1 号、2 号以 2010 年 11 月 4 号所测沉降为基点，截至 2011 年 8 月 12 日，共进行了 32 次测量，以时间为横坐标，累计沉降为纵坐标建立沉降与时间的曲线关系，如图 7.13 所示，其中负数代表沉降。

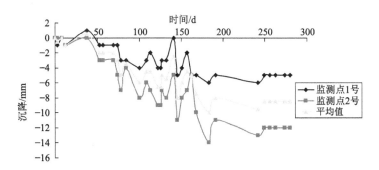

图 7.13 李家院地基累积沉降曲线

从图 7.13 可以看出，各监测点沉降量存在一定波动性，1 号监测点的最大沉降量为 6mm，最大上升量为 1mm；2 号监测点的最大沉降量为 14mm。

从图 7.13 可以看出，沉降曲线可分为 3 个阶段：①在前 70d，1 号、2 号沉降量很少，最大为 3mm；②监测 70～192d 内沉降量逐渐增加，最大达到 14mm；③在 192d 之后，沉降量较小，沉降慢慢处于稳定。

总体上来看，1 号监测点的沉降和隆起值都在 5mm 以内；2 号监测点的沉降和隆起值几乎都在 10mm 以内，整个基础附近的沉降和隆起量较小，从 249d 以后连续五次监测沉降量不变，路堤的地基处于稳定状态。

7.4.2　李家院一级台阶沉降规律

以 2010 年 12 月 12 号所测沉降为基点，对设置在边坡一级台阶上的监测点 3 号、4 号、5 号，共进行了 26 次测量，3 号点在 2011 年 5 月 7 号被破坏。沉降测量数据均是相对基点（第一次测量）的沉降量。以时间为横坐标，累计沉降为纵坐标建立沉降与时间的曲线关系，如图 7.14 所示，其中负数代表下沉。

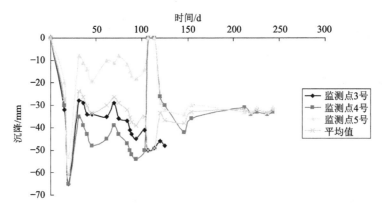

图 7.14　李家院一级台阶累积沉降曲线

由图 7.14 可以看出，各监测点沉降量均存在一定波动性，3 号监测点的最大沉降量约为 65mm；4 号监测点的最大沉降量为 65mm，5 号监测点最大沉降量为 33mm。

图 7.14 中的沉降曲线可分为两个阶段：在监测前 120d，3 号、4 号、5 号监测点的沉降波动较大，最大沉降 65mm，台阶土体沉降处于波动阶段；在 120d 以后，4 号和 5 号沉降量慢慢处于稳定。

总体来看，在 120d 以后的 100d 时间中，土体的沉降量基本不变，表明一级台阶沉降趋于稳定状态。

7.4.3　李家院二级台阶沉降规律

以 2010 年 12 月 12 号所测沉降为基点，对二级台阶上设置的监测点 6 号、7 号、8 号共进行了 19 次测量，6 号点在观测 86d 后遭破坏。沉降测量数据均是相对基点（第一次测量）的沉降量。以时间为横坐标，累计沉降为纵坐标建立沉降与时间的关系曲线，如图 7.15 所示，其中负数代表下沉。

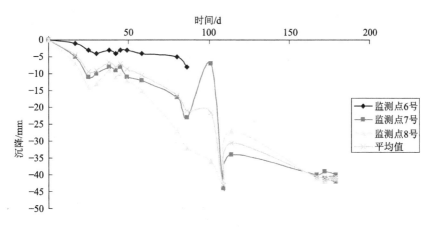

图 7.15　李家院二级台阶累积沉降曲线

从图 7.15 来看，各监测点的沉降量存在一定波动性，6 号监测点的最大沉降量为 8mm；7 号监测点的最大沉降量为 40mm，8 号监测点最大沉降量为 42mm。二级台阶 8 号监测点沉降量最大，中间 7 号监测点沉降量其次，边上 6 号监测点的沉降量最小。三个点的沉降趋势也大概可以分为六个阶段；前 25d 为第一阶段，沉降急剧增大；25～40d 为第二阶段，两监测点稍有回升；40～60d 为第三阶段，沉降量继续增加，在 60d 时，6 号监测点沉降已基本稳定在 4mm 左右，7 号监测点基本稳定在 10～12mm，8 号监测点沉降还有继续下沉的趋势，但增加幅度不大；60～80d 为第四阶段，沉降进一步加速；80～120d 为第五阶段，7 号监测点急剧反弹，8 号监测点沉降速率有增加的趋势；120d 以后为第六阶段，两监测点沉降慢慢减小，7 号监测点最终沉降量为 42mm，8 号监测点最终沉降量为 41mm，之后几乎不再变化，说明本层填土已经处于稳定状态。

7.4.4　李家院五级台阶沉降规律

在路堤边坡第五级台阶设置 9 号和 10 号监测点，以 2011 年 6 月 26 号所测沉降为基点，共进行了 7 次沉降观测。测量沉降数据均是相对基点（第一次的沉降量），沉降累积曲线如图 7.16 所示。

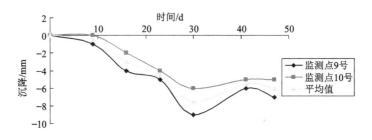

图 7.16　李家院五级台阶累积沉降曲线

由图 7.16 可以看出，五级台阶上两监测点累积沉降随着时间增加而增加，10 号点沉降比 9 号点沉降大，两者之间相差 3mm。30d 时 9 号点沉降达到 9mm，10 号点沉降达到

6mm，平均沉降为 7.5mm。为了研究沉降增加的速率，采用过原点的直线对曲线进行拟合，可以得到两者之间的关系为

$$y = -0.215\ 7x, \quad 其 R^2 = 0.908\ 5$$

从关系式可知，随着时间的增加，9 号和 10 号测点的沉降量线性增加，有继续沉降的趋势。

高路堤由于路堤堤身填筑高度和填筑面积大，自身荷载较重。完工后，路堤在自身荷载和车辆重复荷载作用下将产生自身压缩沉降和地基沉降，从而引起路堤整体下沉和局部下沉，影响路堤的稳定性或造成路面的破坏，导致道路无法正常运营甚至给人身安全带来隐患。目前，高填方路堤沉降的两大技术难题就是对施工期稳定性的控制和工后沉降的控制。国内外对路堤沉降计算和预测的研究很多，也出现了很多路基沉降预测的计算方法，这些沉降预测方法有其各自的优点，但是也存在着局限性。只依靠单一的公式和研究方法难以准确地预测路基沉降变形的大小，因此要有机结合多种理论和方法对高路堤的沉降做出准确的预测。

7.5　沉降预测方法的分析

由于沉降理论的计算方法对参数的选取具有一定的局限性和边界条件趋于理想化，因此在工程实践中的应用具有局限性。发现工程中实测的沉降—时间曲线的形状具有一定的规律性，于是提出依据沉降—时间曲线来拟合沉降曲线公式，求其所需参数，再反预测路堤沉降量。沉降预测法主要包括静态预测法和动态预测法。工程中常用的曲线拟合法都是静态预测法，例如，双曲线法、指数曲线法、抛物线法、三点法和 Asaoka 法等。动态预测法主要是灰色理论预测法、遗传算法、人工神经网络法等。

7.5.1　双曲线法

双曲线法就是把地基的沉降量—时间关系曲线近似成双曲线函数关系。以实测沉降量—时间曲线的拐点为起点，沉降曲线近似于双曲线，则用双曲线方程近似表示：

$$S(t) = S_0 + \frac{t - t_0}{a + b(t - t_0)} \tag{7.1}$$

式中：$S(t)$——推算 t 时刻的沉降量；

　　　　t_0——拐点处的时间或时间零点；

　　　　S_0——对应于 t_0 时刻的沉降量；

　　　　a、b——待拟合曲线的方程参数。

双曲线法在选取点时，要求把明显不合理的数值剔除后，再计算相关系数 R 和剩余标准差 σ，故而需要长时期的现场沉降检测数据。

7.5.2　指数曲线法

指数曲线法是一种假定沉降的平均速率以指数曲线的形式减少的方法。沉降量—时

间关系曲线近似指数函数，表示为

$$S(t) = S_\infty - (S_\infty - S_0)e^{\frac{t_0-t}{\eta}}$$ (7.2)

式中：t_0——某一观测时刻，且有 $t \geqslant t_0$；

　　$S(t)$——推算的某一时间沉降值；

　　　S_0——对应 t_0 的沉降量；

　　　S_∞——最终沉降量；

　　　η——参数。

■ 7.5.3　泊松曲线法

泊松曲线预测模型（Logisitic 预测模型）是反映事物从发生到成熟后达到一定极限的模型。其曲线的有界性和不通过原点的特性能更好地反映工程实际的全程沉降量—时间关系。泊松曲线公式如下：

$$S_t = \frac{S_\infty}{1 + ae^{-bt}}$$ (7.3)

式中：t——时间；

　　S_t——t 时刻对应的沉降预测值；

　　S_∞——最终沉降量；

　　a、b——待定参数。

泊松曲线模型参数拟合方法，具有对实测沉降量非等时距要求的优点，故而在工程实践中较适合和方便。

7.6　GM（1，1）灰色理论模型

灰色系统理论的基本思路是：①对数据做累加处理；②淡化信息数据序列的影响因素，加强信息数据的规律；③将数据序列建成只有一个变量并且兼容近似指数、差分、微分规律的灰色模型。在灰色理论系统中明确的信息被称为白色系统，未知的信息被称为黑色系统，部分已知、部分未知的信息被称为灰色系统。灰色理论系统又称 GM（n，m）理论，其中 G 代表 Gray（灰色），M 代表 Model（模型），n 代表方程的阶数，m 代表变量的个数。灰色系统模型是利用已知的信息，建立反映事物发展规律的灰色模型，并通过模型来分析和预测事物未来的发展事态。

■ 7.6.1　GM（1，1）模型的建立

灰色理论系统的基本模型是 GM（1，1）模型。GM（1，1）模型是通过累加原始数列，得到一个新的有规律的数列，再通过微分拟合数列的发展趋势，基本原理如下：

设有 n 个等时距的观测数列：

$$x^{(0)} = \left[x^{(0)}(1), x^{(0)}(2), \cdots, x^{(0)}(n)\right]$$

式中：$x^{(0)}(k) \geqslant 0$，$k=1, 2, 3, \cdots, n$。

上式为随机数据做一次累加，得到累加后的数列：

$$x^{(1)}(k) = \sum_{i=1}^{n} x^{(0)}(k) \tag{7.4}$$

$$z^{(0)} = [z^{(1)}(1), z^{(1)}(2), \cdots, z^{(1)}(n)]$$

$$z^{(1)}(k) = \frac{1}{2}[x^{(1)}(k) + x^{(1)}(k-1)] \tag{7.5}$$

式中：$k=2, 3, \cdots, n$；则 GM (1，1) 模型的微分方程（白化方程）为

$$\frac{\mathrm{d}x^{(1)}}{\mathrm{d}t} + ax^{(1)} = b \tag{7.6}$$

式中：a——发展系数；

b——灰色作用量。

参数列为

$$\hat{a} = \begin{bmatrix} a \\ b \end{bmatrix}, \text{且} B = \begin{bmatrix} -z^{(1)}(2) & 1 \\ -z^{(1)}(3) & 1 \\ \vdots & \vdots \\ -z^{(1)}(n) & 1 \end{bmatrix}, Y = \begin{bmatrix} x^{(1)}(2) \\ x^{(1)}(3) \\ \vdots \\ x^{(1)}(n) \end{bmatrix}$$

按最小二乘法求得：

$$\hat{a} = (B^{\mathrm{T}}B)^{-1}B^{\mathrm{T}}Y \tag{7.7}$$

在上述条件下，白化方程时间响应解为

$$\hat{x}^{(1)}(k+1) = \left[x^{(0)}(1) - \frac{b}{a}\right]\mathrm{e}^{-ak} + \frac{b}{a} \tag{7.8}$$

7.6.2 不等时距 GM (1，1) 模型

在实际工程中测量数据时，因为某些原因而使测量数据不完备，则数据出现不等时，所以灰色系统理论中等时距模型的使用受到限制而无法进行预测。上述情况称为不等时距问题，灰色理论系统针对不等时距问题主要有两种解决办法：①在原数据中补全个别缺失的数据，使其满足等时距的要求，然后建立等时距的灰色理论预测模型，但是这种方法偶然性较大；②在原不等时距数列的基础上建成新的等时距数列，再构成灰色模型。

平均间隔时间 Δt_0：

$$\Delta t_0 = \frac{1}{n-1}\sum_{i=1}^{n-1}\Delta t_i = \frac{1}{n-1}(t_n - t_1) \tag{7.9}$$

单位时段差系数 $\mu(t_i)$：

$$\mu(t_i) = \frac{t_i - (i-1)\Delta t_0}{\Delta t_0} \tag{7.10}$$

各时间段的总差值 $\Delta x_1^{(0)}(t_i)$：

$$\Delta x_1^{(0)}(t_i) = \mu(t_i)[x_1^{(0)}(t_{i+1}) - x_1^{(0)}(t_i)] \tag{7.11}$$

灰数值 $x_2^{(0)}(t_i)$：

$$x_2^{(0)}(t_i) = x_1^{(0)}(t_i) - \Delta x_1^{(0)}(t_i) \tag{7.12}$$

构造成等时间间隔的数列：$x_2^{(0)}(t) = \{x_2^{(0)}(1),\ x_2^{(0)}(2),\ \cdots,\ x_2^{(0)}(n)\}$，其中 $t=1,\ 2,\ 3,\ \cdots,\ n$。

对 $x_2^{(0)}(k)$ 做一次累减：

$$x_2^{(0)}(t) = \sum_{i=2}^{t} x_2^{(-1)}(t) \tag{7.13}$$

求发展系数 a 和灰色作用量 b：

$$z^{(1)}(k) = \frac{1}{2}\left[x_2^{(-1)}(k) + x_2^{(-1)}(k-1)\right] \tag{7.14}$$

式中：$k=2,\ 3,\ \cdots,\ n$；参数列为

$$\hat{a} = \begin{bmatrix} a \\ b \end{bmatrix}, \text{且 } B = \begin{bmatrix} -z^{(1)}(2) & 1 \\ -z^{(1)}(3) & 1 \\ \vdots & \vdots \\ -z^{(1)}(n) & 1 \end{bmatrix}, Y = \begin{bmatrix} x^{(1)}(2) \\ x^{(1)}(3) \\ \vdots \\ x^{(1)}(n) \end{bmatrix}$$

按最小二乘法求得：

$$\hat{a} = (B^{\mathrm{T}}B)^{-1}B^{\mathrm{T}}Y \tag{7.15}$$

在上述条件下，白化方程时间响应解为

$$\hat{x}^{(1)}(k+1) = \left[x^{(0)}(1) - \frac{b}{a}\right]e^{-ak} + \frac{b}{a} \tag{7.16}$$

7.6.3　GM（1，1）模型精度的检验

GM（1，1）预测模型确定以后，需要对其可靠性和实用性进行检验和判断，主要有三种方法检验其精度：①残差大小检验法，逐点检验模型值和实际值的误差；②关联度检验法，检验模型值曲线与建模数列曲线的相似程度；③后验差检验法，检验残差分布的特性。

1. 残差大小检验法

残差大小检验法是把预测数据和实测数据逐点求相对误差，观察相对误差是否在实际允许范围之内。检验方法如下：

实测数据为 $x^{(0)} = [x^{(0)}(1),\ x^{(0)}(2),\ \cdots,\ x^{(0)}(n)]$，预测数据为 $x'^{(0)} = [x'^{(0)}(1),\ x'^{(0)}(2),\ \cdots,\ x'^{(0)}(n)]$，计算残差，即：

$$e(i) = x(i) - x'(i),\quad i=1,2,3,\cdots,n \tag{7.17}$$

残差：

$$\varepsilon(i) = \frac{e(i)}{x^{(0)}(i)} \times 100\% \tag{7.18}$$

平均残差：

$$\bar{\varepsilon} = \frac{1}{n}\sum_{i=1}^{n}|\varepsilon(i)| \tag{7.19}$$

模型精度：

$$p = (1 - \bar{\varepsilon}) \times 100\% \tag{7.20}$$

当 $p > 80\%$ 模型预测效果一般，当 $p > 90\%$ 模型预测效果很好。

2. 关联度检验法

关联度检验是一种几何检验方法，模型曲线的几何形状越接近于实测曲线，则表示关联度大。

实测数据为 $x^{(0)} = [x^{(0)}(1), x^{(0)}(2), \cdots, x^{(0)}(n)]$，预测数据为 $x'^{(0)} = [x'^{(0)}(1), x'^{(0)}(2), \cdots, x'^{(0)}(n)]$，则 $x^{(0)}$ 与 $x'^{(0)}$ 的相关系数为

$$\xi = \frac{\min_{1 \leqslant i \leqslant n} |x^{(0)}(i) - x'^{(0)}(i)| + 0.5 \max_{1 \leqslant i \leqslant n} |x^{(0)}(i) - x'^{(0)}(i)|}{|x^{(0)}(i) - x'^{(0)}(i)| + 0.5 \max_{1 \leqslant i \leqslant n} |x^{(0)}(i) - x'^{(0)}(i)|} \tag{7.21}$$

$$\xi = \frac{1}{n} \sum_{i=1}^{n} \xi_i \tag{7.22}$$

模型预测效果越好，则关联度越大，要求关联度 $\xi > 0.6$。

3. 后验差检验法

实际中常采用后验差法对模型的精度进行检验。如果一次残差修正未达到良好的效果，可进行多级残差修正。

实测数据为 $x^{(0)} = [x^{(0)}(1), x^{(0)}(2), \cdots, x^{(0)}(n)]$，预测数据为 $x'^{(0)} = [x'^{(0)}(1), x'^{(0)}(2), \cdots, x'^{(0)}(n)]$，$\varepsilon^{(0)}(k)$ 为残差数列，则：

$$\varepsilon(i) = x^{(0)}(i) - x'^{(0)}(i), \quad i = 1, 2, 3, \cdots, n \tag{7.23}$$

残差均值：

$$\varepsilon' = \frac{1}{n} \sum_{i=1}^{n} \varepsilon^{(0)}(i) \tag{7.24}$$

残差方差：

$$s_1^2 = \frac{1}{n} \sum_{i=1}^{n} [\varepsilon^{(0)}(i) - \bar{\varepsilon}]^2 \tag{7.25}$$

实测数据均值：

$$\bar{\varepsilon} = \frac{1}{n} \sum_{i=1}^{n} x^{(0)}(i) \tag{7.26}$$

实测数据方差：

$$s_1^2 = \frac{1}{n} \sum_{i=1}^{n} [x^{(0)}(i) - \bar{x}]^2 \tag{7.27}$$

后检验差的比值：

$$C = \frac{s_1}{s_2} \tag{7.28}$$

误差的概率：

$$P = P\{|\varepsilon^{(0)}(i) - \bar{\varepsilon}| < 0.6745 s_2\} \tag{7.29}$$

通过表 7.1 对预测模型精度的指标 P、C 值进行评估。P、C 值越小，表明预测效果越好。如果检验精度不能达到其相应的等级，需对残差进行修正来提高预测模型的精度。

表 7.1　模型精度预测

预测精度等级	好	合格	勉强	不合格
P	$P \geqslant 0.95$	$0.95 \geqslant P \geqslant 0.8$	$0.8 > P \geqslant 0.7$	$P < 0.7$
C	$C \leqslant 0.35$	$0.35 < C \leqslant 0.5$	$0.5 < C \leqslant 0.65$	$C < 0.65$

7.7　基于实测的高填方路基沉降控制研究

7.7.1　工程概况

十堰城区东环一级公路是十堰市城区路网规划的重要组成部分，也是该市东北部外环线的一段，是东部新城区的骨干道路，是郧县城区尤其是正在建设的郧县长岭新城区连接十堰城区的最便捷通道。东环一级公路起点位于城区东部许家棚，与东风大道、许白一级公路、十漫高速公路东互通平面交叉，经贺家沟、熊家湾村、马家沟大桥至太山庙，与北京路延长线对接。路线向北下穿十漫高速公路太山庙大桥，经陈家院、对门沟、郭家沟后，至龙潭湾隧道，隧道全长约 580m，至神定河大桥，桥长约 320m。终点位于城区西部刘家沟隧道出口处，与"郧十"一级路郧县段连接，全长 15.3km。公路采用一级公路标准，设计时速为 60km/h，路基宽度 36m。本工程的路线采用路堤与路堑方案通过沟谷与山岭，因此填方路堤较多。公路沿线有高填方路堤达 50 多处，最高填方接近70m。如此多的高填方路堤，如果设计、施工不当，将导致一系列问题，如断面过大、填方量大、造价偏高、不均匀沉降、边坡坍塌、路面开裂、地基破坏等。通过对现场土工格栅加筋后的路堤沉降数据分析，为类似工程作出理论指导。

7.7.2　沉降监测方案

十堰东环一级路主要监测填方的两个标段：李家院和谭家沟。为了对两个标段路堤沉降规律有较全面的了解，在路堤施工过程中，每级台阶按照 10m 的间距布置边桩 3 根，作为后期观测的依据，进行定期测量，以便监测路堤的施工安全与稳定。前 15d 每天观测一次，15～60d 每 7d 观测一次，2 个月后每 15d 观测一次，确定路堤的沉降随时间的变化规律。具体设置如下：

在谭家沟设置 15 个测点，基础附近 3 个测点，第一级台阶 3 个测点，第二级台阶 2 个测点（2011 年 7 月 13 日新埋设），第三级台阶 2 个测点（2011 年 7 月 13 日新埋设），第四级台阶 3 个测点，第五级级台阶 2 个测点（2011 年 6 月 22 日新埋设），第六级台阶 2 个测点（2011 年 6 月 22 日新埋设），如图 7.17 所示。

在李家院设置 10 个测点，基础附近 2 个测点，第一级台阶 3 个测点，第二级台阶 3 个测点，第五级台阶 2 个测点（2011 年 6 月 11 日新埋设），如图 7.18 所示。

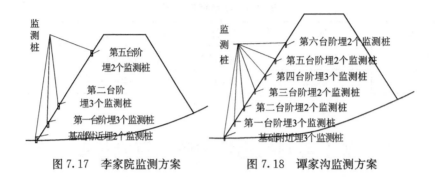

图 7.17　李家院监测方案　　　　图 7.18　谭家沟监测方案

7.7.3　沉降监测设备

　　工程现场（图 7.19）监测使用的是莱卡水准仪、铟钢尺，莱卡水准仪每公里往返测高程精度为 0.7mm，放大倍率为 32x，补偿器设置精度为 0.3″，补偿器工作范围为 ±30″，望远镜物镜内安置一个测微计能读至 0.1mm，估读至 0.01mm。在监测点埋设监测桩，监测桩是 20cm×20cm 的水泥墩台，在墩台中埋设钢筋，并在钢筋上做标记。

图 7.19　现场照片

7.7.4　沉降监测数据分析

　　对"十堰东环路"一级路路堤的施工全程进行监测，分析监测数据找到土石混合路堤沉降数据的规律。采用双曲线预测模型、泊松预测模型、指数预测模型三种预测模型对路堤实测沉降量进行预测，在模型预测中最好选用项数较小的模型，这样在工程实践中应用更为方便有利于推广。对上述三种模型的预测值、相关系数和误差值等进行对比分析，并且和实测值比较找到最佳模拟实际工程的模型，在此分析中主要是对高路堤一级以上台阶进行拟合分析，由于地基沉降量比较小，当地是山区地质条件比较好，沉降量不大，没有对地基进行拟合。

　　1. 谭家沟地基沉降规律

　　2010 年 10 月 21 日—2012 年 1 月 5 日，对地基的监测点 1 号、2 号、3 号进行了

50 次测量。各监测点沉降量存在一定波动性，最大累计沉降量为 10mm，最大上升量为 1mm。累计沉降量－填土高度－时间的曲线关系如图 7.20 所示，其中负数代表下沉。

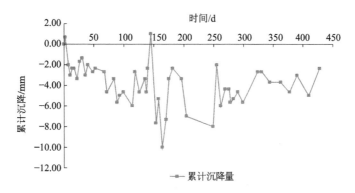

图 7.20　谭家沟地基累计沉降量－时间关系曲线

从图 7.20 可以明显看出，监测点的沉降在－10～1mm 内，大部分在－5～0mm。在前 3 个月，路堤沉降量比较小，但是沉降量处于平稳波动中；3 个月后，沉降有所增加，在 5 个月时，监测点有急剧隆起的趋势，且隆起量较小为 3mm 左右；在 9 个月后，监测点变化缓慢趋于达到稳定状态。总体来看地基沉降量不大。

图 7.21 中，土体的沉降量总体趋势是随着填土高度的增加沉降量也增大。但是填土过程中沉降量存在波动性，填土高度在 20～50m 波动性最大，并出现了隆起，最大值是 9mm，下沉最大值是 17mm。

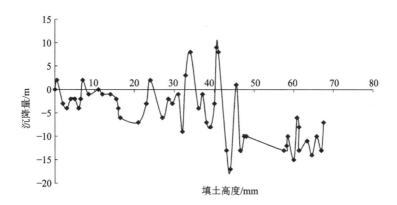

图 7.21　谭家沟地基累计沉降量－填土高度关系曲线

1）谭家沟一级台阶沉降规律

2010 年 10 月 21 日—2012 年 1 月 5 日，对地基的监测点 4 号、5 号、6 号进行了 38 次测量。监测点沉降量存在一定波动性，监测点的最大沉降量为 63mm，最大上升量为 12mm。累计沉降量－时间的曲线关系如图 7.22 所示。

如图 7.22 所示，监测点沉降趋势大概可分为四个阶段：第一阶段在 0～15d，监测点出现回升即沉降值是正值；第二阶段在 15～157d，监测点沉降逐渐下沉，下降速率比较快，最大沉降量在 35mm 左右；第三阶段在 157～246d，土体基本上处于稳定阶段；第四阶段在 264d 之后，由于施工和长时间的降雨，监测点沉降量明显增加。由此可见，在降雨量大的时期要加强土体沉降监控，才能保证工程质量和施工安全。

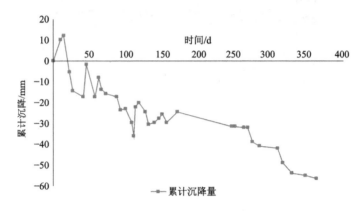

图 7.22　路堤一级台阶累计沉降量—时间的关系曲线

如图 7.23 所示，随着路堤填方高度的增加，累积沉降量曲线可分为四个阶段：填方高度 8～16m 为第一个阶段，填土量增加一级台阶的累积沉降量却为正值，这是由于上部填土高度增加，对下部台阶的周边土体有挤出现象；填土高度 16～36m 为第二个阶段，监测点累积沉降量随着填土高度增加而增加，具有较好的相关性，这是由于土石混合填料，当路堤的填筑高度增加，对其下面的填土层施加了附加荷载，故路堤填土后沉降很快会趋于稳定；填土高度超过 36～60m 为第三个阶段，此阶段的沉降量基本稳定；在60m 之后为第四阶段，随着土体的高度增加，沉降有增大的趋势，沉降量增大是由于长时间降雨所致。

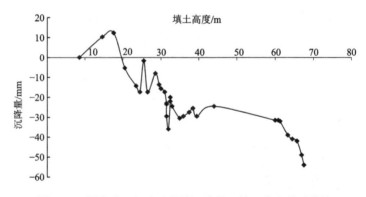

图 7.23　谭家沟一级台阶累计沉降量—填土高度关系曲线

用指数预测模型、双曲线预测模型和泊松预测模型对一级台阶后期的沉降量进行拟合。施工期后期的沉降量会逐步趋于稳定，通过对这些数据的拟合后，最优预测模型对工后的沉降量有预测作用。图 7.24 所示为一级台阶的三种拟合曲线。

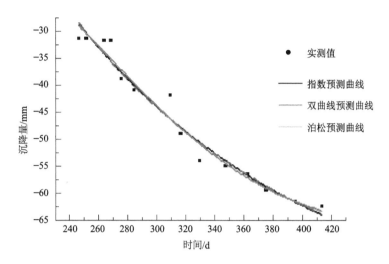

图 7.24　谭家沟一级台阶实测值与三种预测模型对比曲线

如表 7.2 和表 7.3 所示，三种模型拟合的数值精度很高，相关系数均在 0.95 以上；泊松预测模型是三种模型中相关系数最高的，也就是拟合效果最好的。一级台阶沉降观测值见表 7.4。

表 7.2　三种预测模型建立的各点沉降模型

谭家沟一级台阶	指数预测模型表达式	双曲线预测模型表达式	泊松预测模型表达式
	$y=a+be^{\frac{x}{-c}}$	$y=a+\dfrac{b}{x}$	$y=\dfrac{a}{1+be^{-cx}}$
	$y=-84.800\ 7+239.123\ 9e^{\frac{x}{-169.792\ 9}}$	$y=-115.791\ 4+\dfrac{21\ 505.949\ 8}{x}$	$y=\dfrac{-69.11}{1+71.928\ 8e^{-0.016\ 1x}}$

表 7.3　三种预测模型的相关系数

谭家沟	相关系数 R		
	指数预测模型	双曲线预测模型	泊松预测模型
一级台阶	0.959 3	0.961 34	0.964 7

表 7.4　一级台阶沉降观测值

T/s	247	252	264	269	276	285	310	317	330	348	363	376	396	414
$\Delta T/s$	0	5	17	22	29	38	58	70	83	101	116	129	149	167
S/mm	31.5	31.5	32	32	39	41	42	49	54	55	56.5	59.5	61.5	62.5

注：T 为时间；ΔT 为距首次时间间隔；S 为累计沉降量。

GM（1，1）模型的建立：

$$x_1^{(0)}(t) = [31.5, 31.5, 32, 32, 39, 41, 42, 49, 54, 55, 56.5, 59.5, 61.5, 62.5]$$

（1）计算平均间隔时间 Δt_0

$$\Delta t_0 = 12.846\ 2$$

（2）求每个时间段与平均时间段的单位时段差系数 $\mu(t_1)$

$$\mu(t_i) = [0, -0.610\ 8, -0.676\ 6, -1.287\ 4, -2.041\ 9, -1.485, -1.550\ 9,$$
$$-1.538\ 9, -1.137\ 7, -0.970\ 1, -0.958\ 1, -0.401\ 2]$$

（3）求每个时间段的总差值 $\Delta x_1^{(0)}(t_i)$

$$\Delta x_1^{(0)}(t_i) = [0, 0, -0.338\ 3, 0, -12.197\ 6, -4.083\ 8, -1.485, -10.856\ 3,$$
$$-7.694\ 6, -1.137\ 7, -1.455\ 1, -2.874\ 3, -0.802\ 4, 0]$$

（4）计算等间隔 $x_2^{(0)}(t_i)$

$$x_2^{(0)}(t_i) = x_1^{(0)}(t_i) - \Delta x_1^{(0)}(t_i), \quad i = 1, 2, 3, \cdots, n$$

$$x_2^{(0)}(t_i) = [31.5, 31.5, 32.338\ 3, 32, 51.197\ 6, 45.083\ 8, 43.485, 59.856\ 3,$$
$$61.694\ 6, 56.137\ 7, 57.955\ 1, 62.374\ 3, 62.302\ 4, 62.5]$$

（5）累减 $x_2^{(0)}(t_i)$ 数列

$$x_2^{(-1)}(t_i) = [31.5, 0, 0.838\ 3, -0.338\ 3, 19.197\ 6, -6.113\ 8, -1.598\ 9, 16.371\ 3,$$
$$1.838\ 3, -5.556\ 9, 1.817\ 4, 4.419\ 2, -0.071\ 9, 0.197\ 6]$$

$$Y = \begin{bmatrix} x_2^{(-1)}(1) \\ x_2^{(-1)}(2) \\ x_2^{(-1)}(3) \\ x_2^{(-1)}(4) \\ x_2^{(-1)}(5) \\ x_2^{(-1)}(6) \\ x_2^{(-1)}(7) \\ x_2^{(-1)}(8) \\ x_2^{(-1)}(9) \\ x_2^{(-1)}(10) \\ x_2^{(-1)}(11) \\ x_2^{(-1)}(12) \\ x_2^{(-1)}(13) \end{bmatrix} = \begin{bmatrix} 0 \\ 0.838\ 3 \\ -0.338\ 3 \\ 19.197\ 6 \\ -6.113\ 8 \\ -1.598\ 8 \\ 16.371\ 3 \\ 1.838\ 3 \\ -5.556\ 9 \\ 1.817\ 4 \\ 4.419\ 2 \\ -0.071\ 9 \\ 0.197\ 6 \end{bmatrix}$$

$$B = \begin{bmatrix} -\dfrac{1}{2}\left[x_2^{(0)}(1)+x_2^{(0)}(2)\right] & 1 \\[1.2em] -\dfrac{1}{2}\left[x_2^{(0)}(2)+x_2^{(0)}(3)\right] & 1 \\[1.2em] -\dfrac{1}{2}\left[x_2^{(0)}(3)+x_2^{(0)}(4)\right] & 1 \\[1.2em] -\dfrac{1}{2}\left[x_2^{(0)}(4)+x_2^{(0)}(5)\right] & 1 \\[1.2em] -\dfrac{1}{2}\left[x_2^{(0)}(5)+x_2^{(0)}(6)\right] & 1 \\[1.2em] -\dfrac{1}{2}\left[x_2^{(0)}(6)+x_2^{(0)}(7)\right] & 1 \\[1.2em] -\dfrac{1}{2}\left[x_2^{(0)}(7)+x_2^{(0)}(8)\right] & 1 \\[1.2em] -\dfrac{1}{2}\left[x_2^{(0)}(8)+x_2^{(0)}(9)\right] & 1 \\[1.2em] -\dfrac{1}{2}\left[x_2^{(0)}(9)+x_2^{(0)}(10)\right] & 1 \\[1.2em] -\dfrac{1}{2}\left[x_2^{(0)}(10)+x_2^{(0)}(11)\right] & 1 \\[1.2em] -\dfrac{1}{2}\left[x_2^{(0)}(11)+x_2^{(0)}(12)\right] & 1 \\[1.2em] -\dfrac{1}{2}\left[x_2^{(0)}(12)+x_2^{(0)}(13)\right] & 1 \end{bmatrix} = \begin{bmatrix} -31.5 & 1 \\ -31.9192 & 1 \\ -32.1692 & 1 \\ -41.5988 & 1 \\ -48.1407 & 1 \\ -44.2844 & 1 \\ -51.6707 & 1 \\ -60.7755 & 1 \\ -58.9162 & 1 \\ -57.0464 & 1 \\ -60.1647 & 1 \\ -62.3383 & 1 \\ -62.4012 & 1 \end{bmatrix}$$

$$\hat{u} = [a,b]^{\mathrm{T}} = (B^{\mathrm{T}}B)^{-1}B^{\mathrm{T}}Y_N = [0.0436, 4.5393]^{\mathrm{T}}$$

（6）对 $x_2^{(0)}(t_i)$ 建立等时间的 GM（1，1）模型

$$y = -72.6124e^{-0.0436} + 104.1124$$

（7）非等间隔的 GM（1，1）模型

$$y = -72.6124e^{-0.00339} + 104.1124$$

（8）精度检验

实测数据均值：

$$\bar{x}^{(0)} = \frac{1}{14}(31.5+31.5+32+39+41+42+49+54+55+56.5+$$
$$59.5+61.5+62.5) = 132.9184$$

实测数据方差：

$$S_1{}^2 = \frac{1}{14}(216.5102+216.5102+202.0459+202.0459+52.0459+$$
$$27.1888+17.7602+7.7602+60.6173+77.1888+105.7959+$$
$$176.5102+233.6531+265.2245) = 132.9184$$

残差均值：

$$\bar{e} = \frac{1}{14}(0 - 1.220\ 5 - 3.566\ 7 - 4.718\ 9 + 0.700\ 5 + 0.722\ 7 - 2.462\ 3 + 2.159\ 5 +$$

$$4.69 + 2.445\ 6 + 1.389\ 1 + 2.497\ 6 + 1.202 - .392) = 0.246\ 2$$

残差方差：

$$S_2^2 = \frac{1}{14}(0.060\ 6 + 1.489\ 6 + 12.721\ 3 + 22.268 + 0.490\ 7 + 0.522\ 3 + 6.062\ 9 +$$

$$4.663\ 4 + 21.996\ 1 + 5.981 + 1.929\ 6 + 6.238\ 1 + 1.444\ 8 + 0.153\ 7)$$

$$= 6.144\ 4$$

后验差比值：$C = 0.215 < 0.35$，$P = 100\%$；表明模拟预测精度很好。

由表 7.5 可知，指数、双曲线和泊松三种模型计算值与现场实测非常接近。指数模型计算值与实测值相比，最大误差为 11.74%；平均误差为 4.23%；泊松模型计算值最大误差为 10.53%，平均误差为 3.98%；双曲线模型计算值最大误差也有 12.01%，平均误差达到 4.32%；灰色理论模型计算值最大误差也有 14.75%，平均误差达到 4.71%。尽管三个预测模型都很接近真实值，并且平均误差都小于 5%，但是依然可以发现泊松模型的误差范围和平均误差最小。

表 7.5　各模型沉降量的预测值与一级台阶实测值比较

时间/d	实测/mm	指数预测/mm	误差/%	双曲线预测/mm	误差/%	泊松预测/mm	误差/%	灰色理论系统/mm	误差/%
247	−31.5	−28.97	8.02	−28.72	8.82	−29.29	7.00	−31.50	0.00
252	−31.5	−30.61	2.88	−30.47	3.33	−30.68	2.67	−32.72	−3.87
264	−32	−34.25	−7.16	−34.29	−7.28	−33.94	−6.19	−35.57	−11.15
269	−32	−35.74	−11.74	−35.82	−12.01	−35.35	−10.53	−36.72	−14.75
276	−39	−37.65	3.23	−37.78	2.89	−37.22	4.33	−38.30	1.80
285	−41	−40.17	2.03	−40.33	1.63	−39.78	2.98	−40.28	1.76
310	−42	−46.28	−10.19	−46.42	−10.52	−46.28	−10.19	−44.46	−5.86
317	−49	−47.83	2.38	−47.95	2.14	−47.97	2.11	−46.84	4.41
330	−54	−50.56	6.37	−50.62	6.26	−50.91	5.73	−49.31	8.69
348	−55	−54.00	1.81	−53.99	1.83	−54.51	0.89	−52.55	4.45
363	−56.5	−56.61	−0.19	−56.55	−0.08	−57.09	−1.05	−55.11	2.46
376	−59.5	−58.69	1.37	−58.59	1.52	−59.02	0.80	−57.00	4.20
396	−61.5	−61.59	−0.14	−61.48	0.03	−61.49	0.02	−60.30	1.95
414	−62.5	−63.92	−2.28	−63.84	−2.15	−63.23	−1.17	−62.89	−0.63

2）谭家沟二、三级台阶沉降规律

由图 7.25 可知，二级台阶和三级台阶都在 65d 之前，沉降曲线平缓，沉降速率不大；在 65d 之后，这段时间土体上方的强夯，沉降量增大。

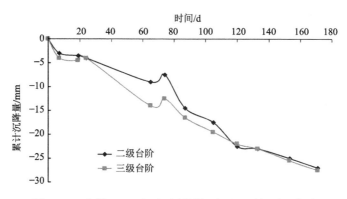

图 7.25　路堤二、三级台阶累计沉降量—时间关系曲线

由图 7.26 可知，二、三级台阶在填土高度增加后，沉降也增加；填土高度在 67m 之后土体上方的强夯引起土体的沉降增大。

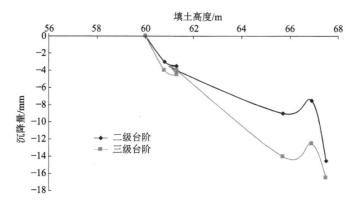

图 7.26　谭家沟二、三级台阶累计沉降量—填土高度关系曲线

对二、三级台阶强夯后的沉降量运用三种预测模型拟合，如图 7.27 和图 7.28 所示。

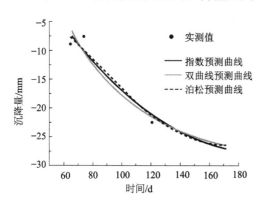

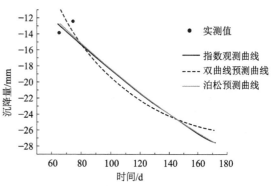

图 7.27　谭家沟二级台阶实测值与
三种预测模型对比曲线

图 7.28　谭家沟三级台阶实测值与
三种预测模型对比曲线

如表 7.6 和表 7.7 所示，用三种模型对二级台阶和三级台阶的数据进行拟合，精度在 0.9 以上，拟合效果比较好；并且可以看出两个台阶的相关系数：泊松预测模型＞指数预测模型＞双曲线预测模型。

表 7.6　三种预测模型建立的各点沉降模型

谭家沟	指数预测模型表达式	双曲线预测模型表达式	泊松预测模型表达式
	$y=a+be^{\frac{x}{c}}$	$y=a+\dfrac{b}{x}$	$y=\dfrac{a}{1+be^{-cx}}$
二级台阶	$y=-33.676\,7+62.482\,8e^{-\frac{x}{75.525\,8}}$	$y=-38.784\,3+\dfrac{2\,101.983}{x}$	$y=\dfrac{-27.470\,8}{1+35.966\,8e^{-0.040\,3x}}$
三级台阶	$y=-48.637\,1+49.849\,1e^{-\frac{x}{198.391\,8}}$	$y=-34.978\,1+\dfrac{1\,526.826\,2}{x}$	$y=\dfrac{-32.271}{1+5.688\,1e^{-0.020\,2x}}$

表 7.7　三种预测模型的相关系数

谭家沟	相关系数 R		
	指数预测模型	双曲线预测模型	泊松预测模型
二级台阶	0.948 6	0.943 9	0.959 4
三级台阶	0.966 3	0.919 3	0.966 4

二级台阶的误差分析（表 7.8）：泊松模型计算值最大误差为 13.74％，平均误差为 8.61％；指数模型计算值与实测值相比，最大误差为 36.29％，平均误差为 8.67％；双曲线模型计算值最大误差为 17.94％，平均误差为 10.31％；灰色理论模型计算值最大误差为 46.45％，平均误差为 9.16％；指数和泊松模型的平均误差均小于 9％，比双曲线的平均误差小。用泊松曲线拟合二级台阶的误差范围（−13.74％～8.67％）和平均误差最小。因此泊松模型更贴近真实测值。

表 7.8　各模型沉降量的预测值与二级台阶实测值比较

时间/d	实测/mm	指数预测/mm	误差/％	双曲线预测/mm	误差/％	泊松预测/mm	误差/％	灰色理论系统/mm	误差/％
65	−9	−7.25	19.41	−6.45	28.38	−7.64	15.15	9.00	0.00
74	−7.5	−10.22	−36.29	−10.38	−38.39	−9.79	−30.58	10.98	46.45
87	−14.5	−13.93	3.93	−14.62	−0.85	−13.29	8.35	13.68	−5.65
105	−17.5	−18.12	−3.53	−18.77	−7.23	−18.13	−3.59	17.11	−2.21
120	−22.5	−20.92	7.02	−21.27	5.48	−21.44	4.69	19.73	−12.32
133	−23	−22.94	0.27	−22.98	0.09	−23.56	−2.42	21.82	−5.11
153	−25	−25.44	−1.74	−25.05	−0.18	−25.58	−2.31	24.77	−0.90
171	−27	−27.18	−0.68	−26.49	1.88	−26.52	1.77	27.17	0.62

三级台阶的误差分析（表 7.9）：指数模型的最大误差为 14.46％，平均误差为

3.59%；泊松模型计算值最大误差为 3.74%，平均误差为 3.69%；双曲线模型计算值最大误差为 17.94%，平均误差为 6.71%；灰色理论模型计算值最大误差为 20.82%，平均误差为 4.19%；用泊松曲线拟合二级台阶的误差范围（−13.74%~8.67%）和平均误差最小。

表 7.9　各模型沉降量的预测值与三级台阶实测值比较

时间/ d	实测/ mm	指数预测/ mm	误差/ %	双曲线预测/ mm	误差/ %	泊松预测/ mm	误差/ %	灰色理论系统/ mm	误差/ %
65	−14	−1.17	9.18	−11.49	17.94	−12.79	8.67	14.00	0.00
74	−12.5	1.77	−14.46	−14.35	−14.76	−14.22	−13.74	15.10	20.82
87	−16.5	−0.17	0.09	−17.43	−5.63	−16.33	1.01	16.71	1.27
105	−19.5	−0.36	1.16	−20.44	−4.80	−19.24	1.35	18.96	−2.76
120	−22	−0.53	2.67	−22.25	−1.16	−21.51	2.21	20.87	−5.16
133	−23	0.46	−0.60	−23.50	−2.17	−23.31	−1.36	22.53	−2.03
153	−25.5	1.00	−0.33	−25.00	1.97	−25.69	−0.74	25.13	−1.45
171	−27.5	−1.00	−0.30	−26.05	5.28	−27.40	0.37	27.51	0.02

3）谭家沟四级台阶沉降规律

2011 年 3 月 16 日，在谭家沟已经完工的四级台阶上布置了三个监测点。测量数据如图 7.29 所示，测量沉降数据均是相对基点的沉降。

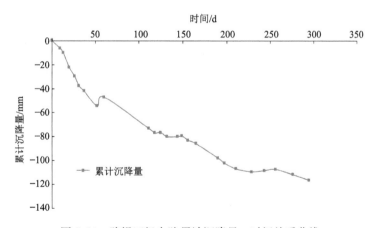

图 7.29　路堤四级台阶累计沉降量−时间关系曲线

累计沉降量−填土高度曲线关系（图 7.29）可分为三个阶段：第一阶段，60d 以前沉降量与时间基本成线性关系，并且沉降量速率很大；第二阶段，60~165d 沉降量下降比前 60d 缓慢，且在 150d 左右趋于稳定；第三阶段，165d 以后沉降量继续缓慢下降。

由图 7.30 可知，填土高度在 30~40m 时，沉降量下降非常迅速；高度在 40~60m，沉降速率就变得缓慢很多；填土高度到 60m 以后沉降量又一次急剧增大。

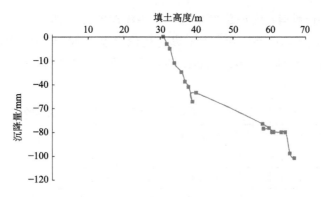

图 7.30　谭家沟四级台阶累计沉降量－填土高度关系曲线

如图 7.31、表 7.10 和表 7.11 所示，指数预测模型、泊松预测模型拟合的相关系数在 0.93 以上；双曲线预测模型相关系数与前两者相比较小。

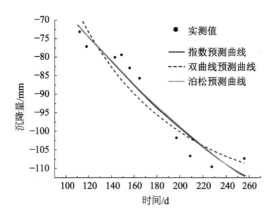

图 7.31　谭家沟四级台阶实测值与三种预测模型对比曲线

表 7.10　三种预测模型建立的各点沉降模型

谭家沟	指数预测模型表达式	双曲线预测模型表达式	泊松预测模型表达式
	$y=a+b\mathrm{e}^{-\frac{x}{c}}$	$y=a+\dfrac{b}{x}$	$y=\dfrac{a}{1+b\mathrm{e}^{-cx}}$
四级台阶	$y=-171.9747+149.9803\mathrm{e}^{-\frac{x}{277.4285}}$	$y=-139.9219+\dfrac{7975.1883}{x}$	$y=\dfrac{-132.839}{1+2.7844\mathrm{e}^{-0.0106x}}$

表 7.11　三种预测模型的相关系数

谭家沟	相关系数 R		
	指数预测模型	双曲线预测模型	泊松预测模型
四级台阶	0.930 6	0.899 3	0.935 7

如表 7.12 所示，指数与泊松模型计算值与现场实测非常接近，平均误差都小于 5%。指数模型计算值与实测值相比，最大误差为 5.03%，平均误差为 3.16%；泊松模型计算值最大误差为 4.71%，平均误差为 3.1%；灰色理论模型计算值最大误差为 6.86%，平

均误差为 3.04%；双曲线模型最大误差达到 12.01%，平均误差达到 4.32%。由此可见，泊松模型的模拟效果最好。

表 7.12 各模型沉降量预测值与四级台阶实测值比较

时间/ d	实测/ mm	指数预测/ mm	误差/ %	双曲线预测/ mm	误差/ %	泊松预测/ mm	误差/ %	灰色理论系统/ mm	误差/ %
111	−73	−71.45	2.12	−68.07	6.75	−71.34	2.27	73.00	0.00
118	−77	−73.96	3.95	−72.34	6.06	−73.78	4.18	75.00	−2.60
125	−76.5	−76.40	0.13	−76.12	0.50	−76.19	0.40	76.98	0.62
132	−80	−78.78	1.53	−79.50	0.62	−78.58	1.77	78.94	−1.33
144	−80	−82.72	−3.40	−84.54	−5.67	−82.60	−3.25	82.26	2.83
149	−79.5	−84.32	−6.06	−86.40	−8.68	−84.24	−5.96	83.63	5.20
156	−83	−86.50	−4.22	−88.80	−6.99	−86.49	−4.21	85.54	3.06
165	−86	−89.23	−3.76	−91.59	−6.50	−89.32	−3.86	87.96	2.28
190	−98	−96.36	1.67	−97.95	0.05	−96.67	1.36	94.54	−3.53
197	−102	−98.24	3.68	−99.44	2.51	−98.58	3.35	96.35	−5.54
210	−107	−101.62	5.03	−101.94	4.72	−101.96	4.71	99.66	−6.86
228	−109.5	−106.04	3.16	−104.94	4.16	−106.23	2.98	104.16	−4.87
243	−108.5	−109.51	−0.93	−107.10	1.29	−109.45	−0.87	107.83	−0.61
256	−107.5	−112.37	−4.53	−108.77	−1.18	−111.98	−4.16	110.96	3.22

4）谭家沟五、六级台阶沉降规律

五、六级台阶在 128d 以前沉降量比较快，128d 以后沉降量虽然也有所下降，但是没有 128d 以前下降得快，如图 7.32 所示。

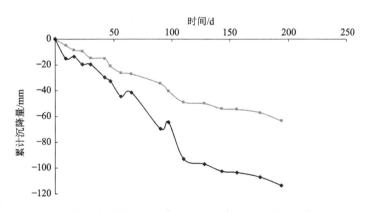

图 7.32 路堤五、六级台阶累计沉降量一时间关系曲线

由图 7.33 可知，五、六级台阶的沉降量可以分为三个阶段：填土高度 60m 以下时，沉降量下降的比较缓慢；高度在 60～64m 时，沉降速率增大；填土高度大于 64m 时，沉降量陡然增大。

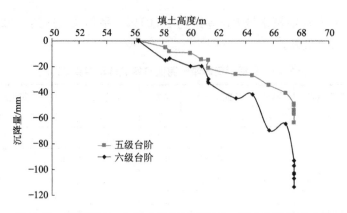

图 7.33　谭家沟五、六级台阶累计沉降量－填土高度关系曲线

图 7.34 和图 7.35 是对五、六级台阶沉降量运用三种预测模型的拟合。

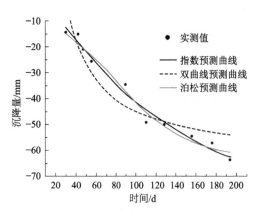

图 7.34　谭家沟五级台阶实测值与
三种预测模型对比曲线

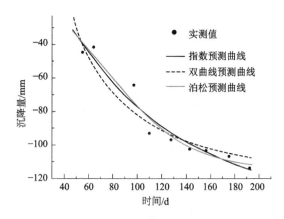

图 7.35　谭家沟六级台阶实测值与
三种预测模型对比曲线

　　如表 7.13 和表 7.14 所示，拟合五级台阶和六级台阶的沉降数据，指数模型和泊松模型精度都在 0.95 以上，且泊松模型拟合最接近真实值；用双曲线模型拟合后，精度最高只有 0.91，拟合效果不是很理想。因此，选择拟合模型时应优先选用指数和泊松预测模型。

表 7.13　三种预测模型建立的各点沉降模型

谭家沟	指数预测模型表达式	双曲线预测模型表达式	泊松预测模型表达式
	$y=a+be^{-\frac{x}{c}}$	$y=a+\dfrac{b}{x}$	$y=\dfrac{a}{1+be^{-cx}}$
五级台阶	$y=-82.827\,1+88.880\,9e^{-\frac{x}{131.615\,1}}$	$y=-63.599\,7+\dfrac{183\,8.409\,9}{x}$	$y=\dfrac{-63.086\,6}{1+7.605\,4e^{-0.026\,8x}}$
六级台阶	$y=-134.739\,5+177.626\,3e^{-\frac{x}{88.853\,3}}$	$y=-135.571\,7+\dfrac{531\,4.987\,7}{x}$	$y=\dfrac{-114.861}{1+11.153\,4e^{-0.031\,1x}}$

表 7.14　三种预测模型的相关系数

谭家沟	相关系数 R		
	指数预测模型	双曲线预测模型	泊松预测模型
五级台阶	0.977 2	0.843 7	0.979 2
六级台阶	0.951 8	0.913 0	0.961 5

　　五级台阶的指数模型计算值与实测值相比（表 7.15），最大误差为 21.53%，平均误差为 6.31%；泊松模型计算值最大误差为 21.27%，平均误差为 5.25%；双曲线模型计算值最大误差为 32.19%，平均误差为 19.74%；灰色理论模型计算值最大误差为 28.55%，平均误差为 5.89%。泊松曲线拟合五级台阶的误差范围（−21.27% ～ 10.01%）和平均误差最小。

表 7.15　各模型沉降量的预测值与五级台阶实测值比较

时间/d	实测/mm	指数预测/mm	误差/%	双曲线预测/mm	误差/%	泊松预测/mm	误差/%	灰色理论系统/mm	误差/%
30	−14.5	−12.06	16.81	−2.32	84.00	−14.32	1.21	14.50	0.00
42	−15	−18.23	−21.53	−19.83	−32.19	−18.19	−21.27	19.28	28.55
47	−21	−20.64	1.73	−24.48	−16.59	−19.97	4.89	21.21	0.99
56	−26	−24.75	4.82	−30.77	−18.35	−23.40	10.01	24.58	−5.45
65	−27	−28.59	−5.88	−35.32	−30.80	−27.04	−0.16	27.84	3.10
90	−34.5	−37.97	−10.06	−43.17	−25.14	−37.51	−8.71	36.29	5.19
97	−40.5	−40.29	0.51	−44.65	−10.24	−40.30	0.49	38.51	−4.91
110	−49	−44.29	9.60	−46.89	4.31	−45.09	7.98	42.48	−13.32
128	−50	−49.22	1.56	−49.24	1.53	−50.62	−1.23	47.64	−4.73
143	−54	−52.84	2.15	−50.74	6.03	−54.16	−0.29	51.67	−4.32
156	−54.5	−55.66	−2.13	−51.82	4.93	−56.51	−3.69	54.97	0.86
176	−57	−59.49	−4.37	−53.15	6.75	−59.07	−3.62	59.73	4.79
194	−63.5	−62.47	1.62	−54.12	14.77	−60.54	4.66	63.70	0.32

　　六级台阶的指数模型计算值与实测值相比（表 7.16），最大误差为 18.73%，平均误差为 6.93%；泊松模型计算值最大误差为 15.26%，平均误差为 5.53%；双曲线模型计算值最大误差为 30.81%，平均误差为 11.43%；灰色理论模型计算值最大误差为 16.75%，平均误差为 6.06%。泊松曲线拟合五级台阶的误差范围（−15.26% ～ 0.86%）和平均误差最小。

表 7.16 各模型沉降量的预测值与六级台阶实测值比较

时间/ d	实测/ mm	指数预测/ mm	误差/ %	双曲线预测/ mm	误差/ %	泊松预测/ mm	误差/ %	灰色理论系统/ mm	误差/ %
47	−21	−30.08	7.45	−22.49	30.81	−32.05	1.37	21.00	0.00
56	−26	−40.16	9.75	−40.66	8.63	−38.91	12.57	23.98	−7.76
65	−27	−49.27	−18.73	−53.80	−29.64	−46.40	−11.81	26.91	−0.32
90	−34.5	−70.23	−1.05	−76.52	−10.10	−68.47	1.49	34.78	0.81
97	−40.5	−75.12	−16.46	−80.78	−25.24	−74.34	−15.26	36.91	−8.86
110	−49	−83.23	10.50	−87.25	6.18	−84.23	9.43	40.79	−16.75
128	−50	−92.68	4.45	−94.05	3.04	−95.11	1.95	46.00	−8.00
143	−54	−99.21	3.21	−98.40	4.00	−101.63	0.85	50.20	−7.03
156	−54.5	−104.05	−0.53	−101.50	1.93	−105.68	−2.11	53.74	−1.40
176	−57	−110.23	−3.02	−105.37	1.52	−109.74	−2.56	59.00	3.52
194	−63.5	−114.73	−1.08	−108.17	4.69	−111.88	1.43	63.57	0.10

两个台阶的误差范围和平均误差：泊松预测模型＞指数预测模型/灰色理论模型＞双曲线预测模型，说明泊松模型拟合效果更好。

5）谭家沟七级台阶沉降规律

图 7.36 为七级台阶的沉降量—时间关系曲线，沉降量不大，沉降速度比较慢。七级台阶是路堤的最高层，所以上部并无填土。

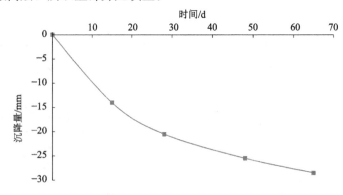

图 7.36 路堤七级台阶累计沉降量—时间关系曲线

七级台阶的沉降量采用三种预测模型拟合，如图 7.37 所示。

表 7.17 为三种预测模型建立的各点沉降模型；表 7.18 为三种预测模型的相关系数。实测数据用三种模型拟合后，三种模型的相关系数＞0.95；指数预测模型、泊松预测模型拟合的相关系数在 0.98 以上。

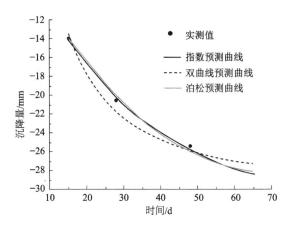

图 7.37　谭家沟七级台阶实测值与三种预测模型对比曲线

表 7.17　三种预测模型建立的各点沉降模型

谭家沟七级台阶	指数预测模型表达式	双曲线预测模型表达式	泊松预测模型表达式
	$y=a+be^{\frac{x}{c}}$	$y=a+\dfrac{b}{x}$	$y=\dfrac{a}{1+be^{-cx}}$
	$y=-36.6492+29.0057e^{-\frac{x}{29.9324}}$	$y=-31.5346+\dfrac{271.5641}{x}$	$y=\dfrac{-29.454}{1+29.454e^{-0.0637x}}$

表 7.18　三种预测模型的相关系数

谭家沟	相关系数 R		
	指数预测模型	双曲线预测模型	泊松预测模型
七级台阶	0.995 4	0.955 8	0.984 5

由表 7.19 可知，指数模型拟合误差的范围是最大误差绝对值为 1.23%，平均误差为 0.865%；泊松模型计算值误差绝对值最大为 2.15%，平均误差为 1.7%；双曲线模型与实测值相比误差就略微有点大了，最大误差绝对值达到 6.52%，平均误差达到 4.02%；灰色理论模型计算值最大误差为 1.16%，平均误差为 0.79%。对七级台阶的拟合与其他几级不同，拟合效果最好的是灰色理论模型。

表 7.19　各模型沉降量的预测值与七级台阶实测值比较

时间/d	实测/mm	指数预测/mm	误差/%	双曲线预测/mm	误差/%	泊松预测/mm	误差/%	灰色理论系统/mm	误差/%
15	14	−14.08	−0.54	−13.43	4.07	−14.21	−1.49	14	0.00
28	20.5	−20.27	1.14	−21.84	−6.52	−20.06	2.15	20.26	−1.16
48	25.5	−25.81	−1.23	−25.88	−1.48	−26.05	−2.14	25.78	1.10
65	28.5	−28.34	0.55	−27.36	4.01	−28.21	1.03	28.25	−0.89

6）两种预测模型工后预测值的比较

通过谭家沟一到六级台阶的沉降预测模型的分析可知，指数预测模型和泊松预测模型的最大误差和平均误差相对其他几种模型的误差较小，即预测值与实测值较接近。故采用两种预测模型对工后沉降进行预测，见表 7.20。

表 7.20　两种模型预测工后沉降值的比较　　　　　　　　单位：mm

谭家沟	1个月		2个月		6个月		1年		2年	
	指数模型	泊松模型	指数模型	泊松模型	指数模型	泊松模型	指数模型	泊松模型	指数模型	泊松模型
一级台阶	−67.3	−65.41	−70.14	−66.78	−77.57	−68.76	−82.37	−69.09	−84.52	−69.11
二级台阶	−29.26	−27.16	−30.7	−27.38	−33.07	−27.47	−33.62	−27.47	−33.67	−27.47
三级台阶	−30.45	−29.39	−32.99	30.64	−40.1	−32.12	45.29	−32.27	47.75	−32.27
四级台阶	−118.48	−117.11	−123.96	−121.01	−140.82	−129.3	−155.98	−132.33	−167.68	−132.83
五级台阶	−66.62	−61.93	−69.92	−62.56	−77.64	63.07	81.56	63.09	82.75	63.09
六级台阶	−120.5	−113.67	−124.55	−114.39	−132.1	−114.85	−134.41	−114.86	134.73	−114.86

　　上述指数模型与泊松模型对路堤沉降的长期预测分析，采用该两种模型预测一级～六级台阶在工后 1 个月、2 个月、6 个月、1 年、2 年的路堤沉降量。工后 1 个月～2 年内，两种预测模型的变化规律出现明显差异。现以二级台阶的测点数据为例进行分析。沉降量随着时间不断增加，指数模型中 1～2 个月，沉降量增加了 1.45mm；2～6 个月，沉降量增加了 2.37mm；6 个月～1 年，沉降量增加了 0.56mm；1～2 年，沉降量增加了 0.003mm。泊松模型中，1～2 个月，沉降量增加了 0.216mm；2～6 个月，沉降量增加了 0.09mm；6 个月～1 年，沉降量增加量为 0，即路堤在 2 年时已经稳定，基本不再下沉。

　　由以往路堤沉降实测数据可知，路堤沉降一般在工后半年时间内大约完成总沉降的 80%，1 年后沉降量趋于稳定。从两个模型预测情况来看，6 个月时，指数模型完成了总沉降的 85.0% 以上，泊松模型完成了 95.0% 以上，与以往实测结果基本相符。

　　2. 李家院地基沉降规律

　　对地基的监测点进行了 41 次测量，测量沉降数据均是相对基点的沉降量。监测点沉降量—时间关系曲线（图 7.38）具有一定的波动性，最大沉降量为 10mm，最大上升量为 0.5mm。沉降曲线可分为 3 个阶段：第一阶段，前 70d，沉降量较小，在 40d 左右出现回弹；第二阶段，监测 70～183d，沉降量逐渐增加，最大达到 10mm，沉降速率比较快并且出现很大的波动性；第三阶段，183d 之后波动性减小，沉降量慢慢趋于稳定。

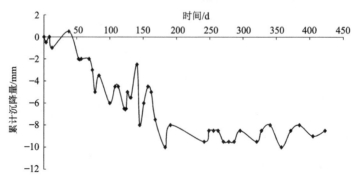

图 7.38　李家院地基累计沉降量—时间关系曲线

1）李家院一级沉降规律

自 2010 年 12 月 12 日起对一级台阶的监测点进行监测。在 46d 之前台阶沉降量出现急剧增加，最大沉降量为 33.67mm；如图 7.39 所示，监测点的累计沉降量在 46～154d 存在很大波动；在 154d 以后，沉降量变动较小，基本达到稳定状态。

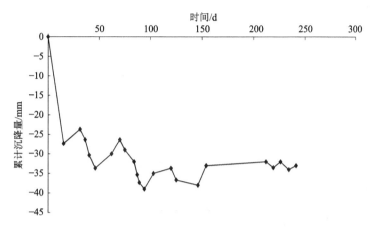

图 7.39　李家院一级累计沉降量—时间关系曲线

由于一级台阶的沉降量在 10d 左右迅速达到 28mm，沉降量过快，并且在后来的测量围绕着 32mm 上下波动，并最终趋于稳定。这样的数据不适宜用上述三种模型拟合，因此没有对李家院一级台阶进行拟合分析。

2）李家院二级台阶沉降规律

自 2010 年 12 月 12 日起对二级台阶的监测点进行了 19 次监测，共 194d。监测沉降随时间的增长而逐步增长，基本没有太大的波动，如图 7.40 和图 7.41 所示。

实测数据用三种模型拟合后（表 7.21 和表 7.22），指数预测模型和泊松预测模型拟合效果很好，泊松模型的相关系数高达 0.99；而双曲线模型的相关系数就相对较低，只有 0.87。

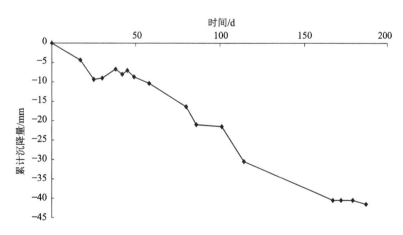

图 7.40　李家院二级累计沉降量—时间关系曲线

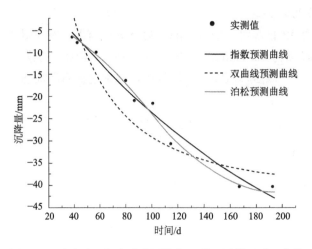

图 7.41 李家院二级台阶实测值与三种预测模型对比曲线

表 7.21 三种预测模型建立的各点沉降模型

李家院二级台阶	指数预测模型表达式	双曲线预测模型表达式	泊松预测模型表达式
	$y=a+be^{-\frac{x}{c}}$	$y=a+\dfrac{b}{x}$	$y=\dfrac{a}{1+be^{-cx}}$
	$y=-74.5707+83.9217e^{-\frac{x}{198.5734}}$	$y=-47.0634+\dfrac{1800.8166}{x}$	$y=\dfrac{-43.2497}{1+20.0122e^{-0.0323x}}$

表 7.22 三种预测模型的相关系数

李家院	相关系数 R		
	指数预测模型	双曲线预测模型	泊松预测模型
二级台阶	0.982 4	0.874 4	0.991 9

由表 7.23 可知，指数模型与泊松模型计算值与现场实测非常接近，指数模型拟合的最大误差为 21.05%，平均误差为 8.68%；泊松模型计算值最大误差为 13.8%，平均误差为 5.32%；双曲线模型与实测值相比误差非常大，最大误差达到 104.9%，平均误差达到 29.12%；灰色理论模型计算值最大误差为 71.87%，平均误差为 29.08%。通过上述分析可知，泊松预测模型>指数预测模型>灰色理论模型>双曲线预测模型。

表 7.23 各模型沉降量的预测值与二级台阶实测值比较

时间/d	实测/mm	指数预测/mm	误差/%	双曲线预测/mm	误差/%	泊松预测/mm	误差/%	灰色理论系统/mm	误差/%
38	−6.67	−5.27	21.05	0.33	104.90	−6.30	5.59	−6.67	0.00
42	−8	−6.65	16.90	−4.19	47.67	−7.02	12.20	−7.85	1.83
45	−7	−7.67	−9.52	−7.05	−0.65	−7.61	−8.75	−8.76	−25.09
49	−8.67	−9.00	−3.81	−10.31	−18.94	−8.46	2.46	−9.98	−15.13
58	−10.33	−11.91	−15.26	−16.01	−55.03	−10.61	−2.70	−12.83	−24.20
80	−16.33	−18.48	−13.15	−24.55	−50.36	−17.21	−5.42	−20.35	−24.62

时间/ d	实测/ mm	指数预测/ mm	误差/ %	双曲线预测/ mm	误差/ %	泊松预测/ mm	误差/ %	灰色理论系统/ mm	误差/ %
86	−21	−20.15	4.06	−26.12	−24.40	−19.26	8.30	−22.55	−7.38
101	−21.5	−24.11	−12.13	−29.23	−35.97	−24.47	−13.80	−28.34	−31.81
114	−30.5	−27.30	10.48	−31.27	−2.51	−28.74	5.75	−33.72	−10.56
167	−40.5	−38.38	5.24	−36.28	10.42	−39.64	2.13	−59.63	−47.24
172	−40.5	−39.28	3.02	−36.59	9.65	−40.14	0.90	−62.45	−54.19
179	−40.5	−40.50	0.00	−37.00	8.63	−40.73	−0.57	−66.51	−64.22
187	−41.5	−41.84	−0.83	−37.43	9.80	−41.28	0.54	−71.32	−71.87

3）李家院三级台阶沉降规律

图 7.42 为三级台阶累计沉降量—时间关系曲线，沉降量随时间的增长而变大，可以分为三个阶段：第一阶段为 15d 以前，沉降速度比较缓慢；第二阶段为 15～24d，沉降速率变快；第三阶段为 24d 以后，沉降量变化又变缓慢，逐渐趋于稳定。李家院三级台阶实测值与三种预测模型对比曲线如图 7.43 所示。

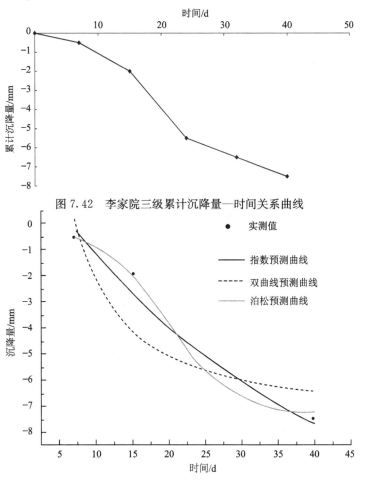

图 7.42　李家院三级累计沉降量—时间关系曲线

图 7.43　李家院三级台阶实测值与三种预测模型对比曲线

由表 7.24 和表 7.25 可知，泊松预测模型相关系数＞双曲线预测模型相关系数＞指数预测模型相关系数。泊松预测模型拟合的数据更近似于真实值，所以用泊松模型预测更为合理。

表 7.24　三种预测模型建立的各点沉降模型

李家院三级台阶	指数预测模型表达式	双曲线预测模型表达式	泊松预测模型表达式
	$y=a+be^{\frac{x}{-c}}$	$y=a+\dfrac{b}{x}$	$y=\dfrac{a}{1+be^{-\alpha}}$
	$y=-48.637+49.849e^{-\frac{x}{198.391}}$	$y=-34.978\left(1+\dfrac{1\,526.826\,3}{x}\right)$	$y=\dfrac{-32.27}{1+5.687\,7e^{-0.020\,3x}}$

表 7.25　三种预测模型的相关系数

李家院	相关系数 R		
	指数预测模型	双曲线预测模型	泊松预测模型
三级台阶	0.947	0.773 2	0.987 2

由表 7.26 可知，泊松模型的误差范围最小（最大误差为 13.74%），平均误差也最小（平均误差为 3.68%）；指数模型次之，拟合误差的范围是最大误差为 16.91%，平均误差为 3.8%；双曲线模型与实测值相比误差比较大，最大误差高达到 17.32%，平均误差达到 6.73%；但是灰色理论模型计算值最大误差为 20.82%，平均误差为 4.19%。由此可见泊松预测模型拟合效果最好。

表 7.26　各模型沉降量的预测值与三级台阶实测值比较

时间/d	实测/mm	指数预测/mm	误差/%	双曲线预测/mm	误差/%	泊松预测/mm	误差/%	灰色理论系统/mm	误差/%
65	−14	−15.29	8.41	−16.51	15.21	−15.21	8.67	14.00	0.00
74	−12.5	−10.69	−16.91	−10.65	−17.32	−10.78	−13.74	15.10	20.82
87	−16.5	−16.51	0.09	−15.57	−5.96	−16.67	1.01	16.71	1.27
105	−19.5	−19.73	1.15	−18.56	−5.05	−19.76	1.35	18.96	−2.76
120	−22	−22.59	2.60	−21.75	−1.17	−22.49	2.21	20.87	−5.16
133	−23	−22.86	−0.61	−22.50	−2.21	−22.69	−1.36	22.63	−2.03
153	−25.5	−25.42	−0.33	−26.00	1.93	−25.31	−0.74	25.13	−1.45
171	−27.5	−27.42	−0.30	−28.95	5.01	−27.60	0.37	27.51	0.02

4）李家院五级台阶沉降规律

以 2011 年 6 月 26 日所测沉降为基点，共进行了 7 次测量。五级台阶监测点累积沉降随着时间增加而增加，在前 7d 沉降量比较小，只有 0.5mm；7～23d 沉降速率变快；23～38d 沉降量下降缓慢；38d 后沉降量下沉更快。如图 7.44 和图 7.45 所示。

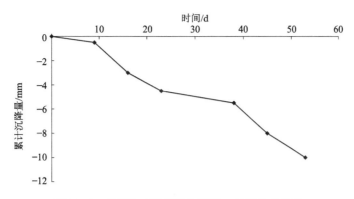

图 7.44　李家院五级累计沉降量—时间关系曲线

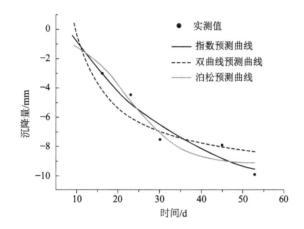

图 7.45　李家院五级台阶实测值与三种预测模型对比曲线

由表 7.27 和表 7.28 可知，对五级台阶拟合后发现，指数预测模型和泊松预测模型拟合后的数据与实测数据非常相近；双曲线模型的相关系数就要低一些了，只有 0.714 4。

表 7.27　三种预测模型建立的沉降模型

李家院五级台阶	指数预测模型表达式	双曲线预测模型表达式	泊松预测模型表达式
	$y=a+be^{\frac{x}{c}}$	$y=a+\dfrac{b}{x}$	$y=\dfrac{a}{1+be^{-cx}}$
	$y=-11.290\ 6+16.542\ 8e^{-\frac{x}{23.57}}$	$y=-10.922+\dfrac{136.170\ 8}{x}$	$y=\dfrac{11.66}{1-6.264e^{-0.020\ 1x}}$

表 7.28　三种预测模型的相关系数

李家院	相关系数 R		
	指数预测模型	双曲线预测模型	泊松预测模型
五级台阶	0.943 4	0.714 4	0.943 7

指数模型拟合误差的范围较小，最大误差为 12.37%，平均误差为 8.49%；泊松模型的误差范围最小，最大误差为 12.01%，平均误差 24.99%；双曲线模型与实

测值相比误差非常大，最大误差达到 33.43％，平均误差达到 47.99％，可见用双曲线模型拟合偏差较大；灰色理论模型计算值最大误差为 13.21％，平均误差为 7.12％，如表 7.29 所示。

表 7.29　各模型沉降量的预测值与五级台阶实测值

时间/d	实测/mm	指数预测/mm	误差/%	双曲线预测/mm	误差/%	泊松预测/mm	误差/%	灰色理论系统/mm	误差/%
16	−3	−3.10	3.32	−2.41	19.62	−3.29	−9.77	3.00	0.00
23	−4.5	−3.94	−12.37	−5.00	−11.14	−3.96	12.01	4.93	9.50
30	−7.5	−8.34	11.22	−7.34	−33.43	−6.08	−10.55	6.51	−13.21
45	−8	−7.16	−10.49	−7.90	1.30	−7.60	5.02	9.02	12.77
53	−10	−10.45	4.55	−8.35	16.47	−10.07	−0.69	9.99	−0.11

5）两种预测模型工后预测值的比较

由表 7.30 可知，上述指数模型与泊松模型对路堤二级～五级台阶在工后 1 个月、2 个月、6 个月、1 年、2 年的路堤沉降量。工后 1 个月～2 年，两种预测模型的变化规律出现明显差异。现以二级台阶的测点数据为例进行分析。沉降量随着时间不断增加，指数模型中，1～2 个月，沉降量增加了 3.85mm；2～6 个月，沉降量增加了 10.97mm；6 个月～1 年，沉降量增加了 8.01mm；1～2 年，沉降量增加了 3.25mm。泊松模型中，1～2 个月，沉降量增加了 0.47mm；2～6 个月，沉降量增加了 0.29mm；6 个月～1 年，沉降量增加量为 0，即路堤在 2 年时已经稳定，基本不再下沉。

表 7.30　两种模型沉降量的预测值比较

谭家沟	1 个月		2 个月		6 个月		1 年		2 年	
	指数模型	泊松模型	指数模型	泊松模型	指数模型	泊松模型	指数模型	泊松模型	指数模型	泊松模型
二级台阶	−46.43	−42.48	−50.38	−42.95	−61.35	−43.24	−69.36	−43.24	−73.61	−43.24
三级台阶	−30.54	−29.42	−33.08	−30.65	−40.31	−32.12	−45.29	−32.27	−48.11	−32.27
五级台阶	−10.80	−10.55	−11.15	−11.02	−11.29	−11.02	−11.29	−11.02	−11.29	−11.02

从两个模型预测情况来看，6 个月的时候，指数模型完成了总沉降的 83.34％，泊松模型完成了 95.0％以上。路堤沉降一般在工后半年内完成总沉降的 80％左右，1 年后沉降趋于稳定，两种模型预测效果与以往实测结果很接近。

7.8　本章小结

本章通过现场试验研究了两种不同地形条件下，高填方路堤在填土过程中的沉降规律，得到了以下主要结论：

（1）随着填土高度增长，路堤沉降逐渐增加，路堤沉降与填土高度之间存在较好的线性关系。

（2）路堤填筑完成以后，由于下层路堤填土上覆填土荷载且较早压密，下层路堤比上层路堤先进入沉降稳定状态。

（3）路堤填筑过程中，由于上覆填土的挤压，下层填土存在局部隆起现象。

（4）沉降趋势可分为回升、平稳下沉和逐渐趋于稳定三个状态。填土之初路堤累积沉降量随时间不断增加，而后沉降速率将减小，沉降趋于缓慢。

总的来看，路堤下部台阶沉降已达到稳定，五级以上台阶的沉降量还有进一步增加的趋势，这主要是五级以上台阶完工时间较短，自身沉降还未完成。

通过对沉降预测方法的分析可知：山区高路堤的预测模型指数曲线、双曲线预测模型不能很好地拟合实测沉降曲线，GM（1，1）模型拟合的效果也不理想，最接近实际的是泊松预测模型。泊松预测模型简单，没有灰色理论那样复杂，而且拟合效果也很理想，所以非常适合实际工程中应用，本路堤的泊松预测模型沉降在工后半年内基本完成总沉降的 85% 以上，并且两年内沉降基本完成。

第8章

变刚度交界区加筋路堤的受力分析

8.1 桥头格栅加筋路堤

随着高速公路的迅速发展,安全和舒适行车的要求越来越高,而路堤与桥台的差异沉降,通常会引起车辆的桥头跳车问题,影响公路使用性能和运输效益。严重的跳车现象会导致车辆失控而引起交通事故。路桥搭接处的跳车问题,虽已引起公路建设者的重视,但尚未获得满意的解决办法。

国内外普遍采用桥头搭板来处理此问题,搭板作为一种刚性结构,在一定程度上可减轻却不能消除桥头跳车现象,而是将跳车的位置转移到了搭板末端形成二次跳车。土工格栅作为一种柔性的加固措施,当桥台高度小于 8m 时,可有效减轻路堤变形引起的桥头跳车问题。

目前已有土工格栅处理桥头跳车的实例,文献中对路堤桥头采用格栅处理的相关规定多采用经验方法,国内外学者对此问题的研究多采用试验和数值模拟手段,而理论研究相对较少。正确认识格栅处理桥头路堤的工作机理,对格栅受力进行理论分析,对加筋路堤的设计及施工具有重要的指导意义。

8.1.1 格栅处理桥头路堤的工作机理

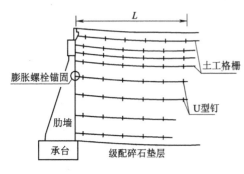

图 8.1　桥头台背加筋结构示意图

桥头跳车形成的根本原因是桥台和桥台后路基间的差异沉降。在高等级公路修建时,应该采取措施将工后差异沉降控制在一定范围内并且使沉降平稳过渡。土工格栅具有高强度、高弹性模量及允许较大变形等特性,将土工格栅锚固于桥台背来加固桥台相邻路堤填土,格栅与土作为整体共同承受内外部荷载作用。格栅加筋处理桥头台背填土结构如图 8.1 所示。

土工格栅处理台背填土的作用机理主要表现为以下几个方面：

（1）格栅变形后存在"提兜效应"，使台背填土中应力分布趋于均匀，改善局部荷载作用下台背填土的受力状态，增大荷载的扩散范围，降低台背填土中的垂直应力，从而减少台背填土的沉降，起到刚性桥台和柔性路堤间过渡区的作用。

（2）利用格栅锚固端的张拉作用，在台背填土一定范围内分层阻止填料顺台背沉降，防止填土在台背处被拉裂，并改善填土路基的支承刚度，使桥台与路堤搭接处的差异沉降转变为缓坡形式的渐变沉降，如图 8.1 所示。

（3）由于格栅的网眼结构能对土体产生较大的嵌锁作用力，使土体的抗剪强度得到充分发挥，可对土体的侧向变形进行有效约束。

（4）由于水平铺置的格栅具有良好的弹性，在反复路面荷载作用下产生的累积变形较小。

8.1.2　理论分析

将土工格栅锚固于桥台台背进行路桥搭接处的处理，差异沉降变为渐变沉降。由文献中路堤及筋材沉降后的曲线形式可知，采用台背加筋方式处理的路桥搭接处路面及筋材的沉降曲线接近圆弧线。假定处理后的格栅及台背路堤在沉降稳定时呈圆弧状，汽车通行时的竖向加速度为

$$a = v^2/R \tag{8.1}$$

式中：v——车辆通过桥头时的速度（m/s）；

R——桥头搭接段路面的曲率半径（m）。

国际标准化组织 1997 年公布的《人体承受全身振动评价第 1 部分：一般要求》[ISO2631-1：1997（E）]指出人的主观感觉行车时竖向加速度 a 小于 0.315m/s^2 时可保证行车的舒适性，则由式（8.1）可得不同行车速度时路堤竖向凹曲线的最小半径 R_{m1}，《公路设计规范》中 3.0.18 条对一般路段竖向凹曲线最小半径规定值为 R_{m2}，R_{m1} 与 R_{m2} 的值见表 8.1。

表 8.1　路堤竖向凹曲线最小半径

$v/$（km/h）	120	100	80	60	40
R_{m1}/m	3516	2450	1563	880	390
R_{m2}/m	4000	3000	2000	1000	450

由表 8.1 中 R_{m1} 和 R_{m2} 的值可以看出，规范对路面竖向曲线半径要求较高。因此，为避免"桥头跳车"现象发生，保证桥台相邻路堤处路面能正常使用，桥头路堤竖曲线半径可按照规范取值来控制。

在路桥搭接处由工后不均匀沉降引起的路表沉降如图 8.2 所示，沉降后的路面为圆弧面：

$$\theta = 2\alpha, \quad \alpha = \tan^{-1}\left(\frac{u}{L}\right) \approx \frac{u}{L}(u \ll L)$$

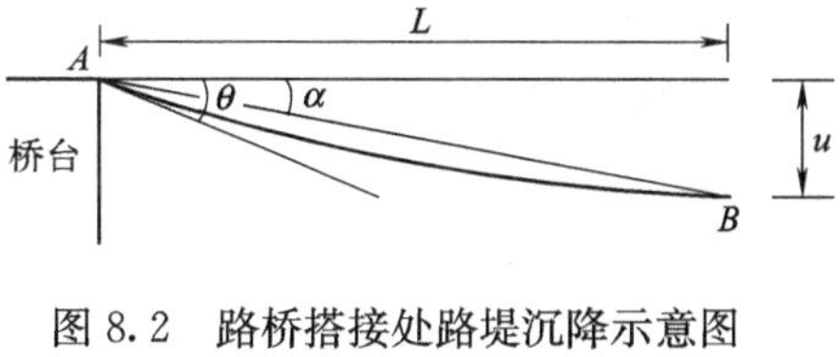

图 8.2　路桥搭接处路堤沉降示意图

则路面及格栅在搭接处的弯曲角度 $\theta = 2\alpha = 2\tan^{-1}\left(\dfrac{u}{L}\right) \approx 2\dfrac{u}{L}$，且 $\theta = \dfrac{L}{R}$，从而可得：

$$L = \sqrt{2uR} \qquad\qquad (8.2)$$

式中：u——桥台搭接范围内的路堤顶面最大沉降值，按照规范中桥头搭接处路堤的工后
沉降控制值 10cm 进行考虑；

L——台背加固设计计算长度（表 8.2）。将不同行车速度时规范要求的路堤竖向凹曲
线最小半径 R_{m2} 代入式（8.2），可得不同行车速度时的台背加固段长度 L。

《公路设计规范》中 2.0.5 条规定
高速公路路桥搭接处设计速度不应大于
80km/h，此时 $R=2000$m，由此可计算
出桥头路堤加筋处理范围亦即路基最大

表 8.2 不同行车速度的台背加固段长度

v/（km/h）	120	100	80	60	40
L/m	28	24.5	20	14	9.5

沉降点与台背之间的距离 $L = \sqrt{2uR} = 20$（m），此时 $\theta = 2\alpha \approx 1/100$，$\alpha \approx 0.5\%$，符合规范中
对不均匀沉降引起的路表纵向坡率变化值 α 应控制在 $0.3\% \sim 0.5\%$ 范围内的要求。

■8.1.3 格栅受力分析与计算

1. 格栅与土接触单元的本构模型

格栅与填土界面服从 Coulomb 破坏准则，$\tau_n = c_i + \sigma_n \tan\varphi_i$，似摩擦系数 $\mu = \tan\varphi_i = k\tan\varphi$，$c_i = kc$，其中 k 为格栅与土界面单元的界面作用系数。规定压应力为正，将格栅表
面力向其中心线简化，并设其单位长度所受的切向力合力为 τ_n，法向力合力为 σ_n，则

$$\tau_n = c_i + \sigma_n \mu = k(c + \sigma_n \tan\varphi) \qquad\qquad (8.3)$$

2. 格栅变形与受力分析

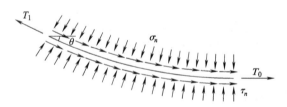

如图 8.3 所示，普通双向土工格栅的
平面刚度很小，在计算时不考虑其平面刚
度，将其看作"柔索"，路堤发生沉降的同
时格栅也随之发生挠曲变形，变形后的格
栅在路桥搭接处与水平面夹角为 θ。

图 8.3　格栅变形及受力示意图

变形后加固区范围格栅对应的半径 R 为常数，圆弧段
两端轴力分别为 T_1 和 T_0。T_1 和 T_0 为格栅两端的轴向拉
力，设计时按照最上层格栅的受力进行考虑，最大沉降以
外路堤沉降均匀，即格栅在远离台背的一段与水平面夹角
为 0，由于加固区路堤沉降控制值为 10cm，假设沉降变形
较大，格栅与填土界面达到剪切强度。为了求得 T_1 和 T_0
的关系，可分析图 8.4 中微段的平衡，图中 n 为微段中心
角 $\mathrm{d}\theta$ 的角平分线方向，t 为 n 的正交方向。

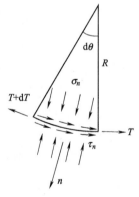

图 8.4　格栅微单元及受力

由 n 方向平衡条件 $\sum F_n = 0$ 可得：

$$(T + \mathrm{d}T)\sin(\mathrm{d}\theta/2) + T\sin(\mathrm{d}\theta/2) = \sigma_n R \mathrm{d}\theta \tag{8.4}$$

略去高阶微量并整理可得：

$$T = \sigma_n R \tag{8.5}$$

再由 t 方向平衡条件 $\sum F_t = 0$ 可得：

$$(T + \mathrm{d}T)\cos(\mathrm{d}\theta/2) - T\cos(\mathrm{d}\theta/2) = \tau_n R \mathrm{d}\theta \tag{8.6}$$

上式化简后为

$$\mathrm{d}T = \tau_n R \mathrm{d}\theta \tag{8.7}$$

将式（8.5）及式（8.6）代入式（8.7）得整理后对两边积分，即：

$$\int_{T_0}^{T_1} \frac{\mathrm{d}T}{T + \dfrac{c_i R}{\mu}} = \int_0^\theta \mu \mathrm{d}\theta \tag{8.8}$$

由式（8.8）可得格栅的轴向拉力：

$$T_1 = T_0 \mathrm{e}^{\iota\theta} + \frac{c_i R}{\mu}(\mathrm{e}^{\iota\theta} - 1) \tag{8.9}$$

8.2　算例分析

以武汉阳逻长江大桥北连接线工程的桥头路堤为背景建立有限元模型，通过数值模拟对桥头台背相邻路堤采用格栅处理时的处理效果进行探讨，并将理论计算结果、数值模拟结果及测试结果进行对比。

▌8.2.1　有限元模型的建立

数值模拟的几何模型如图 8.5 所示，路堤高度为 8m，最上层土工格栅距路堤表面的埋深 $h_0 = 0.15\mathrm{m}$，土工格栅的加筋长度采用 $L = 20\mathrm{m}$，加筋层数为 $n = 8$，间距为 $\Delta h = 1.0\mathrm{m}$。

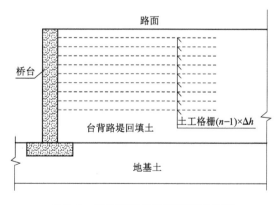

图 8.5　数值模拟的计算模型示意图

采用有限元软件 PLAXIS 进行数值模拟。材料重度 γ、模量 E、泊松比 ν 等参数见表 8.3。路堤填土及地基土均采用 Mohr-Coulomb 屈服准则，桩体和土工格栅均采用线弹性模型，格栅拉伸模量为 440kN/m。

表 8.3　数值模拟参数

土类	$\gamma/$ (kN/m³)	$E/$MPa	ν	$c/$kPa	$\varphi/$ (°)
路堤填土	20	20	0.3	14	30
地基土	18	8	0.38	15	18
桥台	25	2×10^5	0.2	—	—

数值模拟给定位移边界条件 $u=0.1\mathrm{m}$，$L=\sqrt{2uR}=20\mathrm{m}$，$\alpha\approx\dfrac{u}{L}=0.5\%$。由式 (8.7) 计算所得结果、数值模拟结果及测试格栅轴向拉力如图 8.6 所示。

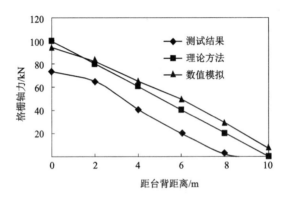

图 8.6　格栅的轴向拉力

由图 8.6 可以看出，理论计算结果与数值模拟结果具有一致的规律，说明本书的理论计算方法具有一定合理性。本书计算结果与测试结果相比偏大 20% 左右，这是由于本书的理论计算和数值模拟假定格栅与填土之间界面摩阻力达到界面极限摩阻力引起的，在工程设计计算中采用本书计算方法是偏安全的。

8.2.2　格栅 B 端拉力对锚固端拉力的影响

通过在图 8.2 所示的格栅 B 端施加不同拉力来研究格栅轴向拉力的变化规律，不同拉力条件下格栅的轴向拉力如图 8.7 所示（T_0、T_0' 分别为有限元与理论计算时格栅 B 端轴向拉力）。

由图 8.7 可以看出，当格栅 B 端拉力不同时，格栅轴向拉力不同。理论计算结果与数值模拟结果相差不大，具有一致的规律，可见本方法具有一定的适用性。因此，可以通过计算格栅在锚固点 A 处的轴向拉力 T_{A1} 来确定格栅所需锚固力大小，并据此对格栅进行选择。

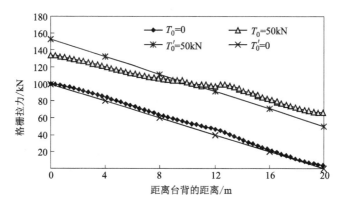

图 8.7　不同 B 端拉力时的格栅轴向拉力

8.2.3　格栅与土作用系数对格栅锚固端拉力的影响

由图 8.8 可以看出，格栅与土作用系数 k 对格栅锚固端拉力有较大的影响，随着 k 增大，格栅锚固端拉力显著提高。在 k 较小时，由于格栅与土界面摩阻力不足，格栅与土相对滑移，格栅轴向拉力较小，格栅强度不能够充分发挥。当 $k > 0.7$ 时，理论计算值与数值模拟结果较为接近，此时格栅与土之间摩阻力得到较为充分的发挥，可以有效约束格栅周围土体。因此，工程中选用格栅时，应当考虑格栅与土之间的锚固及嵌锁能力，以保证格栅强度的充分发挥。

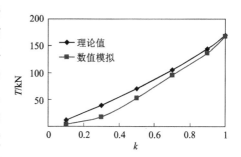

图 8.8　不同 k 时格栅锚固端拉力

8.3　挖填交界区格栅加筋路堤分析

在山地和丘陵地区修筑高速公路，经常会遇到纵向和横向半填半挖路基修筑情况。填方与挖方路基压缩模量的差异将引起路堤的差异沉降，若处置不当，会进一步造成路面结构的破坏。

目前已有用土工格栅处理填挖交界路段的实例，文献中对填挖交界区域采用格栅处理的相关设计要求采用的是经验方法，而国内外学者对相关问题的研究则多采用试验和数值模拟的手段。邓卫东等通过有限元分析了两种工况产生的差异沉降对沥青路面受力变形特性的影响，提出了确定沥青路面破坏时临界差异沉降的方法。苗英豪等建立了三维有限元模型，其计算结果表明，土工格栅能够消除或延缓半挖半填路面沿填挖交接面横向裂缝的发生。蒋鑫等建立平面有限元模型，分析了沥青混凝土路面结构对半填半挖式路基差异沉降的变形和力学响应，对路面结构的不利受力状态进行了探讨。

这些研究均着眼于不均匀沉降对路面结构的影响，而对填挖交界路段重要的加筋结构——格栅的力学指标和位移规律的研究相对较少，加筋路堤的设计缺少相应的依据，给设计者带来困惑，从而制约了格栅加筋处理方法的推广应用。

本章在半填半挖路段病害成因及格栅工作机制分析的基础上，以十堰绕城公路某填挖交界路段作为试验段，对路面沉降、土压力及格栅变形进行了观测，并通过数值模拟对格栅的受力和位移进行受力分析。

8.3.1 路堤病害及成因

挖填交界路段的差异沉降，虽已引起公路建设者的重视，但尚未获得满意的解决办法。根据填挖结合部路基和路面病害特征的调查研究结果，挖填交界处路基主要病害类型为：①路基不均匀沉降导致路面开裂和"跳车"现象；②路基滑动导致滑坡和支挡结构物破坏，如图8.9所示。

图8.9 半挖半填道路病害

图8.10所示为一般半填半挖路基横、纵断面，图中 B 为路面总宽度，i（％）为路堤纵向坡率，$1:m$ 为填方边坡坡率，$1:n$ 为挖方边坡坡率，h 为填方高度；L 为土工格栅锚固区长度。由于路堤填土沿道路纵向和横向的约束条件不同，它们产生病害的机制存在差异。

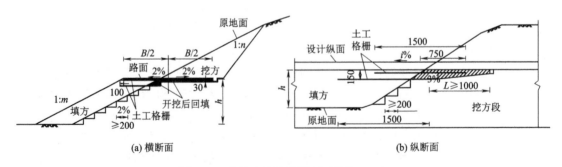

图8.10 半挖半填路堤断面（单位：cm）

路堤在挖填交界处产生不均匀沉降的主要原因有两个：一是原地面与填土间的约束

阻力不足而导致填土在重力作用下顺原地面滑动，特别是横向半填半挖路段，这种滑动严重时会形成滑坡，引起路表纵向裂缝，使得道路发生破坏；二是呈斜坡的原地面上填筑的路基土垂直深度存在差异，由于路堤填土厚薄不均匀，工后沉降表现出非均匀性。

在线路纵向，因相邻的路堤填土对填挖交界处填土的滑动具有一定的约束作用，因此，其不均匀沉降的原因主要为后者；而横向半填半挖路基产生非均匀沉降的原因，两者皆有。

8.3.2　格栅工作机制

根据图 8.10 所示的半填半挖路堤条件，在纵向路线方向，主要通过土工格栅的加筋作用改善因非均匀沉降造成的路表的纵坡变化，特别是避免填挖交界处路表产生横向裂缝。在填挖交界处分层铺筑土工格栅可提高原地面对填土的约束作用，同时在纵向形成支承刚度逐渐过渡的结构，使得路基顶面沉降趋于均匀，延长产生非均匀沉降变形的长度，达到降低路面纵坡坡率变化的目的。

在横向半填半挖路段，若填筑的土体宽度较小，此时土工格栅的作用是加强填筑土体的稳定性，防止填土滑坡，避免路基顶部有限深度范围的填土出现局部沉降滑动，和滑动引起的路面结构拉裂。若填方区土体宽度较大或填方部分的原地面平缓，则土工格栅所起的加筋作用与纵向路线方向格栅作用类似。

半填半挖路堤横断面方向涉及稳定问题，必要时需要采取特殊的支挡措施。本书主要对纵向挖填方路段情况进行分析，调查格栅处理纵向挖填路堤时路堤内部土压力，路面沉降以及格栅的受力与变形情况。

8.4　现场试验

8.4.1　试验概况

试验段挖填交界区的路堤高度为 8.5m，沿路基横断面方向路面宽度约为 30m，边坡坡率 1∶1.5。在挖填交界处，挖方区坡面沿路基纵向坡率为 1∶2，为避免填方土体沿坡面滑动，将挖方坡面改为台阶型式，每步台阶踢面高 1m，踏面宽度为 2m，并在每级台阶顶部铺设单向土工格栅，格栅共 7 层，延伸至底部台阶外 6m 处。

为便于描述，人为建立平面坐标系，x 轴沿路堤轴向方向，y 轴沿竖直方向，试验观测点布置于路堤横断面中心线处，如图 8.11 所示（右折断线外侧仍为填方区，长度大于60m）。在每层格栅下部水平埋设土压力盒，测试各点竖向土压力大小，土压力盒埋设于试验段路堤填土加筋部分，在路堤中心轴处沿路堤纵轴自台阶中心开始每隔 2m 埋设一个，至距离格栅末端 1m。利用长沙三智 SZZX-L050B 型格栅柔性位移计对格栅的变形进行了测试，柔性位移计轴线沿路堤纵轴布置，位移计套管紧贴格栅表面，用螺栓穿过格栅上预留钻孔进行安装，并采用细铁丝将套管绑扎在格栅肋条上，使其与格栅变形协调。

并在该观测断面设置沉降观测点，监测挖填交界区域填方路段的土压力和沉降规律，分析格栅有效长度以及格栅加筋效果。

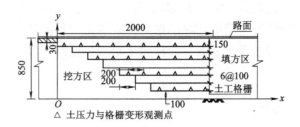

图 8.11　路堤观测断面示意图（单位：cm）

试验断面中涉及材料的重度 γ、黏聚力 c、内摩擦角 φ、泊松比 ν、模量 E 等主要物理力学参数根据地勘资料和现场取土试验结果获得，并对所铺设的土工格栅进行测试，相关材料的物理力学参数列于表 8.4。格栅单位长度土工格栅有效面积为 $A = 0.000\ 4\text{m}^2/\text{m}$，其 2% 应变对应割线抗拉刚度 $EA = 400\text{kN/m}$。

表 8.4　数值模拟参数表

参数	E/MPa	ν	c/kPa	$\varphi/(°)$	$\gamma/(\text{kN/m}^3)$
挖方	30	0.32	25	18	18
填方	20	0.38	15	20	18

8.4.2　试验结果分析

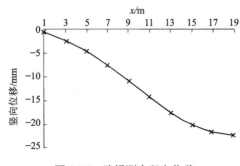

图 8.12　路堤测点竖向位移

路堤填土完成后，对试验段路面高程进行跟踪测试，在路堤填筑完毕 3 个月后，路堤沉降基本稳定。挖填交界处填方区顶面的沉降规律如图 8.12 所示。

由图 8.12 可以看出，填方路堤顶面最大沉降约为 23mm，在挖填边界的搭接部位沉降小于 3mm，图示沉降曲线较为光滑，路堤顶面的沉降具有较好的过渡形式。

路堤填筑完成后，各测点土压力结果如图 8.13 所示，图中绘出了不同高度处格栅下表面的土压力，为便于比较，用虚线绘出了各埋深处路堤填土的自重应力。

由图 8.13 可以看出，不同埋深处各测点的土压力与该处的填土自重应力相差不大。对于顶层格栅各测点土压力基本等于该处路堤填土自重应力。下部各层格栅在靠近挖填交界处所测土压力相对较小，略小于该处土体自重应力。格栅下部土压力与填土自重应力相当，结果表明，格栅的铺设不能够减小路堤填土压力的作用。

在试验过程中，利用格栅柔性位移计对格栅的变形进行测试。将所测格栅位移计的伸长量与格栅位移计初始长度的比值作为格栅的线应变量，将各测点的线应变量乘以 1m 长度，换算成格栅每延米长度的变形量，则观测断面各层格栅的变形如图 8.14 所示。

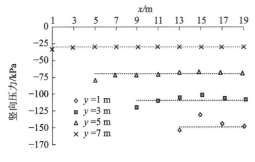

图 8.13　竖向土压力分布

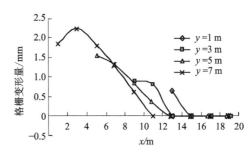

图 8.14　格栅变形情况

由图 8.14 可以看出，总体来看，格栅变形量均较小，小于 2.5mm。上层格栅格变形量大于下层格栅，各层格栅在靠近挖填交界的台阶附近变形量最大，随着离交界面距离增加，格栅变形量逐渐减小。各层格栅的有效加筋长度有所不同，顶层格栅受拉长度最长，底层格栅最短。在确定有效加筋长度时，可以初步确定为自挖填交界处至最下一级台阶向外延伸 2m 范围。

格栅作为路堤挖填交界区域的加筋材料，它的受力与变形特性是挖填交界区域设计的一个重要研究内容。由于现场试验条件的限制，仅能给出特定条件下格栅的变形情况，而格栅受力与变形特性受填土性质、荷载条件及自身刚度影响，由于已有学者开展了填土性质方面的研究工作，本书有限元分析侧重考虑荷载条件和格栅刚度的影响。

8.5　有限元分析

8.5.1　计算模型

根据试验段路堤断面的几何条件，建立有限元计算模型，讨论土工格栅处理半填半挖结合部的效果，重点分析格栅拉力及位移规律。路堤横向宽度大于 24m，且路堤在中心线断面两侧对称分布。为简化分析，采用 PLAXIS2D 有限元软件对该半挖半填路段按照平面应变问题进行二维数值模拟分析，几何模型如图 8.15 所示。模型两侧采用水平位移约束，填方区下卧地基土性质与挖方区基本一致，厚度约为 5m，其下为基岩，在模型底部采用水平和竖向位移约束模拟基岩。

采用 15 结点三角形单元对模型进行网格划分，以保证计算结果的精度。在格栅与挖方区土体、填土材料的界面使用接触单元，接触单元的设置是在不同材料之间设定一个较小的由虚拟厚度因子和平均单元尺寸控制的虚拟厚度，而在有限元计算公式中这些组对应结点的坐标是两两一致，通过 Newton-Cotes 积分获得界面单元的刚度矩阵，如图 8.16 所示。土工格栅采用基于广义胡克定律的理想线弹性模型，挖方区土体和填土采用服从 Mohr-Coulomb 屈服准则的理想弹塑性模型，模型涉及的材料参数见表 8.4。

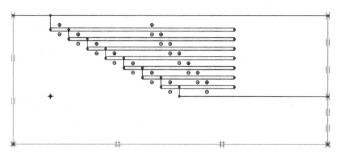

图 8.15　几何模型示意图

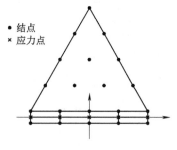

图 8.16　界面单元结点和应力点示意图

8.5.2　计算结果分析

1. 填筑完成时格栅的位移及拉力

为便于比较，根据试验段实际工况进行数值模拟，得到了试验路段路堤沉降及土压力分布规律，经与现场实测结果对比，两者规律一致，相差不超过 5%，数值模拟结果具有一定的可信度。图 8.17 为不同埋深处格栅的竖向位移情况。

由图 8.17 可以看出，格栅沉降随下卧填土厚度增加而增大，格栅高度越高，即格栅下卧填土厚度越厚，格栅沉降越大。对于每层格栅而言，格栅沉降随到交界面距离的增加而增大。埋置于路堤底层的格栅在挖填交界的台阶边缘处位移会产生较大的变化，而越往上层，格栅的沉降过渡相对越平顺。这是由于挖方与填方区域的材料模量具有一定的差异，根据变形协调的要求，土体的差异沉降引起格栅的不均匀沉降。

数值模拟得到不同埋深处格栅的轴向拉力规律如图 8.18 所示。

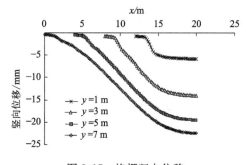

图 8.17　格栅竖向位移

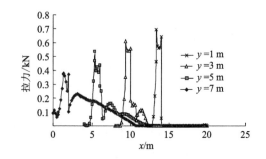

图 8.18　格栅拉力

由图 8.18 可以看出，不同填高处格栅有拉力作用的长度不同，其中顶层格栅有拉力作用的长度最长，约为 12m；底层格栅有拉力作用的长度最短，小于 4m。从而可以根据格栅拉力情况确定格栅的有效加筋长度。此外，根据图 8.17 中格栅竖向位移规律可知，格栅在台阶边缘可能产生局部较大的变形，格栅位移要与填土位移协调，因而此处格栅拉力陡然增大，并且格栅变形越不光滑，在台阶边缘沉降突变处格栅拉力也会发生较大的变化。总体来说，填土与挖方土体模量差异不大，路堤差异沉降相对较小，因而格栅轴向拉力均不大于 0.7kN。

2. 路面荷载的影响

为考察路面荷载作用下格栅受力与位移的情况，在路面分别施加 $p=60$kPa 和 $p=100$kPa 的竖向荷载，进行数值模拟。提取计算结果中具有代表性的顶层与底层格栅的轴向拉力与竖向位移，如图 8.19 和图 8.20 所示。

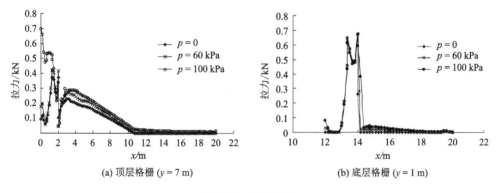

(a) 顶层格栅 ($y=7$ m)　　　　(b) 底层格栅 ($y=1$ m)

图 8.19　格栅拉力

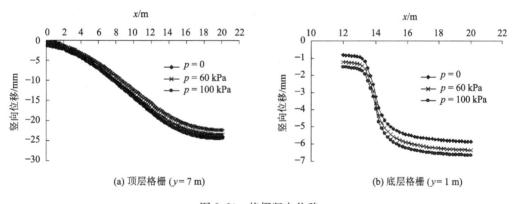

(a) 顶层格栅 ($y=7$ m)　　　　(b) 底层格栅 ($y=1$ m)

图 8.20　格栅竖向位移

由图 8.19 可以看出，顶层格栅存在一定的轴向拉力，该轴向拉力随着路面荷载的增大而增大，在路面荷载为 60kPa 时，格栅拉力与无路面荷载时相差不大。但当路面荷载达到 100kPa 时，格栅拉力在挖填交界区域有较大增长。

而对于底层格栅，随着路面荷载增加，格栅轴向拉力变化不大，这是由于底层格栅埋深为 7.5m，路面荷载在填土中会发生应力扩散，真正作用于底层格栅的竖向附加压力会明显减小，从而格栅拉力不会产生较大的变化。

由图 8.20 可以看出，在受到路面荷载作用后，顶层格栅的竖向位移将会有一定的增大，但总体来说，由于路堤填料模量达到 20MPa，路堤在荷载作用下压缩量较小，从而格栅竖向位移在荷载作用下的增幅不大，荷载为 100kPa 时，格栅位移增量小于 10%。同样，底层格栅竖向位移在台阶处较小，至台阶边缘陡然增大，格栅在路堤受到竖向荷载作用以后，竖向位移略有增大。

综上所述，在路堤模量较高时，路面荷载的作用对格栅位移以及拉力的影响较小。

3. 格栅刚度的影响

为考察格栅刚度对其自身受力与位移的影响，在挖填交界区域的加筋路段，分别设置格栅刚度为 100kN/m、400kN/m、1000kN/m、2000kN/m 进行数值模拟，计算得到格栅刚度不同时的顶层格栅拉力如图 8.21 所示，格栅的水平位移 D_x 和竖向位移 D_y 列于表 8.5。

表 8.5　格栅水位与竖向位移

x/m	$EA=100\mathrm{kN/m}$		$EA=400\mathrm{kN/m}$		$EA=1000\mathrm{kN/m}$		$EA=2000\mathrm{kN/m}$	
	D_x/mm	D_y/mm	D_x/mm	D_y/mm	D_x/mm	D_y/mm	D_x/mm	D_y/mm
0	0.05	−22.82	0.05	−22.80	0.05	−22.80	0.05	−22.80
2	0.88	−22.10	0.86	−22.10	0.86	−22.10	0.84	−22.10
5	1.66	−19.51	1.66	−19.50	1.65	−19.50	1.63	−19.50
8	2.30	−15.00	2.29	−15.00	2.28	−15.00	2.25	−15.00
14	3.40	−5.71	3.39	−5.70	3.37	−5.69	3.32	−5.68
20	3.79	−1.79	3.78	−1.79	3.75	−1.79	3.71	−1.80

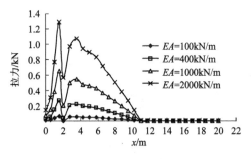

图 8.21　格栅拉力

由表 8.5 中的位移数值可以看出，不同刚度条件下，格栅的水平位移差别不大，竖向位移基本没有差别。因此，根据变形条件可知，较高刚度的格栅将会产生较大的拉力，这一点与图 8.21 中格栅拉力变化规律一致。

由图 8.21 可以看出，随着格栅刚度增大，格栅的轴向拉力逐渐增大，不同刚度条件对格栅的有效加筋长度基本没有影响。总体来看，路堤填料性质较好时，在挖填交界区域采用较高刚度的格栅，格栅的抗拉强度并不能充分发挥，不能获得更好的加筋效果。

8.6　本章小结

土工格栅处理变刚度路堤是一种柔性处理措施，加固区对差异沉降起过渡作用，使差异沉降转变为渐变差异沉降。利用本章计算式可通过计算格栅在锚固点处的轴向拉力，此即为格栅所需锚固力大小，可作为不同强度格栅选取时的依据。

现场试验结果表明了在路堤变刚度处铺设土工格栅，路堤顶面差异沉降较小，路面沉降曲线平缓。在填方区域，格栅底部土压力与其上覆填土自重应力相当。铺设于挖填交界处的格栅存在有效加筋长度。在确定有效加筋长度时，可以初步确定为自挖填交界处至最下一级台阶向外延伸 2m 范围。受下卧填土厚度的影响，埋设于不同位置处的格栅的沉降不同，上层格栅相对下层格栅沉降曲线较为平缓，各层格栅在挖填交界处格栅拉力会陡然增大。路面荷载对上层格栅拉力和位移有一定影响，对下层格栅影响较小，随着荷载增大，格栅竖向位移略有增大，并且在挖填交界处格栅的拉力也增大。格栅刚度变化对格栅位移影响很小，随着刚度的增加，格栅拉力也同比例增大。

本章理论计算假定路堤沉降较大，格栅－填土界面强度充分发挥，具有一定的局限性。较小沉降条件时，考虑格栅－填土界面实际摩擦情况的格栅拉力计算解析式有待于进一步研究。

第 9 章

高填方路堤变形及稳定的数值模拟

9.1 高填方路堤变形特性

由第 8 章的相关分析可知，路堤各层填土沉降稳定需要较长的时间，由于现场试验条件及时间限制，仅通过试验来确定影响路堤沉降的各种因素及填土内部的应力和位移规律，需要进行非常繁杂的测试和长时间的跟踪测试，实现起来具有相当的难度。

在高填方路堤的设计环节和研究工作中，采用有限元方法可以对路堤填筑的全过程进行模拟，而且可以比较全面地考虑多种工况条件下路堤应力和变形的性状。有限元法自 20 世纪 50 年代诞生以来，随着计算机技术和计算方法的发展而不断发展，发展到 90 年代已成为计算力学和计算工程科学领域里最有效的计算方法之一。经过几十年的发展后，有限元法日趋完善，而且目前已经开发了一大批通用和专用的有限元程序和商业软件，这些软件的应用已经成功地解决了众多领域的大型科学和工程计算难题，且取得了巨大的经济和社会效益。

ABAQUS 是大型通用有限元商业软件，在处理高度非线性接触问题和非均质、非线性、不连续、任意性状的特殊介质上具有很强的优势，该软件的 CAE 建模和网格划分也比较方便。该软件的特长是计算各种非线性问题，包括不同材料、复杂荷载过程以及变化接触条件的非线性问题及其组合问题，岩土介质作为一种典型的非均质、非线性材料，是一种物理力学性状以及几何形状具有一定的任意性、不连续性的特殊介质。因而，ABAQUS 软件在岩土工程界具有较为广泛的使用，是最普遍的商业有限元分析和计算软件。

因此，选用大型通用有限元软件 ABAQUS 对高填方路堤填筑进行有限元分析。本章将着重讲述 ABAQUS 中的有限元相关理论，并结合谭家沟和李家院路堤的实际情况，通过 ABAQUS 有限元软件对这两处路堤的位移和应力规律进行了数值模拟分析。

9.2　应力不变量和应力空间

路堤分析中材料主要为岩体和土体，如图 9.1 所示。土体中一点 M（x，y，z）的应力状态可用该点的微元体上的应力分量来表示。该立方微元体的 6 个面上一共作用着 9 个应力分量，即：

$$\sigma_{ij} = \begin{bmatrix} \sigma_x & \tau_{xy} & \tau_{xz} \\ \tau_{yx} & \sigma_y & \tau_{xz} \\ \tau_{zx} & \tau_{zy} & \sigma_z \end{bmatrix} = \begin{bmatrix} \sigma_{11} & \sigma_{12} & \sigma_{13} \\ \sigma_{21} & \sigma_{22} & \sigma_{23} \\ \sigma_{31} & \sigma_{32} & \sigma_{33} \end{bmatrix} \tag{9.1}$$

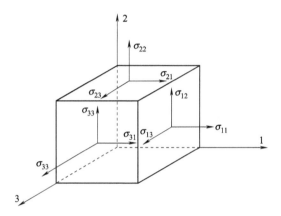

图 9.1　一般应力空间

式中：

$$\sigma_{12} = \sigma_{21}, \quad \sigma_{23} = \sigma_{32}, \quad \sigma_{13} = \sigma_{31}$$

在 ABAQUS 中，规定拉应力为正，而在土力学中，规定压应力为正，所以在利用 ABAQUS 分析岩土工程问题时，要注意应力的符号。对于正应力规定为在应力作用面上，只有法向应力，没有剪应力，如图 9.2 所示。

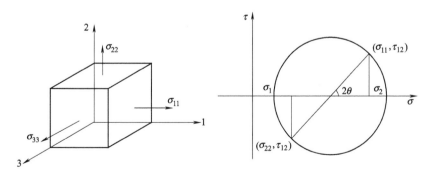

图 9.2　主应力空间

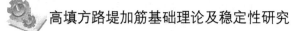

在二维空间中，应力张量的主应力可以通过莫尔圆来计算，即：

$$\sigma_{1,2} = \frac{\sigma_{11} + \sigma_{22}}{2} \pm \sqrt{\left(\frac{\sigma_{11} - \sigma_{22}}{2}\right)^2 + \tau_{12}^2} \tag{9.2}$$

$$\tan 2\theta = \frac{2\tau_{12}}{\sigma_{11} - \sigma_{22}} \tag{9.3}$$

应力张量为偏应力与静水压力之和，即：

$$\sigma = S - p\mathrm{I} \tag{9.4}$$

式中，S——偏应力张量。

ABAQUS 中，定义屈服面时常用的应力不变量：

（1）等效围压应力 p：

$$p = -\frac{1}{3}\mathrm{trace}(\sigma) = -\frac{1}{3}(\sigma_{11} + \sigma_{22} + \sigma_{33}) \tag{9.5}$$

（2）Mises 等效应力：

$$q = \sqrt{\frac{3}{2}(S:S)} \tag{9.6}$$

（3）第三应力不变量：

$$r = \left(\frac{9}{2}S \cdot S : S\right)^{\frac{1}{3}} = \frac{9}{2}(S_{ij}S_{jk}S_{ik})^{\frac{1}{3}} \tag{9.7}$$

（4）偏应力值 t：

$$t = \frac{q}{2}\left[1 + \frac{1}{K} - \left(1 - \frac{1}{K}\right)\left(\frac{r}{q}\right)^3\right] \tag{9.8}$$

常用的应力平面包括偏平面（π 平面）和子午面，如图 9.3 所示。

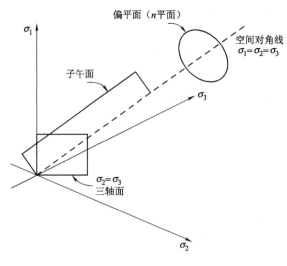

图 9.3　常用应力平面

9.3　土体的本构模型

随着试验条件和计算手段的不断改善和发展，近几十年来国内外学者对土的应力和应变特性的认识提升到了一个前所未有的高度，发展并建立了丰富的土体本构模型，为分析和解决实际岩土工程问题提供了基础理论指导，其中一部分本构模型在实践过程中得到了较好的检验，获得了国内外学者的认可，有较为广泛的应用。

在 ABAQUS 软件的本构库中，有线弹性模型、Mohr-Coulomb 塑性模型、多孔弹性模型、扩展的 Drucker-Prager 模型、Druker-Prager 蠕变模型、修正剑桥模型和节理材料模型等丰富的岩土材料的本构模型。根据现场取土试验结果，本项目的有限元分析中土体材料使用 Mohr-Coulomb 塑性模型来进行描述。

1. 模型特性

（1）材料服从经典的 Mohr-Coulomb 屈服准则。

（2）材料允许发生各向同性硬化或软化。

（3）该模型采用光滑的塑性流动势，流动势在子午面上为双曲线形状，在偏应力平面上为分段椭圆形。

（4）该模型与线弹性模型结合使用。

（5）在岩土工程领域，可用来模拟单调荷载作用下材料的力学性状。

2. 屈服准则

Mohr-Coulomb 屈服准则假定剪切强度与作用在该面的正应力呈线型关系，即作用在某一点的剪应力等于该点的抗剪强度时，该点发生破坏，破坏模型如图 9.4 所示。

Mohr-Coulomb 强度准则可表达为

$$\tau = c - \sigma\tan\varphi \tag{9.9}$$

式中：τ——剪切强度；

　　　σ——正应力；

　　　c——材料黏聚力；

　　　φ——材料的内摩擦角。

从莫尔圆可以得到以下关系：

$$\tau = s\cos\varphi$$
$$\sigma = \sigma_m + s\sin\varphi \tag{9.10}$$

将 τ 和 σ 代入式（8.14），则 Mohr-Coulomb 准则可写为

$$s + \sigma_m\sin\varphi - c\cos\varphi = 0 \tag{9.11}$$

式中：s——最大剪应力，$s = \dfrac{\sigma_1 - \sigma_3}{2}$；

　　　σ_m——主应力的平均值，$\sigma_m = \dfrac{\sigma_1 + \sigma_3}{2}$。

因此，Mohr-Coulomb 屈服准则和 Drucker-Prager 屈服准则有所区别，假定材料的破坏和中主应力无关而和正应力相关，典型的岩土材料的破坏通常会受中主应力的影响，但总的来说这种影响比较小。因而对于大部分的应用，Mohr-Coulomb 准则具有足够的精度。

在 π 平面上，Mohr-Coulomb 模型形状为等边但不等角的六边形，屈服面存在尖角，如图 9.5 所示。

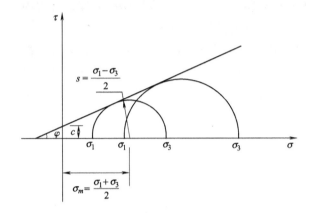

图 9.4　Mohr-Coulomb 破坏模型

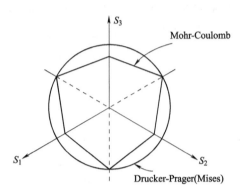

图 9.5　Mohr-Coulomb 和 Drucker-Prager 在 π 平面上的区服面

ABAQUS 软件所采用的本构模型是经典 Mohr-Coulomb 屈服准则的扩展，模型采用 Mohr-Coulomb 屈服函数，包括黏聚力各向同性的硬化和软化，但该模型的流动势函数在子午面上的形状为双曲线，在 π 平面上没有尖角，因此势函数完全光滑，确保了塑性流动方向的唯一性。

3. 应变张量

Mohr-Coulomb 模型应变张量的增量形式可表示为

$$d\varepsilon = d\varepsilon^{el} + d\varepsilon^{pl} \tag{9.12}$$

式中：$d\varepsilon$——总应变增量；

　　　$d\varepsilon^{el}$——弹性应变增量；

　　　$d\varepsilon^{pl}$——塑性应变增量。

4. 屈服特性

采用应变不变量进行表示时，Mohr-Coulomb 模型的屈服面方程为

$$F = R_{mc} - p\tan\varphi - c = 0 \tag{9.13}$$

式中：$\varphi(\theta, f^{\alpha})$——材料在子午面上的摩擦角；

　　　　　θ——温度；

　　　　　α——待定变量，$\alpha = 1, 2, \cdots$；

　　$c(\bar{\varepsilon}^{pl}, \theta, f^{\alpha})$——材料的黏聚力按等向硬化（或软化）方式的变化过程；

　　　　　$\bar{\varepsilon}^{pl}$——等效塑性应变。

5. 流动法则

流动法则定义为

$$d\varepsilon^{pl} = \frac{d\bar{\varepsilon}^{pl}}{g} \frac{\partial G}{\partial \sigma} \tag{9.14}$$

$$g = \frac{1}{c}\sigma \cdot \frac{\partial G}{\partial \sigma} \tag{9.15}$$

式中，G——流动势函数，在 ABAQUS 中，其形状在子午面上是双曲线，在 π 平面上是椭圆形。它的控制方程表示为

$$G = \sqrt{(\ni c \mid_0 \tan\psi)^2 + (R_{mv}q)^2} - p\tan\psi \tag{9.16}$$

式中：

$$R_{mv}(\theta, e) = R_{mc}(\frac{\pi}{3}, \varphi) = \frac{4(1-e^2)\cos^2\theta + (2e-1)^2}{4(1-e)^2\cos\theta + (2e-1)\sqrt{4(1-e^2)\cos^2\theta + 5e^2 - 4e}} \tag{9.17}$$

式中：ψ——子午面上高围压时的剪胀角；

$c \mid_0$——初始黏聚力；

$\ni，e$——分别为定义流动势函数在子午面和在 π 平面上的形状参数，$\ni$ 一般取 0.1，e 可表示为

$$e = \frac{3 - \sin\varphi}{3 + \sin\varphi} \tag{9.18}$$

根据上式，椭圆形屈服面的外凸和光滑要求 $0.5 < e \leqslant 1.0$。

9.4　计算模型

1. 谭家沟路堤计算模型及边界条件

根据谭家沟高路堤的设计资料，建立谭家沟高路堤的有限元计算模型，路堤填高约 47.5m，共设置 6 个铺设加固层。模型的边界条件为：底边单向固定约束，左、右边坡及路基上侧无约束。计算模型如图 9.6 所示。

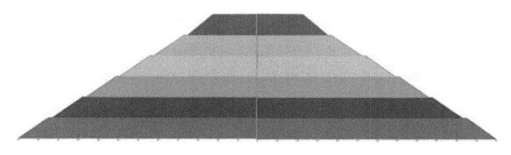

图 9.6　谭家沟高路堤平面计算模型

2. 李家院路堤计算模型及边界条件

根据李家院高路堤的设计资料，建立李家院高路堤的有限元计算模型，路堤填高约40m，共设置5个铺设加固层。模型的边界条件为右侧边和底边单向固定约束。计算模型如图9.7所示。

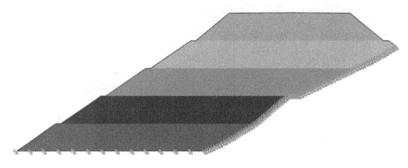

图9.7　李家院高路堤平面计算模型

9.5　填料物理力学参数

为确定有限元计算参数，分别在谭家沟的填料区及地基基础处取土样，在李家院路堤所在区域取填料土样，土样如图9.8和图9.9所示。

图9.8　碎石土

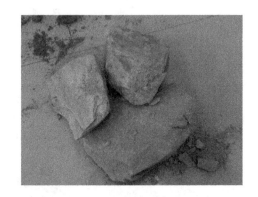

图9.9　中风化绢云石英片岩

根据所取土样的试验及工程勘察资料结果，确定各土层的力学参数见表9.1。

表9.1　填料层物理力学参数

材料	重度/（kN/m³）	弹性模量/MPa	泊松比	黏聚力/kPa	内摩擦角/（°）
碎石土	20.8	30	0.3	20	28.9
中风化绢云石英片岩	21	65	0.28	0	36.8

9.6　计算工况

谭家沟和李家院两个高路堤分别按碎石土、石英片岩两种填料进行计算，每个路堤的分层铺设厚度分别按 40cm、80cm 进行计算分析，各有 4 种计算工况，见表 9.2 和表 9.3。

表 9.2　谭家沟高路堤计算工况

计算工况	材料		分层铺设厚度/cm	
	碎石土	中风化绢云石英片岩	40	80
1	√		√	
2	√			√
3		√	√	
4		√		√

表 9.3　李家院高路堤计算工况

计算工况	材料		分层铺设厚度/cm	
	碎石土	中风化绢云石英片岩	40	80
1	√		√	
2	√			√
3		√	√	
4		√		√

9.7　计算结果分析

9.7.1　谭家沟高路堤计算结果分析

1. 位移计算结果分析

（1）工况 1：碎石土＋铺设层 40cm，共铺设 120 层。

该工况条件，路堤分层铺设每层厚度为 40cm，填料为碎石土。计算所得结果如图 9.10～图 9.13 所示。

竖向位移如图 9.10 和图 9.11 所示。

横向位移如图 9.12 和图 9.13 所示。

可以看出，路堤内中心区域竖向位移较大，路堤顶部与底部竖向位移相对较小，在距路堤底面 25m 处的最大竖向位移为 37.3cm；路堤坡脚处水平向位移最大，最大水平位移为 48.4cm。

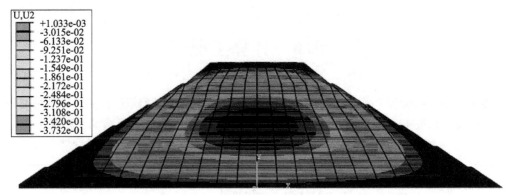

图 9.10　谭家沟高路堤竖向变形云图（单位：m）

注：碎石土＋铺设层 40cm

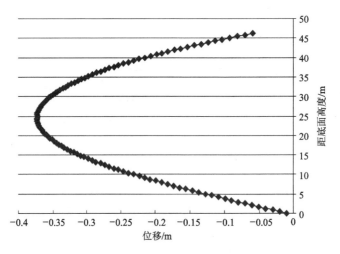

图 9.11　路堤中心线从堤底到路面竖向位移曲线

注：碎石土＋铺设层 40cm

图 9.12　谭家沟高路堤横向变形云图（单位：m）

注：碎石土＋铺设层 40cm

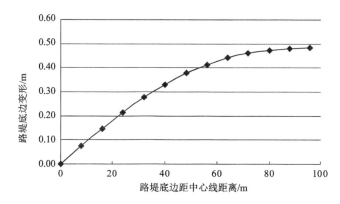

图 9.13　路堤底边横向位移曲线

注：碎石土＋铺设层 40cm

（2）工况 2：碎石土＋铺设层 80cm，共铺设 60 层。

该工况条件，路堤分层铺设每层厚度为 80cm，填料为碎石土，计算所得结果如图 9.14～图 9.17 所示。

竖向位移如图 9.14 和图 9.15 所示。

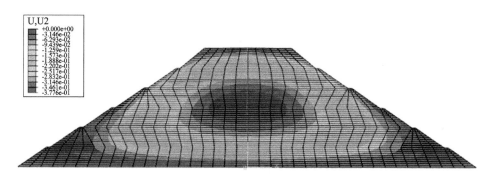

图 9.14　谭家沟高路堤竖向变形云图（单位：m）

注：碎石土＋铺设层 80cm

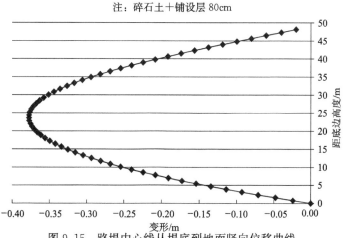

图 9.15　路堤中心线从堤底到地面竖向位移曲线

注：碎石土＋铺设层 80cm

横向位移如图 9.16 和图 9.17 所示。

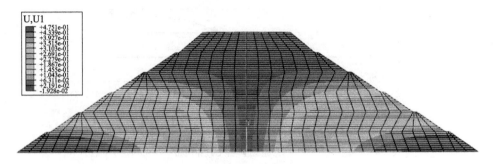

图 9.16　谭家沟高路堤横向变形云图（单位：m）

注：碎石土＋铺设层 80cm

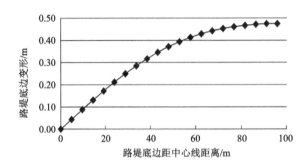

图 9.17　路堤底边横向位移曲线

注：碎石土＋铺设层 80cm

可以看出，同样的路堤在其内中心区域竖向位移较大，在距路堤底面 25m 处最大竖向位移为 37.7cm；路堤坡脚处横向位移最大，最大位移为 47.5cm。

（3）工况 3：石英片岩＋铺设层 40cm，共铺设 101 层。

该工况条件，路堤分层铺设每层厚度为 40cm，填料为石英片岩，计算所得结果如图 9.18～图 9.21 所示。

竖向位移如图 9.18 和 9.19 所示。

图 9.18　谭家沟高路堤竖向变形云图（单位：m）

注：石英片岩＋铺设层 40cm

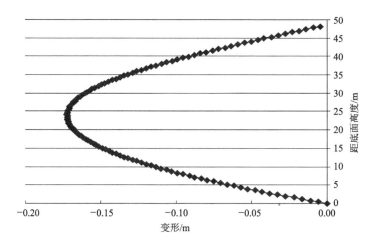

图 9.19　路堤中心线从堤底到地面竖向位移曲线

注：石英片岩＋铺设层 40cm

横向位移如图 9.20 和图 9.21 所示。

图 9.20　谭家沟高路堤横向变形云图（单位：m）

注：石英片岩＋铺设层 40cm

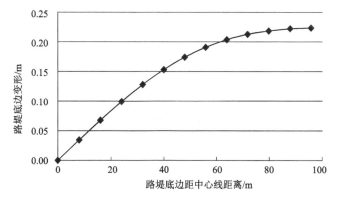

图 9.21　路堤底边横向位移曲线

注：石英片岩＋铺设层 40cm

上述图示中路堤内中心区域竖向位移较大，在距路堤底面 25m 处的最大竖向位移为 17.2cm；路堤坡脚处水平位移最大，最大水平位移为 22.3cm。

（4）工况 4：石英片岩＋铺设层 80cm，共铺设 51 层。

该工况条件，路堤分层铺设每层厚度为 80cm，填料为石英片岩，计算所得结果如图 9.22～图 9.25 所示。

竖向位移如图 9.22 和图 9.23 所示。

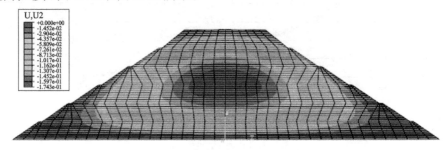

图 9.22 谭家沟高路堤竖向变形云图（单位：m）

注：石英片岩＋铺设层 80cm

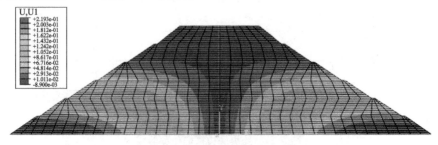

图 9.23 路堤中心线从堤底到地面竖向位移曲线

注：石英片岩＋铺设层 80cm

横向位移如图 9.24 和图 9.25 所示。

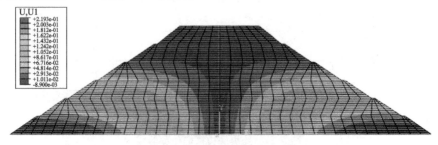

图 9.24 谭家沟高路堤横向变形云图（单位：m）

注：石英片岩＋铺设层 80cm

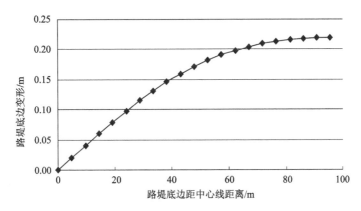

图 9.25　路堤底边横向位移曲线

注：石英片岩＋铺设层 80cm

可以看出，该工况条件下路堤内中心区域竖向位移较大，在距路堤底面 25m 处的最大竖向位移为 17.4cm；路堤坡脚处横向位移最大，最大水平位移为 21.9cm。

2. 应力计算结果分析

（1）工况 1：碎石土＋铺设层 40cm，共铺设 120 层。

该工况应力分布如图 9.26 和图 9.27 所示，最大拉应力分布在高路堤底边中心区域，为 0.58MPa 左右。在第二和第三台阶处（从路堤底边算起）有较小拉应力，为 0.50MPa 左右，最大压应力分布在高路堤底边中心区域，为 0.93MPa。

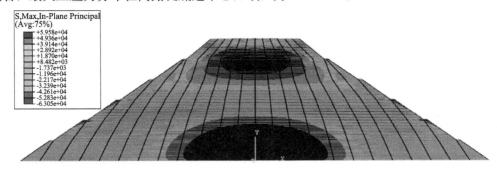

图 9.26　谭家沟高路堤大主应力云图

注：碎石土＋铺设层 40cm

图 9.27　谭家沟高路堤小主应力云图

注：碎石土＋铺设层 40cm

（2）工况 2：碎石土＋铺设层 80cm，共铺设 60 层。

该工况应力分布如图 9.28 和图 9.29 所示，最大拉应力分布在高路堤底边中心区域，为 0.58MPa 左右，另外，在第二和第三台阶处（从路堤底边算起）有较小拉应力，为 0.50MPa 左右，最大压应力分布在高路堤底边中心区域，为 0.93MPa。

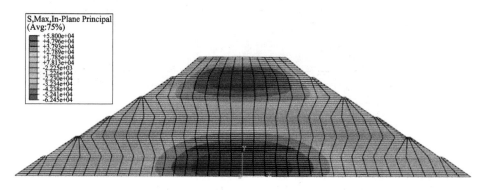

图 9.28　谭家沟高路堤大主应力云图

注：碎石土＋铺设层 80cm

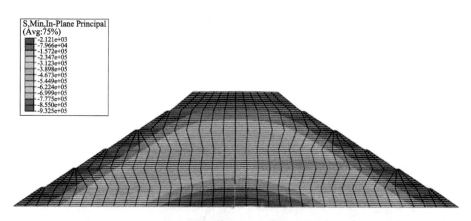

图 9.29　谭家沟高路堤小主应力云图

注：碎石土＋铺设层 80cm

（3）工况 3：石英片岩＋铺设层 40cm，共铺设 101 层。

该工况应力分布如图 9.30 和图 9.31 所示，最大拉应力分布在高路堤底边中心区域，为 0.06MPa 左右，另外，在第二和第三台阶处（从路堤底边算起）有较小拉应力，为 0.04MPa 左右，最大压应力分布在高路堤底边中心区域，为 0.93MPa。

（4）工况 4：石英片岩＋铺设层 80cm，共铺设 51 层。

该工况应力分布如图 9.32 和图 9.33 所示，最大拉应力分布在高路堤底边中心区域，为 0.058MPa 左右，在第二和第三台阶处（从路堤底边算起）有较小拉应力，为 0.04MPa 左右，最大压应力分布在高路堤底边中心区域，为 0.93MPa。

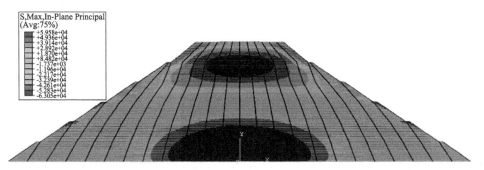

图 9.30　谭家沟高路堤大主应力云图

注：石英片岩＋铺设层 40cm

图 9.31　谭家沟高路堤小主应力云图

注：石英片岩＋铺设层 40cm

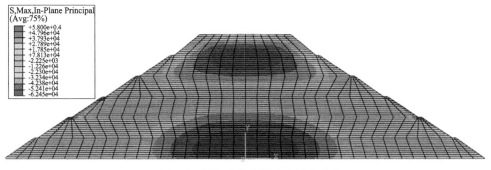

图 9.32　谭家沟高路堤大主应力云图

注：石英片岩＋铺设层 80cm

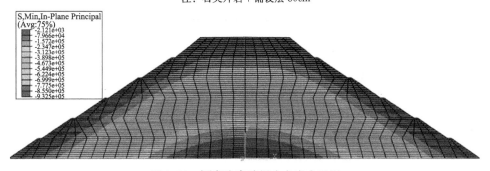

图 9.33　谭家沟高路堤小主应力云图

注：石英片岩＋铺设层 80cm

3. 谭家沟高路堤计算结果小结

谭家沟高路堤的四种工况计算结果见表 9.4。可以看出：铺设层厚度为 40cm 和 80cm 的计算结果相差并不明显；采用石英片岩作为填料，产生的竖向和横向最大位移量值均较小，工况 3（铺设层 40cm＋石英片岩填料）竖向位移为 17.2cm，横向位移为 22.3cm；工况 4（铺设层 80cm＋石英片岩填料）竖向位移为 17.4cm，横向位移为 21.9cm，两种工况计算结果较为接近；对于应力来说，采用相同的填料产生的应力几乎一致。

表 9.4　四种工况计算结果对比

工况	位移/cm		应力/MPa	
	竖向位移	横向位移	最大拉应力	最大压应力
1（碎石土＋铺设层 40cm）	37.3	48.4	0.58	0.93
2（碎石土＋铺设层 80cm）	37.7	47.5	0.58	0.93
3（片岩＋铺设层 40cm）	17.2	22.3	0.06	0.93
4（片岩＋铺设层 80cm）	17.4	21.9	0.06	0.93

9.7.2　李家院高路堤计算分析

1. 位移计算结果分析

（1）工况 1：碎石土＋铺设层 40cm，共铺设 120 层。

该工况路堤位移分布规律如图 9.34 和图 9.35 所示，路堤内中心区域竖向位移较大，分布在以距路堤中心线 20m 为中心，约 10m 范围内，最大竖向位移为 15.9cm，最大横向位移为 4.35cm。

竖向位移如图 9.34 所示。

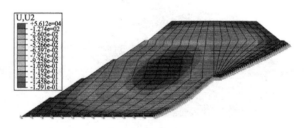

图 9.34　李家院高路堤竖向变形云图（单位：m）

注：碎石土＋铺设层 40cm

横向位移如图 9.35 所示。

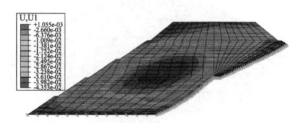

图 9.35　李家院高路堤横向变形云图（单位：m）

注：碎石土＋铺设层 40cm

（2）工况2：碎石土＋铺设层80cm，共铺设60层。

该工况路堤位移分布规律如图9.36和图9.37所示，路堤内中心区域竖向位移较大，分布在以距路堤中心线20m为中心，约10m范围内，最大竖向位移为16.3cm，最大横向位移为4.43cm。

竖向位移如图9.36所示。

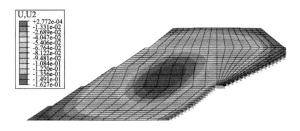

图9.36　李家院高路堤竖向变形云图（单位：m）
注：碎石土＋铺设层80cm

横向位移如图9.37所示。

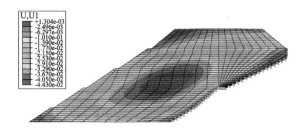

图9.37　李家院高路堤横向变形云图（单位：m）
注：碎石土＋铺设层80cm

（3）工况3：石英片岩＋铺设层40cm，共铺设101层。

该工况路堤位移分布规律如图9.38和图9.39所示，路堤内中心区域竖向位移较大，分布在以距路堤中心线20m为中心，约10m范围内，最大竖向位移7.3cm，最大横向位移为2.0cm。

竖向位移如图9.38所示。

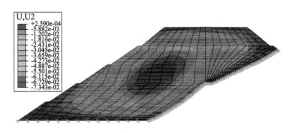

图9.38　李家院高路堤竖向变形云图（单位：m）
注：石英片岩＋铺设层40cm

横向位移如图 9.39 所示。

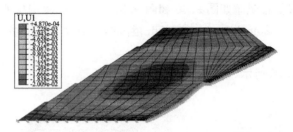

图 9.39　李家院高路堤横向变形云图（单位：m）

注：石英片岩＋铺设层 40cm

（4）工况 4：石英片岩＋铺设层 80cm，共铺设 51 层。

该工况位移分布规律如图 9.40 和图 9.41 所示，路堤内中心区域竖向位移较大，分布在以距路堤中心线 20m 为中心，约 10m 范围内，最大竖向位移为 7.5cm，最大横向位移为 2.0cm。

竖向位移如图 9.40 所示。

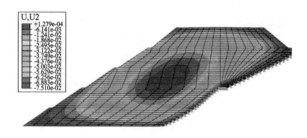

图 9.40　李家院高路堤竖向变形云图（单位：m）

注：石英片岩＋铺设层 80cm

横向位移如图 9.41 所示。

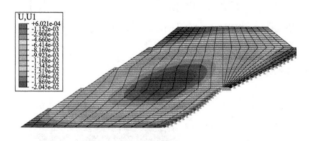

图 9.41　李家院高路堤横向变形云图（单位：m）

注：石英片岩＋铺设层 80cm

2. 应力计算结果分析

（1）工况 1：碎石土＋铺设层 40cm，共铺设 120 层。

该工况应力分布如图 9.42 和图 9.43 所示，最大拉应力分布在高路堤右侧坡脚处，为 0.03MPa 左右，另外，在路堤左边坡的各级台阶处有微小拉应力；最大压应力分布在高路堤底右侧区域，为 0.65MPa。

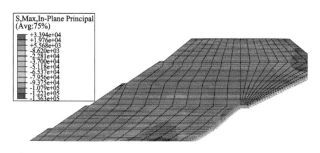

图 9.42　李家院高路堤最大主应力云图

注：碎石土＋铺设层 40cm

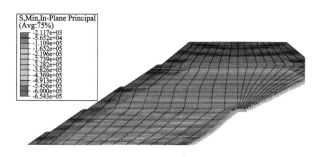

图 9.43　李家院高路堤最小主应力云图

注：碎石土＋铺设层 40cm

（2）工况 2：碎石土＋铺设层 80cm，共铺设 60 层。

该工况应力分布如图 9.44 和图 9.45 所示，最大拉应力分布在高路堤右侧坡脚处，为 0.026MPa 左右，另外，在路堤左边坡的各级台阶处有微小拉应力；最大压应力分布在高路堤底右侧区域，为 0.63MPa。

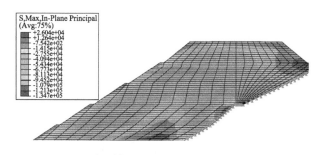

图 9.44　李家院高路堤最大主应力云图

注：碎石土＋铺设层 80cm

（3）工况 3：石英片岩＋铺设层 40cm，共铺设 101 层。

该工况应力分布如图 9.46 和图 9.47 所示，最大拉应力分布在高路堤右侧坡脚处，为 0.034MPa 左右，另外，在路堤左边坡的各级台阶处有微小拉应力；最大压应力分布在高路堤底右侧区域，为 0.65MPa。

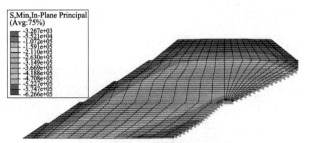

图 9.45 李家院高路堤最小主应力云图

注：碎石土＋铺设层 80cm

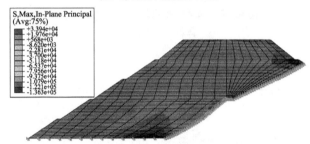

图 9.46 李家院高路堤最大主应力云图

注：石英片岩＋铺设层 40cm

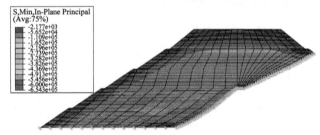

图 9.47 李家院高路堤最小主应力云图

注：石英片岩＋铺设层 40cm

（4）工况 4：石英片岩＋铺设层 80cm，共铺设 51 层。

该工况应力分布如图 9.48 和图 9.49 所示，最大拉应力分布在高路堤右侧坡脚处，为
0.026MPa 左右，另外，在路堤左边坡的各级台阶处有微小拉应力；最大压应力分布在高
路堤底右侧区域，为 0.63MPa。

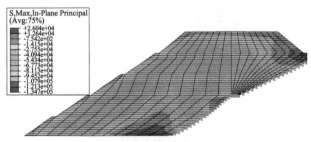

图 9.48 李家院高路堤最大主应力云图

注：石英片岩＋铺设层 80cm

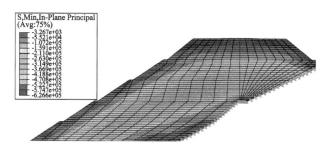

图 9.49 李家院高路堤最小主应力云图

注：石英片岩＋铺设层 80cm

3. 李家院高路堤计算结果小结

李家院高路堤的四种工况计算结果见表 9.5。可以看出：铺设层厚度为 40cm 和 80cm 的计算结果相差并不明显；采用石英片岩作为填料，产生的竖向和横向最大位移量值均较小，工况 3（石英片岩填料＋铺设层 40cm）和工况 4（石英片岩填料＋铺设层 80cm）计算结果较为一致：竖向位移为 7.3cm 左右，横向位移为 2.0cm；对于应力来说，采用相同的填料产生的应力几乎一致。

表 9.5 四种工况计算结果对比

工况	位移/cm		应力/MPa	
	竖向位移	横向位移	最大拉应力	最大压应力
1（碎石土＋铺设层 40cm）	15.9	4.35	0.03	0.65
2（碎石土＋铺设层 80cm）	16.3	4.43	0.026	0.63
3（片岩＋铺设层 40cm）	7.3	2.0	0.034	0.65
4（片岩＋铺设层 80cm）	7.5	2.0	0.026	0.63

9.8 高填方路堤稳定性分析

边坡稳定性关系到道路建设的安全性，边坡稳定问题也一直是岩土工程领域的一个研究热点。在边坡稳定性分析的理论研究方面，从早期的瑞典法，简化的 Bishop 法，到适用于任意形状、全面满足静力平衡的 Morgenstern-Price 法，再到基于塑性力学上、下限定理的极限分析法以及严格满足塑性理论的滑移线场法，其理论研究工作不断深入，研究体系日趋完善。

对于高填方路堤，由于填土高，坡面长，其稳定性问题至关重要。本章对位于谭家沟和李家院的两处高填方路堤进行稳定性分析。

9.9 路堤稳定性理论分析

▍9.9.1 稳定分析说明

1. 路堤稳定安全系数标准

本次计算稳定性采用《公路路基设计规范》（JTG D30—2004）推荐的方法，其抗滑稳定安全系数要满足表 9.6 要求。

表 9.6 路堤抗滑稳定安全系数

计算方法	分析内容	稳定安全系数
简化毕	路堤的堤身稳定性	1.35
肖普法	路堤和地基的整体稳定性	1.45

2. 计算方法

极限平衡条件的条分法在边坡稳定性分析中广为采用，已有规范对不同条分法在不同工况下的安全系数作了规定。极限平衡分析的前提是假定摩擦材料为刚塑性介质，在受剪切破坏情况下瞬间发挥了所有的强度（抗力），满足静力平衡条件和刚塑性体剪切破坏的极限平衡条件。塑性滑移线法是满足极限平衡条件和应力平衡条件的解析解法，但是对于复杂形体、复杂边界、复杂介质的边坡，要解出滑移线（特征线）是不可能的，因此采用极限平衡分析时一般采用条分法，假定土条为刚体并对条间力作适当调整，将超静定问题转化为静定问题，计算特定假定滑动面的安全系数，并通过"枚举法"或采用最优化搜索得到安全系数最小的滑动面。

瑞典法：采用圆弧滑裂面，忽略条内土的作用，其安全系数的计算公式为有效应力法与总应力法。

有效应力法：

$$F_s = \frac{\sum_1^n \left[(W_i \cdot \cos\theta_i - u_i \cdot l_i) \cdot \tan\varphi'_i + c'_i \cdot l_i \right]}{\sum_1^n (W_i \cdot \sin\theta_i)} \qquad (9.19)$$

总应力法：

$$F_s = \frac{\sum_1^n \left[W_i \cdot \cos\theta_i \cdot \tan\varphi_{ai} + c_{ai} \cdot l_i \right]}{\sum_1^n (W_i \cdot \sin\theta_i)} \qquad (9.20)$$

式中：c'_i——有效黏聚力（固结慢剪指标）；

φ'_i——有效摩擦角（固结慢剪指标）；

c_{ai}——黏聚力（固结快剪指标）；

φ_{ai}——摩擦角（固结快剪指标）；

l_i——条块宽度；

W_i——条块的重量；

u_i——滑面处土条的总静孔隙水压力；

θ_i——通过条块底面中点的半径与竖直之间的夹角。

目前国内外使用比较普遍的计算方法为简化毕肖普法，其次是瑞典圆弧法。本章理论计算采用简化毕肖普法。

3. 车辆荷载

在高速公路荷载组合时，通常需要考虑主要组合、附加组合和地震组合这三种情况即：①包括滑动坡体的重力、汽车荷载、常水位的浮力（对于浸水路堤）——主要组合；②包括滑动坡体的重力和地震力及常水位条件下的浮力——地震组合。本项目计算考虑的是主要组合。

该道路工程主线按城市快速路标准设计，设计车速为 $60\sim80km/h$，设双向 6 车道，荷载标准为城-A 级。城-A 级车辆荷载的标准载重汽车应采用五轴式货车加载，总重700kN，前后轴距为 18.0m，行车限界横向宽度为 3.0m，如图 9.50 所示。

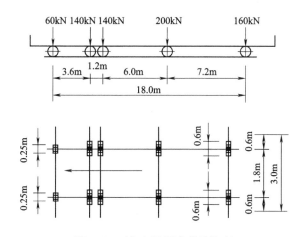

图 9.50　城-A 级标准载重汽车

为计算方便，根据等效重力原理，将汽车荷载换算为当量土柱高，根据我国现行《公路桥涵设计通用规范》（JTG D60—2004）第 4.3.4 条的规定，汽车荷载引起的土压力采用车辆荷载加载，车辆荷载在桥台或挡土墙后填土的破坏棱体上引起的土侧压力，可按下式换算成等代均布土层厚度 h（m）计算。

$$h = \frac{\sum G}{B l_0 \gamma} \tag{9.21}$$

式中：γ——土的重度（kN/m³），根据对填料的测定，本项目计算取 19kN/m³；

$\sum G$——布置在 $B \times l_0$ 面积内的车轮的总重（kN），如计算挡土墙的土压力，车辆荷载应按《公路桥涵设计通用规范》（JTG D60—2004）规定作横向的布置，车辆外侧车轮中线距路面边缘的距离为 0.5m；

l_0——桥台或挡土墙后填土的破坏棱体长度（m），本次计算取车辆荷载的纵向分布长度，为 18.2m；

B——桥台横向全宽或挡土墙的计算长度。本次计算取横向并行车辆轮胎着地最外缘的间距，为 14.4m。

最不利荷载设计为高速公路同一横断面排列满了最重的车辆，即在双向行车道有 6 辆城-A 级标准载重汽车并排行驶。在这种最不利的情况下，路基上 6 辆车同步运动。计算运动中的城-A 级标准载重汽车荷载当量高度，需考虑车对路面的冲击系数，取为 0.3，其等代均布土层厚度为

$$h = \frac{6 \times 700}{18.2 \times 14.4 \times 19} \times 1.3 = 1.10 (\text{m})$$

车辆荷载由距离路面边缘 0.5m 处开始加载。

4. 参数选取

根据工程经验、现场踏勘情况及取土试验，选取计算参数如下：

碎石土（材料参数 1）：容重为 20.8kN/m³，黏聚力 c 为 20kPa，内摩擦角 φ 等于 28.9°。

中风化绢云石英片岩（材料参数 2）：容重 21kN/m³，黏聚力 c 为 0，内摩擦角 φ 等于 36.8°。

原状地基土：容重 19kN/m³，弹性模量为 30MPa，黏聚力 c 为 5kPa，内摩擦角 φ 等于 13°。

处理后地基土：容重 19kN/m³，弹性模量为 60MPa，黏聚力 c 为 5kPa，内摩擦角 φ 等于 28°。

9.9.2 谭家沟路堤稳定性计算

分别采用材料 1（碎石土）与材料 2（中风化绢云石英片岩）为填料，对该填方路堤的稳定性进行分析，得到不同情况下填方路堤的安全系数，见表 9.7。

表 9.7 谭家沟填方路堤稳定性计算安全系数

部位	堤身稳定性（材料 1）	堤身稳定性（材料 2）	整体稳定性（材料 1）	
			原状地基	地基处理后
左边坡	1.32	1.61	1.22	1.38
右边坡	1.33	1.70	1.29	1.50

计算得到不同填料及地基条件下，左右边坡的最小安全系数滑弧如图 9.51～图 9.56 所示。

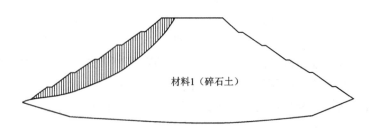

材料1（碎石土）

图 9.51 谭家沟左边坡堤身稳定最小安全系数滑弧

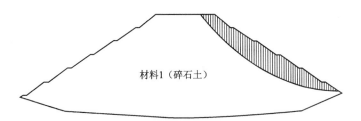

图 9.52　谭家沟右边坡堤身稳定最小安全系数滑弧

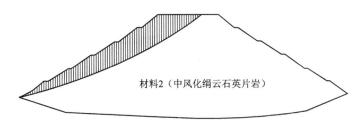

图 9.53　谭家沟左边坡最小安全系数滑弧

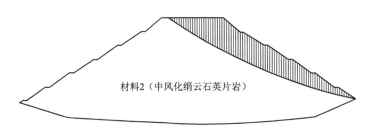

图 9.54　谭家沟右边坡最小安全系数滑弧

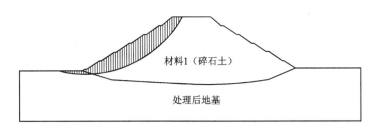

图 9.55　谭家沟路堤左边坡最小整体稳定安全系数滑弧

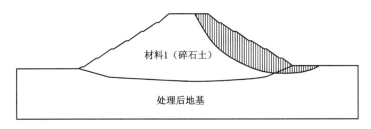

图 9.56　谭家沟路堤右边坡最小安全系数滑弧

9.9.3 李家院路堤稳定性计算

分别采用材料1与材料2为填料，对该填方路堤的稳定性进行分析，得到不同情况下填方路堤的安全系数，见表9.8。

表9.8 李家院填方路堤稳定性计算安全系数

部位	堤身稳定性（材料1）	堤身稳定性（材料2）	整体稳定性（材料1）	
			原状地基	地基处理后
左边坡	1.35	1.39	0.80	1.34
右边坡	1.41	1.83	1.67	1.87

计算得到不同情况下，最小安全系数滑弧如图9.57～图9.62所示。

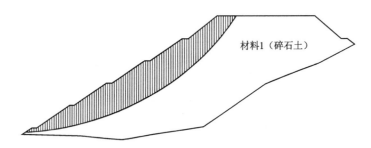

图9.57 李家院左边坡堤身稳定最小安全系数滑弧

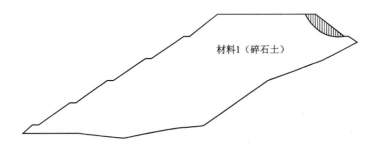

图9.58 李家院右边坡堤身稳定最小安全系数滑弧

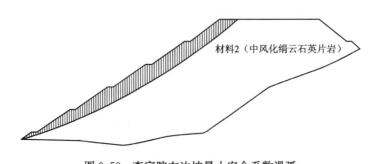

图9.59 李家院左边坡最小安全系数滑弧

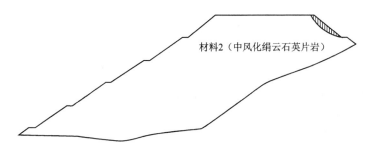

图 9.60　采用材料参数 2，李家院右边坡面最小安全系数滑弧

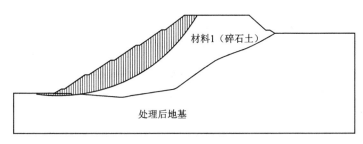

图 9.61　采用材料参数 1，李家院左边坡整体稳定
最小安全系数滑弧（地基处理后）

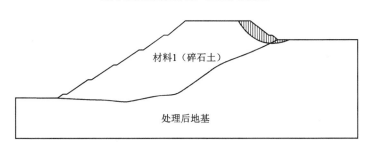

图 9.62　李家院右边坡最小安全系数滑弧（地基处理后）

通过计算，发现不同工况和填料性质下，仍然有不少路堤处于非稳定状态，各工况条件下路堤安全系数见表 9.9，其中有下划线部分表示安全系数不足。

表 9.9　安全系数汇总

工况	部位	堤身稳定性（材料 2）	堤身稳定性（材料 1）	整体稳定性（材料 1）	
				原状地基	地基处理后
谭家沟	左边坡	1.61	<u>1.32</u>	<u>1.22</u>	<u>1.38</u>
	右边坡	1.70	<u>1.33</u>	<u>1.29</u>	<u>1.50</u>
李家院	左边坡	1.39	1.35	<u>0.80</u>	<u>1.34</u>
	右边坡	1.83	1.41	1.67	1.87

通过上述分析，可以看出，如果采用材料 1 作为路基填料，则谭家沟的左右边坡稳定性不足，需要进行处理。如果采用材料 1 作为路基填料，不对地基进行处理，则只有李家院路堤的右边坡整体稳定没有问题。

9.10　路堤处理方案

高填方路堤的稳定性与地基条件、路堤几何条件、边坡角度、放坡型式、填料性质等密切相关，尤其是填料的强度参数对路堤稳定性有较大影响。由上述结果分析可知，谭家沟和李家院两处路堤存在着失稳的可能，需要对两处路堤进行一定的处理或优化，本节以谭家沟高路堤为例，分析边坡放坡坡率对改善高填方路堤的稳定性的作用。

1. 放缓边坡方案（平台宽度为 2m）

对谭家沟路堤采用放缓边坡方式进行处理，第 1 级～第 5 级采用 1∶1.5 的坡率，下面 2 级采用 1∶1.75 的坡率，每级边坡顶部设置宽度为 2m 的平台，谭家沟路堤左、右边坡堤身最小安全系数滑弧如图 9.63 和图 9.64 所示。

经过计算，左边坡的路堤稳定性安全系数为 1.43，右边坡的路堤稳定性安全系数为 1.50，安全系数都大于 1.35，此时路堤满足稳定性的安全要求。

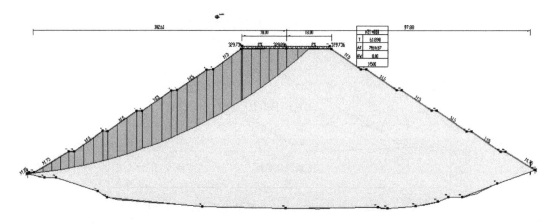

图 9.63　谭家沟左边坡堤身稳定最小安全系数滑弧

注：采用材料参数 1，改变坡率后，平台为 2m

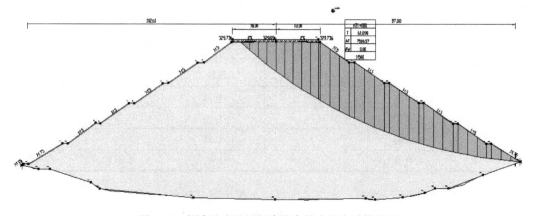

图 9.64　谭家沟右边坡堤身稳定最小安全系数滑弧

注：采用材料参数 1，改变坡率后，平台为 2m

2. 放缓边坡方案（平台宽度为 1.5m）

对谭家沟路堤采用放缓边坡方式进行处理，第 1 级～第 5 级采用 1∶1.5 的坡率，下面 2 级采用 1∶1.75 的坡率，每级边坡顶部设置宽度为 1.5m 的平台，谭家沟路堤左、右边坡堤身最小安全系数滑弧如图 9.65 和图 9.66 所示。

经过计算，左边坡的路堤稳定性安全系数为 1.41，右边坡的路堤稳定性安全系数为 1.48，安全系数都大于 1.35，此时路堤满足稳定性要求。

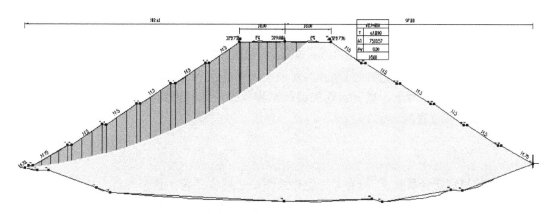

图 9.65　谭家沟左边坡堤身稳定最小安全系数滑弧

注：采用材料参数 1，改变坡率后，平台为 1.5m

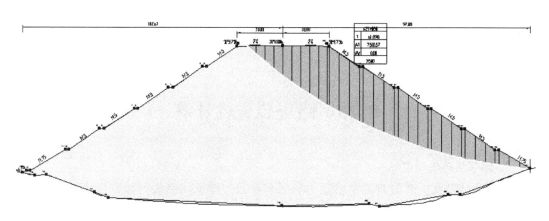

图 9.66　谭家沟右边坡堤身稳定最小安全系数滑弧

注：采用材料参数 1，改变坡率后，平台为 1.5m

9.11　高填方路堤稳定性的参数分析

《公路路基设计规范》（JTGD30—2004）规定，对于边坡高度超过 20m 的路堤应进行个别勘察设计，但一些规定和建议并不明确，如与路堤稳定性相关的填土强度指标的选取等。山区高速公路经常遇到填方高度大于 10m 的高填方路段，因而十分有必要对超高填方路堤边坡的稳定性的影响因素进行分析，研究填土材料强度参数对路堤稳定安全系数的影响规律。

9.12   强度折减法

岩土体的抗剪强度直接决定边坡的稳定性，采用强度折减法对边坡稳定性计算时，逐渐降低岩土体的抗剪强度参数，直至边坡发生失稳破坏。强度折减法的基本原理是将材料的强度参数 c、φ 值同时进行折减，即 c、φ 值同除以一个折减系数 F，得到一组新的 c'、φ'，然后将折减后的材料参数，作为新的材料参数代入进行试算，通过不断地提高折减系数反复分析研究对象，直至达到失稳的临界状态，此时得到的折减系数 F 即为安全系数 F_s。其分析方程为

$$c' = c/F \qquad\qquad (9.22)$$
$$\varphi' = \varphi/F \qquad\qquad (9.23)$$

边坡的稳定安全系数 F_s 的含义为使边坡刚好达到临界破坏状态时对土体材料的抗剪强度进行折减的程度，边坡安全系数是土体的实际抗剪强度与临界破坏时折减后剪切强度的比值，具有强度储备系数的物理意义。在本章的路堤稳定性计算中，安全系数为采用强度折减法获得。

本章基于强度折减法理论，通过有限元分析对谭家沟和李家院两处高填方路堤的稳定性进行数值分析。在求解安全系数时，单次安全系数的计算过程主要以数值计算的收敛性作为失稳判据。

9.13   路堤稳定性计算

1. 谭家沟路堤稳定性

根据上述强度折减法的基本原理，利用有限元对谭家沟路堤的稳定性进行分析，该处高填方路堤的稳定安全系数见表 9.10。

表 9.10   谭家沟填方路堤稳定性计算安全系数

堤身稳定性 （材料 1）	堤身稳定性 （材料 2）	整体稳定性（材料 1）	
		原状地基	地基处理后
0.996 1	1.002 3	0.809 9	0.987 5

填土与地基土相互作用，由于填土较高，路堤荷载可能引起地基土的侧向滑动，从而失稳，因而考虑地基条件的路堤稳定安全系数比堤身稳定性小。

2. 李家院路堤稳定性

根据强度折减法的基本原理，对李家院路堤的稳定性进行分析，李家院处高填土方

路堤的稳定安全系数见表 9.11。

表 9.11 李家院填方路堤稳定性计算安全系数

堤身稳定性 （材料 1）	堤身稳定性 （材料 2）	整体稳定性（材料 1）	
		原状地基	地基处理后
0.967 0	1.008 6	0.636 9	1.007 9

填土与地基土相互作用，由于填土较高，路堤荷载可能引起地基土的侧向滑动，从而失稳，因而考虑地基条件的路堤稳定安全系数比堤身稳定性小。

9.14 路堤稳定性的参数分析

为研究路堤强度因素对谭家沟和李家院两处典型山区高填方路堤稳定性的影响规律，基于强度折减理论，通过有限元计算分析不同影响因素时路堤稳定安全系数的变化规律。

1. 谭家沟路堤

该处路堤采用原状地基土：容重 19kN/m³，弹性模量为 30MPa，黏聚力 c 为 5kPa，内摩擦角 φ 等于 13°。路堤填料参数：容重为 20.8kN/m³，内摩擦角 φ 等于 28.9°。该工况条件下，谭家沟路堤的整体稳定性随堤身填料黏聚力的变化规律，如图 9.67 所示。

由图 9.67 可以看出，随着路堤填料黏聚力的提高，路堤整体稳定性提高。在填料黏聚力较小时，路堤稳定安全系数提高相对较快，当黏聚力大于 5kPa 时，路堤稳定性安全系数随黏聚力增加而增大的速度逐渐减慢。因而，在工程建设时，路堤填料不宜完全选用没有黏聚力的砂土材料，如需选用无黏性材料，可以适当拌和黏性土以增加路堤填料的整体黏聚力。

该处路堤采用原状地基土，地基土容重 19kN/m³，弹性模量为 30MPa，黏聚力 c 为 5kPa，内摩擦角 φ 等于 13°。路堤填料参数：容重为 20.8kN/m³，黏聚力 c 为 20kPa。该工况条件下，谭家沟路堤的整体稳定性随堤身填料内摩擦角的变化规律，如图 9.68 所示。

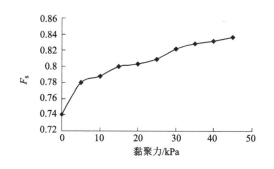

图 9.67 路堤安全系数随填料
黏聚力变化规律

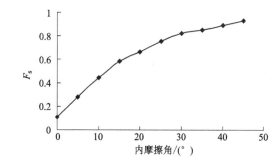

图 9.68 路堤安全系数随填料
内摩擦角的变化规律

由图 9.68 可以看出，随着路堤填料内摩擦角的提高，路堤整体稳定性提高。在填料内摩擦角较小时，路堤稳定安全系数提高相对较快，当内摩擦角大于15°时，路堤稳定性安全系数随填料内摩擦角增长的速度逐渐减慢。为获得较大的安全系数，在工程建设时，路堤填料不宜采用内摩擦角较低的黏土，若采用黏性土作为填料，可以考虑在黏聚土中拌和适量的砂土材料，以提高路堤填料的整体内摩擦角，有利于路堤稳定。

该处路堤采用原状地基土：容重 $19kN/m^3$，弹性模量为 30MPa，黏聚力 c 为 5kPa，内摩擦角 φ 等于 13°。路堤填料参数：容重为 $20.8kN/m^3$，黏聚力 c 为 20kPa，内摩擦角 φ 等于 28.9°。该工况条件下，谭家沟路堤的整体稳定性随堤身填料模量的变化规律，如图 9.69 所示。

由图 9.69 可以看出，在路堤填料模量较小时，路堤稳定安全系数呈现一定的波动性，且此时路堤安全系数相对较高，这是由于路堤填料模量较小时，路堤在自重作用下会产生较大的竖向变形，降低路堤的整体高度，在一定程度上会使路堤稳定安全系数有所提高。而当填料模量大于 200MPa 时，路堤在自重荷载下竖向变形较小，可以忽略竖向位移对路堤稳定性的影响，此时路堤稳定性安全系数基本稳定。

由于某些路堤填料具有一定的剪胀性，故对路堤填料剪胀角对路堤稳定性的影响进行分析。该处路堤采用原状地基土：容重 $19kN/m^3$，弹性模量为 30MPa，黏聚力 c 为 5kPa，内摩擦角 φ 等于 13°。路堤填料参数：容重为 $20.8kN/m^3$，黏聚力 c 为 20kPa，内摩擦角 φ 等于 28.9°。该工况条件下，谭家沟路堤的整体稳定性随堤身填料剪胀角的变化规律，如图 9.70 所示。

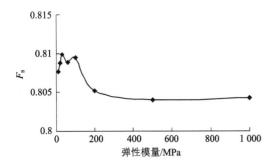

图 9.69　路堤安全系数随填料模量的变化规律　　图 9.70　路堤安全系数随剪胀角的变化规律

由图 9.70 可以看出，在路堤填料剪胀角为 0 时，路堤稳定安全系数较小，而当填料剪胀角达到 1°时，路堤稳定安全系数基本不再随剪胀角发生变化，此时可以忽略填料剪胀角对路堤稳定性的影响。

该处路堤采用原状地基土：容重 $19kN/m^3$，弹性模量为 30MPa，黏聚力 c 为 5kPa，内摩擦角 φ 等于 13°。路堤填料参数：容重为 $20.8kN/m^3$，黏聚力 c 为 20kPa，内摩擦角 φ 等于 28.9°。该工况条件下，谭家沟路堤的整体稳定性随堤身填料泊松比的变化规律，如图 9.71 所示。

由图 9.71 可以看出，路堤稳定安全系数随填土泊松比变化不大，在泊松比较大时，路堤稳定安全系数略有减小。这是由于泊松比较大时路堤受压后横向变形增加，在一定程度上对路堤稳定性会产生不利影响，因而宜选用具有较高泊松比的相对模型较大的路堤填料。

2. 李家院路堤

该处路堤采用原状地基土：容重 $19kN/m^3$，弹性模量为 $30MPa$，黏聚力 c 为 $5kPa$，内摩擦角 φ 等于 $13°$。路堤填料参数：容重为 $20.8kN/m^3$，内摩擦角 φ 等于 $28.9°$。该工况条件下，李家院路堤的整体稳定性随堤身填料黏聚力的变化规律如图 9.72 所示。

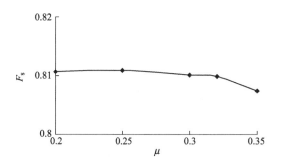

图 9.71　路堤安全系数随泊松比的变化规律

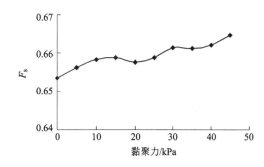

图 9.72　路堤安全系数随填料黏聚力变化规律

由图 9.72 可以看出，随着路堤填料黏聚力的提高，路堤整体稳定性提高。因而，在工程建设时，路堤填料不宜完全选用没有黏聚力的砂土材料，如需选用无黏性材料，可以适当拌和黏性土以增加路堤填料的整体黏聚力。

该处路堤采用原状地基土，地基土容重为 $19kN/m^3$，弹性模量为 $30MPa$，黏聚力 c 为 $5kPa$，内摩擦角 φ 等于 $13°$。路堤填料参数：容重为 $20.8kN/m^3$，黏聚力 c 为 $20kPa$。该工况条件下，李家院路堤的整体稳定性随堤身填料内摩擦角的变化规律如图 9.73 所示。

由图 9.73 可以看出，随着路堤填料内摩擦角的提高，路堤整体稳定性提高。在填料内摩擦角较小时，路堤稳定安全系数提高相对较快，当内摩擦角大于 $15°$ 时，路堤稳定性安全系数随填料内摩擦角增长的速度逐渐减慢。为获得较大的安全系数，在工程建设时，路堤填料不宜采用内摩擦角较低的黏性土，若采用黏性土作为填料，可以考虑在黏聚土中拌和适量的砂土材料，以提高路堤填料的整体内摩擦角，有利于路堤稳定。

该处路堤采用原状地基土：容重为 $19kN/m^3$，弹性模量为 $30MPa$，黏聚力 c 为 $5kPa$，内摩擦角 φ 等于 $13°$。路堤填料参数：容重为 $20.8kN/m^3$，黏聚力 c 为 $20kPa$，内摩擦角 φ 等于 $28.9°$。该工况条件下，李家院路堤的整体稳定性随堤身填料模量的变化规律如图 9.74 所示。

由图 9.74 可以看出，在路堤填料模量较小时，路堤稳定安全系数呈现一定的波动性，对于填筑与山体边坡上的这类路堤，在路堤填料模量较小时，路堤在自重作用下会产生较大的竖向变形，会增大填方土体沿坡面的滑动，从而降低路堤的整体稳定性。而当填料模量大于 $400MPa$ 以后，路堤与山体模量接近，路堤在自重荷载下竖向变形较小，可以忽略竖向位移对路堤稳定性的影响，此时路堤稳定性安全系数基本稳定。

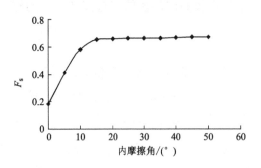

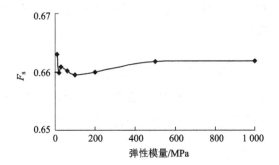

图 9.73　路堤安全系数随填料内摩擦角变化规律　　图 9.74　路堤安全系数随填料模量变化规律

　　该处路堤采用原状地基土：容重为 $19kN/m^3$，弹性模量为 $30MPa$，黏聚力 c 为 $5kPa$，内摩擦角 φ 等于 $13°$。路堤填料参数：容重为 $20.8kN/m^3$，黏聚力 c 为 $20kPa$，内摩擦角 φ 等于 $28.9°$。该工况条件下，李家院路堤的整体稳定性随堤身填料剪胀角的变化规律如图 9.75 所示。

　　由图 9.75 可以看出，在路堤填料剪胀角为 0 时，路堤稳定安全系数较小，而当填料剪胀角达到 $1°$后，路堤稳定安全系数基本不再随剪胀角发生变化，此时可以忽略填料剪胀角对路堤稳定性的影响。

　　该处路堤采用原状地基土：容重为 $19kN/m^3$，弹性模量为 $30MPa$，黏聚力 c 为 $5kPa$，内摩擦角 φ 等于 $13°$。路堤填料参数：容重为 $20.8kN/m^3$，黏聚力 c 为 $20kPa$，内摩擦角 φ 等于 $28.9°$。该工况条件下，李家院路堤的整体稳定性随堤身填料泊松比的变化规律如图 9.76 所示。

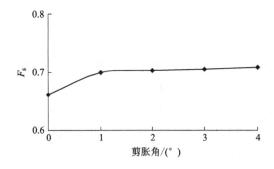

图 9.75　路堤安全系数随填料剪胀角变化规律　　图 9.76　路堤安全系数随泊松比的变化规律

　　由图 9.76 可以看出，路堤稳定安全系数随填土泊松比变化不大，在泊松比较大时，路堤稳定安全系数略有减小，这是由于泊松比较大时路堤受压后横向变形增加，在一定程度上对路堤稳定性会产生不利影响，因而宜选用具有较高泊松比的相对模型较大的路堤填料。

9.15　本章小结

　　（1）根据谭家沟和李家院高路堤的计算结果，经分析得到以下结论：①谭家沟高路堤的工况3和工况4计算结果较为接近，故建议采用中风化绢云石英片岩作为填料，由于分层铺设厚度为40cm和80cm位移和应力结构较为一致，产生的竖向位移17cm，横向位移22cm，最大拉应力0.06MPa，最大压应力0.9MPa。因此，在铺设层厚度为40～80cm路堤变形变化不会相差很大，实际施工时可根据现场施工条件及环境决定铺设层厚度。②李家院高路堤的工况3和工况4计算结果较为接近，故建议采用中风化绢云石英片岩作为填料，由于分层铺设厚度40cm和80cm位移和应力结构较为一致，产生的竖向位移7.3cm左右，横向位移2.0cm，最大拉应力0.02MPa，最大压应力0.6MPa。因此，在铺设层厚度为40～80cm路堤变形变化不会相差很大。

（2）根据谭家沟和李家院两处典型高填方路堤材料参数、地基条件以及几何断面条件，通过理论分析，对这两处路堤进行了稳定性计算，计算了不同工况条件下路堤的稳定性。在不利工况条件下，路堤安全系数不足，路堤存在失稳可能。考虑地基影响时路堤断面整体稳定性安全系数低于堤身，通过放缓边坡措施对可能失稳路堤进行处理，经计算，路堤稳定性能够满足安全要求。

（3）基于强度折减理论，通过有限元分析具体对谭家沟和李家院两处高填方路堤的稳定性进行数值分析，并着重分析了路堤填料参数对高填方路堤稳定性的影响，得到以下结论：

①路堤黏聚力的提高能够提高路堤整体稳定性。在填料黏聚力较小时，路堤稳定安全系数提高相对较快，当黏聚力大于5kPa时，路堤稳定性安全系数随黏聚力增加而增大的速度逐渐减慢。

②随着路堤填料内摩擦角的提高，路堤整体稳定性提高。在填料内摩擦角较小时，路堤稳定安全系数提高相对较快，当内摩擦角大于15°时，路堤稳定性安全系数随填料内摩擦角增长的速度逐渐减慢。

③在路堤填料模量较小时，路堤稳定安全系数呈现一定的波动性，而当填料模量大于200MPa时，路堤在自重荷载下竖向变形较小，此时路堤稳定性安全系数基本稳定。

④在路堤填料剪胀角为0时，路堤稳定安全系数较小，而当填料剪胀角达到1°时，路堤稳定安全系数基本不再随剪胀角发生变化，此时可以忽略填料剪胀角对路堤稳定性的影响。

⑤路堤稳定安全系数随填土泊松比变化不大，在泊松比较大时，路堤稳定安全系数略有减小。

主要参考文献

［1］Akinay A E，Brostow W. Long-term service performance of polymeric materials from short-term tests: prediction of the stress shift factor from a minimum of data ［J］. Polymer，2001，42: 4527-4532.

［2］Li A L. Influence of creep and stress-relaxation of geosynthetic reinforcement on embankment behavior ［J］. Geosynthetics International，2001，8 (3): 233-270.

［3］Sawicki A，et al. Creep behaviour of geosynthetics ［J］. Geotextiles and Geomembranes，1998，16: 365-381.

［4］Sawicki A. Rheological model of geosynthetic reinforced soil ［J］. Geotextiles and Geomembranes，1999，17: 33-49.

［5］Sawicki A. Creep of geosynthetic reinforced soil retaining walls ［J］. Geotextiles and Geomembranes，1999，17: 51-65.

［6］Sawicki A. A basis for modeling creep and stress relaxation behaviour of geogrids ［J］. Geosynthetics International. 1998，5 (6): 637-645.

［7］Asaoka A. Observational procedure of settlement prediction ［J］. Soils and Foundation，1978，18 (4): 87-101.

［8］ASTM. D. 5262. Standard Test Method for Evaluating the Unconfined Tension Creep Behavior of Geosynthetics ［S］. 1997.

［9］Atanda J. Environmental impact soft bamboo as a substitute constructional material in Nigeria ［J］. Case Studies in Construction Materials，2015，(3): 33-39.

［10］Baras L C S，Bueno B S，Costa C M L. On the evaluation of stepped isothermal method for characterizing creep properties of geotextiles ［C］. Proceedings of 7th International Conference on Geosynthetics，Nice，Brazil，2002: 1515-1518.

［11］Becker L D B，Nunes A L L S. Confined creep of geotextile in a compacted sand fill ［C］. Proceedings of 7th International Conference on Geosynthetics，Nice，Brazil，2002: 1519-1522.

［12］Bergado D T，Dario P M，Sampaco C L，et al. Prediction of Embankment Settlements by In-Situ Tests ［J］. Geochemical Testing Journal，1991，14 (4): 425-439.

［13］Bergado D T，Bukkanasuta A. Laboratory pull-out tests using bamboo and polymer geogrids including a case study ［J］. Geotextiles and Geomembranes，1987，5 (3): 153-189.

[14] Bujang B K, Ng C H, Munzir H A. Observational methods for predicting embankment settlement [J]. Pertanika Journal of Science & Technology, 2004, 12 (1): 115-128.

[15] BS6906. Methods of Test for Geotextiles, Part 5. Determination of Creep [S]. 1991.

[16] Chang D T, et al. The creep behavior of geotextiles under confined and unconfined conditions [C]. Proceedings of International Symposium on Earth Reinforcement. Fukuoka. Kyushu. Japan, 1996: 19-24.

[17] Chen H, Cheng H. Tensile properties of bamboo in different sizes [J]. Journal of Wood Science, 2015, 61 (6): 552-561.

[18] Chen Rui, et al. Treatment Methods for Highway Soft Soil Roadbed. Science and Technology of Private Enterprise, 2011, 1.

[19] Cheng Z Y, Xiao M T, Guo X H. After construction settlement prediction of the high rock filled rmbankment based on improved GM (1, 1) [J]. Management & Engineering, 2011, 3 (20): 21-124.

[20] Hirakawa D, Uchimura T. Time-dependant deformation of geosynthetics and geosynthetic-reinforced soil structures [C]. Proceedings of 7th International Conference. On Geosynthetics, Nice, Brazil, 2002: 1427-1430.

[21] Leshchinsky D, Dechasakulsom M. Creep and stress relaxation of geogrids [J]. Geosynthetics International, 1997, 4 (5): 463-479.

[22] Farrag K Shiraz H. Development of an accelerated creep testing procedure for geosynthetics, Part 1: Testing [J]. Geotechnical Testing Journal, 1997, 4: 414-422.

[23] Farrag K. Development of an accelerated creep testing procedure for Geosynthetics, Part 2: Analysis [J]. Geotechnical Testing Journal, 1998, 21 (1): 38-44.

[24] Garry D H, Ohashi H. Mechanics of fiber reinforcement in sand [J]. Journal of Geotechnical Engineering, 1983, 109 (3): 335-353.

[25] George PM. The influence of geoform creep on performance of a compressible inclusion [J]. Geotextiles and Geomembranes, 1997, 15: 121-130.

[26] Kempton G T. Assessment of design life for polyester based geosynthetics [C]. Proceeding of 7th International Conference. On Geosynthetics, Nice, Brazil, 2002: 1531-1534.

[27] Alawaji H A. Creep and rate of loading effects on geogrid-reinforced sand [J]. Geotechnical and Geological Engineering, 2005, 23: 583-600.

[28] Saadamanesh H, Tannous F E. Long-term behavior of aramid fiber reinforced plastic (AFRP) tendons [J]. ACI Materials Journal, 1999, 96 (3): 297-305.

[29] Han Y J, Seong Hun Kim. Assessment of long-term performances of polyester geogrids by accelerated creep test [J]. Polymer Testing. 2002, 21: 489-495.

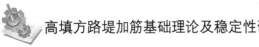
[30] Hoedt G D, Voskamp W, Heuvel C J M. Creep and time to rupture of polyester geogrids at elevated temperatures [C]. Proceedings of 5th International Conference on Geotextiles, Geomembranes and Related Products, Singapore, 1994: 1125-1130.

[31] Homton J S, Allen S R, Thomas R W. The stepped isothermal method for time-temperature superposition and its application to creep data on polyester yarn [C]. Proc. of 6th Int. Conf. On Geosynthetics, Atlanta, USA, 1998: 699-706.

[32] Hu H Y. High-fill embankment settlement estimation based on the theory of unsaturated soils [J]. Advanced Material Research, 2011, 368 - 373: 3983 - 3986.

[33] Huang H, Hong J S. Study on strength characteristics of reinforced soil by cement and bamboo chips [J]. Applied Mechanics and Materials, 2011, 71 (8): 1250-1254.

[34] Hulse I C. Long-term performance of non-woven geotextile wraparound walls [C]. Proceedings of 7th International Conference on Geosynthetics, Nice, Brazil, 2002: 1527-1530.

[35] Koo H J, Kim Y K. Lifetime prediction of geogrids for reinforcement of embankments and slopes [J]. Polymer Testing, 2005, 24: 181-188.

[36] Irsyam M, Krisnanto S, Wardhani S P R. Instrumented full scale test and numerical analysis to investigate performance of bamboo pile-mattress system as soil reinforcement for coastal embankment on soft clay [J]. Applied Mechanics and Materials, 2014, 501 (10): 2132-2317.

[37] ISO 13431. Geotextiles and Geotextile-related Products-Determination of Tensile Creep and Creep Rupture Behavior [S]. 1999.

[38] Itaru N, Seishi M. Long-term deterioration of GFRP in water and moist environment [J]. Journal of Composites for Constructure, 2002, 6 (1): 21-27.

[39] Greenwood J H. The effect of installation damage on the long-term design strength of a reinforcing geosynthetic [J]. Geosynthetics International, 2002, 9 (3): 247-257.

[40] Greenwood J H. The last word on reduction factors for soil reinforcement [C]. Proceedings of 7th International Conference on Geosynthetics, Nice, Brazil, 2002: 1523-1525.

[41] Lai J, Bakker A. Analysis of the non-linear creep of high density polyethylene [J]. Polymer, 1995, 36 (1): 93-99.

[42] Wu J T H, Helwany S M B. A performance test for assessment of long-term creep behavior of soil-geosynthetic composites [J]. Geosynthetics international, 1996, 3 (1): 107-124.

[43] Kabir M H, Ahmed K. Dynamic creep behavior of geosynthetics [C]. Proceedings of 5th International Conference on Geotextiles, Geomembranes and Related prod-

ucts，Singapore，1994：1139-1144.

[44] Kazimierowicz-frankowska K. The effect of strain rate and various stress-strain histories on the tensile strength of geosynthetics [C]. Proc. of 7th Int. Conf. On Geosynthetics，Nice，Brazil，2002：1439-1442.

[45] Koerner R M，et al. Creep testing and data extrapolation of reinforced GCLs [J]. Geotextiles and Geomembranes，2001，19：413-425.

[46] Levacher D，Blivet JG，Msouti F. Tensile and creep behavior of geotextiles [C]. Proceedings of 5th International Conference on Geotextiles，Geomembranes and Related products，Singapore，1994，1131-1134.

[47] Suits L D. Assessing the photo-degradation of geosynthetics by outdoor exposure and laboratory weatherometer [J]. Geotextiles and Geomembranes，2003，21：111-122.

[48] Liu C N，YangK H，Nguyen M D. Behavior of geogride reinforced sand and effect of reinforcement anchorage in large-scale plane strain compression [J]. Geotextiles and Geomembranes，2014，42（5）：479-493.

[49] Lopes M P，et al. Experimental analysis of the combined effects of installation damage and creep of geosynthetics-new results [C]. Proceedings of 7th International Conference on Geosynthetics，Nice，Brazil，2002：1539-1544.

[50] Ma'Ruf M F. Shear strength of Apus bamboo root reinforced soil [J]. Ecological Engineering，2012，41（4）：84-86.

[51] Shinoda M. Lateral and axial deformation of PP，HDPE and PET geogrids under tensile load [J]. Geotextiles and geomembranes，2004，22：205-222.

[52] McGown A，Andrawes K Z，Kabir M H. Load extension testing of geotextiles confined in soil [C]. Proceedings of 2nd International Conference on Geotextiles，Las Vegas，USA，1982：793-798.

[53] Dechasakulsolm M. Numerical study of time dependent behavior of reinforced soil walls [C]. Proceedings of 7th International Conference on Geosynthetics，Nice，Brazil，2002：1419-1422.

[54] Mechanically stabilized earth walls and reinforced soil slopes design and construction guidelines [R]. FHWA，1996.

[55] Dechasakulsom M. Modeling time-dependent behavior of geogrids and its application to geosynthetically reinforced walls [D]. University of Delaware，2001.

[56] Pinho-Lopes M，Crecker，Lopes M L. Experimental analysis of the combined effect of installation damage and creep of geosynthetics-new results [C]. Proceedings of 7th International Conference on Geosynthetics，Nice，Brazil，2002：1539-1544.

[57] Nguyen V U. Determination of critical slope failure surface [J]. Geotech. Engng.，ASCE，1985，111（2）：238-250.

[58] Patrick X W Zou. Long-term properties and transfer length of fiber-reinforced polymers [J]. Journal of Composites for Construction, 2003, 7 (1): 10-19.

[59] Pavel Z. Measured Settlements of Two Selected High Embankments Founded on Soft Soil [E/ol]. doi: http: //dx. doi. org/10. 1061/40940 (307) 47.

[60] Dutta P K, Hui D. Creep rupture of a GFRP composite at elevated temperatures [J]. Computer and Structures, 2000, 76: 153-161.

[61] Orsat P, Khay M. Study on creep-rupture of polyester tendons: full scale tests [C]. Proc. of 6th Int. Conf. on Geosynthetics, 1998, 675-678.

[62] Prabakar J, Sridhar R S. Effect of random inclusion of sisal fibre on strength behaviour of soil [J]. Construction and Building Materials, 2002, 16 (2): 123-131.

[63] Hufenus R, Ruegger R, Flum D. Geosynthetics for Reinforcement-resistance to damage during installation [C]. Proceedings of 7th International Conference on Geosynthetics, Nice, Brazil, 2002, 1387-1390.

[64] Rowe R K. Durability of HDPE geomembranes [J]. Geotextiles and Gemembranes. 2002: 77-95.

[65] Li RZ. Time-temperature superposition method for glass transition temperature of plastic materials [J]. Materials Science and Engineering, 2000, A278: 36-45.

[66] Koerner R M. Creep testing and data extrapolation of reinforced GCLs [J]. Geotextiles and Geomembranes, 2001, 19: 413-425.

[67] Rochholz J M, Kirschner R. Creep of geotextiles at different temperatures [C]. Proceedings of 4th International Conference on Geosynthetics, the Hague, Netherlands, 1990, 657-659.

[68] Jazouli S, Luo W. Application of time-stress equivalence to nonlinear creep of polycarbonate [J]. Polymer Testing, 2005, 24: 463-467.

[69] Alsayed S H. Fiber-reinforced polymer repair materials—some facts [J]. Civil Engineering, 2000 (8): 131-134.

[70] Helwany S M B, Shih S. Creep and stress relaxation of geotextile-reinforced soils [J]. Geosynthetics international, 1998, 5 (4): 425-434.

[71] Kajorncheappunngam S, Gupta R K, Hota V S. GangaRao. Effect of aging environment on degradation of glass-reinforced epoxy [J]. Journal of Composites for Construction, 2002, 6 (1): 61-69.

[72] Sivakumar G L, Vasudevan A K, Sumanta H. Numerical simulation of fiber-reinforced sand behavior [J]. Geotextiles and Geomembranes, 2008, 26 (5): 181-188.

[73] Perkins S W. Constitutive modeling of geosynthetics [J]. Geotextiles and Geomembranes. 2000, 18: 273-292.

[74] Task Force #27. Guidelines for the design of mechanically stabilized earth walls [R]. Washington: AASHTO AGC-ARTBA Joint Committee, 1991.

[75] Thornton J S, Baker T L. Comparison of SIM and conventional methods for determining creep-rupture behavior of a polypropylene geotextile [C]. Proc. of 7th Int. Conf. on Geosynthetics, Nice, Brazil, 2002: 1545-1550.

[76] Thornton J S, Paulson J N, Sandri D. Conventional and stepped isothermal methods for characterzing long term creep strength of polyester geogrids [C]. Proc. of 6th Int. Conf. on Geosynthetics, Atlanta, USA, 1998: 691-698.

[77] Thornton J S. The stepped isothermal method for time-temperature superposition and its application to creep data on polyester yarn [C]. Proc. of 6th Int. Conf. on Geosynthetics, 699-705.

[78] Allen T M, Bathurst R J. Combined allowable strength reduction factor for geosynthetic creep and inatallation damage [J]. Geosynthetics International, 1996, 3 (3): 407-441.

[79] Nishigata T, Nishida K. Creep behavior of embedded HDPE geomembrane liner in waste landfill [C]. Proc. of 7th Int. Conf. on Geosynthetics, Nice, Brazil, 2002: 685-688.

[80] Toh C T, Chee S K, Lee C H. Geotextile-bamboo fascine mattress for filling over very soft soils in Malaysia [J]. Geotextiles and Geomembranes, 1994, 13 (6): 357-369.

[81] Vaidyanathan T K. Extended creep behavior of dental composites using time-temperature superposition principle [J]. Dental Materials, 2003, 19: 46-53.

[82] Karbhari V M, Chin J W. Durability gap analysis for fiber-reinforced polymer composites in civil infrastructure [J]. Journal of Composites for Constructure, 2003, 7 (3): 238-247.

[83] Karbhri V M, Asce M. Response of fiber reinforced polymer confined concrete exposed to freeze and freeze-thaw regimes [J]. Journal of Composites for Constructure, 2002, 6 (1): 35-40.

[84] Vieira C S, Lopes M D L, Caldeira L M. Earth pressure coefficients for design of geosynthetic reinforced soil structures [J]. Geotextiles and Geomembranes, 2011, 29 (5): 491-501.

[85] Wang Z, Luo Y, Tang S. Mechanism and calculation method of rheological settlement of high-filled embankment [J]. Journal of Central South University of Technology, 2008, 15: 381-385.

[86] Lee W F. Influence of strain rate on geosynthetic reinforcement properties [C]. Proc. of 7th Int. Conf. on Geosynthetics, Nice, Brazil, 2002: 1447-1450.

[87] Luo W, Yang T, An Q. Time-temperature-stress equivalence and its application to nonlinear viscoelastic materials [J]. Acta Mechanica Solida Sinica, 2001, 14 (3): 195-199.

[88] Wu C S, Hong Y S. Creep behavior of geotextile under confining stress [C]. Proceedings of 5th International Conference on Geotextiles, Geomembranes and Related Products, Singapore, 1994: 1135-1138.

[89] Bhuvanesh Y C, Gupta V B. Long term prediction of creep in textile fibres [J]. Polymer, 1994, 35 (10): 2226-2228.

[90] Hsuan Y G. Approach to the study of durability of reinforcement fibers and yarns in geosynthetic clay liners [J]. Geotextiles and Geomembranes, 2002, 20: 63-76.

[91] Guo Y C. Study on short and long-term creep behavior of plastics geogrid [J]. Polymer Testing, 2005, 24: 793-798.

[92] Yetimoglu T, Inanir M, Inanir O E. A study on bearing capacity of randomly distributed fiber-reinforced sand fills overlying soft clay [J]. Geotextiles and Geomembranes, 2005, 23 (1): 174-183.

[93] Han Y J, Seong H K, Han K Y. Assessment of long term performances of polyester geogrids by accelerated creep test [J]. Polymer Testing. 2002, 21: 489-495.

[94] Zhu H H, Zhang C C, Tang C S, et al. Modeling the pullout behavior of short fiber in reinforced soil [J]. Geotextiles and Geomembranes, 2014, 42 (4): 329-338.

[95] 曹喜仁, 钟守滨, 淤永和. 高填石路堤工后沉降分析及工程算法探讨 [J]. 湖南大学学报 (自然科学版), 2002, 29 (6): 112-117.

[96] 曹喜仁, 赵振勇. 高填石路堤施工期沉降规律研究 [J]. 公路, 2004, (5): 27-30.

[97] 曹喜仁. 高填石路堤工期沉降与工后沉降实用计算方法研究 [J]. 湖南大学学报 (自然科学版), 2005, 32 (2): 54-58.

[98] 曹喜仁, 赵振勇, 赵明华. 高填石路堤地基沉降计算方法研究 [J]. 公路交通科技, 2005, 22 (6): 38-41.

[99] 曹文贵, 李鹏, 程晔. 高填石路堤蠕变本构模型及其参数反演分析与应用 [J]. 岩土力学, 2006, 27 (8): 1299-1304.

[100] 陈祖煜. 土坡稳定分析通用条分法及其改进 [J]. 岩土工程学报, 1983, 5 (4): 11-17.

[101] 陈昌富, 刘怀星, 李亚平. 草根加筋土的室内三轴试验研究 [J]. 岩土力学, 2007, 28 (10): 2041-2045.

[102] 陈有亮, 孙钧. 非等间距序列的灰色预测模型及其在岩石蠕变断裂种的应用 [J]. 岩土力学, 1994, 15 (4): 8-12.

[103] 陈群, 朱分清, 何昌荣. 加筋土本构模型研究进展 [J]. 岩土工程技术, 2003, 6: 360-363.

[104] 崔秀琴, 于目挺, 李整建. FRP 及 FRP 混凝土组合结构的耐久性能探讨 [J]. 陕西工学院学报, 2001, 19 (3): 46-48.

［105］储才元，张佑霞．土工布的动态蠕变及疲劳性能［J］．纺织学报，33-35．

［106］柴贺军，阎宗岭，贾学明．土石混填路基修筑技术［M］．北京：人民交通出版社，2009．

［107］迟世春，关立军．基于强度折减法的拉格朗日差分方法分析土坡稳定性［J］．岩土工程学报，2004，26（1）：42-46．

［108］党发宁，刘海伟，王学武．竹子作为抗拉筋材加固软土路基的应用研究［J］．岩土工程学报，2013，35（增2）：44-48．

［109］董云，柴贺军，杨慧丽．土石混填路基原位直剪与室内大型直剪试验比较［J］．岩土工程学报，2005，27（2）：235-238．

［110］董云，柴贺军．土石混合料室内大型直剪试验的改进研究［J］．岩土工程学报，2005，27（11）：1329-1333．

［111］董云，柴贺军．土石混合料振动压实特性的试验研究［J］．路基工程，2006，（5）：73-75．

［112］董云，柴贺军，阎宗岭．土石混填路基沉降变形特征的离心模型试验研究［J］．公路交通科技，2007，24（3）：25-29．

［113］董云．土石混合料强度特性的试验研究［J］．岩土力学，2007，28（6）：1269-1274．

［114］董云，阎宗岭．土石混填路基沉降变形特征的二维力学模型试验研究［J］．岩土工程学报，2007，29（6）：943-947．

［115］邓聚龙．灰理论基础［M］．武汉：华中科技大学出版社．2002．2．

［116］付志前．单向土工格栅加筋土的流变模型［J］．四川建筑科学研究，2004，30（2）：58-60．

［117］傅旭东，邱晓红，赵刚，等．巫山县污水处理厂高填方地基湿化变形试验研究［J］．岩土力学，2004，25（9）：1385-1389．

［118］方来，侯桂荣，陶可．邵怀高速公路路基沉降与稳定观测及分析［J］．公路工程，2007，32（5）：193-196．

［119］GB/T 17689—2008 土工合成材料—塑料土工格栅［S］．北京：中国标准出版社，2008．

［120］GB/T 15780—1995，竹材物理力学性质试验方法［S］．中国：中国标准出版社，1995．

［121］高磊，胡国辉，杨晨．玄武岩纤维加筋黏土的剪切强度特性［J］．岩土工程学报，2016，38（S1）：231-237．

［122］高伏良．高填方路基自然沉降现象与应对措施［J］．中南公路工程，2003，28（2）：63-64．

［123］郭奕崇．塑料土工格栅长期蠕变行为的预测［J］．工程塑料应用，2005，33（3）：53-55．

［124］韩志型，唐云，刘德贵．土工格栅加筋黏土邓肯-张模型试验参数研究［J］．

矿业研究与开发，2010，30（2）：28-30，61.

[125] 贺冉，蔡景，马达伟. 竹筋在混凝土路面中的应用试验研究 [J]. 四川建材，2012，38（3）：105-106.

[126] 胡晓慧. 土工格栅蠕变性能研究 [D]. 北京：北京化工大学，2001.

[127] 黄杰，王钊. 土工合成材料耐久性研究及发展前景 [J]. 人民长江，2002，33（7）：45-46.

[128] 公路土工试验规程：JTG E40—2007 [S]. 北京：人民交通出版社，2007.

[129] 建筑用竹材物理力学性能试验方法：JGT-199—2007 [S]. 北京：中国标准出版社，2007.

[130] 蒋文凯. 土工合成材料光氧老化的试验研究 [D]. 武汉：武汉大学，2005.

[131] 景宏君. 振动压实与黄土高路堤沉降变形 [D]. 西安：长安大学，2004.

[132] 景宏君. 土质路基三维固结变形理论及其应用 [M]. 北京：科学出版社，2008.

[133] 匡希龙，王桂尧，徐晓宇. 长期荷载作用下土工合成材料蠕变特性的试验研究及计算模型 [J]. 岩石力学与工程学报，2004，23（22）.

[134] 李贝贝，田琦，范秀云. 绿色筋材加筋黏土抗剪强度浅谈 [J]. 城市地理，2016，（20）：128-129.

[135] 李金和，郝建斌，陈文玲. 纤维加筋土技术国内外研究进展 [J]. 世界科技研究与发展，2015，37（3）：319-325.

[136] 李凌霄，周颖，任才. 土工格栅嵌锁力的理论计算方法探讨 [J]. 土木基础，2012，26（2）：64-67.

[137] 李旭. 楠竹力学性能试验研究及分析 [D]. 长沙：湖南大学，2011.

[138] 李凡，周增来，吴敏. 用小波神经网络预测高速公路软土地基最终沉降量 [J]. 合肥工业大学学报（自然科学版），2001，24（6）：1124-1127.

[139] 李小俊，黄仙枝. 加筋土技术的理论研究与工程应用 [J]. 科技情报开发与经济，2004，14（6）：145-147.

[140] 刘芳，孙红，葛修润. 玻璃纤维土的三轴试验研究 [J]. 上海交通大学学报，2011，45（5）：762-766.

[141] 刘德贵，王宁，姜兵. 土工格栅加筋黏土的三轴试验研究 [J]. 矿业研究与开发，2008，28（4）：25-27.

[142] 刘勇健. 用人工神经网络预测高速公路软土地基的最终沉降 [J]. 公路交通科技，2000，17（6）：15-18.

[143] 刘奉银，赵然，谢定义，等. 黄土高填方路堤沉降分析 [J]. 长安大学学报（自然科学版），2003，23（6）：23-28.

[144] 刘宏，李攀峰，张倬元. 用压缩蠕变试验研究高填方体沉降变形 [J]. 西南交通大学学报，2004，39（6）：749-753.

[145] 刘宏，张倬元，韩文喜. 高填方地基土工离心模型试验技术研究 [J]. 地质科

技情报，2005，24（1）：103-106.

[146] 刘瑞堂，姜风春. 用于材料动态力学性能研究的测试装置［J］. 哈尔滨工程大学学报，1999，20（1）.

[147] 刘华丽，朱大勇，刘德富. 边坡安全系数的多解性讨论［J］. 岩土力学，2007，28（8）：1661-1664.

[148] 雷文，凌志达. 玻璃钢的耐腐蚀性能及其在冶金腐蚀防护工程中的应用［J］. 腐蚀与防护. 2001，22（6）：255-257.

[149] 栾茂田. 土工格栅蠕变特性的试验研究及粘弹性本构模型［J］. 岩土力学，2005，26（2）：187-192.

[150] 黎莉，赵明华，刘晓明. 高填石路堤施工阶段地基沉降分析方法初探［J］. 公路，2002，（1）：64-66.

[151] 吕庆，尚岳全，陈允法，等. 高填方路堤粘弹性参数反演与工后沉降预测分析［J］. 岩石力学与工程学报，2005，24（7）：1231-1235.

[152] 马德柱，何平笙，等. 高聚物的结构与性能［M］. 北京：科学出版社，1995.

[153] 牛晓明，杨旭东. 光氧老化对聚丙烯长丝蠕变行为的影响［J］. 东华大学学报（自然科学版）. 2004，30（6）：50-53.

[154] 牛晓明，杨旭东. 应力对高聚物土工合成材料老化的影响［J］. 国际纺织导报，2004，1：74-78.

[155] 彭涛. 非织造土工布蠕变性能的测试分析［J］. 纺织学报，2001，22（4）：263-264.

[156] 彭明远，黄超，彭基敏. 水平-竖向组合式加筋土挡墙土-筋相互作用机理［J］. 上海大学学报（自然科学版），2009，15（2）：199-204.

[157] 邱桂学，赵树高. 滞后测量法在聚合物动态疲劳研究中的应用［J］. 合成橡胶工业，2004，27（3）.

[158] 邱桂学，吴人洁. PP/mPE/SGF复合材料的动态力学性能［J］. 复合材料学报，2002，19（3）.

[159] 邱桂学，吴人洁. 动态力学试验法评判弹性体改性聚丙烯的蠕变行为［J］. 材料工程，2001，9：10-14.

[160] 钱叶琳，王浩，吕卫柯. 黄麻纤维加筋土的强度特性及增强机理研究［J］. 河北工程大学学报（自然科学版），2016，33（2）：19-24.

[161] 钱家欢，殷宗泽. 土工原理与计算（第二版）［M］. 北京：中国水利水电出版社，1996.

[162] 璩继立，赵冬雪，李贝贝. 加筋条件对棕榈加筋土强度的影响［J］. 工业建筑，2015，45（3）：115-129.

[163] 璩继立，李贝贝，魏天乐. 棕榈纤维加筋对上海软黏土强度特性的影响［J］. 水资源与水工程学报，2014，25（5）：160-168.

[164] 璩继立，俞汉林，江海洋. 棕榈丝与麦秸秆丝加筋土无侧限抗压强度比较

[J]. 地下空间与工程学报，2015，11（5）：1216-1220.

[165] 全国第五届土工合成材料学术会议论文集［M］. 北京：现代知识出版社，2000.

[166] 施利国，张孟喜，曹鹏. 聚丙烯纤维加筋灰土的三轴强度特性［J］. 岩土力学，2011，32（9）：2721-2728.

[167] 石振明，吴廷臻，李建可. 竹筋在软土地基加固中的应用研究［J］. 工程地质学报，2011（增1）：483-491.

[168] 孙君实. 条分法的数值分析［J］. 岩土工程学报，1984，6（2）：55-59.

[169] 孙君实. 条分法的提法及其数值计算的最优化方法［J］. 水利发电学报，1983，（1）：52-64.

[170] 宋伟强，宋清焕，等. 尼龙1010/6共聚物动态力学性能研究［J］. 河南科学，1999，17（4）.

[171] 唐朝生，施斌，高玮. 含砂量对聚丙烯纤维加筋黏性土强度影响的研究［J］. 岩石力学与工程学报，2007，36（增1）：2968-2973.

[172] 唐双林. 干沟填石高路堤稳定性监测技术研究［J］. 路基工程，2010，（1）：37-38.

[173] 王磊，朱斌，李俊超. 一种纤维加筋土的两相本构模型［J］. 岩土工程学报，2014，36（7）：1326-1333.

[174] 王蕾，符文熹，郜进良，等. 用竹筋格栅加固公路软基［J］. 地下空间与工程学报，2014，10（增2）：1899-1903.

[175] 王晓东，张虎元，吕擎峰. 楠竹加筋复合锚杆管材力学性质试验研究［J］. 岩石力学与工程学报，2009，28（增1）：2941-2946.

[176] 王广月. 土工合成材料老化性能的灰色预测［J］. 水利水电技术，2003，4.

[177] 王钊. 国外土工合成材料的应用研究［M］. 香港：现代知识出版社，2002.

[178] 王钊. 土工合成材料的蠕变试验［J］. 岩土工程学报，1994，16（6）：96-102.

[179] 王钊. 土工织物的拉伸蠕变特性和预拉力加筋堤［J］. 岩土工程学报，1992，14（2）：12-20.

[180] 王钊，刘祖德，程葆田. 螺旋锚的试制和在基坑支护中的应用［J］. 土木工程学报，1993（4）：47-53.

[181] 文华，邹娇丽，雷挺. 乡村公路竹筋加筋土路基施工工艺研究［J］. 施工技术，2015，44（15）：114-117.

[182] 吴平，黄庆，王桂尧. 耒宜高速公路高路堤稳定及沉降监测系统［J］. 公路与汽运，2002，（6）：26-27.

[183] 肖成志，栾茂田，杨庆. 考虑格栅流变性的加筋挡土墙格栅等效应力计算［J］. 岩土工程技术，2004，18（1）：23-27.

[184] 邢怀海，顾晓卉. 流变模型在格栅加筋堤坝稳定分析中的应用［J］. 盐城工学

院报，2002，15（2）：21-24.

[185] 杨慧娴. HDPE 蠕变行为的研究［J］. 塑料，2004，33（4）：96-99.

[186] 杨果林. 加筋土筋材长期荷载蠕变试验研究［J］. 煤炭学报，2001，26（2）：132-136.

[187] 杨兵，陈谦应. 成渝高速公路三星沟高路堤软弱地基处理试验研究［J］. 路基工程，2000，（3）：36-39.

[188] 杨有成，李群，陈新泽. 对强度折减法若干问题的讨论［J］. 岩土力学，2008，29（4）：1103-1106.

[189] 应荣华. 李文胜. 土工网格材料加固地基室内静态蠕变试验研究［J］. 长沙交通学院学报，2000，16（3）：57-60.

[190] 张丹，王戈，张文福，等. 毛竹圆竹力学性能的研究［J］. 中南林业科技大学学报，2012，32（7）：119-123.

[191] 张艳美，张旭东，张鸿儒. 土工合成纤维土补强机理试验研究及工程应用［J］. 岩土力学，2005，26（8）：1323-1326.

[192] 张孟喜，张贤波，段晶晶. H-V 加筋黏性土的强度与变形特性［J］. 岩土力学，2009，30（6）：1563-1568.

[193] 张孟喜，张石磊. H-V 加筋土性状的颗粒流细观模拟［J］. 岩土工程学报，2008，30（5）：625-631.

[194] 张孟喜，陈高峰，朱引. H-V 加筋饱和砂土性状的三轴试验研究［J］. 岩土力学，2010，31（5）：1345-1350.

[195] 张洪弟，谢莉青. 聚丙烯非织造土工布蠕变性能初探［J］. 北京纺织，2001，22（4）：21-23.

[196] 张义同. 变温粘弹性蠕变型本构方程［J］. 固体力学学报，1995，16（2）：152-156.

[197] 张留俊，王福胜，刘建都. 高速公路软土地基处理技术——试验研究与工程实例［M］. 北京：人民交通出版社，2002.

[198] 张仪萍，张土乔，龚晓南. 沉降的灰色预测［J］. 工业建筑，1999，29（4）：45-49.

[199] 张重禄，张映雪，宁向向，等. 基于 CSD 的常吉高速公路高路堤和高架桥方案比选［J］. 公路与汽运，2007，（5）：102-104.

[200] 张天宝. 土坡稳定分析和土工建筑物的边坡设计［M］. 成都：成都科技大学出版社，1987.

[201] 张宏，殷有泉. 岩体渐进破坏有限元分析及 NOLM 程序［J］. 固体力学学报，1983，4（2）：219-225.

[202] 周爱萍，黄东升，车慎思，等. 竹材维管束分布及其抗拉力学性能［J］. 建筑材料学报，2012，15（5）：730-734.

[203] 周正兵，王钊. GCL——一种新型复合土工材料的特性及应用综述［J］. 长江

科学院院报，2002，19（1）：35-38.

[204] 周正兵，王钊. GCL 在渠道防渗工程中的应用 [J]. 中国农村水利水电，2002，9：24-25.

[205] 周敏，李大纲. 组合聚醚型聚氨酯泡沫塑料的动态力学性能分析 [J]. 株洲工学院学报，2004，18（5）.

[206] 郑智能，凌天清. 土工合成材料的光氧老化试验研究 [J]. 重庆交通学院学报，2004，23（6）：67-69.

[207] 中华人民共和国水利部. 土工合成材料测试规程 [M]. 北京：中国水利水电出版社，1999.

[208] 曾繁平. FRP 螺旋锚的拉拔试验与应用设计 [D]. 武汉：武汉大学，2005.

[209] 宰金眠，梅国雄. 泊松曲线的特征及其在沉降推算中的应用 [J]. 重庆建筑大学学报，2001，23（1）：30-35.

[210] 赵炼恒，罗恒，李亮，等. 冲击压实技术在高速公路高填方路基中的应用研究 [J]. 公路工程，2006，25（S2）：4191-4197.

[211] 赵偲，韩世莲，陈荣生. 考虑材料黏弹性机场高填方道床沉降分析 [J]. 中国公路学报，1999，12（S1）：25-30.

[212] 赵爱根. 加筋黏土的抗剪强度特性 [J]. 岩土工程学报，1988，10（1）：69-75.

[213] 赵宁雨，荆林立. 纤维加筋红黏土强度特性影响因素的试验 [J]. 重庆理工大学学报（自然科学版），2010，24（9）：47-51，68.